IAMAC
系列丛书

2015

IAMAC 年度系列研究课题集

Proceedings of IAMAC Annual Series Research Projects

中国保险资产管理业协会 编

（下 册）

上海财经大学出版社

图书在版编目(CIP)数据

2015 IAMAC 年度系列研究课题集.中国保险资产管理业协会编.
—上海:上海财经大学出版社,2016.12
ISBN 978-7-5642-2578-0/F · 2578

Ⅰ.①2… Ⅱ.①中… Ⅲ.①保险-文集 Ⅳ.①F84-53

中国版本图书馆 CIP 数据核字(2016)第 260081 号

□ 责任编辑 何苏湘 汝 涛
□ 封面设计 张克瑶
□ 版式设计 朱静怡

2015 IAMAC NIANDU XILIE YANJIU KETI JI
2015 IAMAC年度系列研究课题集
中国保险资产管理业协会 编

上海财经大学出版社出版发行
(上海市武东路 321 号乙 邮编 200434)
网 址:http://www.sufep.com
电子邮箱:webmaster @ sufep.com
全国新华书店经销
上海华业装璜印刷厂印刷装订
2016 年 12 月第 1 版 2016 年 12 月第 1 次印刷

787mm×1092mm 1/16 63.25 印张(插页:1) 1160 千字
印数:0 001—3 000 定价:168.00 元
(共上下两册)

编 委 会

汇聚行业智慧　推动创新发展

　　经过十多年的探索和实践，中国保险资产管理业实现了从起步到壮大、从粗放到专业、从简单资金运用到与大资管同台竞争、与国际资管实现接轨的跨越式发展。保险资金运用市场化改革的持续深入，充分激发了行业市场活力和发展内生动力，资产规模快速增长、市场主体日益多元、配置结构日趋灵活、投资收益稳步提升、创新意识明显提升，行业整体实力显著增强，保险资产管理业逐步发展成为大资管市场的中坚力量。行业的大发展，为相关研究提供了实践基础和创新土壤。

　　但是，近年来国内外经济环境发生了重大变化。从国际看，宏观局势复杂多变，经济复苏乏力、贸易保护主义抬头、金融市场波动不定、地缘政治风险上升、风险事件频发、世界经济不确定性增加。从国内看，经济进入新常态，经济增速呈现"L"型特征，新旧动能转换和经济结构调整相互交织，实体经济转型升级任务艰巨，经济增长内在动力有待加强。持续低利率市场环境、"资产荒"、大资管激烈竞争等严峻形势，给保险资产管理行业带来了巨大的挑战。

　　党的十八届五中全会提出了"创新、协调、绿色、开放、共享"五大发展理念，为保险资金运用改革创新指明了方向。供给侧结构性改革国家战略部署的全面推进，为保险资产管理行业服务实体经济转型升级提供了政策机遇；"新国十条"明确指出"保险成为政府、企业、居民风险管理和财富管理的基本手段"，为保险资产管理行业全面参与社会财富管理提供了方向指引；基因技术、大数据、互联网金融等新业态、新模式的涌现，为保险资产管理行业自身创新发展提供了外在驱动；保险业国际地位显著提升、参与保险国际规则制定的话语权不断增强等，为保险资产管理行业布局国际资产配置提

1

供了竞争舞台。

　　行业的创新发展,离不开理论研究和业务探索的持续推动。保险资产管理行业正处在一个复杂而特殊的历史阶段,需要全行业增强研究创新的责任感、使命感和紧迫感。中国保险资产管理业协会(以下简称"协会")自成立之初就高度重视研究工作。为汇聚行业智慧、推动创新发展,协会 2015 年创办了"IAMAC 年度系列研究课题",旨在调动行业和社会科研力量与智力资源,紧紧围绕国家发展战略和行业发展大局,以更高远的站位、更开放的格局、更新颖的视角、更精准的剖析,积极开展资产管理领域重大理论问题和业务问题的研究与探索。

　　经过业内外的共同努力,"2015IAMAC 年度系列研究课题"活动共收获了 36 项研究成果。其中,有对国外资产管理先进理念的分析借鉴、有对行业发展宏观路径的前瞻思考、有对业务布局中观战略的深入探讨、有对产品开发微观领域的大胆创新、有对风险监测预警防范的政策建言,这是行业研究实力的集中展现,是行业创新发展的智力源泉。我们精选了 24 项课题研究成果,纳入协会 IAMAC 系列丛书——《2015IAMAC 年度系列研究课题集》,与业内外共同分享研究成果、探讨热点问题、谋求发展路径。

　　目前,"IAMAC 年度系列研究课题"已经成为保险资产管理行业的重要研究品牌,在激发研究热忱、汇聚研究合力方面发挥了积极作用。未来,协会将继续做好课题研究工作,不断增强行业基础性、战略性、前瞻性问题的研究能力和水平,为行业发展和业务创新提供理论基础和智力支持。

　　是为序。

中国保险资产管理业协会

执行副会长兼秘书长

2016 年 11 月 8 日

目 录

资产配置篇

国际保险资产配置研究与经验借鉴

中国人保资产管理股份有限公司

凌秀丽　魏瑄　王辉

摘要

本文从保险资金特性与大类资产配置特征出发,分析了保险机构做好大类资产配置的重要意义,考察比较了美、英、日等国际保险业成熟市场的大类资产配置的实践经验,认为负债特征、经济金融环境、监管政策是影响保险资金大类资产配置的主要因素。本文最后对中国保险监管机构和保险资产管理机构提出了优化大类资产配置的建议。对监管机构而言,需要深化"放开前端、管住后端"的监管理念;建立健全逆周期监管制度;进一步推进保险资产管理市场化委托机制。对保险资产管理机构而言,需要坚持分散化和长期投资理念,降低投资波动性;平衡"绝对收益"与"相对收益"的关系,制定与之相协调的风险政策;建立结构化的大类资产配置体系;以大类资产的综合性研究能力为基础,捕捉特定时期资产配置的主导因素;使用数量化模型辅助大类资产配置决策,并对模型进行动态调整;在负债业务与投资业务之间建立"双向驱动"机制。

关键词

保险资金　大类资产　国际比较　保险监管

第一章 保险资金大类资产配置的意义

第一节 保险资金的特性

保险资金规模大、期限长,且由于保单获取成本的原因具有绝对收益的"硬约束",并对流动性有特定要求。此外,在政策层面,对其偿付能力、会计核算、投资比例等方面,均具有特殊的要求。这是保险资金区别于其他资金的主要特征。

一、单个保险机构投资者的投资资产规模较大

在世界范围内,保险公司作为主要的机构投资者之一,在资本市场中发挥着重要的作用。按照伦敦国际金融服务公司(IFSL)统计,全球主要资产管理(包含共同基金、养老金、保险资产、对冲基金、PE/VC、主权基金、ETF 等)规模从 1999 年的 37.8 万亿美元增长至 2013 年的 115.3 万亿美元,其与全球名义 GDP 的比值也从 1999 年的 118%上升至 2013 年的 153%。

根据 ISFL 统计,在国际上各类别的资产管理模式中,保险资金始终占有重要的地位。1999~2013 年,国际保险资产与共同基金、养老金共同构成了国际保险资产管理的三大主要类别,绝对规模从 11.5 万亿美元增长至 29.3 万亿美元,占比始终保持在24%~30%的区间范围。

图 1-1 显示了 1999~2013 年保险资金在国际资产管理中的占比情况。

以国际资产管理行业来看,保险资金具有规模大的特点,但我国保险资产管理业总规模相比于发达国家,还有较大的差距。2014 年世界人均保费为 662 美元,而我国仅为 235 美元;同期全球保险业保费收入占 GDP 的平均比重为 6.2%,而我国仅为3%。以美国为例,2015 年,美国保险业资产规模将超过 17 万亿美元,银行业总资产仅超过 13 万亿美元。而在同期,我国保险业资产规模刚刚突破 11 万亿元,远低于银行资产规模。

2014 年 8 月,《国务院关于加快发展现代保险服务业的若干意见》(以下简称"新'国十条'")发布,对我国商业保险的定位为"社会保障体系的重要支柱"。而后,各项

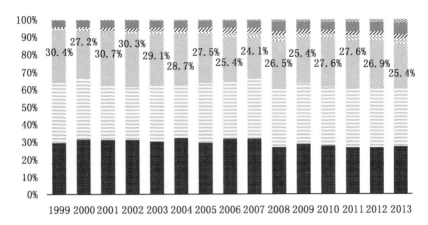

资料来源：IFSL。

图 1—1 1999～2013 年保险资金在国际资产管理中的占比

对我国保险业的利好政策频出。根据新"国十条"要求：到 2020 年,我国保险深度达到 5%,保险密度达到 3 500 元/人,预计我国保险行业总保费收入平均增长可达 15%。从国际经验与我国实际来看,我国保险资产规模还将继续保持快速增长。

二、保险负债资金的期限相对较长

保险资金由于其来源于保险产品所产生的负债,因此具有长期性特点。首先,保险产品的期限较长。保险资金的主要来源是保险产品,保险产品具有天然的长期性,尤其是占保险产品中重要比例的人身险产品,由于其保险标的——被保险人生命的长期性,其产品也具有长期性,因此保险资金也具有久期较长的特征。其次,由于保险公司经营周期较长,基本都具有长期经营的战略目标,因此,即使是投资型寿险和非寿险资金,也具有长期投资的需求。

三、保险资金存在由保单获取成本构成的"硬约束",并对流动性有特定要求

保险资金的安全性,是指资金运用中至少要保证投资资金的足额返还,以保证保险人的偿付能力。保险资金的规模性、长期性特点,决定了保险资金运用如果出现难以足额返还的情况,将会造成严重的系统性、社会性风险。因此,安全性是保险资金运用的最基本要求。

但是,保险资金的安全性要求并不是简单指保险投资的绝对安全。保单获取成本

的存在,要求保险资金运用必须获得绝对收益。保险产品的预定利率要求保险资金运用需要到达一定收益水平,才能避免利差损的产生,同时保险资金运用收益也需要能够覆盖预订率、销售费用、经营费用等成本。当今我国保险市场竞争日趋激烈,金融理财产品与投资性保险产品也存在竞争关系,导致保险资金的获取成本不断提高,保险资金运用所要求的绝对收益水平也随之水涨船高。因此,保险资金运用的安全性与收益性是一对内在的矛盾,既不能在保险资金运用中简单地将安全性绝对化,也不能为了获取收益忽视安全性的基本要求。

流动性是保险资金运用的另一个重要约束。保险负债给付的不确定性,以及风险事故集中发生的不确定性,要求保险公司在任何时期和合理的价格条件下,资产必须要拥有足够的变现能力以保证对负债的赔偿或给付。

四、保险资金运用受到监管政策的约束

保险资金运用还受到监管政策的硬约束,包括资产配置的比例限制、以风险为基础的偿付能力监管体系、公允价值计价的会计准则等。

当前,我国保险监管机构对保险公司各类资产配置有比例上限要求,特别是对于风险较高的权益类资产,比例限制较为严格。这种比例限制的监管方式在风险管理手段并不完善的阶段能够规避行业系统性风险,但同时也使保险资金在一定程度上失去了获取风险收益的机会。

偿付能力监管是保险行业监管最重要的手段之一,会对保险资金运用产生重要的影响。我国现在实行的第二代偿付能力监管体系中,将保险公司的风险管理能力与资本要求挂钩,市场风险和信用风险将在保险公司资产配置端产生重要的影响,使保险公司在投资时除了考虑投资的绝对收益外,还要按资产的不同特征综合考虑风险调整后的收益。保险资金运用将会通过风险收益水平,直接影响保险公司偿付能力状况。

同时,按照公允价值计量的金融资产也会由于资产价格的变化,对保险公司偿付能力造成较剧烈的波动。保险企业一旦出现偿付能力不足的情况,即使这种情况是由于短期市场波动而造成的,保险企业也将面临被监管机构停止相关业务的严重处罚。因此,保险公司在进行资产配置时都会谨慎选择高风险、价格波动大、流动性低的资产。

金融工具会计准则也会对保险资金运用产生重要影响。相比于基金等一般资产管理机构,保险资产管理需要考虑资产负债匹配的要求,统筹考虑资产的价值和收益。保险投资资产根据会计准则划分为交易性、持有到期、可供出售等不同种类的金融工具,分类不同会对当期损益、资本公积等财务指标产生重要影响。例如,同样投资回报的资产,如划分为交易性金融资产,就会比划分为可供出售金融资产对当期损益产生更大的影响。

因此,保险资产配置时,必须充分考虑不同分类下资产价值、收益的计量方式、与负债的匹配度,以及对后续交易的限制,合理确定投资目的和会计分类。另外,保险资产公允价值计量的合理性,估值的现实可行性以及各保险公司金融资产减值的可比性等因素都会对保险资金运用产生重要影响。

第二节　大类资产配置的特征

一般来说,资产管理机构的大类资产主要包括股票、债券、现金、房地产、大宗商品等类别。大类资产配置是指投资人根据收益、风险、流动性等不同的投资需求将投资资产在不同资产类别之间进行分配。

一、资产配置的层级和方式决定了资产配置的规模、收益与风险

资产配置的层级包括大类资产配置与投资品种选择。大类资产配置是指将资产配置在股票、债券、现金、房地产、大宗商品等主要投资类别中的选择。投资品种选择是指股票类资产下,板块与个股的选择或指债券类资产下某种具体债券品种的选择等。资产配置的方式可大体分为被动配置与主动配置。被动配置是指主要投资某种固定类资产并长期持有的,或投资标的比例较为固定,或通过购买指数基金进行投资的资产配置方式;主动配置是指根据内外部因素变化,择机选择投资标的,通过资产价格波动达到投资收益的资产配置方式。大类资产配置相比于投资品种选择具有更大的可投资规模;主动配置相比于被动配置具有获得超额收益的可能,但风险也相对较大。根据资产配置的层级与方式,具有以下 4 种不同的可投资规模、收益、风险特征,如表 1—1 所示。

表 1—1　　　　　　　　不同资产配置策略可投资规模、收益、风险

资产配置策略	可投资规模	收　益	风　险
大类资产被动配置	大	基准收益	较小
大类资产主动配置	大	超额收益	较大
投资品种被动配置	较小	基准收益	较小

续表

资产配置策略	可投资规模	收 益	风 险
投资品种主动配置	小	超额收益	较大

资料来源：人保资产宏观与战略研究所。

二、大类资产配置对投资收益率起主导性作用

理论研究和实践经验均证明：相比于大类资产项下具体投资品种的选择（如个股选择），大类资产配置对投资收益率起主导性作用。早在 1986 年，布理森（Brison）就在其著名论文《投资组合业绩的决定因素》中指出，投资收益率的变化中，可以由大类资产配置解释的比例高达 93.6％。世界著名基金公司先锋集团（Vanguard Group）在 2005 年出具了一份类似观点的研究报告，也认为大类资产配置对投资收益率起主导性作用。国内相关研究也支持了投资业绩主要由大类资产配置决定的结论。例如，我国 2003 年至今，将资产配置主要配置在房地产领域的投资者的收益显然高于配置在其他大类资产的投资者；而在股票市场的牛市阶段如 2005～2007 年或 2014 年末至 2015 年上半年这一时段，投资收益的高低主要取决于其配置中股票资产的比例。以上实例说明在一定时期内正确选择大类资产配置方式，能够获得超额收益。

所以，从大类资产的配置方式来看，在较长的时期内，被动的资产配置方式，其总体收益明显收敛于平均收益水平，而正确的主动配置方式能够获得超额利润。从长期自由竞争的市场来看，每种资产类别的投资收益率趋同，并收敛于市场平均收益水平。在任何一类资产中，大部分具体投资品种的走势对该类资产的整体走势呈现同向性或回归性，只有很少部分品种能够持续获得超额收益，且对于投资规模较大的投资者而言，可以获得超额收益的优质投资品种的规模往往较小，难以满足其对投资规模的要求。

三、根据价格波动与风险特征变化进行主动的大类资产配置是合理的风险收益投资策略

长期内，某种大类资产的价格围绕价值水平上下波动是普遍规律。不同的大类资产价格水平的波动存在时间差异，如果仅根据长期价值投资的原则，以被动方式对大类资产进行配置，那么投资收益水平将收敛于平均市场收益率。因此，如果希望获得超额收益，应当根据大类资产价格的波动，择机选择大类资产配置方式是较为合理的选择。因此，找到影响大类资产价格波动的主要因素成为了大类资产主动配置策略的

关键。

大类资产的价格变化及风险特征受政治、军事、自然环境、人口、科技、经济周期、财政政策、货币政策等多方面因素的影响,且众多影响因素间也存在复杂的关系,因此从理论上分析,在跨时间、空间范围内,很难找到预测大类资产价格走势与风险特征变化的普遍规律。在实际中,也很难找到某种因素,能够预测在较长时期(10 年以上)或跨经济体乃至全球范围内,大类资产价格的波动和风险收益特性。例如,20 世纪 80 年代将资产配置在日本房地产或股市的投资者获得了高额收益,但到 20 世纪 90 年代仍对日本房地产和股票采取同样的资产配置方式,就遭受严重的损失。同样,即使在 2014 年末至 2015 年出牛市前期进入我国股市的投资者,如果到 2015 年末一直被动持有股票指数基金的话,由于在 2015 年中期的大幅下跌,其盈利也会回落到较低水平。

综上所述,在理论和实践上都可证明,跨时间或空间范围内,不存在某个恒定因素对大类资产价格波动产生决定性影响。但如果在某一特定时期,在某一经济体内,可以能够找到影响大类资产价格波动的"主导性因素",这也是专业化资产配置的逻辑起点。

第三节 研究保险资金大类资产配置的重要性

由于保险资金的特性与大类资产配置的特征,保险资产管理应当更加注重大类资产配置。

一、保险资金规模大、期限长的特征决定其应当更加注重大类资产配置

第一,保险资金的规模较大,依靠投资品种选择获得超额收益的空间比较有限,大类资产配置的选择比投资品种的选择对于投资收益具有更重要的影响。耶鲁大学金融学教授伊博特森(Ibbotson)在 2004 年的一项研究中发现:相比于共同基金,保险资金(养老基金)的收益率变动可以由大类资产配置来解释的程度更高。选取任意一类资产,在一定时期内对其中具体投资品种的价格走势进行分析可以发现,绝大多数投资品种的价格具有同向性或回归性,只有很少部分品种能够持续获得超额收益。而且,观察的时间跨度越长,能够持续提供超额收益的品种数量就越少。对于资金规模较小的投资机构而言,如果能够及时发现这些优质品种并重仓持有,可显著提升其整体收益率。但对于资金规模较大的保险资金而言,即使能够通过分析研究找到能够获

得超额收益的小部分投资品种,但由于这些品种在保险资产配置中所占的比重较低,对整体收益率的贡献也十分有限。

第二,保险资金的可投资期限较长,这就为相关投资机构把握大类资产价格的中长期上涨趋势,并获得较高收益提供了可能性。普遍而言,寿险产品的负债期限较长,因此寿险资金的可投资期限也相应较长。对于财险资金而言,虽然财险公司大多数业务的负债期限只有一年,但只要业务规模不萎缩且现金流持续为正,那么连续滚动的短期负债就能够形成长期稳定的可投资资产。因此,保险资金的长期特性,使其可用于长期投资,以获得更为稳定与丰厚的回报。以美国保险业的投资经验为例,在1989~2000年债券收益率不断震荡走低的情况下,美国寿险公司通过增加股票资产的配置,较好地抓住了股票资产的长期上涨趋势,提升了投资收益。

二、保险资金有绝对收益要求,需要通过大类资产的主动配置获得稳定收益

当今保险市场上,保单获取成本不断提高,保险资金运用作为保险公司盈利的重要手段,不但需要覆盖金融市场上无风险收益率的机会成本,而且有时更需要弥补承保端的亏损。因此,要求保险资金运用必须实现绝对收益,而且由于监管与投资者的要求,保险资产配置在一定时间内均需保持稳定的收益。这里所指的"一定时间"一般不超过1~2个财务年度,因为在长期内某种资产配置即使能够获得绝对收益,但是在一定的时期内不能满足公司要求的最低收益水平,保险公司的偿付能力水平和财务状况均会受到较大影响。

在投资市场上,单一资产可能在某个较长的时间段内无法提供绝对收益的例子在全球投资市场中俯拾皆是。在某些时段内,甚至会出现多类资产无法提供绝对收益的情况。以日本投资市场为例,20世纪90年代初期日本泡沫经济破裂后,股市和楼市在经历了大幅下挫后持续低迷,债市收益率在快速下降后长期维持在超低水平。这意味着,在整个20世纪90年代,日本保险机构失去了在日本国内投资市场获取绝对收益的可能性。

因此,固守单一大类资产长期价值投资的原则,并不适用于保险资产配置。保险资产配置应当以获得绝对收益为目标,实行较为主动的大类资产配置。

三、保险资金注重大类资产配置,能够在风险可控的前提下获取绝对收益

资产价格的波动是其基本特性,由此而带来的风险也是资产配置不可避免的影响因素。不同层级的资产价格波动存在差异,大类资产项下的具体投资品种其价格波动大,且更容易受到偶然因素的影响。与此相对,大类资产的价格波动更有规律可循。保险资金的可投资期限较长,这一性质有利于保险投资机构去把握各类资产的较大级别波动并充分获得收益。如果保险资金仅投资某一种大类资产,希望通过此大类资产项下的投资品种的分散投资来实现投资目标,即使在短期内实现了超额收益,但其中所蕴含的风险较大,并不能满足保险资金运用安全性的首要原则。因此,保险资金通过较为主动的大类资产配置,能够实现绝对收益的同时,将风险控制在一个可接受的水平。

四、保险资金资产配置应当通过寻找影响大类资产波动的"主导性因素",寻找大类资产波动中的投资价值

综上所述,从保险资金特性、监管与政策约束、收益与风险的要求等方面分析,大类资产配置是保险资金运用的核心。大类资产的配置方式基本决定了保险资金运用的收益与风险水平,因此寻找合理的大类资产配置方式是保险资金运用的首要目标。通过影响大类资产配置的因素分析可知,在单一经济体内的一定时间中,能够找到某种影响大类资产波动的"主导性因素",从而把握大类资产波动中的投资价值。

第二章 海外保险资金大类资产配置的经验与启示

第一节 保险资金大类资产配置法规约束的国际比较

美、日、英是全球前三大保险市场,集中了全球大部分保险资金。2012 年底,共持有全球保险资产总量的 57%。美、日、英等发达国家保险资金大类资产配置实践经验对我国保险业开展大类资产配置有重要的借鉴意义。

一、西方国家保险资金大类资产配置监管的总体特征

各国政府对保险资金大类资产配置的监管理念和监管方式不尽相同,时代的变迁也不断给保险资金大类资产配置监管带来新的变化。但在成熟的市场经济中,政府普遍注重维护市场本身在资源配置中的基础性地位,尽量减少对资源配置的直接干预。

秉承这种理念,西方国家在保险资金大类资产配置的监管上,注重维护保险公司本身在其资产配置的基础性地位,赋予其足够的多元化资产配置空间和相机抉择的主动权。

与此同时,西方国家也普遍重视保险资金运用风险的监控,但这种监控不是主要依靠,也并非必然依靠对保险资金的运用范围和不同领域的运用比例进行限制。实际上,西方国家在监控保险资金资产配置风险方面最基本的共性有两点:一是从监控保险公司偿付能力的角度,促使保险公司根据负债结构合理设定大类资产配置结构;二是通过健全的信息披露制度,使得保险公司的经营风险能够及时被外界觉察。也就是说,以偿付能力为核心,从整体上,而不是资金运用这个局部,看待和监控保险公司的经营风险,是西方国家监管保险资金运用的出发点和基本着眼点。

在存在上述共性的同时,西方国家在保险资金大类资产配置的监管上也存在差异。这种差异主要表现在,少数国家(以英国为代表)除了对保险公司偿付能力和透明度进行监控之外,对保险资金资产配置范围和不同领域的配置比例几乎不加限制,而多数国家(以美国为代表)则对保险资金在高风险领域的运用进行某种程度的限制。

表2—1对英、日、美、德、法等国家或地区保险资金大类资产配置监管政策做一比较。

表2—1　　　　　　　保险资金大类资产配置监管政策国际比较

国家/地区	债券	现金及银行存款	权益类	贷款	不动产	境外投资
英国	无限制	无限制	无限制	无限制	无限制	无限制
日本	无限制	无限制	无限制	无限制	无限制	无限制
美国	无限制	无限制	15%(部分州)	寿险:45% 非寿险:25%	寿险:20% 非寿险:10%	10%
法国	无限制	无限制	65%	5%	10%	无限制
德国	无限制	无限制	30%	10%	25%	N.A.
中国台湾	无限制	单一银行不超过10%	35%	35%	19%	45%
中国大陆	无限制	无限制	30%	禁投	30%	15%

资料来源:中国保险监督管理委员会、人保资产宏观与战略研究所。

二、英国:"自由型"监管的代表

在"自由型"监管模式下,监管机构仅从偿付能力角度对保险机构进行监管,而对保险投资几乎没有任何限制,不试图引导和帮助保险机构把握资产价格波动机会与风险。英国是这一监管模式的典型。

英国是世界保险大国,被公认为是全球最发达的国际保险和再保险中心之一,保险市场具有较为健全的自我管理能力。英国实行由金融服务监管局统一监管,同时授权保险业协会和精算师协会等行业组织代为行使部分监管职责的监管体制。根据《英国金融服务与市场法》提出的宏观审慎原则,英国政府对金融业采取了较为宽松的管理模式,对保险资金大类资产配置的监管同样也秉持了这一监管理念。英国保险法规对保险资金大类资产配置的范围与比例没有明确规定,保险机构在满足偿付能力监管的前提下,可根据自身情况以及市场变化,自主决定大类资产的配置,并为自己的投资行为负责。

由于英国对保险资金资产配置监管较为宽松,保险资金广泛地投资于股票、债券、房地产、海外投资等,甚至包括金融衍生产品。不过,投资金融衍生品不得以投机为目的,只能将之用于降低投资风险和进行有效的投资组合。

当然,英国当局对保险机构资产配置范围及比例不限制并不意味其对保险机构的投资行为放任自流。其对保险资金大类资产配置的监管约束主要是通过偿付能力评估来实现。一旦保险公司的偿付能力低于规定标准,则被禁止从事投资活动,并会受到相应处罚。监管当局通过偿付能力监管来控制行业系统性风险,同时也赋予资本实力雄厚、投资能力较强的保险机构更大的发展空间。

除了偿付能力监管外,英国当局还实施了颇具特色的精算师监管制度。金融服务局要求所有经营长期业务的保险公司都应配备由监管机构指定的精算师;精算师在其职权范围内要确保公司的长期业务经营良好,并满足投保人合理的预期标准;精算师要同时对监管当局和保险公司负责,如果他认为保险公司经营出现严重问题,则需要立即向监管部门报告。精算师监管制度有效地推进了保险公司的内部监管。

三、美国:"约束型"监管的典型

在"约束型"监管模式下,监管机构既从偿付能力角度对保险机构进行监管,同时也对保险资金可投资的资产类别、地域及比例进行限制,试图以此引导和帮助保险机构把握资产价格波动机会与风险。美国是这一监管模式的代表。

美国保险业受联邦政府和州政府双重监管,实行严格的、多层次投资监管制度,强调系统监管与个体监管并重。美国保险监督协会(NAIC)是联邦政府层面的监管机构,负责制定示范法规。各州保险局享有保险立法权,对辖区内保险机构的投资行为进行监管。

联邦《保险公司投资示范法》给出了保险投资的示范性标准,规定了保险资金可以投资的资产类别、投资比例以及被投资主体的信用等级,并列示了禁止投资项目表。在此基础上,各州对本辖区内的保险投资给出了更为明晰的规定。例如,纽约州颁布的《纽约州同一法律》第28章"保险法"第14条对保险投资做出了具体规定,如:对单项房地产和同一公司股票的上限是2%,对不动产投资总额的上限是20%,对股票投资总额的上限为20%,等等。

表2—2列出了美国纽约州保险资金投资的具体规定。

表 2—2　　　　　　　　　　　　纽约州保险资金投资规定

项　目	比例限制	
政府债券	无限制	
公司债券	NAIC 评级	比例上限
	1~2 级	无限制
	3~6 级	20%
	4~6 级	10%
	5~6 级	3%
	6 级	1%
优先股	对同一公司 2%	
不动产抵押贷款	无限制	
不动产	20%,单项 2%	
动产	10%,单项 2%	
普通股等股权	20%,对同一公司 2%	
海外投资	加拿大:10%。其他国家:1%	
期货	5%(对交易目的和资格有限制)	
其他	14%	
独立账户	合同上允许的任何投资对象(关联企业的证券不得分配给独立账户)	

资料来源:NAIC、人保资产宏观与战略研究所。

此外,美国政府对于不同负债性质的保险资金采用不同的监管标准。总体来说,对财险资金投资监管更为严格,采取"鸽笼式"的监管原则;对寿险资金投资监管相对更为宽松,采取"审慎人"的监管原则。而对于不同的寿险资金投资账户,又做出了差异化的监管规定:对一般账户投资有严格的政策规制,其基本出发点是为了防止寿险公司使用固定成本的负债进行高风险投资而造成偿付能力不足的风险,因此对投资于股票等高风险资产的比例进行了较严格的限制。而对于投资风险完全由客户承担的独立账户,其投资基本不受限制。

需要特别指出的是,在实行"约束型"监管的国家,由于监管指导思想是引导和帮助保险机构把握资产价格波动中出现的机会和风险,所以大多数的监管机构一定程度上做到"与时俱进"——根据本国保险业的需要以及国内外投资市场环境变化,动态调整大类资产配置的监管政策。

以美国为例。19 世纪 70 年代美国爆发经济危机,很多寿险公司倒闭。为此,美国对寿险业实行严格的投资管制,禁止其投资股票,只允许其投资政府债券、具有充足担保的公司债和不动产抵押贷款。20 世纪 70 年代后,美国金融产品大量兴起,保险公司保守的投资方式使其在与其他金融机构的竞争中明显处于劣势。为改变这一不利局面,监管机构大幅放松了投资限制,如:放松了对股票投资的限制;允许利用金融衍生工具进行风险控制。美国与加拿大的经济是高度一体化的,根据这一特点,美国纽约州保险法规专门允许保险机构以认可资产的 10％为上限投资加拿大资产。监管政策的适时调整为美国保险业发展提供了有利条件。

第二节　保险资金大类资产配置结构的国际比较

考察美、英、日的保险资金大类资产配置结构,可以发现,债券资产是各国投资的首要类别,股票资产在美国和英国较为突出,贷款资产在日本占比较高,各国不动产资产的配置比例都较低,英国和日本的境外投资力度较大。

一、债券资产

世界各国因所处国家证券市场发达程度不同,保险资金大类资产的配置有所差异,但均以债券为主。这与债券资产收益稳定、风险低、与保险资金特性匹配度较高密不可分。

在美、英、日保险业的资产配置中,债券均扮演着非常重要的角色。2013 年,美国寿险业资产配置中债券占比是 48.8％,一般账户中债券占比更是高达 71％;非寿险资产配置中债券占比为 62％。英国寿险业资产配置中债券占比为 39.7％;日本寿险业资产配置中债券占比高达 70％左右。

从债券资产配置结构来看,美国以高收益的公司债为主,且期限结构主要集中在中长期债券上。2013 年公司债券占美国寿险业总资产比例为 32.1%，其次是 MBS（占比为 9.1%）和国债（占比为 7.5%）。维持较长久期是美国寿险业债券资产配置的长期策略，未满期以及购入时久期超过 20 年的债券占比分别超过 20% 和 35%。

图 2—1 显示了 2007～2013 年美国寿险业一般账户债券资产期限分布变化情况。

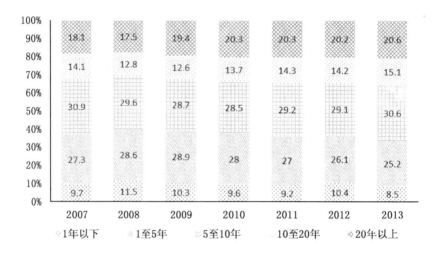

资料来源：Life Insurers Fact Book 2014。

图 2—1　美国寿险一般账户 2007～2013 年债券资产期限分布变化

英国寿险业政府债券投资比例长期稳定在 16%～20% 之间，与包含公司债在内的其他公司证券投资比例旗鼓相当。

日本寿险业债券组合结构与美国寿险业截然不同，政府债券投资比例远远高于公司债的比例。2006 年，日本保险资金在国债上的资产配置比例仅为 22.1%，但 2008 年后，国债资产比例持续上升，到 2013 年，其占比达到 43% 左右，而企业债和市政债的配置总比例仅为 11.1%。

二、股票资产

历史上，美国寿险业在以安全性为首的投资思路和严格监管的共同约束下，股票资产的占比处于较低水平。后来受变额年金等可承受相对高风险的投资型产品大幅扩张的影响，股票资产在总资产中的占比从 20 世纪 90 年代初的 10% 左右大幅上升 20 世纪 90 年代末的 30% 左右，并将这一比例保持至今。

图 2—2 显示了美国寿险业股票资产配置比例的变化情况。

2013 年，美国寿险业股票资产在总资产中的占比为 32.6%，其中在反映寿险公司

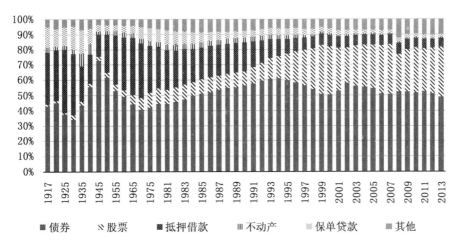

资料来源：Life Insurers Fact Book 2014。

图 2—2　美国寿险业股票资产配置比例变化

传统类产品的一般账户中，股票配置占比仅为 2.2%。寿险业一般账户的股票资产长期以来一直保持在极低水平，是因为这些资产必须支持固定给付的负债，无法承受更高风险；美国寿险业增加股票资产配置都是在完全由客户承担投资风险的独立账户下完成的，独立账户中股票配置占比高达 81.7%。由于独立账户投资规模占到整个寿险业规模的 38.2%，从而拉高了整个寿险业股票投资占比。

图 2—3 显示了 2013 年美国不同保险资金账户下股票资产的配置情况。

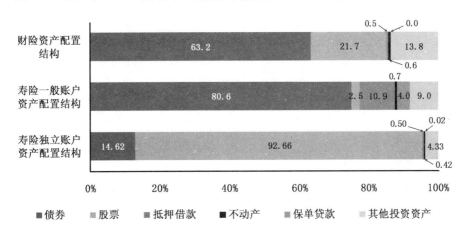

资料来源：Life Insurers Fact Book 2014。

图 2—3　美国不同保险资金账户的资产配置结构

表 2-3 显示了 2006～2013 年,美国寿险业一般账户和独立账户下普通股和优先股的占比情况。

表 2-3 美国寿险业股票资产结构 单位:%

股票类别	账户类别	2006	2007	2008	2009	2010	2011	2012	2013
普通股	一般账户	2.75	2.68	1.69	1.97	2.1	2	2	2
	独立账户	81.3	80.9	75.57	79.99	80.2	79.1	79.3	81.6
优先股	一般账户	2.2	2.18	2.09	0.36	0.3	0.2	0.2	0.2
	独立账户	0.18	0.19	0.18	0.05	0	0	0	0

资料来源:Life Insurers Fact Book。

历史上,英国股票投资占比一直处于较高水平。自 2000 年以来,英国寿险业股票资产配置比例出现了大幅下滑,从 2000 年以前的 50% 左右下降至目前的 30% 左右,这一变化与英国金融市场走势密切相关。2000～2003 年,英国股票市场深度调整,寿险公司偿付能力受到较大冲击,开始减少股票投资力度,股票资产配置比例从 50.7% 下降到 35.5%;自 2008 年金融危机爆发后,这一比例又继续下跌到 30% 左右。与寿险业的调整类似,非寿险业的股票投资比例也从 2000 年的 25% 下降到近年来的 12% 左右。

图 2-4 显示了 2002 年以来英国寿险业股票资产配置比例的变化情况。

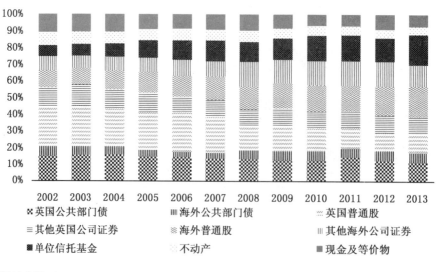

资料来源:ABI。

图 2-4 英国寿险业股票资产配置比例变化

与英国相似,日本寿险业股票资产配置比例变化也与金融市场变化相关。以2008年金融危机为分水岭,日本保险资产配置风险偏好发生了明显变化,股票资产配置比例从2006年的14.7%(不包括海外投资中的股票部分),下降到金融危机之后的5%左右。

图2—5显示了2006以来日本寿险业股票资产的配置比例变化情况。

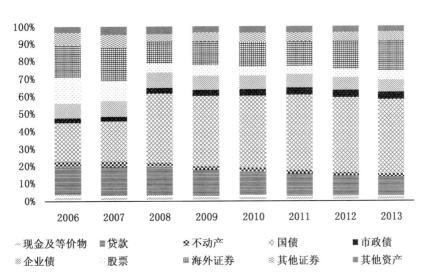

资料来源:LIAJ。

图2—5　2006～2013年日本寿险业资产配置情况

三、贷款资产

美国寿险业的抵押贷款以商业地产抵押为主,由于严格风控,具有较高的安全性,抵押贷款被认为是比债券风险更高的固定收益资产。2001～2013年,美国寿险业略微降低了抵押贷款在总资产中的占比。抵押贷款在一般账户中占比从10.78%降至9.6%。2013年,美国寿险业持有的抵押贷款达到0.36万亿美元,在总资产中占比约为6.1%。

贷款的抵押品除了土地、住宅之外,还包括商业、工业和机构用途的许多资产,比如:零售店、购物中心、办公室和工厂、医院和医疗中心、公寓等。其中,商业地产占据主导地位。2013年,以商业地产为抵押品的贷款资产总额为0.34万亿美元,在抵押贷款中占比高达94%。

图2—6显示了美国寿险业一般账户抵押贷款业务中各类抵押品占比情况。

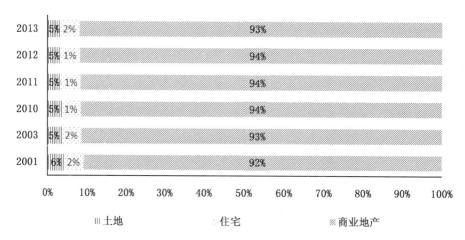

资料来源：Life Insurers Fact Book 2014。

图 2—6 美国寿险业一般账户抵押贷款业务中各类抵押品占比

在风险控制上，美国寿险业主要是通过保持较低的贷款抵押比率来确保贷款的安全性。2013 年美国寿险业抵押贷款的贷款抵押比率进一步降低。87％的资产贷款抵押比率低于 71％，只有 2％的资产高于 95％。这样，即便出现违约，寿险公司也可以通过拍卖抵押品弥补大部分或全部损失。

图 2—7 显示了美国寿险一般账户抵押贷款业务中借款抵押比分布情况。

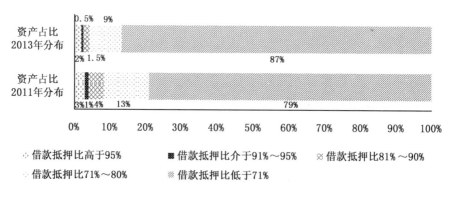

资料来源：Life Insurers Fact Book 2014。

图 2—7 美国寿险一般账户抵押贷款业务中借款抵押比分布

严格的风控和充足的抵押确保了抵押贷款业务较高的资产质量。2013 年，寿险业的抵押贷款只有 0.5％的处于重组、逾期或违约状态，其余都状况良好。

图 2—8 显示了美国寿险一般账户抵押贷款业务的资产质量分布情况。

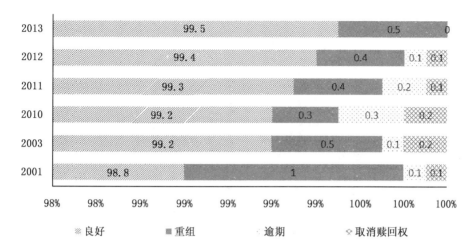

资料来源:Life Insurers Fact Book 2014。

图 2—8　美国寿险一般账户抵押贷款业务的资产质量分布

受资产证券化影响,英国寿险公司对贷款资产的配置不断萎缩,保险公司将资金转向流动性更高的证券化产品。而非寿险业的贷款经历了先降后升的过程,在 2002 年跌至 1.52% 的水平后,近年来已回升至 4% 的水平,略高于寿险业对贷款资产的投资程度。

日本是以银行为主导的间接融资体系,其保险公司的贷款资产占比高于以直接融资为主的国家。在 20 世纪 70 年代,贷款曾是日本寿险公司最重要的资产配置类别,其占比曾一度高达 60% 以上。20 世纪 80 年代后,日本保险业对有价证券的投资比例上升,贷款比例则显著降低。2012 年,日本保险业中证券类资产的占比达到 80%,贷款资产占比则下降至 10% 左右。

图 2—9 显示了 2006～2012 年日本寿险业与非寿险业贷款资产配置情况。

四、不动产资产

随着各国金融市场证券化程度的加深,再加之不动产流动性较弱的固有缺陷,保险公司不动产资产投资比例普遍较低。

美国寿险业的不动产投资以获得租金收入为主要目的,并由此避免了财务口径收益的大幅波动。2013 年,美国寿险业持有的不动产为 313 亿美元,在总资产中占比仅为 0.5%。其中,有 246 亿美元的不动产是为获得租金而持有的,只有 10.4 亿美元是为出售目的而持有的,其余是出于自用目的而持有的。一个明显的变化是,由于不动

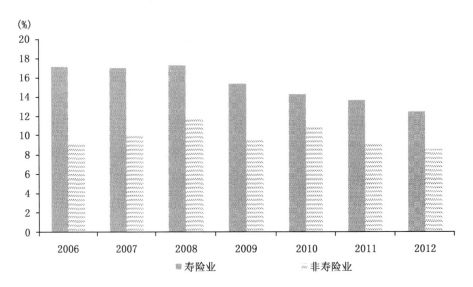

資料来源:LIAJ。

图 2—9　2006~2012 年日本寿险业与非寿险业贷款资产配置情况

产投资在美国"次贷"危机中呈现出高风险特征,相比于 2001 年,以出售为目的持有的不动产投资占比在 2013 年大幅下降。

图 2—10 为美国寿险一般账户不动产投资目的分类情况。

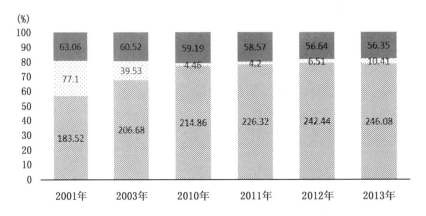

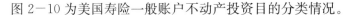

資料来源:Life Insurers Fact Book 2014。

图 2—10　美国寿险一般账户不动产投资目的分类

日本保险业不动产投资比例高于美国,但近年来也都在 5％以内。非寿险业的不动产配置比例略高于寿险业。

图 2—11 显示了日本保险业不动产资产配置情况。

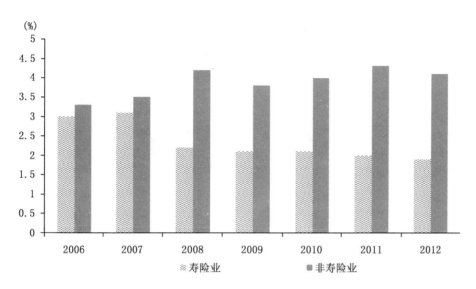

资料来源:LIAJ。

图 2—11　日本保险业不动产资产配置比例

五、境外资产

由于保险资金规模大、有一定的收益率要求,而本土金融市场容量有限,投资回报率难以满足保险负债成本要求,加之境外投资监管政策较为宽松,英国和日本的保险业在境外资产上配置了较大比例。

英国保险业境外资产配置类别较为丰富,包括普通股、其他公司证券、政府债、贷款及抵押贷款等,且投资规模不断扩张,境外投资占比从 2003 年的 22.3％上升至 2013 年的 36.5％。其中,海外普通股占比从 9.9％上升至 18.4％;海外公司证券占比从 7.4％上升至 12.5％;而海外公共部门债基本保持在 5％左右的水平。境外资产成为保险公司提高投资收益率的重要来源。

图 2—12 对比了 2002～2013 年英国保险资金投资海外公共部门债、海外普通股、其他海外公司证券的情况。

日本国内投资收益率有限,所以保险业十分重视海外投资。2008 年之前,日本保险资金海外投资比例约为 19％。受 2008 年全球金融危机的冲击,海外投资收益率跌至－3％,投资占比也下滑到 12.8％。此后,随着投资收益的提升,投资比例也逐年上升,到 2013 年重新达到 17.5％的比例。这与股票和不动产资产配置比例持续下跌有所不同。

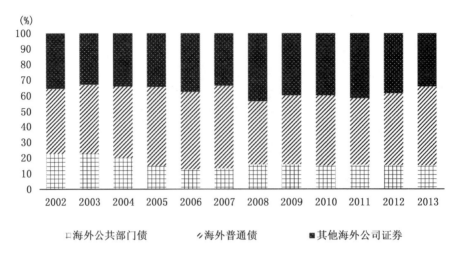

资料来源：ABI。

图 2—12　2002～2013 年英国保险资金境外投资类别资产对比

图 2—13、2—14 分别显示了 2006～2013 年日本寿险资金海外投资收益率情况，以及寿险业与非寿险业境外投资占比情况。

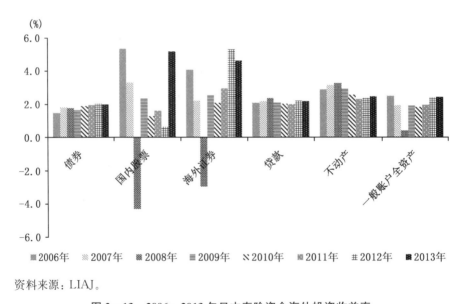

资料来源：LIAJ。

图 2—13　2006～2013 年日本寿险资金海外投资收益率

六、现金及存款类资产

由于非寿险公司流动性管理需求要强于寿险公司，所以，在大类资产配置方面，非

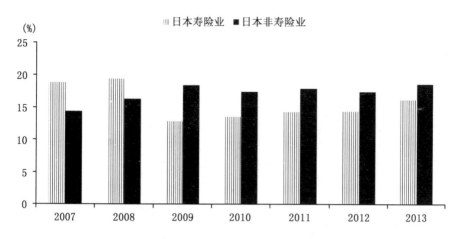

资料来源：LIAJ。

图 2—14　2006~2013 年日本寿险业与非寿险业境外投资占比

寿险业的现金及存款类资产的配置比例明显高于非寿险业。例如,2012 年,美国非寿险业现金及存款的占比为 6%,高于非寿险业的 2.6%;日本非寿险业的这一比例为 3.6%,也显著高于寿险业 1% 的配置比例。

图 2—15、2—16 分别显示了 2006~2012 年美国和日本的寿险业与非寿险业现金及存款类资产配置情况。

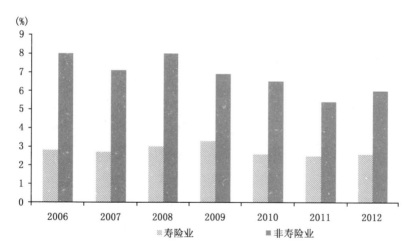

资料来源:Life Insurers Fact Book 2013。

图 2—15　2006~2012 年美国寿险业与非寿险业现金及存款类资产配置情况

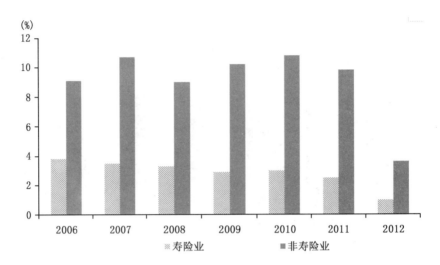

资料来源：LIAJ。

图2-16 2006~2012年日本寿险业与非寿险业现金及存款类资产配置情况

第三节 海外保险资金大类资产配置的启示

美、英、日等国的经验表明，保险资金在不同地域、不同历史时期、不同子行业的大类资产配置既有共性，也有差异。总体来看，负债特征、经济金融环境、监管政策是影响保险资金大类资产配置的主要因素。

一、负债业务与大类资产配置相互驱动

大类资产的表现及负债业务的发展之间存在着相互驱动和影响的关系，负债特征是大类资产配置的根本出发点，同时大类资产表现也对负债业务产生重要影响。

（一）负债特征是决定大类资产配置的首要因素

保险资金的首要约束是要满足负债在未来的赔偿或给付。因此，不管是相关保险法规，还是保险公司自身的经营理念，都把资产负债匹配放在最重要的位置，依据保险资金的负债特性开展大类资产配置。具体而言，寿险资金与非寿险资金、寿险公司一般账户资金和独立账户资金的负债特征大不相同，保险公司的大类资产配置也存在显著差异。

从寿险资金与非寿险资金的配置来看，寿险资金负债期限一般较长，且通常有最低回报要求，因此对投资风险的容忍度一般较低，大类资产配置以期限较长、投资收益

较为稳定的固定收益资产为主。

而非寿险资金负债期限较短,一般没有最低回报要求,因此对投资风险的容忍度相对更高,但非寿险准备金的不确定性和短期性的特点决定了其对流动性的要求也更高。一般而言,非寿险公司大类资产配置相对灵活,股票资产和现金资产的投资比例相对较高。

从寿险公司一般账户资金与独立账户资金来看,在传统寿险等一般账户下,寿险公司对客户负有给付固定利率的责任,投资风险主要由寿险公司承担,因此,寿险公司更注重大类资产配置的安全性,在债券、贷款等久期较长、收益回报稳定的固定收益类资产的配置比例较高,而对股票等风险较高的资产配置比例较低。在投连险等独立账户下,投资结果不管是收益还是亏损,均由客户自己承担,因而对股票等高风险资产配置比例较高,同时由于支取方式更为灵活,对资产的流动性要求也相应更高。

以美国为例,风险特征的匹配,即以固定收益资产来支持给付固定的负债,以风险资产来支持客户自担投资风险的负债,是美国寿险业资产负债匹配的核心内容。对于给付固定的负债,不应当过多地配置股票等高风险资产。即使在美国股市 1990~2000 年的持续上涨过程中,美国寿险业的一般账户项下的股票资产比例也仍然保持着极低的水平,2001 年仅为 3.86%。这一比例不仅包括美国寿险业在股市上的投资,还包括持有关联公司的股权。如果剔除关联公司股权投资,一般账户资产投资于非关联公司普通股的比例只有约 1.5%。2013 年,美国寿险业一般账户的债券资产占比达到 71%,贷款资产占比 9.6%,股票资产仅为 2.2%;而独立账户的股票资产占比高达 81.7%,债券资产占比仅为 6%,贷款资产占比只占 0.4%。

(二)大类资产表现在一定程度上也决定了不同特征负债业务的发展

20 世纪 90 年代美国股票市场的上涨使得居民财富产生了投资股票市场的需求,美国寿险业顺势推出了变额年金等客户自担投资风险的保险产品,并通过独立账户进行单独管理。这种创新既符合类别资产表现驱动负债业务发展的内在逻辑,也符合保险公司资产负债风险特征匹配的监管和经营要求。2001~2013 年,美国寿险业独立账户资产从 1.08 万亿美元增长至 2.35 万亿美元,远超过一般账户下的资产增速。

对中国保险资产负债管理而言,从理念上要将资产负债的风险特征匹配而非收益率覆盖作为监管和经营的第一原则。资产负债管理的正确关系是:负债端的资金特性决定资产端可承受风险程度及大类资产配置,而投资端大类资产的历史表现及未来预测,则能够在一定程度上决定与该类资产风险特征相适应的负债业务的发展前景。

具体而言,对于利率较不敏感、保险机构承担多数投资风险的寿险产品(如传统险、分红险),保险资金运用风格应更加稳健、权益类占比要适度控制;对于利率较为敏感、客户承担多数投资风险的寿险产品(如万能险、投连险),由于负债端风险承受能力强且客户能够方便地"用脚投票",保险资金运用应更加灵活,特别是权益类投资应更注意把握波动性机会。

二、经济金融环境差异是影响保险资金大类资产配置结构的重要因素

一方面,宏观经济环境及利率环境对保险资产配置有重要影响。与美国相比,英国和日本保险资金运用的一个共同特点是股票投资比例和海外投资比例较高。这其中的主要原因是英国和日本的经济增长不及美国,而投资收益本质上是从实体经济增长中分享利润。因此,英国和日本的保险资金不得不通过更多的股票投资和海外投资提高投资收益率。

尤其需要注意的是,在宏观经济增速下降、利率水平出现长期下行趋势或股票、房地产等风险资产进入长周期下行通道时,保险公司的长期负债可能会面临较大的再投资风险。此时,保险公司必须在充分考虑汇率风险的前提下,通过全球化资产配置满足存量负债的投资收益要求。

另一方面,保险公司主要在本国金融市场开展大类资产配置,因而一国金融市场的发展状况也是影响保险资金大类资产配置的一个重要因素。此外,保险资金大类资产配置监管政策也受金融体系结构和金融市场成熟度影响。例如,日本曾针对本国金融市场容量有限、国内投资回报率较低的情况,放松了海外投资限制。

一是金融体制差异对保险资金大类资产配置产生影响。英国、美国以直接融资为主导,股票市场较发达,股票资产占比较高;日本以间接融资为主导,贷款资产占比较高。在 20 世纪 70 年代,日本保险业贷款资产占比曾一度高达 60% 以上,尽管后来随着日元升值后的产业空心化,日本保险资产配置中的贷款比重有所下降,但目前 10% 左右的占比也显著高于其他国家。

二是金融市场结构差异也对保险资金大类资产配置产生影响。一国或地区大类资产配置组合在一定程度上反映了该经济体的金融结构。英国是传统的世界金融中心,股票市场十分发达,而美国尽管股票市场也很发达,但债券市场更具比较优势。

三是金融市场的发育程度影响保险投资收益水平。美国公司债券市场发达,该国寿险业自 1930 年以来就是其最大的投资机构。2013 年,公司债占美国寿险业(一般账户)总资产的比例为 48.2%,额度高达 1.8 万亿美元;而作为无风险资产、难以提供高收益的政府债仅占 10.4%,从而整体投资收益率长期保持在 5% 以上。而日本债券

市场发展相对滞后,寿险公司不得不转向收益率较低的国债。2013 年,日本国债占比高达 42.7%,而公司债仅占 7.1%,导致整体收益率长期徘徊在 2% 左右。

三、监管约束逐步从对保险投资范围和比例的直接管制转向以偿付能力为核心的审慎监管

一方面,各国在保险资金大类资产配置监管政策方面也随着保险市场和资本市场的变化进行过诸多方面的尝试。

以日本为例。20 世纪 80 年代以后,伴随日本保险业发展和国内外投资市场环境改变,保险监管机构对海外投资规定进行了多次调整。1980 年,允许保险公司投资外国有价证券,同时规定投资海外有价证券的数额不超过保险公司总资产的 10%;1986年,进一步将上述限制放宽到 30% 并允许保险公司持有海外金融期货。20 世纪 90 年代,日本国内股市、债市、房市、信贷市场全面失去投资机会。在这种情况下,如果 20世纪 80 年代后期日本没有放松其对保险业海外投资的限制,那么 20 世纪 90 年代的日本保险业困境会更为严重。

再以中国为例。2003 年以后,中国经济进入新一轮增长周期,投资市场出现了系统性机会。在这一背景下,保监会一方面着手推进保险资产管理的专业化与独立化;另一方面逐步放松对保险投资的限制,在股票投资方面尤其如此。2004 年 10 月,保监会允许保险资金直接投资股票;2005 年 2 月,明确股票投资的比例上限为 5%;2007年 7 月,将该比例提高至 10%;2010 年 7 月,再将投资股票与股票型基金合计比例的上限提高到 20%。这些调整使中国保险业分享了 2005~2007 年 A 股市场的"盛宴"。

2010 年以来,A 股市场震荡走低,中国保险业投资收益面临着很大压力。在此背景下,2012 年保监会着手推进保险投资"新政",进一步拓宽了保险资金投资渠道。2014 年 2 月,保监会发布《关于加强和改进保险资金运用比例监管的通知》(保监发〔2014〕13 号),规定权益类资产、不动产类资产、其他金融资产、境外投资的账面余额占保险公司上季末总资产的监管比例分别不高于 30%、30%、25%、15%。该修订是近年来规范和松绑险资运用监管的延续和重大突破。"抓大放小"式的监管政策有利于提高资金运用的灵活度,从而创造更大的发展空间。"抓大"是通过大类资产监管比例守住不发生系统性风险的底线,"放小"是取消具体品种投资总量的比例限制,实现投资自主、风险自担。

图 2—17 显示了中国保险资金运用监管政策的演变情况。

另一方面,尽管现实中,绝大部分国家依然对保险资金投资范围及比例进行限制,

	20世纪90年代初	20世纪90年代中期	2003年后	2012年以来
中国保险投资监管与时俱进	投资领域几乎不受限制,大量资金涉足于信贷、房地产、期货和实业	央行制定了非常严格的保险投资监管政策。保险资金由原来的"四面出击"向国债和存款集中性收缩	着手推进保险资产管理的专业化与独立化;逐步放松对保险投资的限制,在股票投资方面尤其如此	保监会着手推进保险投资"新政",进一步拓宽了保险资金投资渠道

资料来源:中国保险监督管理委员会、人保资产宏观与战略研究所。

图 2-17 中国保险资金运用监管政策演变

但监管机构对保险资金大类资产配置的直接约束日趋放松,进而逐步转向以偿付能力为核心的监管模式。

各国保险资金大类资产配置都是在监管规定所允许的资产类别及其比例范围内开展的。因此,各国对保险资金投资范围及比例的限制会对大类资产配置结果产生直接影响。比如,英国长期秉持宽松监管理念,保险公司对股票投资的比例保持了较高水平。而美国寿险公司一般账户的股票投资占比一直保持在比较低的水平,这与美国寿险业对一般账户的监管比较严格是分不开的。

对保险资金投资范围和比例实行限制不仅会直接影响保险公司的投资组合,而且会对负债业务产生重要影响。若对保险资金大类资产配置约束过于严格,可能会导致资产配置结构单一,投资风险难以有效分散,投资收益不能覆盖负债成本等问题,从而会限制保险公司的营利性,降低保险产品的竞争力;相反,若在本国金融市场不成熟、保险公司投资能力不强的情况下过于放宽大类资产配置监管政策,可能会提高保险公司的投资风险偏好,盲目加大对股票等高风险资产的投资比重,从而加大保险公司的经营风险。

因此,监管政策在保险投资收益性和安全性之间取得平衡至关重要。从各国保险资金大类资产配置趋势来看,随着保险业的日益成熟,监管机构也不断放松保险投资范围和比例的直接管制,同时转向以偿付能力为核心的审慎监管模式,鼓励保险公司在满足偿付能力要求的前提下,发挥投资的主动性,根据自身情况灵活选择资产配置方案。尽管大类资产配置比例限制对高风险投资仍具有一定的制约,但已并非是影响保险资金大类资产配置的关键。例如,美国寿险业一般账户的股票投资比例长期以来保持在 2% 左右的水平,与 20% 的监管上限相去甚远。赋予保险机构更为灵活自由的空间将是保险资金运用监管未来的发展方向。

第三章　优化中国保险资金大类资产配置的建议

第一节　对中国保险投资监管的政策建议

2012 年以来,市场化改革为中国金融市场注入了强大的动力,也推动了中国保险监管改革升级。为进一步优化中国保险业的大类资产配置、提高资金收益性和稳定性,建议监管层面着力推进以下工作。

一、深化"放开前端、管住后端"的监管理念

(一)"放开前端、管住后端"的含义

市场化改革的核心问题是处理好政府和市场的关系,使市场在资源配置中起决定性作用并更好地发挥政府作用。保险监管应遵循由市场决定资源配置的一般规律,着力解决市场体系不完善、政府干预过多和监管不到位的问题。基于这一理念,近年来我国保险监管改革遵循的总体思路是"放开前端、管住后端"。

"放开前端",就是要减少事前的行政许可,改变主要依靠审批、核准等事前管制手段来防范风险的监管方式,把经营权还给市场主体,也把风险责任交给市场主体。

"管住后端",就是要加强事中和事后的监管,有效防范风险,及时化解风险,坚决守住风险底线,切实保护保险消费者利益。管好后端风险,既要通过资本约束机制强化事后监管,也要通过对风险持续性的过程监管强化事中监管。

(二)"放开前端"的监管改革方向

在资金运用领域,"放开前端"的监管改革方向应体现在:

一是进一步拓宽保险资金投资范围。在保险投资渠道监管方面,目前中国与其他经济体相比,最大的差距主要表现在贷款上。保险资金放贷在西方成熟市场是普遍做法。而在中国,保险机构目前只能从事保单质押贷款与通过债权计划从事"类贷款"业务,不能直接从事贷款业务。未来可考虑允许保险资产管理公司适度开展直接贷款业务。

二是进一步增强保险资金运用政策的灵活性。保险资金的流向往往是伴随国家经济发展动态变化的,监管机构应根据不同的经济发展阶段,以及经济周期的变化,适时对投资比例限制做出调整。

三是对不同性质的资金进行分类管理。资金根据来源可分为投保人缴纳的保费和保险公司自有资金。目前,我国监管机构对这两种资金采取了"一刀切"的监管方式,限制了保险公司经营的自主权。未来,可在立法上对不同来源、不同性质的保险资金做出规定,确定不同的投资原则。

四是探索负面清单模式下的监管方式。由于资本市场创新发展日新月异,保险资金运用管理应当放弃以往的"列举法",转而采用"负面清单制",从而促使保险资金运用更好地跟上资本市场的创新步伐。

(三)"管住后端"的监管改革方向

在资金运用领域,"管住后端"的监管改革方向应体现在:

一是继续完善风险导向型偿付能力监管体系。以风险为导向的"偿二代"体系,为放开前端创造了更好的条件。2016 年,中国偿付能力监管体系面临着全面切换的准备工作。监管机构应进一步总结试运行阶段经验、研究制定"偿二代"相关配套制度、改进保险监管流程和机制,完成"偿二代"监管信息系统建设,提高监管效率和监管合力。基于"偿二代"正式实施之后积累的数据和经验,监管部门应动态监测环境变化,改进相关模型、优化参数。

二是加大分类监管力度。在"偿二代"体系下,监管机构将综合分析、评价对保险公司的固有风险(量化和非量化)和控制风险,评定为不同的监管类别,并采取相应的监管政策。其中,对操作风险、战略风险、声誉风险、流动性风险和偿付能力风险管理的评估均为中国保险监管的首次实践,挑战较大。监管机构应严格遵照评估要求,审慎评价机构的行业偿付能力变化,并及早发现风险。对于 A、B、C、D 各类机构,监管机构应进一步差别化监管政策、提高监管措施的针对性和及时性。

三是进一步完善资本补充机制,指导和规范行业融资行为,丰富资本工具,拓宽融资渠道,提高行业资本实力和抵御风险。

二、建立健全逆周期监管制度

由于保险主体之间存在相似的风险暴露,且保险业与实体经济之间风险存在正向反馈,因此,保险市场具有显著的顺周期特征。具体来看,在负债端,寿险业景气度与投资市场表现相关性很强,大约滞后于后者 3~6 个月;财险业与汽车销量、企业盈利、工商业景气度等宏观经济因素高度相关。在资产端,投资市场繁荣时期,保险资金的风险偏好上升,投资组合的收益性和潜在风险均较高。

近年来,英国、美国和欧盟的金融监管改革方案中纷纷提出了要加强宏观审慎监管。在宏观审慎监管框架下,逆周期监管是核心内容之一。中国版"偿二代"监管准则中首次提出"保险公司应当根据宏观审慎监管要求,计量逆周期附加资本"。这表明,逆周期监管制度已经正式纳入我国保险监管框架。尽管在过去的监管实践中,监管当局会采取窗口指导的形式间接落实逆周期监管理念。但我们认为,在监管框架中事先约定规则可以使市场主体更好地预期和理解监管方所采取的监管政策,并作为其决策时预先考虑的先行因素。

然而,"偿二代"规则中并未明确逆周期附加资本的具体标准,仅说明由保监会另行规定。目前,各保险主体在测算核心与综合赔付能力充足率时均未考虑增加逆周期附加资本,表明"逆周期监管"仍未真正体现在实践中。究其缘由,一方面系统性风险难以量化;另一方面由于指标量纲不同,不能确定经济周期对偿付能力充足率的影响。即在监管要求的范围内偿付能力充足率下降几个百分点是否有现实的经济学意义,是否能实现控制系统风险的目标。

我们认为,为降低保险资金收益率波动性、管控保险资金大类资产配置风险,监管机构应进一步坐实逆周期监管制度:

一是编制和监测宏观风险指数量化系统性风险,该指数可以包括股指隐含波动率、汇率隐含波动率和信用利差等指标

二是进一步研究分析经济周期与保险周期的互动关系,并通过模型建立系统性风险与偿付能力充足率之间可量化的关系。

三是根据经济周期不同阶段,对"偿二代"中各类资产的风险因子进行动态调整,从而通过引导大类资产配置减少顺周期风险。

四是进一步在日常监管过程中充分渗透逆周期监管理念。

三、进一步推进保险资产管理市场化委托机制

2012 年,《保险资金委托投资管理暂行办法》(保监发〔2012〕60 号)、《关于保险资产管理公司有关事项的通知》(保监发〔2012〕90 号)先后发布。取得资质的证券公司、证券资产管理公司、证券投资基金管理公司及其子公司可以作为保险资金的投资管理机构;同时,保险资产管理公司除受托管理保险资金外,还可受托管理养老金、企业年金、住房公积金等机构的资金。在监管层面,保险资产管理市场基本实现了"双向开

放"的市场化委托机制。

在正在进行的金融体系改革中,市场化的理念正在逐步替代行政思维引导资源配置。在资产管理领域,提高市场化程度是现阶段引进先进"生产力"的最有效途径之一。未来,市场化委托机制的进一步巩固和发展还需要监管政策的引导:

一是顺应大资管发展趋势,"放开受托人、管好委托人"。"放开受托人"就是要通过实施积极的支持性政策,参照国际保险资产管理业实践,应更大幅度放开对受托管理人的限制,给予资产管理机构更大的创新空间,将其推向市场成长为真正的竞争主体。"管好委托人"就是需要全方位地加强保险资金监管,最大限度地维护保险资产安全运行和保险消费者合法权益。

二是推动和鼓励保险资产管理机构体制机制改革。从公司治理上,要推动股权多元化,引进专业性机构,发挥战略协同效应。从机构设置上,针对不同投资渠道的特点,推进设立专业化保险资产管理机构的制度探索,更好地满足保险资金的多元化配置需求。从激励机制上,要适应资产管理是典型的知识密集型、人才密集型行业,高度依赖专业人才的特点,逐步改善激励约束机制,探索员工持股、项目跟投等机制。

三是强化对保险大类资产配置能力建设的要求。在资产管理机构纷纷踏足保险资产管理领域的同时,监管机构仍需强调保险资产配置的特殊性。目前,在战略资产配置、资产负债管理、委托受托关系等保险投资的核心领域,业内缺乏共识意见和制度规范。建议监管部门在充分学习和研究国际经验的基础上,以制度形式引导保险投资中的战略资产配置、资产负债管理等内容合理化与规范化。

第二节　对保险资产管理机构的建议

一、坚持分散化和长期投资理念,降低投资波动性

保险资金特性决定了其投资收益应具有较高的稳定性。然而,保险市场本身又表现出强烈的顺周期特征。因此,降低投资组合的波动性是保险大类资产配置的首要原则。

（一）空间维度的大类资产配置

在空间维度,分散化投资是成本最低的风险管理方式,也是专业化资产配置机构的逻辑起点。由于类别资产的风险收益特性可能会发生显著变化,因此投资单一市场或者单一地域将造成投资组合的波动性较高且无法预测。利用不同市场间的不完全

相关(甚至负相关)性,分散化资产配置可以减少组合的敞口风险,而且通过增加有较高预期收益的资产,整个的组合收益率将提高。在"偿二代"体系下,多样化配置还将带来更低的资本消耗。可以说,分散化投资可谓是机构投资者的"免费午餐"。

过去20多年,中国保险业的分散化资产配置趋势不断增强。从20世纪90年代以高息存款为主,再到21世纪初以存款和债券为主,逐步过渡到2005年以后的固定收益和权益类配置。2012年以来,另类固定收益资产在保险资产组合中占比快速上升。随着投资渠道的进一步放开和投资能力的提高,未来保险投资组合的资产多样性应进一步增强,在境外投资、私募股权投资、不动产投资、资产证券化等方面均有较大的拓展空间。

图3—1、3—2分别显示了1999～2010年我国保险资产配置结构变化,以及2008年以来另类投资的占比变化。

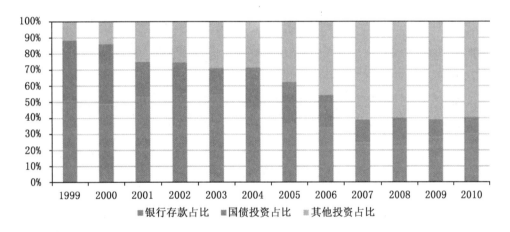

资料来源:Wind。

图3—1　1999～2010年保险资产配置结构变化

(二)时间维度的大类资产配置

在时间维度,坚持长期投资理念是保险资金降低波动性的最有效方式。由于在特定时期资产配置背后的"主导性因素"存在不同,短期大类资产配置的波动性一般非常高。从美国股票市场的实证数据也可以看出,长期市场波动率相比短期市场大幅降低,且业绩指标而非估值指标的贡献度更大。这意味着,坚持长期投资理念不仅可以使保险资金获得更稳定的收益率,而且投资机会也更容易预测。事实上,由于保险资金负债久期长,客观上也为长期投资创造了条件。

"新国十条"中明确指出:要充分发挥保险资金长期投资的独特优势,在保证安全

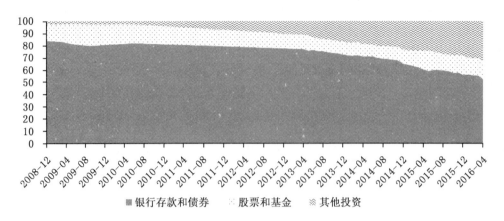

■银行存款和债券　　∷股票和基金　　⊠其他投资

资料来源：Wind。

图 3—2　2008 年以来保险资金另类资产配置结构变化

性、收益性前提下，创新保险资金运用方式，提高保险资金配置效率。未来，长期投资理念将不局限于"买入—持有"的传统思维，而将扩展至"直接对接实体经济"、"战略性投资"、"延长保险产业链"等内涵。

例如，作为全球保险资金另类投资的第二大品种（另类投资占比最大的为不动产投资），私募基金是践行保险资金长期投资理念的最佳市场之一。2015 年 9 月，保监会正式批准保险资金可以发起设立私募基金，范围包括成长基金、并购基金、新兴战略产业基金、夹层基金、不动产基金、创业投资基金等。目前，国内已有多家保险机构积极涉足科技、健康、金融等私募投资领域。随着中国经济转型发展和市场改革深化，未来保险资金在私募基金市场的投资机遇将十分广阔。

基础设施投资也是长期投资理念的体现之一。2012 年以来，保险资金投资于基础设施债权计划的规模呈现出"井喷式"增长，截至 2014 年末，保险资金发起基础设施投资计划达到 1.1 万亿元。然而，目前多数基础设施投资计划期限在 5 年左右，不能较好地匹配寿险负债期限。2015 年 7 月，国务院批复设立中国保险投资基金，基金总规模预计为 3 000 亿元，出资保险机构数目将达 20～50 家。该基金投资范围将紧密围绕国家产业政策和发展战略开展投资，主要投向"一带一路"、京津冀协同发展、长江经济带等战略项目，拉动力强、社会经济效益好的棚户区改造、城市基础设施、重大水利工程、中西部交通设施、新型城镇化等基础设施建设，国际产能合作和"走出去"重大项目等。上述项目容量更大、期限更长、信用风险更低，与保险资金特性更加匹配，保险资产端应积极进行优质项目的对接工作。

二、平衡"绝对收益"与"相对收益"的关系,制定与之相协调的风险政策

（一）"绝对收益"与"相对收益"目标的关系

在资产管理行业,一方面,负债成本构成了约束投资端的收益基准,其取决于保险机构的整体风险偏好,也决定了保险大类资产配置的风险政策。另一方面,投资端的使命是相机把握投资机会,其天性是追求相对收益。在保险业或资产管理业内的激烈竞争中,相对收益也是最直观和最重要的指标。

因此,保险资产管理是以绝对收益为硬约束,不断追求相对收益的投资过程。平衡"绝对收益"与"相对收益"目标的关系是贯穿保险大类资产配置最重要的主线之一,广泛涉及衡量风险偏好、设定业绩基准、制定投资策略、风险管理等问题。

（二）"绝对收益"目标和"相对收益"目标的设定

对于绝对收益目标,建议在集团层面设立资产负债管理委员会负责设置负债成本的上限,并下设机构进行战略资产配置,从而以"顶层设计"平衡资产方和负债方的地位,促进"绝对收益"目标趋于合理。

对于相对收益目标,建议采取具有保险特性的基准指数,即在指数上给予优化得到细分指数,如低波动率股票指数、高股息率股票指数等。而且在全球化资产配置背景下,应尽可能保证各市场的指数标准接近,例如统一采取 MSCI 指数系列。

（三）"绝对收益"与"相对收益"账户的绩效考核

平衡"绝对收益"与"相对收益"的关系也是保险资产管理绩效考核的重要内容。建议根据资金性质划分"绝对收益"账户和"相对收益"账户。

对"绝对收益"考核的账户,管理人应给予较低的风险容忍度,并施行相对温和的考核制度。例如,在门槛值以下采取"连续式"赋分法,不鼓励极端的风险配置。相应地,对"相对收益"的账户,管理人应给予较宽松的投资政策以及灵活的考核方式。例如,在门槛值以下采取"断崖式"赋分法、在目标值以上采取"累进制"赋分法,从而激励投资经理追求相对收益的最大化。

在当前中国资本市场尚不成熟、市场又缺乏风险对冲工具的情况下,追求长期稳定、较高的绝对收益对资产管理而言是一项极富挑战性的工作,在资产管理行业中能实现长期、稳定的超额收益只有少数大师级人物如巴菲特、彼得·林奇才能做到。而保险资产管理也要努力向此目标迈进才能满足投资者的期望,才能兑现向保单持有人的承诺。

三、建立结构化的大类资产配置体系

在多元化投资之后,各资产类别的风险特性以及他们之间的相关度将随时间而变化,从而改变组合的风险收益特征。因此,保险大类资产配置需要一个结构化的管理过程,关注特定时期资产的价格波动特征和相关度的变化情况。

按照时间周期,大类资产配置一般划分为战略资产配置(SAA)、战术资产配置(TAA)和再平衡管理(Rebalancing)。

(一)战略资产配置

战略资产配置作为保险投资的起点,围绕保险业务特征,着力提高资产组合在相对较长区间内对负债成本的"覆盖度"。多项研究成果也表明,战略资产配置是保险投资收益率的主要贡献者。因此,我们认为,应明确 SAA 在大类资产配置中的基础性地位和实现"绝对收益"目标中的关键责任,并由保险机构资产负债管理的顶层部门下设机构负责战略资产配置。

(二)战术资产配置

战术资产配置是通过捕捉资产波动规律的变化,动态调整短期资产配置,从而增加投资组合价值的积极战略。TAA 是 SAA 层面实现绝对收益目标的"附加保障"。

需要指出的是,保险资金的风险承受能力短期内并不随投资市场和组合净值波动而发生显著变化。因此,TAA 需避免随投资市场波动改变风险偏好,而应在保持原有风险容忍度条件下分析资产的风险收益报酬。

(三)再平衡管理

针对 SAA 和 TAA 政策,再平衡管理将对资产价格变化所引起的实际配置与目标值之间的偏离进行纠正,以保持投资组合资产配置的稳定性。我们认为,再平衡管理的最大作用是风险控制。阿诺特和拉菲(Arnott & Lovell,1993),布莱克和阿诺特(Plaxco & Arnott,2002)等人的研究还证实,再平衡策略在增加组合回报,尤其是提升风险调整收益方面具有显著的优势。

四、以大类资产的综合性研究能力为基础,捕捉特定时期资产配置的主导因素

无约束的大类资产配置研究能力是保险资产管理公司取得较高投资收益的基础,也是监管机构放松投资限制政策的必要条件。大类资产配置研究能力的基础是全球宏观经济研究。

保险资产管理机构应逐步培养和打造对全球宏观经济和类别资产市场进行立体

化与交融化研究的能力。特别是要对中国经济与世界经济的交互影响，以及宏观经济与投资市场交互影响给予足够的重视。

然而，正如弗里德曼曾说的，金融市场并不完全随经济周期波动。随着金融市场对实体经济的渗透以及金融产品的创新发展，金融市场对实体经济风险及收益的放大性越来越明显、映射关系也越来越复杂。

借助基础研究能力，保险资产管理人应根据资产配置的层次划分长、中、短周期，并分析把握不同阶段影响大类资产配置的"主导因素"。类别资产价格波动的"主导因素"在不同阶段会发生非常大的变化，如果不能有效地把握这种变化而仅仅停留在以往的经验上，在大类资产配置上容易犯下比较大的错误。

五、使用数量化模型辅助大类资产配置决策，并对模型进行动态调整

支撑资产管理机构投资业绩的应该是理念、机制与方法，而不应过于依赖特定的"人"。如果一家保险资产管理机构极其依赖于某个投资明星，该机构的投资业绩势必会与某个"人"的状态、情绪、风格紧密挂钩。从跨越周期的角度看，该机构投资业绩的稳定性就值得担忧。

更进一步，由于影响因素复杂且处于动态变化过程，如果在大类资产配置框架中只包含定性式投资决策，同样难以跳出"人"的认知局限性。

因此，对于专业化的保险资产管理机构而言，数量化投资体系是获得较高、较稳定回报的可行和重要路径之一。在类别资产价格波动研究与大类资产配置方面，保险资产管理机构应以科学的逻辑和对投资市场波动规律的深入研究为基础，构建能够经得起长期有效性检验的量化投资框架。

投资组合保险策略（如 CPPI、TIPP 策略等）是大类资产配置中应用较为广泛的数量化分析工具，然而由于完全放弃了对投资市场波动方向的把握与判断，其绝对收益能力较为有限。根据我们实证研究，针对国内股债两市，以 CPPI 策略为基础构建组合的净值经常大幅波动，无法实现绝对收益回报；TIPP 策略优于 CPPI 策略，但也不足以覆盖国内寿险保单的获取成本。

我们认为，努力在大类资产配置和类别资产配置各层面应用量化工具是保障绝对回报目标的可取途径之一。

例如，A 股多层次波动量化监测系统（以下简称"选时模型"）、A 股优选模型（以下简称"选股模型"）是人保资产管理公司宏观与战略研究所独立开发的 A 股投资量化工具，前者用于对 A 股大盘多个层次的波动进行监测及选时，后者则从估值、成长性、

安全性、盈利能力与质量、动量角度精选 A 股上市公司。将"选股模型"和"选时模型"叠加应用,我们可以获得非常可观的绝对回报,远远超过保险资金的负债成本。

六、在负债业务与投资业务之间建立"双向驱动"机制

长期以来,中国保险资金运用既无法取得稳定的"绝对收益"回报,也难以获得相对其他资产管理机构具有优势的"相对收益"回报。在此背景下,负债业务对资产管理的"单向驱动"成为中国保险业的基本特征之一。

然而,不受投资收益约束的负债业务很容易走上高成本扩张路线。特别是在利率下行周期,资产端的压力与日俱增,利差损风险不断积聚。目前,人身险保费增长势头仍较快,新增资金流入快、成本高,但可配置的高收益固定收益资产越来越有限,存量资产的"红利"也将很快消失殆尽。

2016 年起,中国版"偿二代"将正式实施,利率下行将在偿付能力层面对人身险企业提出挑战。在"偿二代"体系下,一方面,认可负债的评估利率将由固定利率变为浮动利率,利率下行可能使实际资本降低;另一方面,是由于资产端利率风险的评估采用资产负债联动的情景法,在其他因素不变的情况下,资产负债的久期缺口越大、最低资本要求越高。

我们认为,在负债业务与资产管理之间建立"双向驱动"机制,通过资产负债管理方法提高资产负债匹配程度是应对利率风险的最主要手段。保险公司应加强资产负债联动,根据资产端状况动态确定负债成本,减少利差损风险。在利率下行阶段,拉长资产久期、应用互换等衍生品工具、积极发展利率敏感型和短期限寿险产品将有利于减少利率风险。

在资产端和负债端的业务调整过程中,保险机构应注意区别对待。

在负债业务方面,由于负债成本具有粘性甚至刚性、市场偏好变化较慢,"一刀切"的业务调整方式可能对市场规模损失太大。建议保险机构通过资产端的引导循序渐进地调整预定利率和期限,尽量转"大弯"而避免转"急弯"。

在资产业务方面,如果对长期利率趋势做出基本判断后,应尽快调整资产配置,抢在利率周期之前配置高收益资产,为负债业务赢得发展空间。

第三节　结　语

长期以来,中国保险市场和投资市场的恶劣"生态环境"广受诟病。然而,在世界

保险市场平均增速只有 2% 的背景下,中国保险市场凭借 10% 以上的增速成为发展最快的保险大国之一。中国保险资金运用市场已经获得了国内外各类投资管理人的极大兴趣。

达尔文的进化论告诉我们,"适者生存,物竞天择",并不是完全取决于生物自身的能力,很大程度上取决于生物的能力与环境所需之间能否实现恰到好处的匹配。

如何适应中国保险市场的发展趋势、如何洞察中国资本市场的变化规律将是提高中国保险资金大类资产配置能力的关键命题。中国保险资产管理业刚走完 12 年的历程,实际上仍处在"儿童期",本文浅析了我们对相关问题的一点拙见,意在抛砖引玉。我们愿意与同业机构多探讨交流,在投研能力建设等方面共同成长,为中国保险业和资产管理业走向更美好的明天贡献一份力量。

参考文献

[1]陈旭辉.寿险公司资产配置研究[J].保险研究,2007,(7).

[2]陈文辉.在第九届中国证券市场年会上的讲话(网站).http://stock.jrj.com.cn/2013/11/29113516241047.shtml,2013.

[3]李一,周心鹏,李琦.再平衡策略及对社保基金投资的建议[J].金融与经济,2010(02).

[4]缪建民,张雪松.资产周期特性与保险公司资产配置策略[J].保险研究,2010(8)

[5]缪建民.保险资产管理的理论与实践[J].新金融评论,2013(5)

[6]曲扬.保险资金运用的国际比较与启示[J].保险研究,2008 (6)

[7]杨芮,陈文辉."五驾马车"拉动保险资管市场化改革[N].第一财经日报,2014 年 12 月 23 日.

[8]杨芮.资本补充工具持续扩容 险企发行优先股方案将落地[N].第一财经日报,2015 年 6 月 12 日.

[9]张领伟,尹佳璇.偿二代监管框架下应采取何种逆周期监管政策应对顺周期[N].中国保险报,2015 年 9 月 1 日.

[10]曾于瑾.深入践行保险监管核心价值理念,切实做好保险资金运用监管工作[N].中国保险报,2013 年 7 月 1 日.

[11]周立群.类别资产视角下的保险投资观察[J].中国保险,2013(08).

保险资金大类资产配置研究

中国人寿资产管理有限公司

宋子洲　杨琳　肖志光　朱元琪

段彦飞　王凤云　郭　祥　李博闻

摘要

本课题在系统梳理和总结前期大类资产配置、资本市场、经济周期与投资时钟、中长期增长、经济指标解读等多个系列研究成果的基础上,对大类资产配置的基本逻辑、量化配置基准、量化调整策略、经验调整逻辑和中长期经济周期、结构变迁和短期波动观察进行系统阐述,首次提出一个基于宏观视角、具有一定可操作性和实用性的大类资产配置框架体系,以期为公司投资决策提供具有较强实用价值的参考。

关键词

保险资金　量化基准　调整策略　模拟组合　绩效归因

第一章　大类资产配置的基本逻辑与框架

第一节　基本逻辑

长期以来,在构建大类资产配置框架体系的过程中,主导和占据思维的基本逻辑问题是：

决定大类资产表现的主要矛盾是什么？

如何准确刻画主要矛盾对大类资产表现的影响？

如何将上述影响转化为具有可操作性的配置或投资策略？

配置或投资策略是否有效，如何在实践中应用？

针对上述基本逻辑问题，课题组前期已经进行了大量的深度量化研究，其研究结论表明建立大类资产配置框架体系的必要性和可行性。

一是宏观经济基本面是决定大类资产表现的主要矛盾，这意味着大类资产配置框架体系必须从宏观经济基本面出发，这样才能准确把握影响资产收益率及其相对表现的主要矛盾。

二是资产收益率不同程度受到前期经济指标的显著影响，这表明经济基本面与资产收益率之间存在较为稳定的关系，从宏观视角建立大类资产配置框架体系具有可行性。

三是课题组通过前期研究，已经形成了可操作的量化配置策略和"经验逻辑"，尤其是量化配置策略的实际运行效果较好，表明将一般性研究转化为配置或投资策略的有效性。

第二节　基本原则

在大类资产配置框架体系的构建过程中，应坚持以下基本原则：

一是可操作性原则。即框架体系在应用和实践中必须具有可重复性和可操作性，从而对资产配置决策具有直接的指导性，甚至在某种程度上可直接根据框架体系得到资产配置的方向性建议或初步的资产配置组合。

二是可数量化原则。为满足实用性和可操作性原则，在框架体系搭建过程中，我们坚持以量化研究和量化策略为主，即使是经验性逻辑，也大多以量化研究结论作为基础，从而对资产配置形成方向性建议。

三是可归因性原则。即资产配置策略的形成以及配置组合的投资绩效可直接进行数量化的因素分解和绩效归因，从而可以了解策略形成的过程、逻辑以及实际效果，从而有利于绩效考核、策略分析和调整。

第三节　基本框架

在梳理、总结前期研究成果的基础上,课题组提出基于宏观视角的大类资产配置框架体系的基本框架,包括如下步骤:

第一步,建立量化配置基准。在进行任何量化或经验调整之前需要确定基准,建立量化基准是大类资产配置的前提。

第二步,进行量化或经验调整。在量化基准的基础上,将首先根据既定量化策略,根据所观察或预测到的宏观经济指标或形势变化,对资产配置进行量化调整;在此基础上,可以根据既定研究形成的经验逻辑或个人主观判断对资产配置进行经验性的调整。

第三步,形成资产配置组合。在综合量化基准、量化调整和经验调整策略的基础上,可最终形成资产配置的实际或模拟组合,并形成预期的收益率和风险指标。

第四步,对组合进行绩效归因。在每一个资产组合调整或绩效考核时点,都可以对前期资产配置组合的投资绩效进行绩效考核和归因,从而考察资产配置组合及其相应策略的有效性。

第五步,调整资产配置策略。在绩效考核和归因的基础上,应当系统分析实际收益率和风险与预期收益率和风险之间的偏离度及其原因,从而决定是否需要对资产配置策略进行调整。

第二章　基于 MV 模型的大类资产量化配置基准

第一节　模型选择

本课题采用经典的均值—方差模型进行模拟组合的理论基准估计,并加入 VaR 的条件限制。原因在于:一方面,理论模型采用过去一定时期历史平均收益率刻画资产收益,而并非主观预测;另一方面,由于保险资金投资对安全性的要求特点以及方差衡量风险的潜在不足,在计算最优化组合时加入 VaR 的条件限制。不同风险度量模型的比较及适用特点如表2-1所示。

表 2-1　　　　　　　　　不同风险度量模型的比较及适用特点

	马科维茨 M-V 模型	哈洛 LPM 模型	VaR 模型
风险衡量方法	方差或标准差	LPM_n	VaR
适用的分布条件	正态分布	一般分布	一般分布
模型的形式	标准	标准的多种形式	随采用的 VaR 计算方法而有不同具体形式
模型的效率	一般(非正态时)	高效	高效

资料来源:吴世农、陈斌:风险度量方法与金融资产配置的理论和实证研究,《经济研究》,1999年第9期;CLAMC宏观策略部整理。

第二节　方法说明

一、指标选择

在指标选择上,将大类资产分为现金、债券和股票三个基本类别。其中,以银行间7天回购加权利率代表现金资产收益率;考虑到公司权益类投资分为基金和股票投资,所以用上证综合指数和中证股票基金指数(H11021)的简单平均值代表股票资产收益率;考虑到保险资金债券投资以配置性需求为主,以及保险资金债券投资的结构性特点,以中证国债利息及再投资(N11006)、中证金融债利息及再投资(N11007)和中证企业债利息及再投资(N11008)三个指数根据交易量加权平均值代表债券资产投资收益率。为了剔除择时性因素,现金和股票资产收益率根据期间均值计算;考虑到债券资产的配置属性,债券资产收益率根据期末值计算。

二、数据频率

在数据频率上,分别选取年度、季度和月度数据,并分别根据年度、季度和月度数据得到年度、季度和月度资产配置的量化基准。具体来说,年度数据采用3年数据,季度数据采用6个季度数据,而月度数据采用4个月度数据,在得到最终的资产配置组合中,对年度、季度和月度数据得到的资产配置组合分别赋予权重4:3:3。

三、资产配置比例及风险限制

各类资产在组合中的配置比例上下限分别为:现金最低配置比例为1%,即为满足流动性需求的最低比例,最高比例为15%;债券最低配置比例为10%,理论最高比例为100%;股票最低配置比例为6%,即为最低持仓等待成本或经验积累成本,最高比例限制为20%(同时考虑到了量化调整策略调整空间的需求)。

在计算最优组合时,对优化组合标准差和VaR的限制如下:年度为(σ<6,VaR<4),季度为(σ<5,VaR<3),月度为(σ<4,VaR<2),VaR的置信水平为5%。

第三节 量化配置基准组合

根据上述方法,分别计算得到年度、季度和月度最优资产配置比例及综合量化基准如图2—1至图2—4所示。

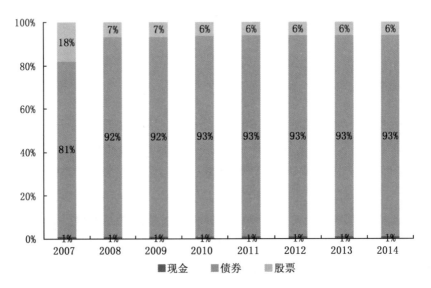

资料来源:Wind,CLAMC宏观策略部整理。

图2—1 MV模型计算的大类资产量化配置比例(年度)

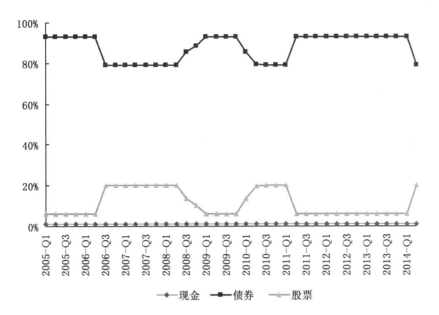

资料来源:Wind,CLAMC 宏观策略部整理。

图 2－2　MV 模型计算的大类资产量化配置比例(季度)

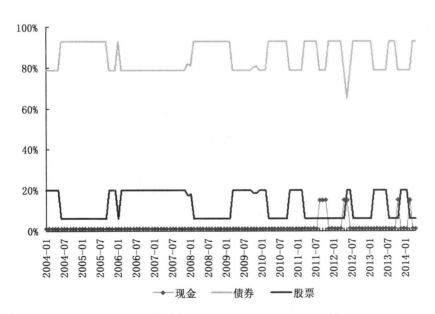

资料来源:Wind,CLAMC 宏观策略部整理。

图 2－3　MV 模型计算的大类资产量化配置比例(月度)

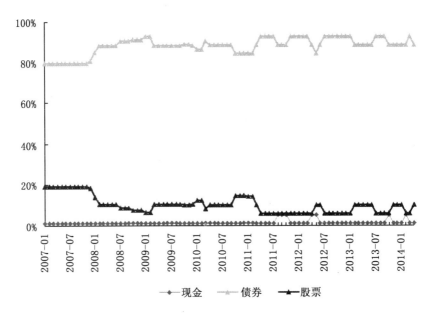

资料来源:Wind,CLAMC 宏观策略部整理。

图 2—4　MV 模型计算的资产量化配置比例(综合量化基准)

就现金资产而言,其理论最优配置比例长期为 1% 的最低配置比例限制,表明除流动性需求外,现金资产并不具备配置价值。但在 2011 年以来的部分月度数据中,由于货币市场出现短期流动性紧张,其收益率一度超过债券资产,从而导致其理论配置比例高于 1%。

就股票资产而言,由于“牛短熊长”的特点,导致其最优配置比例在大部分时间为 6% 的最低比例,只有当出现阶段性牛市行情之后,其配置比例才逐步提高,从而要求对股票资产的配置具有相当耐心。

就债券资产而言,其中长期收益率相对稳定,在保险资金配置中长期占有绝对比例,其配置比例变化主要取决于股票资产的相对配置价值变化。

第四节　量化配置基准组合的有效性

为了考察量化模拟组合的有效性,对近年来量化基准模拟组合的收益率与保险资金投资收益率进行比较,如图 2—5 所示。

从模拟组合实际效果来看,在 2009～2013 年间,基于 MV 模型的大类资产量化配置模拟组合的平均收益率为 4.94%,与同期保险资金实际投资收益率相比高出 31

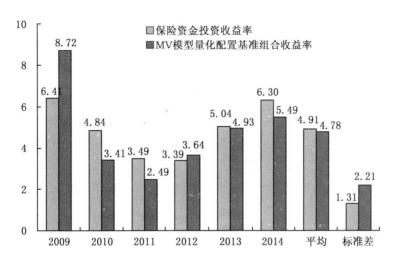

资料来源:Wind,CLAMC宏观策略部整理。

图2-5　MV模型模拟组合收益率与保险资金实际收益率比较

个 bp。模拟组合的收益率标准差显著要高,这主要是由于保险资金投资收益率存在对公允价值变动、计提资产减值损失和浮盈浮亏实现的会计调整。

从模拟组合与保险资金投资收益率表现的差异来看,主要包括:大类资产收益率以指数在某一时期的均值计算,没有考虑择时性交易机会;模拟组合中上下限与实际约束仍然存在一定差距,模拟组合的调整自由度相对较高,这一定程度会提高模拟组合收益率;模拟组合以大类资产指数为基础,没有考虑任何的结构性投资机会;模拟组合绩效的考察,没有考虑交易成本因素,这一定程度有利于提高模拟组合绩效。

第三章　基于经济指标的大类资产配置量化调整策略

经济形势的变化如何具体指导未来的大类资产配置? 课题组需要考察两个方面:一方面,从被动配置策略的角度来看,需要考察当期经济形势变化与未来大类资产表现之间的关系;另一方面,从主动配置策略的角度来看,需要考察未来经济形势变化与未来大类资产表现之间的关系。

第一节　资产收益率与经济指标关系

分别统计大类资产收益率特征,以大类资产收益率为被解释变量,以经济指标状态变量及变化幅度为解释变量进行计量回归分析,以考察当前经济形势的状态变化对各类资产收益率的具体影响程度:股票资产收益率对宏观经济指标反应更为敏感;经济指标处于"上升"还是"下降"状态对股票资产收益率起决定性影响;经济增速是决定股票资产收益率表现的决定性因素;当季股票资产都是在单一指标上升时期表现更好,在 GDP & CPI、GDP & M2 两个指标同时上升时期表现最好,同时下降时期表现最差。相关内容如表 3-1 至表 3-4 所示。

表 3-1　　　　　　　　大类资产表现与单个经济指标关系——统计特征

类别	指标	当季 GDP		当季 CPI		当季 M2		平均
		上升	下降	上升	下降	上升	下降	
现金	均值	0.54	0.74	0.67	0.65	0.51	0.75	0.66
	变异系数	0.40	0.34	0.34	0.46	0.44	0.31	0.39
债券	均值	0.91	0.97	0.93	0.96	0.93	0.95	0.94
	变异系数	0.09	0.08	0.09	0.09	0.07	0.10	0.09
股票	均值	9.78	−3.28	5.36	−3.95	8.39	−2.02	1.76
	变异系数	1.55	−3.65	2.70	−3.39	1.62	−6.95	8.29
类别	指标	当季 GDP		当季 CPI		上季度 M2		平均
		上升	下降	上升	下降	上升	下降	
现金	均值	0.58	0.72	0.71	0.58	0.58	0.71	0.66
	变异系数	0.42	0.36	0.33	0.47	0.44	0.35	0.39
债券	均值	0.91	0.97	0.94	0.95	0.94	0.95	0.94
	变异系数	0.09	0.08	0.10	0.08	0.08	0.10	0.09
股票	均值	8.07	−2.60	2.35	0.74	5.81	−0.78	1.76
	变异系数	1.82	−5.07	6.31	19.86	2.11	−19.98	8.29

资料来源:Wind,CLAMC 宏观策略部整理。

表 3—2　　　　　　　　　　　大类资产表现与经济周期属性关系

	GDP&CPI 划分	现金		债券		股票	
		均值	CV	均值	CV	均值	CV
大类资产表现与当季度经济形势关系	经济减速&通胀下行	0.74	0.38	0.98	0.09	−7.52	−1.55
	经济加速&通胀下行	0.35	0.28	0.89	0.06	7.67	1.71
	经济加速&通胀上行	0.60	0.35	0.92	0.10	10.43	1.55
	经济减速&通胀上行	0.73	0.32	0.95	0.08	0.66	17.19
	GDP&M2 划分	现金		债券		股票	
		CV	均值	CV	CV	均值	CV
	经济减速&货币紧缩	0.78	0.31	0.97	0.09	−6.95	−1.51
	经济加速&货币紧缩	0.67	0.29	0.91	0.11	8.38	1.85
	经济加速&货币宽松	0.39	0.30	0.92	0.07	11.35	1.39
	经济减速&货币宽松	0.62	0.40	0.95	0.07	5.43	2.08
	平　　　均	0.66	0.39	0.94	0.09	1.76	8.29
	GDP&CPI 划分	现金		债券		股票	
		均值	CV	均值	CV	均值	CV
大类资产表现与当季度经济形势关系	经济减速&通胀下行	0.65	0.43	0.97	0.08	−1.17	−12.72
	经济加速&通胀下行	0.36	0.19	0.89	0.07	6.48	2.22
	经济加速&通胀上行	0.64	0.37	0.91	0.10	8.52	1.79
	经济减速&通胀上行	0.77	0.29	0.97	0.09	−3.82	−3.12
	GDP&M2 划分	现金		债券		股票	
		CV	均值	CV	CV	均值	CV
	经济减速&货币紧缩	0.72	0.33	0.97	0.08	−4.47	−3.10
	经济加速&货币紧缩	0.70	0.40	0.91	0.11	6.60	2.60
	经济加速&货币宽松	0.46	0.27	0.90	0.07	9.54	1.32
	经济减速&货币宽松	0.71	0.43	0.98	0.07	1.62	6.84
	平　　　均	0.66	0.39	0.94	0.09	1.76	8.29

资料来源:Wind,CLAMC 宏观策略部整理。

说明:(1)CPI 和 M2 皆为当季均值,与第二部分不同,此表中债券和股票收益率分别根据中证全债利息及再投资(N11001)和上证综指的期间均值计算获得;(2)"上升"表示当期 GDP、M2 增速或 CPI 涨幅高于上期,"下降"表示等于或持平;(3)资产收益率为单一季度收益率(非年化)。

表 3—3　　大类资产收益率与当季度经济指标变动关系——计量回归

被解释变量（资产收益率）	仅含周期属性虚拟变量			仅含经济指标变动			包含指标变动和周期属性		
	现金 [1]	债券 [2]	股票 [3]	现金 [4]	债券 [5]	股票 [6]	现金 [7]	债券 [8]	股票 [9]
经济上行 D_t	-0.172**	-0.046 2*	9.545**				-0.286**	-0.093 9*	4.545
	[0.064 5]	[0.027 1]	[4.002]				[0.117]	[0.039 5]	[4.990]
通胀上行 D_t	0.048	-0.017 4	7.692**				0.037	0.034 3	7.628
	[0.068 8]	[0.025 6]	[3.470]				[0.107]	[0.039 1]	[5.774]
货币宽松 D_t	-0.209***	-0.013 4	9.328***				-0.248**	-0.039 6	-0.091 4
	[0.064 6]	[0.025 9]	[4.045]				[0.100]	[0.035 9]	[6.169]
$GDP_t - GDP_{t-1}$				-0.033 9*	-0.005 71	3.195*	0.059 2*	0.023 6*	1.693
				[0.021 1]	[0.009 57]	[1.940]	[0.039 6]	[0.015 4]	[2.478]
$CPI_t - CPI_{t-1}$			[0.023 2]	-0.004 39	-0.017 4*	4.654***	0.011 9	-0.022 2*	2.322
				[0.009 11]	[1.312]	[0.040 8]	[0.013 9]	[2.504]	
$M2_t - M2_{t-1}$				-0.041 3*	-0.000 821	3.176***	0.005	0.006 88	3.411**
				[0.021 6]	[0.004 96]	[0.658]	[0.035 4]	[0.007 76]	[1.379]
常数项	0.773***	0.978***	-10.03***	0.653***	0.945***	2.207	0.843***	0.978***	-4.188
	[0.062 8]	[0.024 8]	[3.328]	[0.036 3]	[0.012 9]	[1.84 2]	[0.087 9]	[0.035 8]	[4.844]
观测值	44	44	44	44	44	44	44	44	44
拟合优度	0.262	0.04	0.28	0.082	0.004	0.334	0.242	0.073	0.331

资料来源：Wind，CLAMC 宏观策略部整理。

说明：(1)"*"、"**"、"***"分别表示回归系数在 1%、5%、15% 置信水平下显著；(2)方括符 [] 内数值为回归系数的标准差；(3)"_ D_t "表示虚拟变量，以"经济上行 _ D_t "为例，当季 GDP 增速高于上季度 GDP 增速，则"经济上行 _ D_t "取 1，否则取零。

表 3—4　大类资产收益率与上季度经济指标变动关系——计量回归

被解释变量（资产收益率）	仅含周期属性虚拟变量			仅含经济指标变动			包含指标变动和周期属性		
	现金	债券	股票	现金	债券	股票	现金	债券	股票
	[1]	[2]	[3]	[4]	[5]	[6]	[7]	[8]	[9]
经济上行_D_{t-1}	-0.157**	-0.065 0**	9.894**				-0.279**	-0.114**	16.77***
	[0.074 5]	[0.026 8]	[4.447]				[0.134]	[0.044 1]	[6.854]
通胀上行_D_{t-1}	0.164**	0.003 9	-0.492				0.122	0.059 4*	1.379
	[0.074 7]	[0.023 9]	[4.331]				[0.108]	[0.038 6]	[7.087]
货币宽松_D_{t-1}	-0.089 5	-0.002 4	4.616				-0.127	-0.016	0.664
	[0.076 3]	[0.024 7]	[4.265]				[0.107]	[0.036 3]	[6.406]
$GDP_{t-1}-GDP_{t-2}$				-0.023	-0.008 6	1.009	0.064	0.026 0*	-4.202
				[0.029 3]	[0.007 33]	[2.218]	[0.046 9]	[0.012 9]	[3.258]
$CPI_{t-1}-CPI_{t-2}$				0.047 3*	-0.013 1*	1.295	0.027 1	-0.027 1*	0.582
				[0.029 8]	[0.008 49]	[2.046]	[0.042 2]	[0.014 3]	[3.349]
$M2_{t-1}-M2_{t-2}$				-0.020 9	-0.001 59	2.377**	0.003 85	0.001 91	2.46
				[0.021 6]	[0.004 87]	[0.947]	[0.034 6]	[0.008 55]	[1.821]
常数项	0.655***	0.970***	-3.753	0.657***	0.946***	1.939	0.748***	0.963***	-6.131
	[0.072 6]	[0.021 4]	[4.293]	[0.038 2]	[0.013 2]	[2.178]	[0.099 6]	[0.032 0]	[5.797]
观测值	44	44	44	43	43	43	43	43	43
拟合优度	0.143	0.079	0.092	0.044	-0.015	0.04	0.118	0.112	0.11

资料来源：Wind.CLAMC 宏观策略部整理。

第二节 量化调整策略的规则及内涵

基于宏观经济指标的观察或预测形成量化配置策略的基本规则及内涵：

第一，股票资产在不同宏观经济形势背景下的资产收益率差异很大，而债券资产收益率变化相对很小，可以根据不同宏观经济形势背景下股票资产的相对配置价值变化，对量化基准进行"有规则"的调整以获得超额收益。

第二，可以将资产配置策略分为主动型策略和被动型策略。主动型策略是通过预测未来一期经济形势变化来调整未来资产配置；而被动型策略是通过观察过去一期的经济形势变化来调整未来资产配置。

根据量化调整所依据的经济指标及数量的不同，可以将调整策略分为单一指标策略和多指标综合策略。

第三，主动型资产配置策略的"调整规则"为：预测到某一或多个经济指标将上升或下降时，按既定规则上调或下调大类资产的配置比例。被动型策略的"调整规则"为：观察到某一或多个经济指标上升或下降时，按既定规则上调或下调大类资产的配置比例。

对多指标策略而言，如果同时观察多个经济指标的变化，可以根据股票资产收益率受上季度各经济指标影响系数的大小赋予权重，通过不同策略调整比例的加权平均得到多个经济指标策略的综合调整比例。

第三节 量化调整策略的有效性

如表 3—5 和表 3—6 所示，课题组统计了不同策略的收益率、标准差及实现正收益的概率，从考察结果来看：

就主动型策略而言，基于 GDP、M2 和 CPI 单个指标策略，可以实现的季度平均超额收益率分别为 4.35%、3.20% 和 3.39%，实现正收益的概率分别为 59.1%、63.6% 和 59.1%；基于 GDP、M2 和 CPI 三个指标，并赋予权重 1∶0.85∶0.75 的前提下，可以 65.9% 的概率实现正收益，季度平均超额收益率为 10.6%。但是要确保策略的有效性，需要保证对经济形势的预测准确率达到 90% 以上，严重制约了主动型策略的应用。

表 3－5　　　　　**基于经济指标的大类资产配置策略有效性考察——主动调整策略**

考核指标	基于单个指标策略						多指标综合策略	
	基于 GDP 策略		基于 M2 策略		基于 CPI 策略			
	超额收益率	剔除交易成本收益率	超额收益率	剔除交易成本收益率	超额收益率	剔除交易成本收益率	超额收益率	剔除交易成本收益率
均　值	6.03	4.35	4.61	3.20	4.61	3.39	13.41	10.61
标准差	13.36	14.10	13.93	14.28	13.93	13.92	24.07	24.59
正收益概率	63.64	59.09	70.45	63.64	59.09	59.09	75.00	65.91

资料来源：Wind，CLAMC 宏观策略部整理。

说明：在不考虑交易成本的前提下，某一策略当期的超额收益率＝（±1）×当期股票资产收益率－（±1）×债券资产收益率，即该量化调整策略调整单位资产配置较原资产组合所获得的超额收益率；在考虑 1% 的双向交易成本的前提下，这一策略当期的收益率＝（±1）×当期股票资产收益率－（±1）×债券资产收益率－2×基于该策略调整的股票资产配置比例。收益率为季度、非年化。

就被动型策略而言，基于上一季度 GDP、M2 和 CPI 单个指标策略，可以实现的季度平均超额收益率分别为 3.26%、1.54% 和－0.14%，实现正收益的概率分别为 65.9%、56.8% 和 45.5%；基于 GDP、M2 和 CPI 三个指标，并赋予权重 1∶0.25∶0.10 的前提下，可以 65.9% 的概率实现正收益，季度平均超额收益率为 3.88%。而且这一策略有效性不依赖于任何主观预测。

表 3－6　　　　　**基于经济指标的策略有效性考察——被动型调整**

考核指标	基于单个指标策略						多指标综合策略	
	基于 GDP 策略		基于 M2 策略		基于 CPI 策略			
	超额收益率	剔除交易成本收益率	超额收益率	剔除交易成本收益率	超额收益率	剔除交易成本收益率	超额收益率	剔除交易成本收益率
均　值	5.04	3.26	2.95	1.54	0.97	－0.14	5.87	3.88
标准差	13.78	14.31	14.38	14.61	14.66	14.33	15.36	15.85
正收益概率	70.45	65.91	59.09	56.82	52.27	45.45	70.5	65.9

资料来源：Wind，CLAMC 宏观策略部整理。

第四节　量化调整策略的特点及应用

一是，在"100% 预测准确率"的前提下，主动型策略的超额收益率更高，但策略有效性严重依赖于预测准确率，一旦预测准确率降至 90% 以下，该策略可能失效；而被动型策略的表现更为稳健。在实际应用中以被动型策略为主,只有对未来经济形势判断信心指数很高时,才可以采取主动型策略。

二是,由于股票资产在宏观经济指标"上升"或"下降"状态下的平均收益率差异较大,如果观察或预测到一个或多个经济指标的走势,可以按既定规则执行操作。因此,该策略既可以作为一个单独的"套利型"策略,也可以作为增强型策略附加于"量化基准"之上,从而获得超额收益。

三是,推荐被动型多指标综合策略,可以获得的季度超额收益率为 3.88%。若提高该策略调整权限至 $N * [-1.35\%, +1.35\%]$,那么可以提高总资产收益率 $N *$ 15.5 个基点。

四是,需要注意允许该被动型多指标综合策略进行多大比例的调整。如果比例过低,无法有效提高资产收益率;如果比例过高,则导致资产配置结果对"量化基准"的偏离过大。

第四章 基于实证研究的大类资产配置经验调整逻辑

通过前期实证研究,课题组已经得到了一些经验性的资产配置逻辑,但尚未转变为具有直接可操作性的量化配置策略,本部分统一梳理、总结为经验性调整的基本逻辑。

第一节 资产收益率与经济指标之间的基本规律

一、决定各类资产收益率的主要因素

(一)大类资产表现与经济指标间的关系

除 7 天回购利率外,其他资产收益率水平皆与 GDP 增速正相关。这表明 GDP 增速越高,将推升国债收益率,并有利于大宗商品和股价上涨;但是,GDP 增速越高,往往意味着货币政策相对宽松,M2 增速较高,从而导致市场流动性宽松、促使 7 天回购利率降低。

资金利率和国债收益率都与 CPI 正相关,而股市和大宗商品收益率都与 CPI 负

相关。这表明通胀水平提高,将推升市场利率水平,并引发紧缩性调控政策预期,从而不利于股市和大宗商品价格上升。

大类资产表现与 M2 增速关系则恰好相反,资金利率和国债收益率都与 M2 增速负相关,股市和商品收益率都与 M2 增速正相关,这表明 M2 增速提高将有利于缓解市场流动性,从而降低资金利率和国债收益率,并推升股票和大宗商品价格。

(二)大类资产的主要影响因素

虽然经济基本面指标对大类资产收益率造成不同程度的影响,但是各类资产收益率的主要影响因素却不相同:第一,7 天回购利率受 M2 的影响最大,且显著为负;CPI 对其影响较大,且显著为正。第二,10 年期国债收益率主要由 CPI 水平决定,其影响显著为正。第三,股市收益率主要受 GDP 和 M2 影响,通胀具有一定拖累作用。第四,商品指数涨幅主要由 GDP 和 M2 决定,影响皆显著为正。大类资产收益率与基本面指标相关系数矩阵如表 4-1 所示。

表 4-1　　　　　　　　　大类资产收益率与基本面指标相关系数矩阵

相关系数	GDP	CPI	M2	7 天回购	10 年国债	上证综指	CRB 现货
GDP	1.000 0						
CPI	0.200 9	1.000 0					
M2	0.154 0	−0.431 8*	1.0000				
7 天回购	−0.306 0*	0.574 5*	−0.606 0*	1.000 0			
10 年国债	0.113 8	0.685 7*	−0.295 7*	0.310 9*	1.000 0		
上证综指	0.466 9*	−0.266 7*	0.347 6*	−0.233 5*	−0.214 2*	1.000 0	
CRB 现货	0.468 8*	−0.078 5	0.351 3*	−0.212 5*	−0.022 8	0.465 8*	1.000 0
偏相关系数	GDP	CPI	M2	7 天回购	10 年国债	上证综指	CRB 现货
GDP		0.300 0*	0.272 4*	−0.588 2*	−0.154	0.502 9*	0.332 3*
CPI	0.300 0*		−0.478*	0.624 8*	0.598 7*	−0.365 2*	−0.121 8
M2	0.272 4*	−0.478*		−0.502 5*	−0.110 7	0.232 2*	0.277 7*
7 天回购	−0.588 2*	0.624 8*	−0.502 5*		−0.213 8	0.326 9*	0.157 3
10 年国债	−0.154	0.598 7*	−0.110 7	−0.213 8		0.023 1	0.109 1
上证综指	0.502 9*	−0.365 2*	0.232 2*	0.326 9*	0.023 1		0.169 7
CRB 现货	0.332 3*	−0.121 8	0.277 7*	0.157 3	0.109 1	0.169 7	

资料来源:Wind,CLAMC 宏观策略部整理。

说明:(1)各类资产皆为收益率(或指数涨幅);(2)* 表示在 15% 的置信度下显著;(3)偏相关系数是指在控制其他变量的前提下,两个变量之间的相关性,其含义类似于回归系数。

二、资产收益与经济指标的领先性关系

如表4－2和表4－3所示,课题组分别从重要周期性拐点和指标间的超前滞后关系,对资产收益率与经济指标之间的领先、滞后关系进行了考察。

一方面,从重要的周期性拐点来看:第一,M2 增速是 GDP 和 CPI 的领先性指标,而股市是大类资产的领先性指标,相较于两者,M2 增速拐点较上证综指拐点具有一定的领先性,一般领先 1～3 个季度。这表明货币增速代表的调控政策方向、力度以及市场流动性充裕度,是影响经济基本面以及大类资产表现的先行指标。第二,10 年期国债收益率与通胀周期拐点基本同步——6 个拐点中,3 个同期;1 个 CPI 领先于 10年期国债 1 个季度;2 个 10 年期国债领先于 CPI(1 或 2 个季度)。

另一方面,从资产收益率与经济指标之间一般性的超前滞后关系来看:第一,大部分情况下,经济指标较大类资产表现都没有明显的领先性,一般是同期或者滞后指标,这表明大类资产表现较经济形势变化具有一定的超前性,以反映对未来经济形势的预期。第二,CPI 与 7 天回购利率同期或超前 1 个季度,表明短期资金利率对当期或前期通胀反应较敏感。第三,CPI 和 M2 都较 CRB 现货综合指数涨幅具有一定的超前性,前者逆周期,表明了调控政策的间接影响;后者顺周期,表明流动性宽松有利于推升商品价格。

表4－2　　　　　　　　2002 年以来各项指标的重要周期性拐点

	GDP	CPI	M2	7 天回购	10 年国债	上证综指	CRB 现货
高点	2004Q2	2005Q1	2004Q1	2004Q2	2005Q1	2004Q2	2004Q4
低点	2005Q2	2006Q3	2005Q2	2006Q1	2006Q4	2005Q4	2005Q3
高点	2007Q4	2008Q2	2007Q3	2008Q3	2008Q2	2008Q1	2008Q3
低点	2009Q3	2009Q4	2008Q3	2009Q4	2009Q3	2009Q2	2009Q3
高点	2010Q3	2011Q3	2009Q4	2012Q1	2011Q3	2010Q3	2011Q3
低点	2013Q1	2013Q2	2012Q2	2013Q1	2012Q4	2013Q2	2014Q1

资料来源:Wind,CLAMC 宏观策略部整理。

表4－3　　　　　　　　各项指标间的超前与滞后关系考察

指标	GDP	CPI	M2	7 天回购	10 年国债	上证综指	CRB 现货
GDP		滞后 2～3 期 顺周期	超前 1～2 期 顺周期				
CPI	超前 2～3 期 顺周期		滞后 1 期逆周期				

续表

指标	GDP	CPI	M2	7 天回购	10 年国债	上证综指	CRB 现货
M2	滞后 1～2 期顺周期	超前 1 期逆周期					
7 天回购	滞后 3～4 期逆周期	同期/超前 1 期顺周期	同期/滞后 1 期逆周期		同期、顺周期	同期/滞后 1～3 期、逆周期	滞后 1～2 期逆周期
10 年国债	滞后 3～4 期逆周期	同期/超前/滞后 1 期、顺周期	同期/滞后 1～2 期逆周期	同期、顺周期		滞后 1～2 期逆周期	滞后 2 期逆周期
上证综指	滞后 1～2 期顺周期	滞后 3～4 期顺周期	同期、顺周期/滞后 4 期、逆周期	同期/超前 1～3 期、逆周期	超前 1～2 期逆周期		同期/滞后 1 期、顺周期
CRB 现货	同期/滞后 1 期顺周期	超前 2～3 期逆周期	超前 1 期顺周期	超前 1～2 期逆周期	超前 2 期逆周期	同期/超前 1 期顺周期	

资料来源:Wind,CLAMC 宏观策略部整理。

说明:(1)表格阅读方式为行,即列指标相对于行指标领先或滞后,以 CPI 和 GDP 关系来看,表明 GDP 超前于 CPI 2～3 个季度。(2)逆周期(或顺周期)是指超前 2～3 个季度的相关系数为正(或负)。(3)由于变量间关系是相互的,因此对角线对称单元格之间关系相反。(4)以阴影标明了重要的超前性关系。(5)空格表示没有考察此种关系。

三、各类资产之间的联动、轮动规律

课题组分别通过图形、相关系数、重要周期性拐点和指标间的超前滞后关系等方式,对各类资产收益率之间的联动、轮动规律进行了系统考察。

从图形观察来看:第一,在金融危机以前,现金、股票和商品的走势基本同步,而且 7 天回购利率往往具有一定的领先性,而债券收益率走势具有明显的滞后性;第二,在 2007～2008 年金融危机时期,各类资产表现的拐点基本同步,股市的反应最为迅速,其他三类资产反应相对滞后;第三,在金融危机之后,现金收益率的领先性开始消失,而且往往滞后于其他资产的变化,股市和债市的表现基本同步,现金和大宗商品相对滞后。

从大类资产收益率之间的相关系数来看:第一,7 天回购利率与 10 年期国债利率显著正相关,表明了受通胀和市场流动性影响较大的利率产品之间存在较强的联动性。第二,股市与 CRB 指数涨幅之间显著正相关,表明了受经济增长和市场流动性影响较大的资产类别之间存在较强的联动性。第三,资金、国债利率与股市和 CRB 指数涨幅之间存在显著的负相关关系,这一方面主要是由于两大类资产之间受经济因素的影响不同,另一方面也可能反映了在资金约束条件下大类资产配置之间的权衡关系。大类资产表现与经济基本面走势关系——当季值如图 4-1 所示。

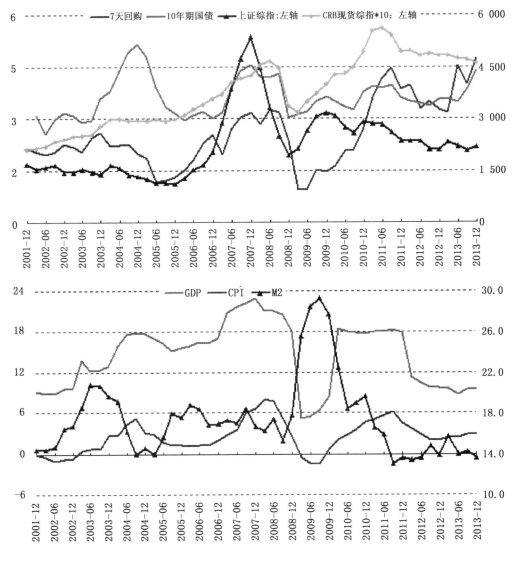

资料来源：Wind，CLAMC宏观策略部整理。

图4—1　大类资产表现与经济基本面走势关系——当季值

　　从大类资产收益率周期性拐点之间的关系来看：第一，在各个重要的周期性拐点，股市都是大类资产表现的晴雨表，一般领先1～4个季度，表明股市对于经济形势的变化反应最快；第二，在金融危机之前，7天回购利率领先于10年期国债利率的拐点约3个季度，但2008年以来，10年国债利率拐点超前于7天回购利率拐点1～2个季度。

　　从大类资产收益率指标之间一般性的相互超前滞后关系来看：第一，7天回购利率与10年期国债利率同期且为顺周期,而上证综指涨幅与CRB现货指数涨幅同期、顺周期,这大体上与相关系数考察结果相同。第二,7天回购利率和10年期国债利率往往较上证综指和CRB指数涨幅具有一定的超前性且是逆周期的,这可能是由于资金和国债利率对于通胀反应较为敏感、充分,而通胀带来的、滞后性的调控政策对股市和商品价格影响更大。

第二节　经济基本面与大类资产投资时钟

依据GDP和CPI增速的"上升"和"下降"状态对经济周期重新进行划分,具体标准为:衰退阶段,GDP、CPI同比增速下降;复苏阶段,GDP同比增速上升、CPI同比增速下降;过热阶段,GDP和CPI同比增速上升;滞涨阶段,当期GDP增速下降,而CPI同比增速上升。对经济环境特征的划分中,经济下行表示GDP增速下降、货币紧缩表示M2增速下降。研究结果表明:

从大类资产收益率与当季度经济周期阶段属性关系来看,与传统投资时钟理论一致,债券、股票和商品分别在衰退、复苏和滞涨阶段的表现最好;但股票在过热阶段仍然是收益率最高的资产,商品次之。从同一特定资产类别来看,债券和现金都是在复苏阶段收益率最高,股票和债券都是在过热阶段表现最好。

从大类资产收益率与上季度经济周期阶段属性关系来看,在衰退阶段,股票表现最好,债券次之,商品最差;在复苏阶段,商品表现最好,股票次之,现金最差;在过热阶段,股票表现最好,商品次之,债券最差;在滞涨阶段,商品最好,债券次之,股票最差。

这表明,即使以过去一期的经济形势来指导当期大类资产配置,在统计意义上也具有一定的可操作性,我们称之为"周期趋势跟随型"投资策略。原因在于:一方面,经济周期转化存在规律性,即经济周期形势变化的延续性或发展性;另一方面,市场对经济形势的确认和资产组合的调整,导致市场对经济形势变化的反应存在一定时滞。大类资产在经济周期不同阶段的收益率表现——季度数据如表4—4所示。

表4—4　　　　　　大类资产在经济周期不同阶段的收益率表现——季度数据　　　单位:%

大类资产收益率与当季度经济周期阶段属性关系			
阶段	债券	股票	商品	现金
衰退	8.29	−28.24	−12.74	2.71
复苏	7.52	24.02	7.86	1.69

续表

过热	−0.92	49.63	19.85	2.18
滞涨	2.95	−2.85	9.01	2.67
大类资产收益率与上季度经济周期阶段属性关系				
阶段	债券	股票	商品	现金
衰退	9.14	35.50	−7.27	2.30
复苏	4.27	12.25	14.31	1.69
过热	0.72	28.69	9.82	2.34
滞涨	3.03	−13.68	9.82	2.75
平均	3.53	10.68	7.65	2.34

资料来源：Wind，CLAMC宏观策略部整理。

第三节　经济基本面与股票市场投资时钟

基于我国周期趋势跟随型股市投资时钟、股市与经济基本面关系的国际比较、每股盈利的杜邦分析等方面，课题组对股市与经济基本面关系，以及不同经济周期阶段的投资策略及行业选择进行了系统分析，本部分研究结论总结如下。

一、股市与基本面无关只是假象

国内外数据对各国股市与经济基本面之间的关系表明：

从相关系数看，上证综指季度均值涨幅与当季 GDP、CPI 和 M2 增速变化的相关系数分别为 0.04、0.13 和 0.07；从走势一致性概率来看，上证综指与当季 GDP、CPI 和 M2 增速走势相同概率分别为 60.3%、53.9% 和 63.3%；从计量模型拟合优度来看，用 GDP、CPI 和 M2 来解释当季上证综指涨幅的拟合优度仅为 0.12。这些考察指标都不同程度低于国际平均水平，一定程度印证了"中国股市与经济基本面关系较弱"的观点。但如果用 GDP ＆ CPI 或 GDP ＆ M2 来划分经济基本面特征或所处阶段，则我国股市投资时钟现象十分明显，这也表明我国股市与经济基本面特征或所处阶段关联性很强。整体而言，发展中国家与短期经济基本面变化关系相对较强，而发达国家分化较为严重，整体特征并不明显。相关内容如图 4—2 和表 4—5 所示。

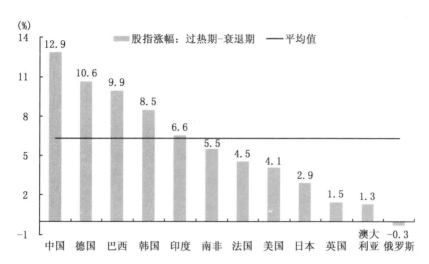

资料来源:Wind,CLAMC宏观策略部整理。

图4—2 全球主要股指在过热期和衰退期的涨幅之差

表4—5 我国股市与经济基本面关系特征——国际比较

考察视角	与国际平均水平相比
股指涨幅与经济指标相关系数	明显较低
股指涨幅与经济走势一致性概率	接近,略低
用经济指标解释股指涨幅模型的拟合优度	较低
股指涨幅与经济周期关联性	显著较强

资料来源:Wind,CLAMC宏观策略部整理。

二、经济基本面与股市投资时钟

如果用 GDP & CPI 或 GDP & M2 的两两组合来对经济周期所处阶段或经济环境特征进行划分,那么股市呈现出明显的投资时钟现象,表现为:股市在过热阶段表现最好,复苏阶段次之、滞涨阶段较差、衰退阶段最差。具体来看,在经济周期的衰退、复苏、过热和滞涨阶段,上证综指季度均值的平均涨幅平均为−2.4%、4.3%、10.9%和7.8%,上涨概率分别为43.5%、50.0%、70.8%、39.1%。

如果以 GDP & M2 来划分经济基本面特征,那么,股市基本特征与 GDP & CPI 的划分结果基本一致:在经济减速 & 货币紧缩、经济加速 & 货币紧缩、经济加速 & 货币宽松、经济减速 & 货币宽松的四个阶段,上证综指平均涨幅分别为−0.8%、8.5%、7.8%和8.6%,上涨概率分别为42.9%、56.5%、68.8%和42.1%,最佳和最差投资时机分别为经济加速 & 货币宽松和经济减速 & 货币紧缩时期。上证综指在不同经济周期阶段和基本面特征下的表现如表 4—6 所示。

表 4—6   上证综指在不同经济周期阶段和基本面特征下的表现

经济周期阶段	衰退①	复苏②	过热③	滞涨④	③－①
股指涨幅	−2.4	4.3	10.9	7.8	13.3
变异系数	0.059	0.061	0.080	0.079	0.021
上涨概率	43.5	50.0	70.8	39.1	27.4
基本面特征	经济减速 & 货币紧缩①	经济加速 & 货币紧缩②	经济加速 & 货币宽松③	经济减速 & 货币宽松④	③－①
股指涨幅	−0.8	8.5	7.8	8.6	8.6
变异系数	0.059	0.073	0.070	0.081	0.011
上涨概率	42.9	56.5	68.8	42.1	25.9

资料来源：Wind，CLAMC 宏观策略部整理。

从概率分布来看，股市在单个或两个指标上行阶段表现全面占优。考察不同概率分布情况的分位数情况，在经济周期四个阶段，除了在复苏和滞涨阶段涨幅最高的 10% 条件下，其表现超过了过热阶段，过热、复苏和滞涨阶段依次全面占优于衰退阶段表现。在经济减速 & 货币紧缩、经济加速 & 货币紧缩、经济加速 & 货币宽松、经济减速 & 货币宽松的四个阶段，除了涨幅最差的 5% 概率下，经济加速 & 货币宽松、经济加速 & 货币紧缩时期股市表现依次全面占优于经济减速 & 货币紧缩阶段，而经济减速 & 货币宽松阶段仅在表现最好的 25% 条件下，其涨幅才相对较高，表明其平均涨幅受极端值影响较大。相关内容如图 4—3 和图 4—4 所示。

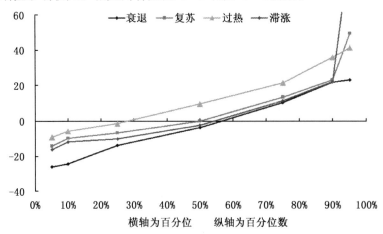

资料来源：Wind，CLAMC 宏观策略部整理。

图 4—3   经济周期不同阶段下股指表现的概率分布比较

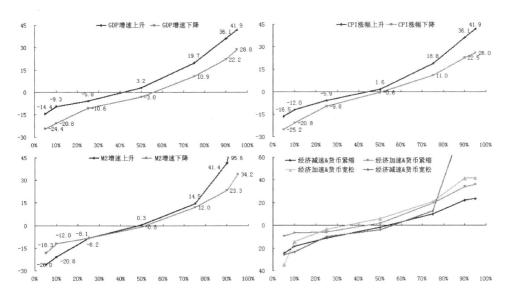

资料来源:Wind,CLAMC宏观策略部整理。

图4—4　不同经济环境下股指表现的概率分布比较

三、经济基本面与投资策略选择

根据上证指数的主要策略指数,重点考察了六种策略的有效性及其潜在收益率,如表4—7所示。考察结果表明:

第一,无论是任何策略,都存在投资时钟现象,而且投资时钟的特征与股指整体完全一致,即在过热阶段表现最好、复苏阶段次之、滞涨阶段较差、衰退阶段表现最差。

第二,如果能够实现"完美"的策略选择(即经济周期的不同阶段选择策略组合中表现最好的策略),那么除了周期VS非周期策略失效外,其他策略都能够带来一定的相对收益,表明策略选择具有一定的价值。

第三,六种策略中,上VS中VS下游策略可能带来的潜在相对收益率最高,达到4.9个百分点;大VS中VS小盘策略次之,为2.5个百分点;其他策略带来的相对收益率相对较低,高贝塔VS低贝塔策略为1.3个百分点,成长VS价值策略为1.1个百分点,基本面VS波动率策略仅为0.9个百分点;而周期VS非周期策略则整体失效。

表4—7　　　　　　不同投资策略在不同经济周期阶段的表现差异

策略选择		衰退	复苏	过热	滞涨	平均	③—①
周期VS非周期	周期	−10.6	15.6	19.6	3.4	4.3	30.2
	非周期	−11.8	10.3	19.4	2.7	3.8	31.2
	好—差	1.2	5.3	0.2	0.7	失效	—
成长VS价值	成长	−11.7	15.3	20.4	4.0	4.8	32.1
	价值	−10.4	13.8	20.8	2.6	4.4	31.2
	好—差	1.3	1.5	0.4	1.4	1.1	—
大中小盘策略	超大盘	−10.2	13.7	18.6	2.5	3.7	28.8
	中盘	−12.5	14.2	21.1	3.7	4.9	33.6
	小盘	−12.1	11.7	22.1	4.4	5.4	34.3
	好—差	2.3	2.5	3.5	1.9	2.5	—
上中下游策略	上游	−14.0	20.5	21.9	6.0	5.5	35.8
	中游	−14.2	10.8	21.6	3.6	4.1	35.8
	下游	−10.4	10.0	19.1	3.7	4.4	29.5
	好—差	3.8	10.5	2.8	2.4	4.9	—
基本面VS波动率	380基本	−10.4	7.7	20.5	2.7	4.7	30.9
	380波动	−8.9	6.4	21.0	3.0	5.1	29.9
	好—差	1.5	1.3	0.5	0.3	0.9	—
高贝塔VS低贝塔	高贝塔	−11.5	8.8	18.5	3.9	4.7	30.0
	低贝塔	−10.9	5.2	18.8	3.0	3.9	29.7
	好—差	0.6	3.6	0.3	0.9	1.3	—

资料来源：Wind,CLAMC宏观策略部整理。

说明："好—差"是指经济周期的每个阶段表现最好的策略减去表现最差的策略；③—①表示过热时期与衰退时期涨幅之差。

四、经济基本面与股市行业选择

一方面,每个行业的投资时钟都基本一致,投资时机选择对于所有行业来说都至关重要。从投资时钟来看,无论哪个行业,都是在经济过热阶段表现最好,在衰退阶段表现最差,唯一的区别是在复苏和滞涨阶段的表现孰好孰坏。如果以GDP & M2来划分经济基本面特征,那么,所有行业都是在经济加速 & 货币宽松、经济加速 & 货币紧缩时期表现相对较好,在经济减速 & 货币紧缩、经济减速 & 货币宽松时期表现较差;除了建筑建材外,所有行业都是在经济加速 & 货币宽松时期表现最好;22个行业中,9个行业经济减速 & 货币宽松时期表现最差,13个行业则在经济减速 & 货币紧缩时期表现最差。各行业的投资时钟基本一致如表4—8所示。

表 4—8   **各行业的投资时钟基本一致**

行　业	衰退	复苏	过热	滞涨
农林牧渔	−10.6	−5.1	10.8	2.3
采　掘	−11.2	3.0	14.5	3.6
化　工	−11.5	0.1	12.7	1.0
黑色金属	−13.0	1.1	14.9	1.2
有色金属	−14.3	3.9	16.0	3.7
建筑建材	−10.6	−1.3	13.9	0.3
机械设备	−11.3	0.5	13.1	2.2
电　子	−13.1	−1.9	12.1	0.7
交运设备	−13.4	2.8	14.5	1.7
信息设备	−12.3	−2.1	10.4	0.0
家用电器	−10.7	−0.6	14.7	1.4
食品饮料	−6.0	2.8	12.4	2.7
纺织服装	−12.2	0.0	13.3	0.0
轻工制造	−12.4	−0.7	12.2	0.6
医药生物	−6.9	−1.9	12.8	2.3
公用事业	−8.6	−2.3	11.4	0.0
交通运输	−9.7	0.8	10.9	0.1
房 地 产	−9.4	5.6	13.5	−1.0
金融服务	−8.9	4.4	11.9	1.7
商业贸易	−10.7	1.3	14.0	0.7
餐饮旅游	−9.5	1.7	10.9	0.5
信息服务	−10.2	−1.7	9.2	0.6

资料来源:Wind,CLAMC 宏观策略部整理。

　　如图 4—5 所示,平均而言,在最佳投资时期与最差投资时期的平均收益之差达到 23.5 个百分点。从行业来看,有色金属对于经济周期反应最为敏感,最佳 VS 最差投资时期的收益率之差达到 30.3 个百分点,黑色金属、交运设备、采掘、纺织服装分列 2~5 位,收益率之差超过 25 个百分点;而食品饮料、医药生物和信息服务对经济周期反应相对不敏感,但收益率之差也达到 18~20 个百分点。相关内容如图 4—5 和表 4—9 所示。

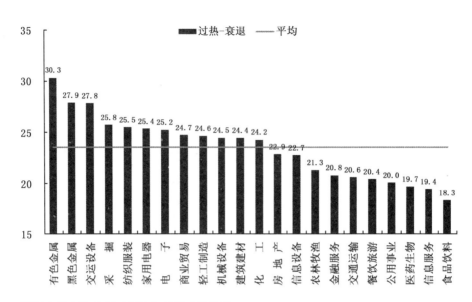

资料来源：Wind，CLAMC 宏观策略部整理。

图 4—5　各个行业在经济过热期和衰退期的涨幅之差

表 4—9　　　　　　　　在不同经济周期阶段表现最好和最差的行业

排名	衰　退		复　苏		过　热		滞　涨	
	行　业	涨幅	行　业	涨幅	行　业	涨幅	行　业	涨幅
最好行业	食品饮料	−6.0	房地产	5.6	有色金属	16.0	有色金属	3.7
	医药生物	−6.9	金融服务	4.4	黑色金属	14.9	采　掘	3.6
	公用事业	−8.6	有色金属	3.9	家用电器	14.7	食品饮料	2.7
	金融服务	−8.9	采　掘	3.0	采　掘	14.5	医药生物	2.3
	房地产	−9.4	交运设备	2.8	交运设备	14.5	农林牧渔	2.3
最差行业	轻工制造	−12.4	电　子	−1.9	餐饮旅游	10.9	交通运输	0.1
	黑色金属	−13.0	医药生物	−1.9	交通运输	10.9	公用事业	0.0
	电　子	−13.1	信息设备	−2.1	农林牧渔	10.8	信息设备	0.0
	交运设备	−13.4	公用事业	−2.3	信息设备	10.4	纺织服装	0.0
	有色金属	−14.3	农林牧渔	−5.1	信息服务	9.2	房地产	−1.0
排名	经济减速 & 货币紧缩		经济加速 & 货币紧缩		经济加速 & 货币宽松		经济减速 & 货币宽松	
	行　业	涨幅	行　业	涨幅	行　业	涨幅	行　业	涨幅
最好行业	食品饮料	−0.2	有色金属	9.5	金融服务	16.5	采　掘	1.0
	农林牧渔	−0.9	家用电器	8.9	黑色金属	14.0	医药生物	0.3
	医药生物	−0.9	建筑建材	8.8	有色金属	13.9	金融服务	0.0
	信息服务	−1.4	商业贸易	8.7	房地产	13.7	食品饮料	−0.5
	化　工	−1.7	纺织服装	8.0	交运设备	13.4	房地产	−1.1

续表

排名	衰 退		复 苏		过 热		滞 涨	
	行 业	涨幅	行 业	涨幅	行 业	涨幅	行 业	涨幅
最差行业	黑色金属	−4.4	公用事业	5.0	公用事业	7.7	化 工	−4.3
	交运设备	−4.6	信息设备	4.9	信息服务	7.3	轻工制造	−4.5
	采 掘	−4.9	交通运输	4.6	电 子	7.2	纺织服装	−4.8
	有色金属	−5.0	信息服务	3.3	信息设备	7.0	电 子	−4.8
	房地产	−5.9	金融服务	1.5	农林牧渔	5.6	信息设备	−5.6

资料来源：Wind,CLAMC宏观策略部整理。

另一方面,不同经济周期阶段行业选择仍然具有价值。在衰退阶段,食品饮料、医药生物、共用事业、金融服务、房地产业表现最好,亏损率也在6%～10%之间,轻工制造、黑色金属、电子、交运设备、有色金属表现最差,亏损率在12%～14%之间;在复苏阶段,房地产、金融服务、有色金属、采掘、交运设备表现相对较好,可以实现2%～6%的收益率,电子、医药生物、信息设备、共用事业和农林牧渔表现最差,亏损率在2%～5%之间;在过热阶段,有色金属、黑色金属、家用电器、采掘、交运设备表现最好,收益率在14%～16%之间,餐饮旅游、交通运输、农林牧渔、信息设备、信息服务表现相对较差,但也可以实现9%～11%的收益;在滞涨阶段,有色金属、采掘、食品饮料、医药生物、农林牧渔表现较好,但收益率也仅为2%～4%,交通运输、共用事业、信息设备、纺织服装、房地产表现较差,但也很少有较大亏损。

在经济周期的每个阶段,表现较好的5个行业与表现较差的5个行业之间的简单平均收益率之差分别为5.3、6.6、4.5和3.1个百分点,表明"完美"的行业选择策略大体可以带来5个百分点的相对收益。但是,相对于投资时机选择超过20%的相对收益率而言,行业选择的价值仍相对较小。

五、择时、策略、行业的重要性审视

课题组通过考察股市投资中择时、风格及行业策略所带来的潜在相对收益发现:

一方面,无论是策略选择,还是行业选择,都可能会带来一定的相对收益,实现"完美"的策略或行业选择的前提下,能够带来的潜在相对收益率在1～5个百分点。

另一方面,相比于投资时机选择可能带来的10%～30%的相对收益率,策略或行业选择的重要性和相对收益都已经似乎不太重要。投资时机、策略和行业选择带来的潜在相对收益率比较如表4—10所示。

表4—10　　　　投资时机、策略和行业选择带来的潜在相对收益率比较

	具体策略	策略\行业选择带来的相对收益率	时机选择带来的相对收益率
时机选择	GDP 上行 VS GDP 下行	NA	5.4
	CPI 上行 VS CPI 下行	NA	9.0
	M2 上行 VS M2 下行	NA	4.5
	过热阶段 VS 衰退阶段	NA	13.3
策略选择	周期 VS 非周期策略	失效	30.7
	成长 VS 价值策略	1.1	31.6
	大、中、小盘策略	2.5	32.2
	上、中、下游策略	4.9	33.7
	基本面 VS 波动率策略	0.9	30.4
	高贝塔 VS 低贝塔策略	1.3	29.9
行业选择	最好 VS 最差 5 个行业	4.9	23.5

资料来源：Wind，CLAMC 宏观策略部整理。

说明："策略\行业选择带来的相对收益率"是指经济周期的每个阶段，策略\行业中表现最好的与最差的收益率之差的平均值；"时机选择带来的相对收益率"是指投资时机中最佳投资时机与最差投资时机的收益率之差，如果涉及多个策略或行业，则是多种策略或行业的均值。

第四节　经济基本面与债券市场投资时钟

从单个经济指标来看，经济下行阶段——"牛市、平坦化、信用利差扩大"，通胀下行阶段——"牛市、信用利差扩大"。如果分别仅以 GDP 增速或 CPI 同比水平单一指标作为划分标准，那么，相比经济上行阶段而言，在经济下行阶段，无论是国债还是企业债，债券指数增幅都相对较高，而 10 年期国债与 6 个月期国债的期限利差相对较低，同时，信用利差相对较高，表明债券市场整体呈现"牛市、平坦化、信用利差扩大"的基本特征。在通胀下行阶段，国债和企业债指数增幅都相对大幅提高，期限利差变化不大，而信用利差大幅提高，债券市场整体呈现"牛市、信用利差扩大"的基本特征。

从经济周期四个阶段来看，债券收益率曲线在衰退、复苏、过热和滞涨四个阶段分别呈现"小牛市、平坦化"、"大牛市、陡峭化"、"大熊市、陡峭化"和"小熊市、平坦化"的特征。例如，在衰退阶段，中信标普国债指数的平均环比增幅为 1.81%，高于平均增速 100 个基点；中信标普企业债指数的平均环比增幅为 2.77%，高出平均增速 159 个

基点；而 10 年期固定利率国债到期收益率与 6 个月期的期限利差为 1.25％,低于平均利差 16 个基点,相对小幅平坦化；10 年期 AAA 级企业债与 10 年国债的信用利差为 1.42％,高于平均利差 19 个基点,10 年期 A＋级企业债与 10 年期 AAA 级企业债之间的信用利差为 2.74％,高于平均值 35 个基点,表明在衰退阶段,信用利差开始扩大。相关内容如表4－11和表4－12所示。

表 4－11　　　　　　　　　收益率曲线在经济周期不同阶段的基本特征

阶段	季度数	国债指数环比	企业债指数环比	期限利差10年/6月	信用利差AAA/国债	信用利差A＋/AAA	基本特征
实际值							
衰退	12	1.81	2.77	1.25	1.42	2.74	(小)牛市\平坦
复苏	4	2.34	3.45	1.96	0.99	2.34	(大)牛市\陡峭
过热	13	−0.48	−0.41	1.47	1.01	2.13	(大)熊市\陡峭
滞涨	13	0.72	0.61	1.34	1.29	2.17	(小)熊市\平坦
平均		0.81	1.18	1.41	1.23	2.39	—
与平均值之差							
阶段	季度数	国债指数环比	企业债指数环比	期限利差10年/6月	信用利差AAA/国债	信用利差A＋/AAA	信用利差扩大/缩小
实际值							
衰退	12	1.00	1.59	−0.16	0.19	0.35	扩大
复苏	4	1.53	2.27	0.54	−0.25	−0.05	缩小
过热	13	−1.30	−1.60	0.05	−0.22	−0.26	缩小
滞涨	13	−0.10	−0.57	−0.07	0.06	−0.22	扩大
经济上行 VS 经济下行阶段的收益率曲线比较							
经济上行	17	0.18	0.50	1.58	1.01	2.18	熊市、陡峭化信用利差缩小
经济下行	25	1.24	1.65	1.30	1.35	2.46	牛市、平坦化信用利差扩大
通胀上行 VS 通胀下行阶段的收益率曲线比较							
通胀上行	26	0.12	0.10	1.41	1.17	2.16	熊市信用利差缩小
通胀下行	16	1.95	2.94	1.43	1.34	2.69	牛市信用利差扩大

资料来源：Wind,CLAMC 宏观策略部整理。

表4—12　　收益率曲线在经济周期不同阶段的实际特征与理论特征存在一定差异

情形		衰退	复苏	过热	滞涨
理论		牛市、陡峭化	熊市、陡峭化	熊市、平坦化	牛市、平坦化
实际	中国	小牛市、平坦化	大牛市、陡峭化	大熊市、陡峭化	小熊市、平坦化
	美国	大牛市、陡峭化	小牛市、陡峭化	大熊市、平坦化	小熊市、平坦化

资料来源：Wind，CLAMC宏观策略部整理。

第五节　央行货币政策与股票市场表现

课题组对央行货币政策对股市的影响进行了系统分析，结果表明：

第一，货币政策与股市表现的关系包括：直接影响市场流动性；货币政策所反映的经济形势、背景信息直接影响股市表现；影响市场对于未来经济形势和货币政策的预期进而影响股市。

第二，股市在M2增速上升时期的平均涨幅为2.4%，高于M2增速下降时期1个百分点。金融、地产、金属、采掘和交运等周期性行业对货币增速高度敏感，而电子、农林、信息、纺织和家电等非周期性行业对货币增速相对不敏感。

第三，股市对于货币政策调整一方面可能具有一定提前反应或预期，另一方面股市在宣布实施紧缩性货币政策后的表现好于宣布实施宽松性货币政策后的表现。上述两个方面表明货币政策的临时性调整虽然对经济基本面主导下的股市走势形成一定扰动，但短期难以改变整体走势。

第四，采掘、金属和金融等周期性行业对于利率调整较为敏感，而医药、信息、公用事业和食品饮料等非周期性行业对于利率调整相对不敏感；对于存准率调整的整体并不明显。

第五，存准率提高很大程度是为了对冲外汇占款渠道的基础货币过多投放，其紧缩性政策含义较小；在此条件下，降准的扩张性货币政策信号作用则相对较强，股市的反应也相对较大。

总之，对股市而言，临时性或一次性的利率或存准率的政策调整只能造成短期扰动，而货币政策所反映的经济形势则更具主导作用。因此，利率或存准率的变动主要在于反映货币政策是否发生方向性变化，从而导致货币投放速度加快或放缓；如果并不伴随信贷货币投放速度的明显变化，对股票市场并不会产生实质性的利空或利好。相关内容如图4—6、图4—7、图4—8、图4—9、图4—10和图4—11所示。

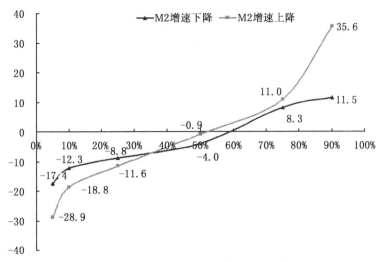

横轴为百分位　　纵轴为百分位数

资料来源：Wind,CLAMC 宏观策略部整理。

图 4－6　股市在 M2 增速上升时期与下降时期的表现比较

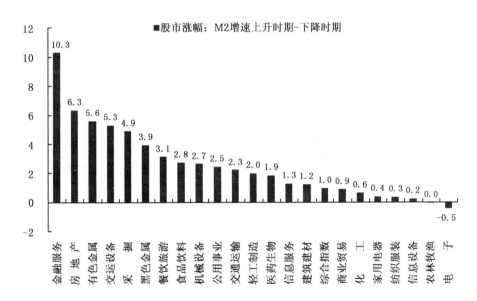

资料来源：Wind,CLAMC 宏观策略部整理。

图 4－7　行业指数在 M2 增速上升与下降时期平均涨幅之差

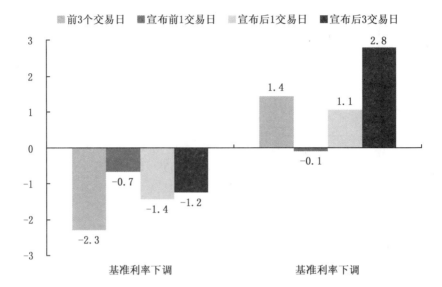

资料来源：Wind,CLAMC 宏观策略部整理。

图 4—8 股市在基准利率调整宣布前后的表现比较(考察期为 N 个交易日累积涨幅)

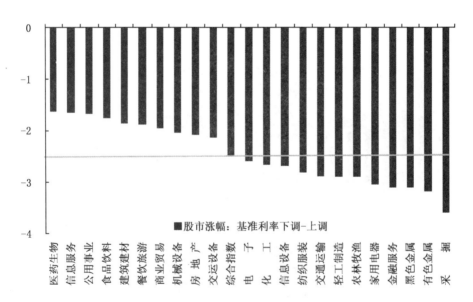

资料来源：Wind,CLAMC 宏观策略部整理。

图 4—9 行业指数在基准利率下调与上调后平均涨幅之差(考察期为宣布后 1 个交易日涨幅)

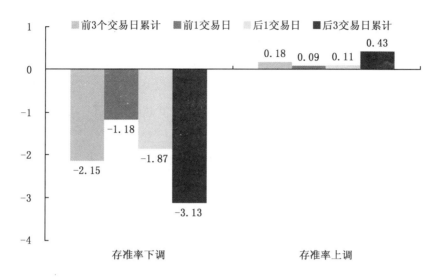

资料来源：Wind，CLAMC 宏观策略部整理。

图 4—10　股市在存款准备金率调整宣布前后的表现比较(考察期为 N 个交易日累积涨幅)

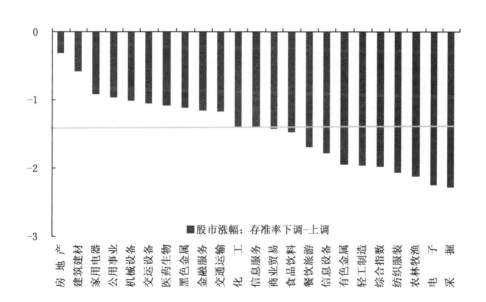

资料来源：Wind，CLAMC 宏观策略部整理。

图 4—11　行业指数在存准率下调与上调后平均涨幅之差

第六节　热钱流动与国内资本市场表现

课题组分别统计分析了外汇占款口径的"热钱"以及 EPFR 口径的国际资本流动与国内资本市场表现之间的关系,从外汇占款口径的"热钱"流动与国内资本市场关系来看:

图形观察方面,"热钱"流动规模曲线与上证综指、房价指数和人民币汇率走势较为吻合、与三者吻合度递减,但没有明显的领先性。从计量回归来看,"热钱"流入每增加 1 000 亿元,上证综指、房价指数和汇率涨幅将分别提高 0.58、0.088 和 0.075 个百分点。

统计结果方面,"热钱"流入时期,上证综指、房价指数和汇率平均涨幅为 1.16%、0.59% 和 0.39%,上涨概率分别为 52%、86% 和 90%,涨幅和概率明显高于流出时期。这与理论预期一致:热钱流动不仅直接影响市场,而且影响市场流动性和预期。"热钱"流出和流入状态下的股市表现比较如表 4－13 所示。

表 4－13　　　　　　　　　　"热钱"流出和流入状态下的股市表现比较

流动方向	月度	热钱规模 (亿元)	上证综指均值 (点)	股指涨幅 (%)	股市上涨 概率(%)
流出	43	−1 201	2 305	−0.57	39.5%
流入	86	1 284	2 353	1.16	52.3%
流动方向	月度	热钱规模 (亿元)	房价同比 涨幅(%)	房价环比涨幅 (%)	房价环比 上涨概率(%)
流出	40	1 277	4.44	0.34	65.0%
流入	59	1 538	6.31	0.59	86.4%
流动方向	月度	热钱规模 (亿元)	人民币对美元 汇率涨幅(%)		汇率上涨 概率(%)
流出	40	1 277	0.16		77.5%
流入	59	1 538	0.39		89.8%

资料来源:Wind,CLAMC 宏观策略部整理。

统计期间,"热钱"存留约 6 万亿元。在一般性假定下测算,"热钱"在中国股市可能累计遭受 6.9% 的亏损,平均成本对应上证综指的 2 861 点;在房地产市场的累计收益率为 6.5%,房地产市场存留"热钱"浮盈率为 22.7%。考虑到升值和利率因素,6%～8% 收益率恐怕难以满足"热钱"的要求。在图形观察中没有发现"热钱"流动具有明显的领先性。"热钱"很难扮演股市和楼市的"先知"角色。

从 EPFR 口径的国际资本流动与国内资本市场关系来看：

第一,2006 年以来,国际资本进出我国资本市场规模显著提高,年度规模达 300 亿美元左右;国际资金进出股票和债券基金的节奏较为一致。

第二,国际资金流动也并非市场"先知",而是在反复博弈和试探中寻找趋势性机会。当国际资本流动的周期波动振幅在不断收窄后出现趋势性变化时,往往意味着国内股市周期性拐点来临。

第三,国际资金流入股票基金的月份,股市上涨概率为 54.7%、平均涨幅为 1.8%,显著高于资金流出时期。国际资金流动与债市表现吻合度相对较低;且流入或流出时期,债市表现差异较小,流出时期债市指数涨幅反而往往较高。

相关内容如表 4—14 和表 4—15 所示。

表 4—14　　　EPFR 国际资本流入或流出股票基金状态下股市表现比较　　　单位:亿美元,%

资金方向	月份	累计流入/出	平均点位	平均涨幅	上涨概率
流出	62	−588	3 072	−2.0	40.3
流入	95	1 072	2 712	1.8	54.7
合计/平均	157	484	2 274	0.3	49.0
资金方向	季度	累计流入/出	平均点位	平均涨幅	上涨概率
流出	17	−392	2 891	−1.7	41.2
流入	35	876	2 572	2.6	60.0
合计/平均	52	484	2 314	1.2	53.8
资金方向	年度	累计流入/出	平均点位	平均涨幅	上涨概率
流出	5	−166	2 631.4	−3.6	20.0
流入	8	650	2 669.5	21.0	50.0
合计/平均	13	484	2 682.5	11.6	38.5

资料来源:EPFR,Wind,CLAMC 宏观策略部整理。

说明:平均点位根据资金额加权平均,平均涨幅和上涨概率为简单平均值。

表 4—15　　　EPFR 国际资本流入或流出债券基金状态下股市表现比较　　　单位:亿美元,%

资金方向	月份	累计流入/出	平均点位	平均涨幅	上涨概率
流出	35	−15.2	1342	0.34	66.7
流入	86	46.9	1321	0.23	67.4

续表

资金方向	月份	累计流入/出	平均点位	平均涨幅	上涨概率
合计/平均	121	31.8	1311	0.26	66.9
资金方向	季度	累计流入/出	平均点位	平均涨幅	上涨概率
流出	12	−9.4	1332	0.92	75.0
流入	28	41.7	1318	0.74	78.6
合计/平均	40	32.3	1314	0.79	77.5
资金方向	年度	累计流入/出	平均点位	平均涨幅	上涨概率
流出	1	−1.0	1217	9.7	100.0
流入	9	33.4	1321	2.5	77.8
合计/平均	10	32.3	1325	3.3	80.0

资料来源：EPFR，Wind，CLAMC 宏观策略部整理。

第七节 "极端环境"下各类资产的收益率表现

当经济基本面或资本市场出现显著的"极端性"变化时，大类资产在流动性、安全性和收益性方面的相对属性可能发生显著变化，决策者的风险偏好也可能发生显著改变。没有充分考虑"极端环境"下大类资产收益率的特点，从而可能降低"正常环境"下资产配置策略的有效性，甚至导致资产配置策略失效。大类资产配置需要考虑市场处于"极端环境"的配置要求。课题组对经济及资本市场的极端环境进行了界定和归纳、并统计分析各种极端环境下大类资产的收益率特征，由此总结相应环境下的资产配置逻辑。

一、近十年来"极端环境"的四个阶段

2003 年以来"极端环境"大体可以划分为四个阶段：

一是，2006～2007 年的经济过热和高通胀时期，从而导致股市持续大幅上涨；

二是，2008 年的金融危机导致经济大幅衰退，股市急剧大幅下跌；

三是，2009～2010 年间，4 万亿元刺激计划出台，导致货币极端宽松和通胀高企，经济和股市短期出现大幅反弹，市场利率大幅下行；

四是，2011 年以来，随着 4 万亿元刺激计划的逐步退出，货币增速大幅放缓，中国经济进入中低速增长时期，通胀也处于低位，造成股市持续低迷，而货币市场利率和债券收益率大幅提高。

二、"极端环境"下的资产收益率特征

经济过热时期,GDP 平均增速达到 13.5%,衰退时期平均增速仅为 7.3%;高通胀时期,CPI 平均涨幅达到 6.4%,而低通胀时期 CPI 平均涨幅仅为 0.2%;货币大幅宽松时期,M2 平均增速达到 24%,大幅紧缩时期平均仅为 13.5%;市场利率高企时期,7 天回购利率平均超过 4%,而流动性充裕时期,7 天回购利率仅为 1% 左右;债市利率高企时期,季度非年化收益率为 1.08%,债市利率低位时期,季度非年化收益率为 0.84%;股市在大牛市期间,季度平均涨幅达到 24.9%,而大熊市期间,季度平均跌幅为 16.5%。从"极端环境"下的股票资产收益率表现来看:

在经济过热时期,股市上涨概率达到 100%,平均涨幅达到 21.4%;而衰退时期股指以 50% 的概率下跌,平均跌幅为 2.1%。这表明经济过热时期往往是股市大涨时期,但是在经济增速处于大幅衰退时期,却并不一定意味着大跌。

在高通胀时期,股指下跌概率达到 75%,平均跌幅达到 6.5%;而在低通胀时期,股指上涨概率达到 87.5%,平均涨幅达到 9.4%。因此,这意味着在正常条件下有效的"通胀上行时期,买入股票、卖出债券;通胀下行时期,卖出股票、买入债券"的量化策略,在极端的高通胀和低通胀时期可能失效。这主要是由于,在高通胀或低通胀等"极端环境"下,此时货币政策往往将采取相机抉择,从而导致货币政策的方向性变化主导股市。不同经济指标"极端环境"下的比较如表 4—16 所示。

表 4—16   **不同经济指标"极端环境"下的比较**

极端情形		GDP	CPI	M2	现金	债券	股票	上涨概率
经济	衰退	7.3	2.1	15.3	0.83	1.04	−2.1	50
	过热	13.5	3.0	19.2	0.57	0.87	21.4	100
通胀	低位	10.1	0.2	23.0	0.41	0.93	9.4	87.5
	高企	11.0	6.4	16.3	0.82	0.93	−6.5	25
货币	大幅紧缩	8.6	3.5	13.5	0.84	0.99	−4.4	12.5
	大幅宽松	10.0	0.7	24.0	0.43	0.95	4.0	50
市场利率	低位	10.4	0.4	21.9	0.32	0.93	7.0	75
	高企	8.2	3.8	14.0	1.06	1.05	−3.9	12.5
债券利率	低位	12.2	3.0	17.1	0.52	0.84	13.2	62.5
	高企	7.7	2.7	14.4	0.94	1.08	−4.3	25
股票市场	大熊市	9.6	4.4	16.3	0.64	0.94	−16.5	0
	大牛市	12.2	2.0	20.3	0.52	0.87	24.9	100
平 均 值		10.1	2.9	17.6	0.66	0.94	1.76	43.2

资料来源:Wind,CLAMC 宏观策略部整理。

在货币大幅宽松时期，股市表现相对较好，但上涨概率也仅为50%，平均涨幅仅为4.0%；但是，在货币大幅紧缩时期，股市以87.5%的概率下跌，平均跌幅为4.4%。这表明，虽然货币大幅宽松并不意味着股市上涨，但货币大幅紧缩必然带来利空。

在货币市场利率高企时期，股市以87.5%的概率下跌，平均跌幅为3.9%；而市场利率处于低位时期，股市以75%的概率上涨，平均涨幅为7.0%。这一方面可能是由于货币市场利率下行有利于资金入市；另一方面可能是由于同时期货币宽松政策所致。

在债券资产收益率高企时期，股市以75%的概率下跌，平均跌幅为4.3%；而债券资产收益率处于低位时期，股市以62.5%的概率上涨，平均涨幅为13.2%。这一方面可能是由于债券和货币资金收益率高企时期，不利于资金流入股市；另一方面可能与利率高企还是低位与经济是衰退还是过热的背景直接相关。

从"极端环境"下的现金和债券资产收益率表现来看：

第一，在经济过热时期，现金和债券收益率相对较低，这可能是由于此时相对宽松的货币政策所致，从而导致经济增速和CPI涨幅并不起决定性影响。

第二，在高通胀时期，债券收益率并没有明显较高，而现金收益率达到低通胀时期的两倍，表明此时货币政策紧缩对货币市场收益率造成重要影响。

第三，在货币大幅宽松时期，现金收益率明显较低，仅为紧缩时期的50%左右；而债券收益率在宽松和紧缩时期的差异较小，表明货币紧缩或宽松，主要影响货币市场短期利率，对债券市场中长期利率影响很小。

第四，在货币市场利率高企时期，债券收益率相对较高，季度平均非年化收益率涨幅高出12个bp，表明货币市场利率与债券收益率具有一定联动关系，但债券收益率影响相对较小。而在债券资产收益率高企时期，现金资产季度平均收益率达到0.94%，高出低位时期42个bp，再次表明现金和债券资产收益率之间的联动性关系。这表明货币市场利率对债券收益率的影响相对较小，但债券收益率变化对货币市场利率往往影响较大。

第五，在股市大熊市和大牛市期间，现金和债券资产收益率差异在10个bp左右，表明股票市场和债券市场并没有严格的"牛熊转换"型关系。

三、各种"极端环境"之间的相互重合

课题组统计了各种"极端环境"之间相互重合的比率，如表4—17所示，对于单个指标在8个季度的"极端环境"中，与其他指标的"极端环境"重合频率次数超过2次的情形用灰色底纹进行了标示。从结果来看：

一是,经济过热时期与股市大牛市时期高度重合,8 个季度中重合的季度有 5 个,表明股市大牛市需要经济高速增长为基础;同时,经济过热时期往往是债券利率相对很低时期,有 4 个季度重合,表明经济高速增长,以及货币相对宽松、信用风险较低,导致债券利率往往较低。在经济衰退时期,与市场利率高位时期有 3 个季度重合,与债券利率高位时期有 5 个季度重合,这主要是由于 2011 年以来,货币增速持续下降,导致经济低迷的同时,市场利率长期处于高位。

二是,低通胀时期与货币大幅宽松和市场利率低位时期高度重合,8 个季度中有 5 个季度重合,这可能是由于低通胀时期经济往往较为低迷,从而采取相对宽松货币政策,导致市场流动性充裕,货币市场利率处于极低时期。但是,高通胀时期与股市大熊市时期有 4 个季度重合,这是由于高通胀往往带来货币紧缩政策,从而导致股市下行压力加大。

三是,货币政策大幅宽松时期往往意味着市场利率处于低位时期,其中 4 个季度重合;而货币政策大幅紧缩时期往往导致市场利率高企,其中有 4 个季度 7 天回购利率处于高企时期、3 个季度债券收益率处于高企时期。

四是,货币市场利率高企往往是债券资产收益率高企时期,其中有 5 个季度重合,表明各种利率之间的联动性关系;但是利率处于低位时期并非高度重合。

表 4-17　　　　　　　不同经济指标"极端环境"重合的频率

重合频率(次)		经济		通胀		货币		市场利率	
		衰退	过热	低位	高企	紧缩	宽松	低位	高企
经济	衰退			1	0	2	1	1	3
	过热			2	2	0	1	2	0
通胀	低位	1	2			0	5	5	0
	高企	0	2			1	0	0	2
货币	大幅紧缩	2	0	0	1			0	5
	大幅宽松	1	1	5	0			4	0
市场利率	低位	1	2	5	0	0	4		
	高企	3	0	0	2	4	0		
债券利率	低位	0	4	1	1	1	0	1	0
	高企	5	0	0	0	3	0		5
股票市场	大熊市	2	0	0	4	0	1	1	0
	大牛市	0	5	2	1	0	2	2	0

资料来源:Wind,CLAMC 宏观策略部整理。

说明:表格中数字代表横列和纵列中的"极端环境"出现在同一季度的次数。如最后 1 行中的第 2 列,表明"经济过热和股市大涨"现象同时出现的次数为 5 个季度。

四、"极端环境"下资产配置的经验逻辑

第一,经济高速增长甚至过热是股市大牛市形成的重要前提条件,但需要注意由此带来的高通胀压力,以及是否引发调控政策的方向性变化;经济增速从周期性顶部大幅下降或衰退初期往往是股市大幅下跌时期,一旦市场接受经济增速下降事实,股市的利空开始逐步释放,继续大幅下跌压力减弱;但是,只要经济处于低迷时期,股市很难有大的上行动力。

第二,在"正常环境"下,通胀温和上行时期,往往意味着经济增速提高、货币相对宽松,从而有利于市场利率上行,对股市也是利好;一旦通胀过高或过低,其背后蕴含的政策调控逻辑才是影响资本市场的"主要矛盾"。从而,在通胀过高或过低时期,"正常环境"下基于 CPI 指标的量化配置策略将失效。

第三,在"正常环境"下,货币政策是影响市场流动性的重要因素,货币宽松将降低现金和债券资产收益率,对股市是利好因素。但是,由于货币政策往往是相机抉择,因此,需要区分货币政策是主动适应还是被动调控。

当货币政策处于主动适应经济发展需要的"正常环境"下,货币宽松对于股市是一个利好因素。但是,当货币政策处于被动调控的"极端环境"下,货币大幅宽松时期股市未必表现较好,因为背后蕴含的经济低迷等背景信息对股市将起主导性作用;而货币大幅紧缩时期,不仅将导致股市资金供给不足,而且往往意味着经济增长势头将恶化,从而对股市而言往往是重大利空。

第四,由于货币市场利率或市场流动性是货币政策作用的结果,在"极端环境"下,市场流动性和货币政策背后的经济形势才是主导市场走势的因素。因此,市场流动性极度宽松时期,由于经济往往处于低迷时期,股市表现未必较好;但是,在流动性极度紧张时期,不仅股市资金供给受到严重影响,而且往往意味着经济增长势头将恶化,从而对股市而言往往是重大利空。

总之,在表征经济基本面的 GDP、CPI 和 M2 三大指标中,经济增速是主导性因素,经济高速增长是股市大涨的必要前提条件,经济增速从周期性顶部开始恶化的初期,往往是股市大跌时期;通货膨胀是经济增长和货币政策综合作用的结果,主要起到表征性意义,但高通胀带来的政策调控变化对股市而言是重大利空;货币政策同时影响经济增长和股市流动性,在经济大幅下行时期,宽松大幅政策对股市流动性的利好无法抵消经济下行的利空,从而并不意味着股市一定表现很好,但是货币大幅紧缩不仅直接利空股市,而且造成经济增长势头恶化,对股市而言往往是重大利空。

第五章 大类资产配置:经济周期与短期波动经验观察

经济基本面影响大类资产收益率,无论是中长期周期还是短期波动对于大类资产配置决策都具有重要意义。本部分通过总结对中长期潜在经济增速和短期经济波动的观察方式,为大类资产配置决策提供经验性参考。

第一节 中长期增长潜力与结构性变迁

一、中长期增长的三大要素动力

经济增长的动力源于劳动力、资本和技术。对 20 个国家经济增长数据考察结果表明:经济增速与劳动力、资本和全要素生产率(TFP)增长率皆呈正相关关系,且与资本和 TFP 关系更为稳定;三者的增长率每提高一个百分点,将拉动 GDP 增速分别提高 1.5、0.6 和 1.1 个百分点;各国经济增长依赖的主要动力存在很大差异,平均而言,劳动力、资本和 TFP 贡献率分别为 40%、20% 和 40%。

从我国经济发展情况来看,过去 30 年劳动力、资本和 TFP 增长率分别为 1.9%、11.9% 和 4.6%,皆高于国际平均水平;三者贡献率分别为 18.9%、35.3% 和 45.8%。与其他增速较高的国家相比,我国劳动力增长率并不高,而资本和 TFP 增长率和贡献率相对较高,这表明制度改革导致生产率大幅提高,并由此带动资本投入保持高速增长。

从未来三大增长要素的增长潜力来看:

一是,我国人口红利仍将延续 10 年以上,劳动力供给不会成为经济增长的制约因素,其对 GDP 的直接拉动仍有望保持在 0.3% 左右。

二是,长期货币超发和资本扩张,使中长期通胀压力上升,造成资本和债务的泡沫风险。未来资本扩张速度可能放缓,但仍将是经济增长的重要推动力。金融结构的改善将是未来我国资本扩张和资本效率提高的有效途径。

三是,教育、科技和制度变革是生产率提高的三大要素。生产率继续保持较快增长仍需依赖制度性变革。社会保障制度和分配制度改革是提振内需的首要前提;深化市场经济体制改革是提高效率的最重要动力。

从下一个 10 年增长动力来看,劳动力增速下降成为客观现实、资本继续维持高速增长的压力不断加大、"入世"带来的制度性红利逐步衰减,经济转型形成的新周期启动过程将相对缓慢,应重点关注经济结构的内在变化。资源环境约束和资本债务泡沫风险是新经济周期中面临的重要挑战。相关内容如图 5—1 和表 5—1 所示。

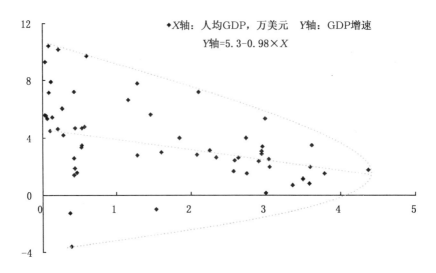

资料来源:BvD 数据库,CLAMC 宏观策略部整理。

图 5—1　人均 GDP 与经济增速之间并不存在稳定的关系

表 5—1　　　　生产率提高是经济增长的决定性因素(要素分解角度)

时　　期	GDP 增速	对 GDP 增长的拉动			GDP 增速贡献率		
		劳动力	资本	生产率	劳动力	资本	生产率
1981~1985	10.8	0.8	2.8	7.1	7.7	26.2	66.2
1986~1990	7.9	0.8	2.3	4.8	9.5	29.3	61.2
1991~1995	12.3	0.6	5.0	6.8	4.5	40.4	55.1
1996~2000	8.6	0.2	1.0	7.3	2.7	12.1	85.2
2001~2005	9.8	0.3	2.8	6.6	3.5	28.7	67.8
2006~2011	10.9	0.3	3.1	7.5	2.9	28.2	68.9
平　　均	10.0	0.5	2.8	6.7	5.1	27.5	67.4

资料来源:Wind,BvD 数据库,CLAMC 宏观策略部整理。

二、中长期增长的需求结构变迁

对 20 个国家经济增长的需求结构统计结果表明:样本国家 GDP 平均增速为 3.7%,私人消费和固定投资拉动率分别为 2 个和 1 个百分点,平均贡献率分别为

58.7%和22.4%,是长期经济增长的主要动力;政府消费平均拉动率为0.6个百分点,贡献率为16.7%;一般而言,存货和净出口难以长期拉动经济增长。

主要发达经济体经济增速阶梯式下降,而新兴经济体则不同程度的提高,私人消费和固定投资两大"引擎"呈现出"同升同降"现象。2001年以来,主要发达经济体投资拉动趋于零甚至负贡献,私人消费成为维持低速增长的依托,政府消费和出口则成为决定经济体表现好坏的重要因素。

过去30年中国经济平均增速达到10%,私人消费和固定投资贡献率各为40%,政府消费贡献率为13.8%,存货和净出口贡献率分别为3.3%和3.6%。比较而言,私人消费贡献率明显较低;固定投资贡献率显著较高;政府消费贡献率偏低,但占总消费比例则偏高;净出口对经济增长贡献率仅与平均水平相当。

30年来,私人消费拉动率阶梯式下降,而固定投资拉动率阶梯式上升,投资取代消费成为最重要的需求动力;私人消费和固定投资两者走势相互背离的现象也是中国特有。当前,推动需求结构转型并不是政府简单地选择单一消费或者单一投资作为经济引擎的问题,而是需要综合利用。各类需求对GDP拉动率(1981~2012年)平均如表5-2所示。

表5-2 各类需求对GDP拉动率(1981~2012年平均)

国 家	GDP增速	各类需求对GDP拉动率				
		固定投资	存货	私人消费	政府消费	净出口
中 国	10.0	4.0	0.3	4.0	1.4	0.4
新加坡	6.7	1.7	-0.1	2.3	0.6	1.9
韩 国	6.6	1.9	0.1	3.4	0.8	0.3
印 度	6.2	2.0	0.2	3.4	0.7	-0.6
马来西亚	5.9	2.2	-0.1	3.1	0.7	0.4
泰 国	5.5	1.5	0.1	2.7	0.5	0.8
印度尼西亚	5.1	1.3	0.5	2.8	0.4	0.1
阿根廷	2.8	0.5	-0.1	2.0	0.4	0.0
美 国	2.8	0.4	0.0	2.0	0.4	-0.2
沙 特	2.8	2.9	0.3	2.0	2.0	-2.9
巴 西	2.5	0.3	-0.1	1.8	0.6	0.0
英 国	2.5	0.4	0.1	1.8	0.4	-0.2
加拿大	2.4	0.6	0.0	1.5	0.4	0.0
西班牙	2.4	0.6	0.0	1.3	0.6	0.0
南 非	2.4	0.4	-0.1	1.9	0.6	-0.3
德 国	2.0	0.2	0.0	1.1	0.3	0.3
法 国	1.8	0.3	0.0	1.0	0.5	0.0
日 本	1.8	0.2	0.0	1.1	0.4	0.0

续表

国　　家	GDP 增速	各类需求对 GDP 拉动率				
		固定投资	存货	私人消费	政府消费	净出口
意大利	1.3	0.2	0.0	0.8	0.3	0.1
俄罗斯	1.0	−1.5	−0.1	1.3	−0.2	0.3
平　均	3.7	1.0	0.1	2.0	0.6	0.0

资料来源：BvD 数据库，CLAMC 宏观策略部整理。

三、潜在经济增速滤波方法观察

当前经济整体处于调整、转型期。从产出缺口来看，虽然用不同方法测算的产出缺口方向及比例都有一定差异，但是各种方法皆表明当前产出缺口比例较小，经济在没有强刺激下的内生惯性已经逐步接近于潜在增速。因此，未来经济方向性的调整取决于传统行业去产能与新兴产业增长之间的"力量对比"，对于经济周期所处阶段的判断以及大类资产配置的方向性调整也需继续紧密观察。

相关内容如图 5－2 和图 5－3 所示。

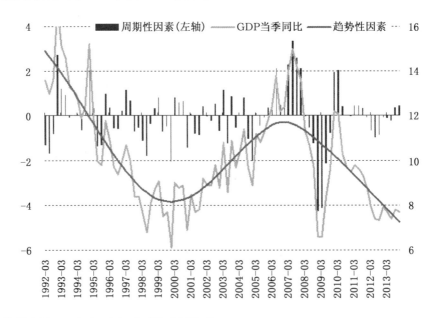

资料来源：Wind，CLAMC 宏观策略部整理。

图 5－2　GDP 季度增速 HP 滤波法

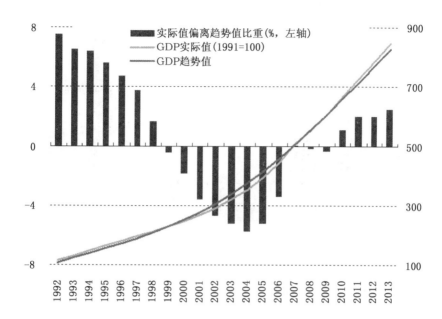

资料来源：Wind，CLAMC 宏观策略部整理。

图 5—3　GDP 年度值 HP 滤波法

第二节　经济短期波动规律经验性观察

一、投资增速的经验性观察方法

从 FAI 短期波动因素考察来看：制造、地产和基建三大行业对投资增速波动贡献率超过 90％，从而很大程度上决定了投资增速的周期波动。制造和地产投资主要由市场内生需求动力驱动，基建投资则主要由外生经济政策决定。从而，在经济平稳时期，投资进入"内生动力周期"，基建投资也是顺周期的；在经济过热或衰退时期，投资进入"外生政策周期"，基建投资是逆周期的。

从领先指标考察来看：一是总需求拐点一般领先制造业投资 2～3 个季度；二是商品房销售面积拐点一般领先地产投资 2 个季度左右；三是预算内资金拐点较基建投资具有一定领先性。最近一轮投资周期中，基建投资、中央项目以及预算内资金都具有一定领先性，这是由于这些指标可以直接反映经济政策调控力度。

相关内容如图 5—4、图 5—5、图 5—6 和图 5—7 所示。

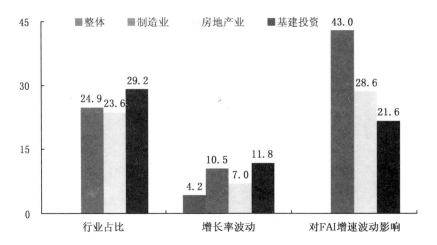

资料来源:Wind,CLAMC 宏观策略部整理。

说明:为消除极端值的影响,对 FAI 增速波动的影响剔除了 FAI 增速变动小于 1 个百分点的年份,分别为 2004 年、2008 年和 2011 年。

图 5－4　三大行业对 FAI 增速波动的影响(1997～2012 年平均)

资料来源:Wind,CLAMC 宏观策略部整理。

图 5－5　制造业投资一般滞后于总需求 2～3 个季度

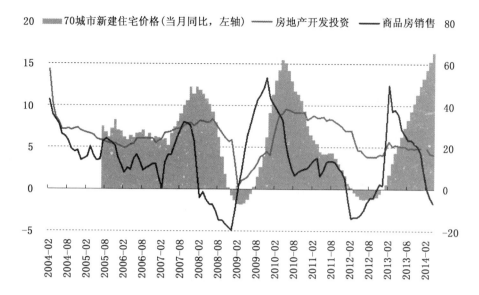

资料来源：Wind，CLAMC 宏观策略部整理。

图5－6　地产销售领先于地产投资约 2 个季度

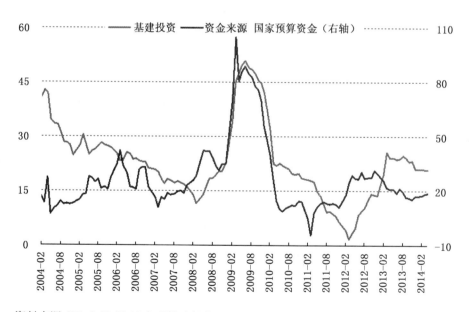

资料来源：Wind，CLAMC 宏观策略部整理。

图5－7　国家预算内资金投资较基建投资具有一定的领先性

二、消费增速的经验性观察方法

从波动因素来看,各类消费品增速波动幅度均高于整体波动,表明受"预算约束"等影响,各类消费之间会产生一定替代效应。我国消费增速波动主要由交通类消费增速波动所主导,贡献率达 50%;经常受家居装潢类消费增速波动的扰动,贡献率为27%;受传统消费增速波动的影响则相对较小。

从中长期趋势来看,消费增速波动中枢的变化主要取决于居民收入增长,以及收入分配制度的公平性和社会保障制度的完善程度,且是一个相对缓慢的过程;从短期波动趋势来看,一定程度受到短期消费刺激政策和物价指数的影响。

相关内容如图 5-8 和表 5-3 所示。

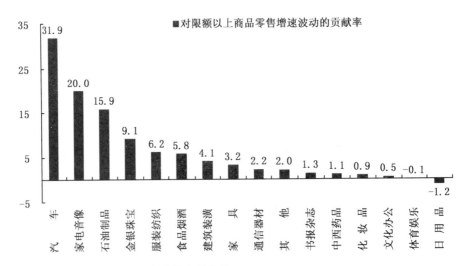

资料来源:Wind,CLAMC 宏观策略部整理。

图 5-8　各类消费对消费增速波动贡献率比较

表 5-3　　　　　　　　　　　　消费基本分析框架

关注点	重点关注因素
中长期趋势	居民收入增长
	收入分配和社会保障制度改革
	消费结构变化
短期波动	短期消费刺激政策、名义价格因素
	限购政策与汽车消费
	石油价格与消费
	地产销售与家居装潢类消费

资料来源:CLAMC 宏观策略部整理。

三、出口增速的经验性观察方法

从数据来看,欧美在全球经济和贸易中的直接占比都不断下降;从相关系数来看,欧美在全球经济和贸易中的系统重要性不降反升,表明在全球化程度日益提高的背景下,欧盟和美国作为最大和最重要的两个经济体,对全球经济和贸易的影响不降反升。因此,观察欧美经济形势变化仍然是判断我国出口最为有效的方式。

相关内容如表5—4、表5—5和图5—9所示。

表5—4　　　　　　　　　我国出口的国家或地区结构变化　　　　　　　单位:%

年　　度	美国	日本	欧盟	港澳台地区	东盟	韩国
1995～2000	19.2	17.7	14.2	23.7	6.4	4.4
2001～2008	20.4	11.8	17.9	18.6	7.3	4.7
2009～2012	17.6	7.8	18.6	16.3	9.1	4.4
平　　均	19.4	12.9	16.8	19.8	7.4	4.5

资料来源:Wind,CLAMC宏观策略部整理。

表5—5　　　　　主要国家或地区对我国出口增速波动贡献率——年度数据

年　　度	美国	日本	欧盟	港澳台地区	东盟	韩国
1996～2000	3.5	17.4	1.7	34.0	13.8	12.9
2001～2008	17.3	9.1	19.8	21.8	8.9	3.7
2009～2012	14.2	6.6	25.3	11.1	5.6	5.3
平　　均	11.5	11.4	14.9	23.1	9.7	7.4

资料来源:Wind,CLAMC宏观策略部整理。

四、通货膨胀的经验性观察方法

CPI周期很大程度上受到蔬菜和猪肉价格周期的影响,原因在于:一是两者占比相对较高;二是由于生产和消费都具有很强的季节性和周期性,价格波动较为剧烈;三是消费具有刚性,可替代性相对较低。由于种植周期季节效应明显,蔬菜价格基本遵循一年一个完整U型大周期的波动规律,猪肉价格则取决于养殖周期与消费周期的重叠效应。

相关内容如图5—10和图5—11所示。

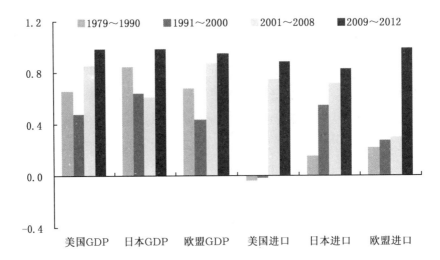

资料来源：Wind，CLAMC 宏观策略部整理。

图 5—9 中国出口增速与美日欧经济相关系数"不降反升"

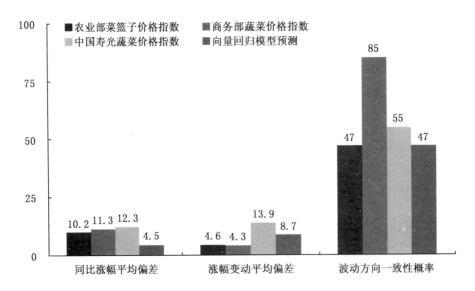

资料来源：Wind，CLAMC 宏观策略部整理。

图 5—10 各种蔬菜价格指数对 CPI 鲜菜价格参考价值

资料来源：Wind，CLAMC 宏观策略部整理。

图 5—11 猪肉价格周期的形态特征变化值得关注

五、PMI 指标统计上的参考价值

通过实证考察发现 PMI 指数的领先性并不稳定，原因如下：PMI 指数与经济周期性拐点的匹配度不高、领先性也不显著；PMI 指数与当月和下月工业增速走势完全一致的概率不到 60％；PMI 指数与当季 GDP、新出口订单指数与下季度出口增速走势完全一致的概率达到 70％左右。通过考察季节性调整、移动平均、环比数据同比化，以及相关系数和回归系数等方法发现，这些方法都不能显著提高 PMI 指数对短期经济形势判断的准确率，不能有效提高 PMI 指数的利用价值。

相关内容如表 5—6 和表 5—7 所示。

表 5—6　　　　　　　　　PMI 指数与当月工业增速走势一致性考察

类　型	PMI VS 工业同比		PMI VS 工业环比		汇丰 PMI VS 工业同比		汇丰 PMI VS 工业环比	
	月度数	占比	月度数	占比	月度数	占比	月度数	占比
走势完全相同	51	52	15	60	51	52	11	44
走势存在较小差异	10	10	3	12	16	16	4	16
走势出现较大背离	37	38	7	28	31	32	10	40
合　计	98	100	25	100	98	100	25	100

资料来源：Wind，CLAMC 宏观策略部整理。

表 5—7   PMI 指数与当季 GDP 增速走势一致性考察

类　型	PMI VS 当季 GDP 同比		PMI VS 当季 GDP 环比	
	季度数	占比	季度数	占比
走势完全相同	22	69	21	72
走势存在较小差异	2	6	1	3
走势出现较大背离	8	25	7	24
合　计	32	100	29	100

资料来源：Wind，CLAMC 宏观策略部整理。

第六章　总结与应用：框架体系与绩效归因

在上述分析基础上，本课题形成了比较完整的框架体系，建立了大类资产配置模拟组合，并可以根据模型进行经验调整与绩效归因，框架具有较强的实用性，但仍需不断优化量化基准和量化策略中的参数，逐步将经验性逻辑总结归纳为具有直接可操作性的指导手册或转化为量化配置或投资策略。

第一节　大类资产配置框架体系

根据上述论述分析，课题组最终总结归纳大类资产配置框架体系如表 6—1 所示。

表 6—1   大类资产配置基本框架体系

步骤		具体因素	
量化基准	MV 模型	参数设置	法律约束 账户要求 实际限制
		历史数据	现金（收益率、风险） 债券（收益率、风险） 股票（收益率、风险）
	最优组合	长期—3Y 中期—6Q 短期—4M	权重：40% 权重：30% 权重：30%

步骤	具体因素		
最化调整	基于经济指标	触发机制	单个指标策略 多指标综合策略
		调整规则	债券+/-N%,股票-/+N%
	其他量化策略	触发机制 调整规则	
	大类资产联动 轮动规律策略	资产收益率较经济指标的领先性 资产收益率之间联动规律 资产收益率之间轮动规律	
	"极端环境" 经验配置策略	经济:过热/衰退 货币:宽松/紧缩 债市:大牛/大熊	通胀:高企 VS 低位 利率:高企/低位 股市:大牛/大熊
经验调整 <次数、权限 设置、理由 说明>	大类资产投资时钟 策略	大类资产投资时钟	
		股票市场投资时钟	择时策略 风格策略 行业策略
		股票市场投资策略	热钱流动 国际资本 货币政策
		债券市场投资时钟	
	经济周期与短期波 动观察	经济周期观察	增长动力:劳动力、资本和生产率 需求结构:投资、消费和出口 滤波分解:周期性、趋势性因素
		短期波动观察	投资:内生周期 VS 政策周期 消费:短期政策影响、长期收入增长 出口:欧美经济形势 通胀:蔬菜价格波动、猪肉周期形态 PMI:3月平均更具方向性参考价值
	其他经验策略	经验性逻辑	重点关注因素
资产配置/模拟组合:现金、债券、股票(X%、Y%、Z%)			
绩效归因	预期 VS 实际收益 率偏差	量化基准收益率偏差 量化调整策略贡献 经验调整策略贡献(策略1-N)	

资料来源:CLAMC 宏观策略部整理。

为了在资产配置过程中遵循"以量化为主,以经验为辅"的原则,对于每年资产配置决策中进行经验性调整的次数、比例权限必须事前予以明确规定,并且要求在每次经验性调整过程中必须说明经验性调整的基本逻辑或理由,以便于在绩效归因过程中对经验调整的绩效贡献进行准确评估,并检验经验调整的逻辑是否有效。

在量化基准的基础上,经过量化及经验性调整,可以得到大类资产配置的最终组合、以此进行资产配置或建立模拟组合,并定期对资产配置的实际或模拟组合进行投资绩效核算。

在对资产配置的实际或模拟组合进行投资绩效核算的基础上,需要进一步对投资绩效进行绩效归因和考核,将投资绩效分解为量化基准、量化调整和经验性调整,以考核各个环节、策略、责任主体对收益率的直接贡献,并对预期贡献与实际贡献之间的偏差进行原因分析,以评估各个环节、策略的有效性和稳定性,从而有利于对大类资产配置框架体系的调整和完善。

第二节 大类资产配置绩效归因

课题组以2013年大类资产配置模拟组合为例进行绩效归因的结果如表6-2所示,其绩效归因结果如下:

一是,从运行结果来看,模拟组合实际收益率高出预期收益率39个基点,高出2013年保险资金投资收益率54个基点,表明2013年资产配置模拟组合实际表现较好。

二是,从绩效归因来看,量化基准组合实际收益率高出预期收益率6个基点,量化调整策略贡献了超额收益率78.3个基点,高出预期的45.5个基点。

三是,从客观原因来看,由于债券收益率高企、股票市场结构性行情促使年度和季度实际收益率高于预期收益率;在股票市场震荡行情中,月度配置策略未能有效捕捉市场震荡行情,实际收益率大幅低于预期收益率;从量化调整策略来看,全年量化调整策略皆实现了正贡献,表明基于宏观经济指标的量化调整策略上年运行效果较好。

2013年大类资产配置模拟组合绩效归因如表6-2所示。

表6-2   **2013年大类资产配置模拟组合绩效归因**

收益率	量化基准				量化调整	模拟组合
	年度	季度	月度	基准组合		
预期收益率	3.69	3.83	7.04	4.74	45.5bp	5.19
实际收益率	4.84	5.28	4.26	4.80	78.3bp	5.58
实际-预期	1.15	1.45	-2.78	0.06	32.8bp	0.39

资料来源:CLAMC宏观策略部整理。

第三节　框架体系的应用和改进

对于该框架体系在资产配置决策中的应用,一方面,框架体系对实际投资中的约束条件仍考虑不足,从而导致以框架体系来直接应用面临一定问题。另一方面,框架体系对资产配置或投资实践仍具有的指导意义在于:

一是,量化配置基准是基于长、中、短期资本市场形势变化,以及根据历史数据、利用模型进行最优化计算而得到,是形成被动性资产配置基准的一个重要思路,具有较好的实践和操作意义。在应用过程中,只需对模型具体参数设置进行调整即可。

二是,基于宏观经济指标的量化调整策略,在理论上具有较强的逻辑性,考察结果表明是一种较为有效的量化配置策略。在具体应用中,可以根据实际需要设定其调整权限。

三是,在经验性调整中,经验性逻辑以大量实证研究为基础,具有很强的逻辑性和方向上的指导性。在具体应用中,可以逐步将经验性逻辑总结为操作性指导手册或转化为量化策略。

四是,在绩效归因过程中,可以通过绩效分解,对各个环节、策略、责任主体的贡献和绩效进行考察,并以此对框架体系进行不断调整和完善。

未来课题组将对框架体系进行不断调整完善,主要方向在于:一方面,更为充分地考虑投资实践中的限制,对量化基准和量化策略中的参数进行调整优化;另一方面,逐步将经验性逻辑总结归纳为具有直接可操作性的量化配置策略。

参考文献

[1]包卫军.2014年大类资产配置建议[N].苏州日报,2014-01-15.

[2]陈婷,熊军,赵杨.经济周期与养老基金战术资产配置研究[J].生产力研究,2011(6).

[3]陈旭晖.寿险公司资产配置问题研究[D].对外经济贸易大学,2007.

[4]方华.保险资金将优化大类资产配置[N].金融时报,2008-01-29.

[5]郜哲.基于投资时钟原理的中国大类资产配置研究与实证[J].河北经贸大学学报,2015(3).

[6]辜方.中国资本市场在经济周期下的资产配置研究[D].西南财经大学,2014.

[7]孔凌.中国经济周期波动与机构投资者资产配置策略研究[D].华东师范大学,2011.

[8]李亚敏,王浩.养老基金投资的国际经验与中国的实践[A].金融危机:监管与发展——北大赛瑟(CCISSR)论坛文集,2009.

[9]李彦森.基于投资时钟理论的大类资产配置研究[D].河北大学,2014.

[10]林采宜.经济转型周期中大类资产配置新思维[N].上海证券报,2014—11—12.

[11]缪建民,张雪松.资产周期特性与保险公司资产配置策略[J].保险研究,2010(8).

[12]任泽平等.全球股市大跌的原因、前景与大类资产配置[N].上海证券报,2015—08—27.

[13]苏民,逯宇铎.经济周期视角下的资产轮动模式[J].金融理论与实践,2011(1).

[14]孙超.从大类资产配置角度看2015年债券组合投资机会[J].债券,2015(2).

[15]谭淞衡,李奇霖."股债双牛"的宏观基础与2015年大类资产配置模拟[J].债券,2015(2).

[16]吴菲.中国养老金资产配置策略研究[D].上海社会科学院,2008.

[17]吴世农,陈斌.风险度量方法与金融资产配置的理论和实证研究[J].经济研究,1999(9).

[18]杨君.全国社会保障基金的投资运营研究[D].财政部财政科学研究所,2011.

[19]姚金海.保险公司资产配置的实证研究:以中国平安为例[A].中国保险学会第二届学术年会入选论文集(理论卷1),2010.

[20]叶琪.保险大类资产配置迎战略调整[N].华夏时报,2014—11—10.

[21]张欣慰.基于均值—风险模型的我国基金投资组合与绩效研究[D].南京大学,2011.

[22]张越.基于经济周期的社保基金资产配置模型研究[D].吉林大学,2010.

[23]郑振龙,陈志英.牛熊市视角下的资产配置[A].第五届(2010)中国管理学年会——金融分会场论文集,2010.

[24]周立群.类别资产视角下的保险投资观察[J].中国保险,2013(8).

[25]Bajeux-Besnainou, Isabelle, James V Jordan, Roland Portait., Dynamic Asset Allocation for Stocks, Bonds, and Cash[J]. *Journal of Business*, 2003, 76(4), pp.263—287.

[26]Campbell J Y, Viceira L M. Strategic Asset Allocation: Portfolio Choice for Long[J]. *Economic Journal*, 2003, 113(488), pp.408—409.

[27]G.P.Brinson, B.D.Singer and G.L.Beebower, Determinants of Portfolio Performance II: An Update[J]. *Financial Analysts Journal*, 1991, 47(3), pp.40—48.

[28]Sharpe W F., Asset Allocation: Management Style and Performance Measurement[J]. *Journal of Portfolio Management*, 1992, 18(2), pp.7—19.

[29]Sørensen C., Dynamic Asset Allocation and Fixed Income Management[J]. *Journal of Financial and Quantitative Analysis*, 1999, 34(3), pp.513—531.

（本文获"2015IAMAC年度系列研究课题"优秀奖）

中外保险资金大类资产配置研究

安邦资产管理有限责任公司

冯伟　高健　刘莹　张永旭　王德鸿　冷大勇

摘要

本文首先阐明保险资金资产配置管理的理论基础和配置原理,详细说明保险资金大类资产配置的政策演进。以监管风格为标准,选取美国、日本及英国保险业,与我国保险业大类资产发展现状、配置特征及影响因素进行对比分析,发现可以从经济周期、市场周期、资产风险收益等方面归纳总结保险资金大类资产配置的意义及总体原则。最后,结合我国保险行业的发展趋势,系统总结成熟国家保险资金大类资产配置经验,从微观层面以及宏观层面提出政策建议,即加强大类资产价格波动研究体系建设以及坚持保险监管市场化改革、建立现代化监管框架。

关键词

大类资产配置　投资时钟　监管政策

第一章　导　论

第一节　研究背景

回顾我国保险资金运用历史,可以发现保险行业收益水平与我国 A 股市场表现高度相关。2007 年,由于宏观经济的蒸蒸日上以及股票市场牛市的持续,保险行业平均投资收益率达 12.17%,创历史新高。2008 年,由于受到国际金融危机的冲击,投资收益率大幅回落至 1.91%,创出了历史低点。

为舒缓保险行业投资收益水平的波动,自 2010 年下半年开始,中国保险监督管理委员会(以下简称"中国保监会")密集出台了 10 多项投资范畴的新政,在拓宽保险投资渠道的同时赋予保险机构更加灵活的投资操作自主权。2014 年,国务院下发"国十条",进一步鼓励保险资金在风险可控的前提下,对保险资金运用进行松绑,稳步扩大投资规模和品种,开展创新业务试点等。同年,中国保监会积极落实"国十条"精神,陆续颁布新政放开保险资金投资创业板、优先股、创业投资基金、设立私募股权投资基金、资产支持计划等业务。得益于监管政策放宽及资本市场的发展,2014 年我国保险业交出了一份亮丽的成绩单,行业平均投资收益率达 6.3%,同比上升 1.3 个百分点。

2015 年,受宽松货币及信用事件爆发影响,满足资金收益要求的优质资产不足,国内资本市场进入"资产配置荒"的时代。在这个大背景下,如何发挥保险资金的主动管理能力、在控制风险的前提下提高投资收益率成为行业亟待解决的难题。在保险投资范围不断拓宽的背景下,研究保险公司大类资产配置的现状和规律,揭示保险业大类资产配置的发展趋势则富有理论意义和现实意义。

第二节　研究意义

一、对保险公司投资业务的意义

保险资金投资渠道逐渐丰富,发挥保险资金的主动管理能力、在控制风险的前提下提高投资收益率是当前保险公司面临的新机遇与新挑战。

通过研究保险资金的大类资产配置的现状,特别是对比分析国内外保险业大类资产的情况,探讨保险行业大类资产配置的规律,通过对资金的集中使用、专家管理与组合投资等方式,有利于提高资产端的盈利能力,这对增强保险公司的竞争力具有十分重要的意义。

二、对保险公司主业经营的意义

现代保险业强调资产端与负债端之间的匹配。随着保险业经营竞争的加剧以及保险服务水平的不断提高,保险经营的承保利润已呈下降趋势,这意味着相当一部分收益要通过保险资金的投资运用来取得。保险资金大类资产配置的绩效成为左右保险公司利润高低的重要因素,同时,也是保险产品定价的主要参考标准。

资产端收益率的提高能为负债端的产品创新与推广带来动力。收益率的上升,相应可以提高承保产品提供的收益,为保费的增加创造条件,实现筹集更多的资金,扩大资金运用规模的循环。保险资金运用带来的收益不仅可以增强保险公司的资本实力,而且凭借良好的业绩也有利于承保业务的开展,进而丰富投资业务资金的来源,扩大投资资金的规模,实现承保业务与投资业务的良性互动。具体如图1-1所示。

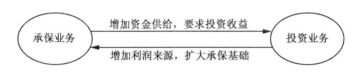

图1-1 承保业务、投资业务的良性互动

三、对资本市场的意义

在保险可运用资金突破10万亿元的背景下,"新国十条"强调保险市场与各金融市场协调发展,并推动保险行业积极融入资本市场。

此外,以第二代偿付能力监管系统建设为代表的监管重心后移,将带给保险资金的运用以更自由的投资空间。同时,偿二代也将引导保险公司进行业务布局和资产配置的调整,将更多的资金配置投资时间长、收益率稳定,更符合保险产品需求的投资领域。这将会刺激资本市场的创新活力,预计将有更多适合保险公司投资的金融产品及金融衍生品被创造出来,从而带来其他金融机构新业务的拓展,届时资本市场上将会有更多种多样的投资工具和丰富的投资组合,将会涌现更多专业化的投资平台和管理环境。

总之,本文的研究具有理论意义和现实意义。研究的主要出发点在于为我国目前保险资金大类资产配置的政策制定提供思路。虽然保险理论对保险资金的运用多有关注,相关研究已有不少,但这些研究多从问题的特定视角去考虑。本文则从大类资产配置的角度,详细分析不同经济周期大类资产风险收益特性,同时本文通过对国外保险行业,主要是美国、欧洲、日本的大类资产配资的数据进行归纳和分析,总结出国外保险资金投资在投资结构、投资收益等方面的特点和经验,继而结合其他国家资产配置方面的监管政策和模式,归纳总结其保险资金的运用规律,强化我国保险业的改革提供理论借鉴与依据。

第三节　研究思路与研究框架

一、研究思路

全文围绕保险资金大类资产配置展开研究,保险公司资产配置是保险资产管理的核心,其研究意义就显得尤其重要。本文在总结保险资金运用现状的基础上,首先给出保险大类资产配置的理论基础、意义及原则,然后在详细分析不同经济周期大类资产风险收益特性的基础之上,给出保险资金大类资产配置建议。

二、研究框架

本文按照"理论基础—发展现状—政策建议"的逻辑顺序,从投资实务的角度对保险资金大类资产配置问题展开理论和实证研究:

首先,对保险资金运用进行综述,并阐明保险资金资产配置管理的理论基础和配置原理。

其次,详细说明保险资金大类资产配置的政策演进及发展现状,从总量、结构等方面阐述保险资金大类资产配置特征,从监管政策、负债成本、经济周期中资产轮动等方面分析影响保险资金大类资产配置的因素,从经济周期、市场周期、资产风险收益等方面阐明保险资金大类资产配置的意义及总体原则。

再次,结合我国保险资金大类资产配置发展方向,系统总结成熟国家保险资金大类资产配置经验。

最后,对全文的研究结论进行总结,并从保险资产配置决策以及保险监管政策等方面提出了相应的建议。

第二章　大类资产配置概述

第一节　大类资产配置的含义

按照传统的定义,资产配置指的是投资者根据投资需求和各种条件约束,在各类资产之中进行投资选择。资产配置的目的是通过分散投资来对冲非系统性风险,获得与所面临风险相匹配的收益率。

具体来说,大类资产配置是指投资者根据自身的预期收益和风险偏好,在其可投资产类别中进行选择和合理组合,以达到效用最大化的目的,即在一定的风险下追求收益最大化,或在一定的预期收益下追求风险最小化。

第二节　大类资产主要类别概述

大类资产主要包括股票、债券、外汇、大宗商品等。此外,另类资产是我国目前金融市场中一类重要的类资产,本节对这五类资产进行概述。

一、股票

股票是股份制公司筹集资本时向出资者发行的股份凭证,持有者作为股东,对公司拥有所有权,其权利包括参加股东大会、投票表决、参与公司的重大决策、获取股息和分享红利等。

股票最重要的特性是收益性,一般而言股票持有人可以通过两个途径获取收益,其一是公司经营业绩增长,盈利增加,股东获得了相应的股息和红利;其二是当二级市场上的流通价格发生变化时,股东通过出售所持有的股票赚取价差。也正因为如此,股票有着与高收益相对应的高风险特性,随着经济环境的改变和公司经营状况的变化,股票价格可能会发生巨大波动,在经济增长,企业盈利增加的阶段,股票可以带来很高的收益,反之也会造成较大的损失。因此需要把握好股票资产的收益与风险,综合评估其对大类资产组合的影响。

长期来看,股票的市场价格围绕其价值波动。此外,还存在多种影响其价格变动的因素,主要包括:

1. 宏观经济

宏观经济对股票的影响较为复杂,经济增长状况直接或间接影响股票供求关系,进而引起价格变动。常见的宏观经济因素有经济周期、市场利率、货币供应量、财政收支情况、通胀情况和汇率等。

2. 行业发展状况

一家公司的股票市场价格与该公司所处行业的周期以及景气程度密切相关。行业扩张和发展景气的时期,该行业的公司利润较高,股票价格也会提升;行业衰落期,公司盈利能力下降,股票价格也随之下跌。

3. 公司自身状况

主要包括公司管理架构、盈利能力、战略投资方向和股息及红利的分配情况等。

4. 投资者心理因素

当投资者看好某行业或公司的未来发展前景,购买其股票的意愿提高,股票价格上涨;反之,当投资者对某行业或公司的未来发展失去信心,便不愿购买甚至会抛售其股票,造成股票价格下跌。

上证综合指数如图2—1所示。

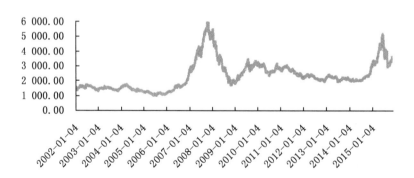

资料来源:Wind资讯。

图2—1 上证综合指数

二、债券

债券是发行人承诺按一定利率支付利息并按约定条件偿还本金的债权债务凭证。债券与股票的一大区别是,债券发行人与持有人之间的关系是债权债务关系,而非所有权关系,债券持有人并非公司所有者,而是作为提供资金方,在约定的时候收取利息,并在期末收回本金,因此债券的现金流是确定的,比起股票收益较低,但风险也较小。

在我国,债券的类别较多,按大类分有政府债券、中央银行票据、金融债券、短期融资券、中期票据、资产支持证券、企业债、国际机构债券、可转换债券、上市公司债和中小企业私募债等。不同类别的债券所属监管机构不尽相同,上市和流通场所也有所区别。在进行大类资产配置时,债券能够起到降低资产组合波动,提高投资收益稳定性的作用,其平均收益虽低于股票,但是在经济下行,货币政策宽松等适宜条件下,债券同样可以带来可观的收益。

影响债券价格的因素主要包括:

1. 宏观经济

与股票类似,债券价格同样受到宏观经济走势影响,由于债券大多约定了较为固定的利息及期限,因此其波动幅度小于股票。市场利率和通胀情况直接影响债券价格。当利率上升时,市场的要求收益率提高,相应地债券价格下跌;反之,当利率下降时,市场的要求收益率降低,债券价格则上涨。当通胀处于合理区间时,投资于债券可以获得较稳定的收益,有利于债券价格上涨;反之,当恶性通货膨胀发生时,投资债券获得的收益不足以补偿购买力下降造成的损失,投资者不再购买债券,造成其价格下跌。

2. 政策因素

货币政策和财政政策影响债券价格。当货币政策宽松时,市场资金充裕,利率下降,债券需求增加,价格上涨;反之,则债券价格下跌。当财政政策积极发力时,往往导致国债发行量增大,由于供求关系恶化,造成债券价格下跌。

3. 公司信用因素

在债券剩余期限内,当发债公司经营良好,债务结构合理,现金流充沛时,投资者认为其信用良好,偿付能力强,往往愿意购买其债券,使得债券价格上涨;反之,当公司负债率上升,现金流不足时,投资者认为其违约风险增大,到期难以对付本息,会抛售其债券,造成债券价格下跌。

10 年期国债到期收益率如图 2—2 所示。

三、外汇

外汇也是大类资产配置中一类重要的资产,通过配置外汇,投资者可以将投资视

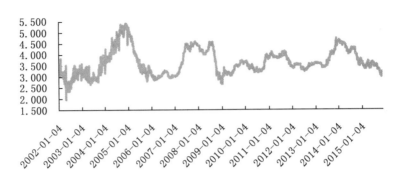

资料来源：Wind 资讯。

图 2—2　10 年期国债到期收益率

角扩展至全球。狭义来看，外汇是以外国货币表示的用于国际结算的手段，包括外国货币、外币支付凭证、外币有价证券、特别提款权等。在实践中，企业出于跨国贸易、投资、投机或者避险的需要，逐渐形成了无形的外汇市场，该市场由全球金融中心连成 24 小时不间断交易，是世界上最大的市场。

投资者在进行大类资产配置时，有可能出于两方面的考虑进行外汇操作。其一是在投资者拥有跨国资产的情况下，为了规避汇率风险而进行外汇操作；其二是投资者通过对各国各地区经济基本面进行分析，或者从外汇市场交易的技术层面进行分析，发现了套利的机会，同样可以通过外汇操作来提升资产组合收益。

影响外汇价格的因素主要包括：

1. 经济增长情况

当一国经济蓬勃发展，快速增长时，国际资金对该国市场较为青睐，愿意持有其货币，使得外汇价格上涨；反之，则外汇价格下跌。

2. 通胀情况

根据购买力平价理论，通货膨胀是影响外汇价格的基本因素。

3. 市场利率

利率同样对外汇价格有显著影响，当一国利率上升，则持有该国货币获得的利息增加，吸引投资者购买该货币，外汇价格上涨。

4. 国际收支状况

一国的国际收支状况体现了市场上该国货币的供求关系，进而影响外汇价格。

5. 政策因素

一国政府的各类政策，会通过直接或间接的方式对外汇价格产生各种影响。

6. 投资者信心

当投资者对一国信心较强并预期其汇率会上升时,会在外汇市场购入该国货币,使得外汇价格上涨;反之,当投资者信心不足或预期汇率下降时,则会抛售该国货币,使得外汇价格下跌。

美元指数如图 2—3 所示。

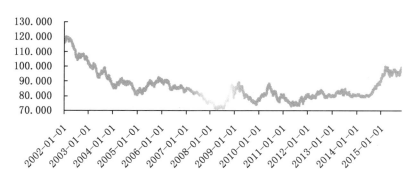

资料来源:Wind 资讯。

图 2—3　美元指数

四、大宗商品

大宗商品是在非零售环节,通过大批量交易进入流通环节的,供工业、农业等使用的商品。作为投资对象在市场上流通的主要是贵金属、能源类商品、原材料商品以及农产品等。大宗商品交易在全球十分活跃,投资者既可以参与国内市场交易,也可以参与海外市场交易。此外,大宗商品的现货市场和期货市场都发展较为成熟,因此市场品种和交易方式较为齐备。

由于大宗商品与国民经济的发展息息相关,因此其与经济周期关联性很高,在经济上行,通货膨胀上涨阶段,配置大宗商品能够获得可观的收益。

影响大宗商品价格的因素包括:

1. 供求因素

供求关系是影响大宗商品价格的基础因素,其他因素大多是通过改变大宗商品短期或长期内的供求关系来进一步影响其价格的。

2. 金属融资因素

当不同市场存在利差时,投资者可以用铜等基本金属作为抵押品获得低利率的资金,投资到高利率的市场获得更高的收益,这种需求的旺盛同样会造成基本金属大宗商品价格上涨；当不同市场的利差收窄，融资需求下降时，投资者对基本金属的需求也会下降，使其价格下跌。

3. 美元因素

由于大宗商品主要以美元定价，当美元升值时，相应地大宗商品价格会下跌；当美元贬值时，大宗商品价格上涨。

4. 政治因素

石油等大宗商品与地缘政治紧密结合，当政治因素变动造成大宗商品供需状况变化时，其价格也会相应改变。

5. 天气因素

农产品是一类重要的大宗商品，其供应受到天气情况限制，进而影响价格变化。

英国北海布伦特原油现货价如图2—4所示。

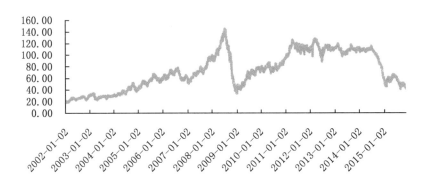

资料来源：Wind资讯。

图2—4　英国北海布伦特原油现货价

五、另类资产

非标资产是指由于差异较大而无法标准化的一类资产，作为紧缩信贷政策下银行贷款的替代品种，具有典型的中国特色。根据中国保监会相关规定，保险资金可投的非标产品包括境内依法发行的商业银行理财产品、银行业金融机构信贷资产支持证券、信托公司集合资金信托计划、证券公司专项资产管理计划、保险资产管理公司项目资产支持计划、其他保险资产管理产品等。保险机构通过投资产品，资金最终对接了与实体经济相关的基础设施建设、不动产和各大行业。

影响另类资产价格的因素包括：

1. 经济周期

各类资产在不同经济周期中具有各自的优势,投资者根据经济周期选择资产,会影响其价格变化。

2. 市场利率

利率对于另类资产价格的影响因素更多地体现在机构或者居民资金配置需求中。当市场利率下行时,资金会追求相对高收益、安全性好的资产进行配置,另类资产配置需求旺盛,价格上涨。

3. 保险资金成本

保险机构是另类资产的重要投资者,当保险资金负债端成本提升,传统投资品无法覆盖时,另类资产由于收益率高、安全性好、担保力强、与公司负债端匹配度性高,会受到追捧,价格上涨。

第三节 大类资产配置的主要类型

按照大类资产配置决策的功能和特点,大类资产配置可划分为多种类型,包括战略性资产配置、战术性资产配置和行业风格资产配置等。

一、战略性资产配置

战略性资产配置的着眼点在于长期投资目标,其目标期限一般在 5 年以上,基于投资者的投资需求和对未来预测,构建收益和风险相匹配的最优资产组合。在期初确定之后,战略性资产配置在其整个目标期限内不会发生太大变化,因此,在执行层面上这属于买入并持有策略,在风格上属于消极的配置策略,其主要目的并非获得超过市场的收益,而是为整个大类资产配置奠定基础,使得投资风险与收益相匹配。

作为基础性的大类资产配置类型,战略性资产配置最重要的作用是确定长期投资中各类资产的权重。为了达到这一目的,可以通过数理方法求解最大期望效用来测算各类资产的权重。而建立数据模型的基础是经济周期和货币金融周期与资产收益率之间的历史关系。因此,战略性资产配置在实践中的运用可分为两步:第一步,通过分析经济周期和货币金融周期确定各类资产的收益与风险,这一过程中可通过历史数据进行回归统计,再通过情景预测对未来进行估算;第二步,根据估算得到的资产收益与风险,建立期望效用模型,通过求解得到在长期投资中对各类资产的配置权重。

二、战术性资产配置

战略性资产配置确定长期投资的各类资产基础权重,战术性资产配置则基于短期目标对资产权重进行优化。具体而言,主要在战略性资产配置的基础上,对短期市场环境和资产收益风险进行判断,进而对各类资产权重进行微调。执行层面上,多种资产配置策略可划归为战术性资产配置。

(一)恒定混合策略

恒定混合资产配置策略的资产组合中,各类资产的权重比例是固定的,当市场情况发生变化时,投资者需要调整资产规模,以确保各类资产的权重比例不发生变化。寻根究底来讲,恒定混合策略与战术性资产配置的理念仍是有所区别的,战术性资产配置强调投资者在短期内由于风险偏好变动而对资产组合进行微调,但在恒定混合策略中,投资者的风险偏好并未发生明显变化,资产组合的权重比例仍是固定的。虽有所区别,但是恒定混合策略也属于短期微调的策略,因此也在战术性资产配置下进行阐述。

由此可知,恒定混合策略适用于风险偏好稳定的投资者。在市场震荡或波动频繁,但未出现趋势性变化的时候,该策略能够获得良好的效果。但是当市场出现了明显的上涨或下跌趋势时,该策略的表现相对较差。因为在持续性上涨中,该策略并未增大高收益资产的比例;在持续性下跌中,该策略无法减小高风险资产的比例。

(二)投资保险组合策略

相比恒定混合策略,投资组合保险策略更为灵活。该策略将一部分资金分配于无风险资产,将其余资金分配于风险资产,并在市场变化过程中调整两类资产的比例,即风险资产上涨时提高风险资产权重,在其下跌时降低其权重。只要判断正确,投资保险组合策略会在趋势性市场环境中带来更高的收益,但在震荡波动的市场环境中,这种不断调整的策略造成了较高的交易成本和流动性要求,因此效果相对较差。

(三)动态资产配置策略

动态资产配置策略的灵活性更高,是更为积极的资产配置策略。该策略根据市场变化,动态调整资产组合权重以提高组合收益。动态资产配置策略遵循均值回归原理,其目标是在控制组合风险的前提下,尽最大可能提高资产组合的收益。相对前两种策略,动态资产配置策略包含的风险较高,对投资者的要求也更高,需要实时调整资产组合权重,要求投资者在准确判断各资产市场状况的基础上,具备较好的资产选择能力和择时能力。

三、行业风格资产配置

行业风格资产配置是前两种配置策略的进一步延伸,配置对象具体到了大类资产下面的子类别,其目的是为了进一步挖掘市场机会,获得更高的投资效率。对于保险资金来说,行业风格资产配置是十分重要的。保险资金的可投渠道正在逐步拓宽,在进行投资配置的过程中,无法对全市场各行业及时覆盖,如果只在大类资产层面进行均衡配置又会造成投资效率的损失。因此,保险机构投资者可以在自己把握大类资产配置的基础上,筛选特定行业的优秀投资管理人,委托其对该行业进行细分投资,获得超额投资收益。

在实践中,一些投资机构采用因子投资策略(Factor Investing)进行大类资产配置,其思路与行业风格资产配置策略较为类似。2007 年后,随着金融危机爆发,全球逐渐进入低利率环境,经济周期性减弱,大类资产的走势时有趋同。在这种情况下,资产类别层面的大类资产配置难以有效消除非系统性风险。但是各类资产下的细分类别仍会表现出不同的走势,因子投资策略正是着眼于细分类别的配置,例如,不再区分股票资产和债券资产,而是在不同的市场环境中,对股票资产中的高波动性股票和低波动性股票分别配置不同的权重,从而获得持续性收益。

第四节　大类资产配置的基本步骤

在明确了大类资产配置的对象以及配置类型后,便可综合其他因素形成投资者进行大类资产配置的基本步骤。一般来说,大类资产配置的基本步骤由以下几部分构成。

一、确定投资目标和约束条件

投资者在进行大类资产配置时,首先要考虑自身资金状况。对于保险机构来说,尤其要注重自身负债结构,再结合投资期限来综合确定期望收益、风险偏好和风险承受能力等,综合判定投资者的投资期望效用函数。

投资者在确定投资目标时,需要与自身面对的约束条件相匹配。这些条件包括投资者自身的资产负债结构、国家相关政策要求、投资者所属监管机构的监管要求、市场操作层面的规则限制以及税收方面的考量等。

二、分析市场环境

市场环境分析是大类资产配置的基础。宏观经济周期、货币金融周期和市场微观状况与各类资产收益和风险变动情况息息相关。对市场状况进行分析和预判,是进行下一步工作的重要前提。

三、分析各类资产状况，确定可投资产

在市场状况分析的大背景确认后，需要对各类资产进行具体判断。本章第二节对大类资产配置的五类主要配置对象进行了阐述。这五大类资产在不同的市场状况下走势各不相同，而每一类下的细分资产也具备各自的特性与运行趋势，要求投资者进行全面分析。

在各类资产分析的基础上，投资者再结合第一步中的投资目标和约束条件，对各类资产进行挑选，得到有效投资边界。

四、在有效投资边界上寻找最优资产组合，并进行优化管理

在完成前三步工作后，投资者便可通过前文所述的方法确定大类资产配置中各类资产的权重比例，并根据自身状况以及市场变化采用本章第三节所介绍的各类资产配置策略进行后续的优化管理。

保险机构在遵循以上步骤进行大类资产配置时有着较为成熟和完整的理论基础，下一章将进行阐述。

第三章　保险资金进行大类资产配置的理论基础

大类资产配置是根据投资者的投资需求和对市场的判断，将资金投向不同的资产，形成最优资产组合，其基础思想是由现代资产组合理论发展而来的。保险资金有自己的特点，尤其重视对负债和资产两方的匹配，在其实践发展过程中，引入了源于银行业的资产负债管理模型，这是指导保险资金进行大类资产配置的重要理论。2004年，美林证券提出了投资时钟理论，这一分析框架将资产、行业轮动和经济周期联系起来，已经成为投资者普遍参考和使用的大类资产配置方法。另外，随着行为金融学的发展，其相关理论为保险资金大类资产配置提供了新的思路。

第一节　现代资产组合理论

大类资产配置的基础理论是现代资产组合理论,该理论形成于马科维茨(Markowitz)提出的"均值—方差"理论。此后,夏普(Sharpe)提出了单指数模型,大幅提高了"均值—方差"理论的可用性;夏普与林特纳(Lintner)、莫森(Mossin)等又结合有效市场理论,在"均值—方差"的基础上进一步建立了资本资产定价模型;罗斯(Ross)在资本资产定价模型的基础上继续深入,提出了套利定价理论。

一、"均值—方差"理论

1952 年,马科维茨将数理统计引入到投资组合选择方法中,提出了"均值—方差"模型,从此投资组合的收益和风险可以被量化了。他提出,从收益的角度来说,由多个证券组成的资产组合的预期收益等于各个证券预期收益的加权平均值;从风险的角度来说,用方差来描述资产风险,由于在一段时间内,不同证券之间存在相关性,所以资产组合的风险并非各个证券风险的加权平均值,而需要在考虑证券相关性的基础上,计算整个资产组合的方差,只要所有证券的收益之间不完全相关,投资者就可以通过分散投资来获得收益。在投资者的每一个预期收益率上,都可以找到对应的最小方差组合,构成最小方差资产组合的集合。

"均值—方差"理论是基于较强的假设提出的,包括:(1)投资者的效用是财富的正函数,财富是投资收益率的正函数,因此效用是收益率的函数;(2)收益率服从正态分布;(3)风险是由用收益率的方差来衡量的;(4)投资者根据期望收益率和风险来进行投资决策;(5)投资者在确定的风险水平上选择收益率最高的资产,在确定的收益率水平上选择风险最低的资产。

在这一系列假设前提之下,只需要通过求解线性规划,找到满足预期收益率的最小方差组合,即得到了满足投资者要求的资产组合。

二、单指数模型

"均值—方差"理论的提出使得资产组合的选择得以量化,但是其计算过程需要涉及每个证券之间的协方差,随着可选证券数量的增加,计算复杂程度会大幅提升,使用难度大增。为了解决这一缺陷,夏普提出了单指数模型,大幅提升了"均值—方差"理论的可用性。

该模型的中心思想是,所有证券的收益变动都源于同一个因素,并且该因素对证券收益的影响是有规律的,因此每个证券的收益都可以由该因素的线性方程表达,只需要确定每个证券与该因素之间的关系即可,使得计算过程中需要的参数大幅减少。但是,单指数模型也降低了计算精度,因为在实际中影响证券收益的因素是复杂多变的,通过单一的因素来代表系统性风险和非系统性风险,会与现实存在偏差。

三、资本资产定价模型

在马科维茨的研究基础上,夏普、林特纳和莫森等学者进一步延伸,结合有效市场理论,提出了资本资产定价模型(Capital-Asset Portfolio Model,CAPM)。该模型描述的是在所有投资者都遵从马科维茨提出的理论的条件下的市场均衡状态,认为资产的预期收益率与代表该资产风险的 β 值之间存在线性关系。

由于 CAPM 是基于"均值—方差"理论发展而来的,其在该理论的前提假设基础上补充了以下假设条件:(1)投资者可以无限制地在无风险收益率下借贷资金;(2)市场上所有投资者对收益率的分布看法一致,因此市场只有一条有效边界;(3)所有投资者的投资期限都一样,为一期;(4)资产可以无限分割;(5)不存在税收和交易成本;(6)市场上的信息对称;(7)忽略通货膨胀,且假设贴现率固定;(8)投资者对收益率、方差和资产之间的协方差预期一致。

基于以上假设,可以得到表示资产预期收益率与风险之间线性关系的 CAPM:

$$E(r_i)=r_f+\beta_{im}\big[E(r_m)-r_f\big] \qquad (式 3-1)$$

其中,$E(r_i)$ 代表资产 i 的预期收益率;r_f 代表无风险收益率;β_{im} 即 β 值,代表资产 i 所承担的系统性风险;$E(r_m)$ 代表整个市场的期望收益率;$\big[E(r_m)-r_f\big]$ 则代表市场的风险溢价。

CAPM 的公式清晰地表示出,单个资产的期望收益率由两部分组成,即无风险收益率,以及该资产所承担的系统性风险对应的风险溢价。从图 3-1 来看,CAPM 体现为证券市场线(Security Market Line,SML)。

根据 CAPM,资产的风险是由 β 值来衡量的。当 β 值为 1 时,该资产与整个市场的风险是一致的;当 β 值大于 1,代表该资产的风险大于市场水平,相应地应该得到更高的风险补偿,其期望收益率也更高;反之,当 β 值小于 1 时,资产得到的补偿相对较小。但是在实践中,资产的 β 值很难被精确计算出来,因此学者们在 CAPM 的基础上不断探索出新的资产定价理论。

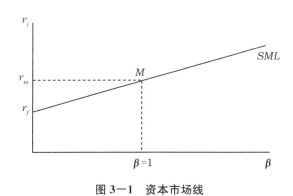

图 3—1　资本市场线

四、套利定价模型

资本资产定价模型自从提出之后就一直占据重要地位,但是其前提假设较强,且风险因子 β 值难以精确计算,因此学者们在此基础上不断进行完善。其中,罗斯提出了套利定价理论(Arbitrage Pricing Theory,APT),该模型对 CAPM 作了进一步的拓展。罗斯认为套利对市场均衡价格的形成是至关重要的,只要市场未达到均衡,就会存在无风险套利机会。根据无套利原则,可以得到资产的均衡收益与多种因素之间的线性关系。

与 CAPM 相比,APT 不再需要市场组合的存在,其基础是价格规律下的多因子模型,所需要的前提假设也不用那么强。相比 CAPM,APT 放松了以下几条假设:(1)投资者只做一期投资;(2)不存在税收因素;(3)投资者可以无限制地在无风险收益率下借贷资金;(4)投资者根据期望收益和方差来选择资产组合。

在更为合理的前提假设下,APT 可以表示为:

$$r_i = a_i + \sum_{j=1}^{k} b_{ij} F_j + \epsilon_i, i = 1, 2, \cdots, N \qquad (式 3—2)$$

其中,r_i 为资产 i 的期望收益率;a_i 为一个常数;F_j 为影响资产 i 收益率的第 j 个因素;b_{ij} 为与第 j 个影响因素对应的灵敏系数,表示第 j 个影响因素对资产 i 的影响程度;ϵ_i 为随机误差项。可以看到,对于资产 i,当影响因素只有市场组合的风险溢价一项,且该因素的灵敏系数为 β 值时,APT 公式即变成了 CAPM 的公式,因此 CAPM 可看作 APT 的一个特例。

可以看到,与 CAPM 相比,APT 在更为合理的前提假设下,考察多种因素对资产收益率的影响,在表达上更为精确,但是由于不同资产的影响因素难以精确决定,因此 APT 在使用上也存在局限性。

五、风险平价模型

传统资产组合理论虽然不断改进，但是在实践中，其前提假设较为严格，以及与股票资产关联度过高等问题依然存在。近年来，投资机构和经济学家们在实践中进一步发展出了风险平价模型（Risk Parity）。该模型基于投资者的目标风险水平来构造资产组合，并为组合中的各类资产分配同样的风险权重。

风险平价的主要假设为：（1）风险资产都存在风险溢价，而投资行为是流动性和未来回报之间的交换，风险越大，回报要求越高。（2）假设所有资产的夏普比率相同，这意味着在同一风险水平下，对高风险资产使用低杠杆以及对低风险的资产使用高杠杆得到的回报是相同的。

基于以上假设，风险平价模型对不同的风险资产使用不同的杠杆，将回报相同的资产进行组合，最终为投资者带来稳健回报。其优点在于，不再需要对不确定的未来进行预测，同时实现了彻底的资产分散。但该理论也存在不足，目前实践中的风险平价策略实际上是波动性平价策略，波动性作为风险的一种体现，并不等同于风险，因此当波动性无法描述的风险因素起作用时，其效果会大打折扣。

第二节　资产负债管理理论

现代资产组合理论为金融机构大类资产配置打下了理论基础，在此后的实践中，保险机构根据自身的特点，将起源于商业银行的资产负债管理理论引入进行改造，得到了适用于保险机构的资产负债管理理论。在过去的几十年中，保险机构逐渐从单一的负债管理或资产管理，发展向资产负债匹配管理，相关理论不断充实。整体来看，保险资产负债管理理论经历了从传统资产负债管理，到并行资产负债管理，再到集成化风险管理和价值管理的发展过程。

一、传统资产负债管理

从经营特点来看，保险企业是典型的负债型企业，资产投资的基本目标是确保偿付能力和财务稳定。因此，传统资产负债管理将保险机构的负债视为固定的，仅对资产端进行调控。具体来说，传统资产负债管理又可分为宏观和微观两个层次。

宏观层次是指保险资金整体战略上的大类资产配置。在宏观层面的实际操作中，资产组合理论及其派生方法是最基础的工具。此外，保险机构还可使用结合蒙特卡罗模拟的 VaR 方法来测量市场风险,提高负债预测准确度和资产管理效率。

微观层次是指保险机构对每个险种或产品类型对应的资金分别进行投资决策,也就是将负债端按险种或产品类型划分成几部分,再根据各部分的具体情况以及适用法规来进行资产端管理。微观层面资产负债管理的常用方法包括现金流匹配策略、久期匹配策略和免疫策略等。

二、并行资产负债管理

与传统资产负债管理只关注资产端不同,并行资产负债管理对保险机构的负债和资产两端都进行调控管理,更加注重两者之间的联系,其管理目标也在传统资产负债管理的基础上增加了对成本最小化和收益最大化的要求。由于追求收益最大化往往意味着风险提高,因此并行资产负债管理强调通过同时调整负债和资产两端,确保在资产配置的过程中找到收益与风险之间的平衡点。

三、集成化风险管理

由前文可见,此前资产负债管理理论的视角集中在保险机构的负债端和资产端,而集成化风险管理理论则将视角提升到了新的高度,从追求稳定和收益扩展到了保险机构的整体风险控制。为此,集成化风险管理理论引入了准备金、投资策略、再保险政策以及外汇管理政策等一系列概念,来对保险机构的整体风险进行全面分析管理。基于该理论,保险机构在实践中采用"动态财务分析法",该方法强调在某段时期内对保险机构的整体财务状况进行动态监控以控制风险。

四、基于价值管理的资产负债管理

价值管理把价值最大化这一经济学理念引入公司管理过程中,把股东价值最大化作为公司运营的目标,并基于此目标来开展公司运营管理工作。基于价值管理理论的资产负债管理,就是通过对保险机构的负债和资产两端进行优化,以实现股东权益的市场价值最大化。基于这一理念,保险机构进行资产负债管理的视角进一步上升至从整体把握所有相关风险的高度。这里的风险涵盖范围极广,除了与负债和资产投资相关的精算风险和市场风险外,还包括企业运作的制度风险和操作风险等,而且强调将风险意识融入企业文化和组织架构之中。

五、资产负债管理理论在"偿二代"中的运用

在实践中,基于资产负债管理理论,保险机构十分重视负债与资产在总量、期限、

成本收益等方面的匹配,确保保险资金稳健运用。尤其是在"以风险为导向的偿付能力监管体系"(简称"偿二代")推出之后,保险机构更需要注重资产负债管理理论在实践中的运用。

与"偿一代"相比,"偿二代"采用了定量监管要求、定性监管要求和市场约束机制的"三支柱"框架,是一个全面覆盖的风险导向的监管体系,这意味着保险机构在运作中应按照资产负债管理中的风险管理理论,建立全面的风险管理体制以满足"偿二代"的规则。另外,"偿二代"对保险机构不同的资产负债进行了精细的资本金要求,这将对保险机构的资产负债管理能力提出更高的要求。具体来说,保险机构在进行投资之前,可以根据负债结构确定最初的大类资产配置比例,在此基础上再运用其他方法和策略做进一步的调整以提升投资效率,并且减少资本金的消耗。"偿二代"的推出对保险机构的资产负债管理提出了更高的要求,其激励机制也为资产负债管理出色的机构创造了更多投资空间。

第三节 美林投资时钟理论

美林证券对美国近 30 年的经济数据进行实证分析,将宏观经济周期的不同阶段与大类资产的收益率和行业轮动联系起来,提出了投资时钟理论。该理论认为,宏观经济周期是资产配置的大背景,基于经济周期配置资产才能在长期中获得稳定的收益。不同的资产在经济周期不同阶段中的表现会因为其特性与各种经济变量具有不同的相关性而发生不同方向以及不同幅度的变化;同一类资产中的具体证券与经济变量的相关性也不完全一致,产生行业轮动。

第二章中对大类资产配置中的几类主要资产的特征进行了介绍,美林投资时钟正是结合这些资产的特征,在经济周期的不同阶段中挑选出了最合适的资产,如图 3—2 所示。

在经济衰退阶段,由于通货膨胀下降,经济增长停滞,企业盈利减少,实际收益率下降,政府一般会采用降息来刺激经济,造成收益率曲线下行,此时固定收益类资产为最佳选择。

当经济进入复苏阶段,由于政府的刺激政策开始发挥作用,经济开始增长,但此时物价和利率仍处于低位,通胀压力不大,企业利润开始增加,经济环境逐渐改善,投资者对于股市上涨的预期会增强,此时股票成为最佳资产。

在经济过热阶段,随着经济扩张,虽然企业利润还在增加,但是物价和利率也上升

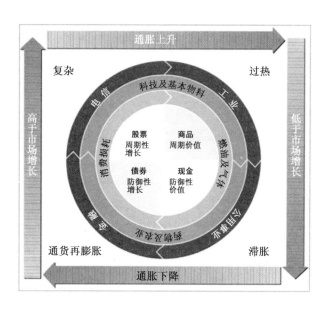

资料来源：*The Investment Clock*。

图3—2 美林投资时钟

到高位，经济增速超过了潜在增速，通货膨胀压力增大，市场预期政府将加息，不利于固定收益类资产，股市也因为处于高位且企业产能受限而难以继续上涨。此时，大宗商品由于与原材料价格关联紧密，成为最佳配置标的。

在经济滞胀阶段，经济增速显著放缓，资本市场也随着投资需求降低以及企业利润下滑而低迷，但由于物价处在高位，通货膨胀仍在上涨，最终导致实体需求减少，企业库存压力增大，形成恶性循环，此时持有现金是最佳选择，货币类资产成为最优。

美林投资时钟自提出之后，成为投资界公认的大类资产配置方法，但是随着经济形势发生变化，其不足也逐渐有所体现，主要有两点：第一，外汇因素和跨国投资未被纳入考虑。随着目前保险机构的不断发展，越来越多的保险资金涉足于跨国投资，外汇因素是无法绕过的，而传统的美林时钟理论并未涉及，这需要保险机构在实际运用中进行补充。第二，经济周期性质发生变化。自2008年以来，全球普遍进入宽松阶段，经济的周期的性质发生了变化，一方面，经济的传统周期性有所减弱；另一方面，经济运行过程中经常体现为多种周期相互嵌套共存的现象，这使得基于传统经济周期提出的美林时钟可用性下降。因此，当前保险机构在使用美林时钟，需要在传统美林时钟的基础上根据机构自身业务状况和资金特性，进行一定的改造。

第四节　行为资产组合理论

　　20 世纪 80 年代行为金融理论逐渐兴起,该理论大致由三部分构成:前景理论、行为资产定价理论以及行为组合理论。其中,行为组合理论打破了现代投资组合理论中的理性人假设、风险厌恶假设以及风险度量假设的约束,更真实地反映了投资者行为,同样可以为保险机构大类资产配置提供理论指导。

　　前文提到,现代资产组合理论认为投资者应关注资产组合,而非纠结于对单个资产的风险和预期收益的分析,最优资产组合一定处于有效前沿上。行为资产组合理论认为这在现实中难以执行,投资者需要考虑的是期望财富、对稳定性和增值潜力的需求、期望水平以及达到期望水平的概率这几个因素,据此选择最优组合。基于这一观念,该理论构建了对不同资产的风险程度的认识和投资目的所形成的"金字塔"式资产组合。"金字塔"的每一层都对应特定的投资需求和风险状况,不考虑各层之间的相关性。

　　行为资产组合理论是基于传统资产组合理论提出的新型理论,目前正在逐渐运用于实践中。它解决了一些传统资产组合理论的局限,但其分析过程中涉及了投资者心理与行为的研究,这些研究本身仍有待完善,因此行为资产组合理论也仍在发展过程中。

第四章　国际保险资金大类资产配置概况

第一节　国际保险业现状及发展趋势

一、国际保险业发展现状

　　世界保险业迅猛发展,在经济生活发挥的作用更加重要。1990 年,全球保费收入为 1.406 万亿美元,2010 年规模攀升至 3.426 万亿美元,年均增长速度为 5.72%,呈现出持续增长的势头,增长速度远远高于同期全球 GDP 的增长。保险业的迅猛发展,提升了在金融行业的话语权,对于经济社会的助推作用更加明显。近年来,国际金融资产结构的显著变化是间接融资比例的下降,即银行资产在金融业资产中所占比重逐步下降,其他直接融资渠道,例如以保险为代表的非银机构,在金融业资产的占比大幅度提高。

具体到市场而言,新兴市场国家的保险业增长势头强劲,在国际保险板块占比逐年上升。发达经济体中,北美市场(包括美国和加拿大)2012年前三季度的非寿险保费收入同比增长只有1.7%,远低于2011年3.4%的水平。即使是新兴市场受到宏观经济不稳定的因素的冲击,但在2012年还是实现7.9%的保费增长,其中亚洲市场的非寿险以9.6%的保费增长表现出了巨大的市场潜力。然而,尽管新兴市场国家的保险行业迅猛发展,但由于其市场总量规模不大,世界保险业的整体格局并没有受到冲击。发达国家的保险市场虽然接近饱和状态,增长速度逐渐放缓,但其绝对主导地位尚未动摇。

二、国际保险业发展趋势

(一)综合经营和专业化

风险管理能力和系统整合能力一定程度上决定了保险公司的运营和发展前景。保险公司通过混业经营的方式,拓展多元化的经营范围以实现风险的分散,但同时也加速了向其他行业风险的传递。目前,通过金融产品交叉、金融控股公司等形式实现金融综合化经营,使得保险业与银行、证券等金融服务行业的联系显著增强。

(二)保险监管将进一步由事前监管转向事后监管

在目前各国的保险监管体系中,监管机构对保险公司经营行为的干预逐渐减少,保险业自主性逐步增强,市场化机制发挥着越来越大的作用。包括降低市场主体准入门槛,减少保险项目的审批环节,简化项目审批手续,推行事后备案制度,以取消保险条款和费率的事前审批制度。

第二节　国际保险行业大类资产配置经验

发达经济体的保险业大类资产配置策略和经验已经非常成熟,而保险公司的投资业务是金融市场的举足轻重的支柱之一,对金融市场的发展有着重要作用。从表面上看,保险公司受监管机构的严格监管,其投资策略受监管政策的影响很大,但实质上,它既受制于保险业整体发展的内在需求,又受到外部经济、金融环境等影响。因为各国的经济、法律和社会环境存在差异,各国的保险资金投资的概况不一。本文选取美国、英国和日本的保险资金的运用情况作为研究对象,分析并总结其大类资产配置的经验。

各国(地区)对保险资金运用的监管政策差异较大,表4—1比较了美国、日本、韩国、中国台湾的资金运用方式与运用比例。

表4—1 主要国家(地区)保险投资政策

国家(地区)	债券	现金及银行存款	权益类	贷款	不动产	境外投资
英国	无限制	无限制	无限制	N.A	无限制	无限制
美国①	无限制	无限制	30%(部分州)	寿险:45% 非寿险:25%	寿险:20% 非寿险:10%	10%
法国	无限制	无限制	65%	5%	10%	无限制
德国	无限制	无限制	30%	10%	25%	N.A
日本	无限制	无限制	30%	50%	20%	30%
			2012年以后无限制			
中国台湾	无限制	单一银行不超过10%	35%	35%	19%	45%

资料来源:各国(地区)官方网站。

下面按照监管的程度从紧到松,分别选取美国、日本以及英国的保险资金的运用作为研究对象,分析总结其大类资产配置的经验。

一、美国保险业投资现状

(一)美国保险业投资结构

美国的保险资金投资涵盖债券、股票、抵押贷款、保单贷款和不动产等。其中,投资比例最大的是债券类,主要是高质量的公司债和政府债券,其投资规模占总资金运用的比例超过50%。其次是股票投资,2008年金融危机以来,比例稳定在30%左右。而对于各项贷款和不动产投资的投资,呈现逐步下降的趋势,其中不动产投资下降愈加明显。这里,选取美国合并账户1990~2013年的保险资金运用情况来阐述投资趋势,如图4—1所示。

美国的金融市场发展成熟,金融创新产品丰富,但是保险资金投资也受到严格管制。对于保险资金投资,在美国联邦政府层面,并没有出台具体的法律约束;而具体到各州,都明确了对保险资金投资的规定,对投资的比例和投资的方向都罗列了相关监

---

① 美国权益类投资比例是针对一般账户而言。

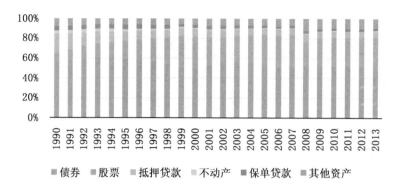

资料来源：ACLI,Life Insurers Fact Book 1990－2014,作者计算整理。

图 4－1 美国保险投资结构(1990～2013 年)

管要求。

美国寿险账户具体分为一般账户和独立账户。一般账户和独立账户投资风格迥异,在投资比例上存在比较大的差异。基于安全性的考虑,一般账户更多投资债券类和不动产,并且对债券类投资有最低收益的要求;而出于盈利的考虑,独立账户更为青睐投资性产品,而保障功能相对弱化。因此,从投向来看,独立账户主要投资流动性较高、风险和收益性比较高的证券类产品。寿险的一般账户承担保费给付的工程,其资产配置主要是传统的保险产品,投资方式受到限制的特点比较明显;而独立账户资产配置主要是变额年金、万能保险和投资连结等产品,根据投保人的风险偏好,选择对应的投资风险的产品。具体而言,一般账户和独立账户投资的比例有所区别,如图 4－2和图 4－3 所示。

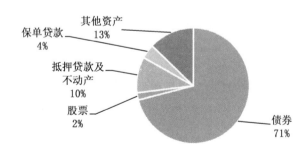

资料来源：ACLI。

图 4－2 美国寿险公司一般账户 2013 年末资产投资比例

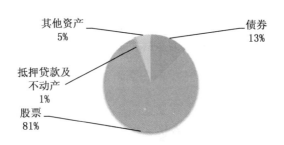

资料来源：ACLI。

图 4－3　美国寿险公司独立账户 2013 年末资产投资比例

（二）美国保险资产投资收益率

美国的保险投资收益率走势如图 4－4 所示。

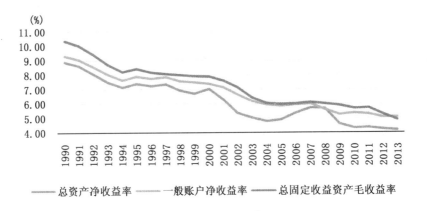

资料来源：ACLI,Life Insurers Fact Book 1990－2014。

图 4－4　美国保险资产投资收益率

从图 4－3 可以看到,1990～2013 年,美国保险资金投资收益率的走势比较平稳。由于保险业竞争的激烈以及 2008 年金融危机的冲击,2000～2013 年的投资收益率在逐渐下滑,但仍保持在 4％以上。

由于完全开放的市场竞争格局,美国保险业竞争激烈。在市场准入和经营许可规定方面没有过多限制,一般只需要满足联邦法律、各州法律和国际相关组织成员国的承诺。除此之外,美国保险市场对于境外机构准入相对宽松,相反,在法律上层面,境外保险机构充分享受国民待遇。

（三）美国保险资产投资特点

近年来，美国的保险资金在大类资产配置上，主要分为四类：债券、股票、抵押贷款及不动产和保单贷款。资金的运用体现以下特点：

第一，截至 2013 年年底，美国寿险资产对债券投资占比达 49.7％，规模达 3 万亿美元。其中，从 20 世纪 30 年代开始，美国寿险公司开始成为公司债的最大购买主体，2013 年底公司债配置占比达 33％；而从 2008 年起，美国寿险公司开始投资 MBS，到 2013 年底配置占比达 10％。美国债券市场极度发达，无论是债券规模、债券品种评级，还是久期等，都能通过各种组合满足寿险长期资金的需求，与其资产负债特点匹配。

第二，出于监管限制，20 世纪 90 年代以前，股票配置仓位较低，占比仅在 10％。而美国股市 1982～2000 年处于牛市的阶段，标普 500 指数上涨超过 14 倍，监管层面也放开对权益投资的险资，包括引入变额保险产品（如连投险、变额年金等）并且对其投资比例放宽至 100％，此时，股票配置占比逐步提升至 30％。

第三，20 世纪 70 年代起，美国利率市场化改革，促使存款利率上限提高，叠加部分贷款资金投向资产范围扩大，此时，抵押贷款的风险较债券风险略高。因此，保险机构对抵押贷款占比逐步下降，从顶峰 40％降至目前 6％左右，规模约 3 690 亿美元，其中约 95％为商业抵押贷款。

第四，不动产的投资占比最小，且呈下降趋势，目前投资占比不足 1％。值得关注的是，美国保险资产近年来在加大 PE 和对冲基金的配置比例，研究表明增大 PE（股权投资）和私募的投资可以不会很大增加投资组合的风险但较大提高投资组合的收益回报。

二、日本保险业投资现状

在亚洲市场，依托于行业运作效率和保费规模，日本的保险业发展快于区域其他国家。但是，相对而言，日本保险行业更加注重安全性和流动性，因此无论是监管政策还是投资理念都显得略为传统。分析日本寿险资金投资结构发现，2008 年全球金融危机以来，债券投资比例大幅上升，目前水平略高于 50％，基本上与我国目前债券投资规模占比相当。股票投资方面，在金融危机之前占比较高，在 10％～25％，2008 年之后，比例大幅下降至 10％～15％。而在"迷失的十年"开始之前，日本在 1990 年以前贷款投资比例非常高，甚至超过 60％。但自从 1990 年开始，房地产市场和股票市场泡沫崩溃，叠加 1995 年日本金融危机，贷款投资比例开始大幅下滑，一直到 10％～

15％。日本目前海外投资比例一直比较平稳,稳定在10％～15％,不动产投资比例在2％左右。

(一)日本保险业投资结构

日本保险业的大类资产配置结构如表4-2所示。

表4-2 　　　　　　　2001～2014年日本保险资金投资结构 　　　　　　单位:%

年份	银行存款	有价证券					贷款	不动产	其他
		政府债券	股票	海外证券	企业证券	有价证券总计			
2001	6	5	27	11	13	62	12	4.7	15
2002	5	9	22	13	14	64	11	4.9	14
2003	5	12	28	12	13	70	10	4.3	12
2004	4	14	28	14	12	73	9	3.9	11
2005	3	13	35	13	11	77	7	3.3	10
2006	3	12	35	14	11	76	7	3.1	12
2007	3	14	27	15	12	72	8	3.3	15
2008	3	15	21	16	13	68	9	3.7	16
2009	3	16	24	16	12	71	8	3.5	15
2010	3	17	22	16	11	69	7	3.6	17
2011	3	21	21	15	10	69	7	3.8	17
2012	3	22	22	17	9	72	6	3.7	15
2013	3	23	23	18	9	76	6	3.5	12
2014	3	21	27	19	8	76	6	3.2	12

资料来源:GENERAL INSURANCE IN JAPAN FACT BOOK 2002—2015。

从表4-2可以看出,日本保险资金的主要投往股票和贷款。有价证券的投资比重最高有60％～80％,且逐年增加。同时,在日元升值时期,日本保险业偏好投资境外资产以获取高额利润;也由于国内经济不振,经济增速放缓,贷款利息收入下降,日本的保险机构开始增加对境外贷款,通过日本公司在东亚地区的分支机构开始放贷,国外证券总额所占比重维持在10％左右。因为日本的低利率政策,贷款的投资比重一度位居前列,而近十年保险业在贷款产品上的投资比重有逐年下降的趋势。而对于股票产品的投资比重,一直与日本股市的行情走势高度相关,曾经因为股市低迷,该比例下降到20％,但最近有逐年上升的趋势。

回顾过去十几年日本保险资产投资收益率的情况发现,收益率与有价证券的走势高度相关。2008年的金融危机重创日本的股票市场,此时的收益率也录得近十年来的低位,而由于股市的复苏,也带来了收益率的逐步上升。日本保险资产投资收益率如图4—5所示。

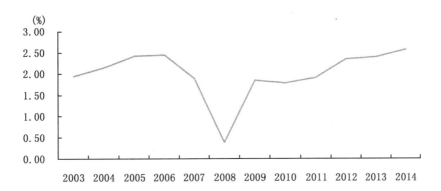

资料来源:日本生命保险协会。

图4—5 日本保险资产投资收益率

(二)日本保险资产投资特点

总体而言,日本保险资金的大类资产配置比较灵活,与经济的发展高度相关,主要体现在国内经济转差的情况下,提高对国外资产的投资比重以获取高收益。在投资偏好方面,保险公司投资风格比较传统,偏好并非激进型,注重安全性和流动性原则。在监管方面,日本政府对保险业监管严格,具体体现在对投资方向和投资比例都有明确的规定。涉及的法律法规主要是新保险业法,日本新保险业法规定投向——股票投资、不动产投资、银行存款、短期资金拆借及各种形式的抵押贷款。同时,规定各类投资比例为:股票投资不得超过总资产的30%;不动产投资不得超过20%;购买同一主体的债券和股票不得超过10%等。

三、英国保险业投资现状

英国的保险公司享誉于其高度自律的经营特点。其监管相对宽松营造了积极的投资理念和投资策略的氛围,与流动性和安全性相比,更注重收益性。英国保险资金投资结构较为多元,与债券等固定收益类投资相比,更青睐股票投资,同时,海外投资占比也逐年递增。政府的法律法规对保险资金的投资几乎没有限制,保险公司具有比较大的自主权,投资比例和投资渠道更是由保险公司根据自身经营状况设定,因此,资金运用最为自由。英国目前的保险资金运用渠道主要有:银行存款、债券、股票、抵押贷款、不动产投资、基础设施项目投资和金融机构业务往来等,并一直积极地进行海外投资。

(一)英国保险业投资结构

英国保险资金投向的多样化,一定程度上分散了投资风险。此外,与其他国家的保险机构相比,英国的保险公司在高风险产业和金融衍生品的投资比例相对较高,同时英国保险公司对于创业企业的投资也明显高于其他国家,创业投资扶植了本国众多中小企业,这部分投资也相应带来了高额回报。关于英国保险资金的具体资金运用状况如图 4—6 所示。

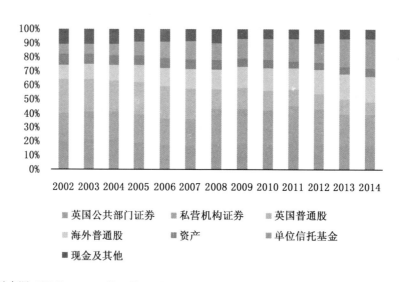

资料来源:UK Insurance Key Facts 2003—2015。

图 4—6　2002～2014 年英国保险资金投资机构

从图 4—6 可以看到,英国保险资金投资去向较多,渠道较为分散,其中以普通股投资为主,不仅包括英国普通股,还涵盖海外普通股。但是,从趋势来看,英国的普通股的投资比例在下降,而海外普通股的比例在不断上升。债券类的投资比例波动不大,维持在 35%～40%的水平。近年来,单位信托基金的投资比例上升速度较快,一跃成为第三大投资产品。

英国较宽松的监管体系赋予了投资者广阔的投资空间,甚至会出现保险资金对风险资产的投资比例略高于其他国家保险行业平均水平的情况,对风险资金的投资同时伴随收益率的较高波动性。英国寿险公司 2009～2013 年的平均收益率水平分别为12.09%、9.71%、3.24%、9.18%、8.05%,大大高于同期的 5 年期和 10 年期国债的收益率水平。英国财险公司 2010~2013 年的平均收益率水平分别为 4.52%、2.85%、3.16%、2.83%,如图 4-7 所示。

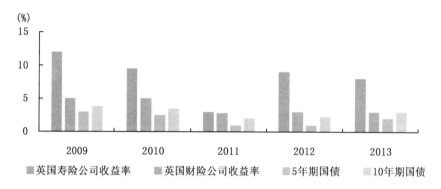

资料来源:UK Insurance Key Facts 2003-2014。

图 4-7　英国保险资产投资收益率

(二)英国保险资产投资特点

总体来说,英国的保险资金投资呈现以下特点:

第一,投资渠道多样化。英国保险投资的投资对象最为广,不仅可以投资固定收益类产品,还可以投资创新创业行业,英国保险资金运用的多样化使其风险进一步分散。

第二,投资监管自由度高。英国政府营造的宽松的监管环境,在法律法规层面,并没有对保险资金的投资设置太多约束和限制,赋予了保险公司充分的自主决定权,投资比例和投资去向均由保险公司根据自身经营状况和对投资收益预判而设定。

第三,投资组合的证券化程度高。英国保险投资的股权比例大多超过 70%,充分考虑收益性与流动性之间的平衡。

第四,投资收益稳定性差。由于英国保险资金有一定比例投资在高风险高收益的创业项目和创业行业的特点,投资亏损的事情时有发生。

第三节　海外保险大类资产配置经验及启示

通过选取美国、英国以及日本的保险资金投资现状进行分析,了解它们的投资渠道、投资方式、监管情况和投资收益,总结其大类资产配置的经验,希望能对我国保险资金的大类资产配置有所启示。具体而言,具体有如下几点:

第一,投资渠道的多样化。国外发达国家金融市场成熟、金融产品完善,所以它们的投资渠道十分多样。国外保险资金投资渠道中,大多倾向于证券产品的投资,特备注意的是目前国外发达市场尤其是美国,股权投资和对冲基金投资比例正在增加。而我国投资渠道中银行存款和债券的投资比例较高,因此,在坚持流动性、安全性和收益性原则的前提下,我国需要建立多样化投资的投资策略,使保险业分散风险、提高收益。

第二,灵活选择投资方式。社会环境、经济环境和金融环境的改变,资产的风险—收益特征也会有所改变。保险公司需要建立动态的资产配置,根据经济和金融的结构变化来灵活地调整投资策略,才可以更高效地降低风险、提高收益。

第三,加强监管体系。美国和日本的监管体系十分完善,美国的监管体系注重偿付能力的监管,日本的监管体系强调的是对投资比例和品种的限制。我国可以有选择地借鉴国外管理经验和国内保险业发展情况改善投资监管体系,加强风险控制和防范,在保证偿付能力的前提下,适当放宽对投资比例的限制,让保险公司有更大权限根据市场情况和自身资金特点变动投资比例,以获取更大的收益。

第四,海外保险资管还非常依赖外部投顾的资产管理能力,尤其是在对冲基金、股权投资、高收益债等方面。我国可以通过 FOF 和 MOM,即基金的基金或管理人的管理人的形式,通过外部投资顾问的形式加强保险资产收益降低保险资产风险。

第五章　我国保险资金大类资产配置概况

第一节　保险资金及可投资资产概况

中国保险资管行业发展到今天大致经历了四个时间阶段:第一,起步阶段:改革开放初期至 1995 年我国第一部保险基本法《保险法》颁布,这一阶段保险资金投资品种单一、无序,行业形成一定规模的不良资产。第二,规范阶段:1995～2003 年,在《保险法》指引下,行业逐步扭转了前期发展的无序状态,规范化程度显著提升。第三,发展阶段:2003～2012 年,伴随着国民经济发展,专业、规范化的保险资产管理体制逐步形成,资金投资渠道得到拓展,行业迎来新的发展格局。第四,改革阶段:2012 年至今,以"十三项新政"出台为标志,进一步深化保险资产管理及其监管体制的市场化改革,为在大资管新格局中脱颖而出奠定了坚实基础。

一、市场主体逐渐壮大

2003 年经国务院同意,中国保监会相继批准设立了泰康、人保、国寿等首批保险资产管理公司,推动了保险资产管理规范化运作,实现了中国保险资产管理业的新发展。截至目前,全行业已经设立 21 家综合性保险资管公司(含批筹)、十几家专业性行业资管机构以及 10 家香港资管公司。此外,各保险公司立足于本公司发展战略,纷纷成立专门的资产管理部门及财富部门,行业的专业化水平不断提升。特别是部分保险机构如中国人寿资管,成立了财富管理中心,标志着保险资管机构更加直接地参与财富管理市场竞争。

经过多年发展,我国保险资产管理公司已经发展成为包括研究、投资、配置、运营、风控、创新等平台在内的多部门协同工作的统一整体。伴随保险资产管理机构群体的扩大、部门设置的健全以及投资管理功能的提升,保险资产管理团队逐步壮大;保险资产管理机构的资产管理能力、风险防控能力、专业服务能力以及市场竞争能力稳步提升。保险资产管理机构不仅成为中国保险市场的重要投资载体,也成为中国资本市场某些领域最大的机构投资者,在促进和拉动实体经济发展方面贡献着行业力量。

二、投资渠道不断拓宽

从我国保险行业发展历程来看,自 1984 年以来,我国保险资金运用范围不但拓展,实现了从传统银行存款到另类投资品种、从单一投资品种到多元化资产配置的转变。20 世纪 80 年代,保险资金投资范围仅涵盖贷款、金融债券及银行间同业拆借等;20 世纪 90 年代中期之后,为了防控风险,贷款被剔出投资范围,保险资金投资范围进一步限定在银行存款、国债和金融债券等固定收益品种。20 世纪 90 年代末至 21 世纪初,权益类资产进入投资范围;此后,以基础设施及不动产债权计划等为代表的另类资产进入行业视野。特别是伴随着 2012 年保险新政的出台,保险资金投资范围、可供配置的资产种类被放开,资产配置的空间和弹性不断扩大,尤其是在泛资管背景下,保险资管与市场各金融行业在创新型产品、私募领域、实体经济领域以及境外市场等同台竞技,行业获得快速发展。

三、资产规模高速增长

伴随着我国经济的高速增长及大众对于保险产品的需求,保险资产规模持续壮大,保险资产管理行业迅速做大。2014 年,我国保险资产总额、保险资金运用余额分别达到 10.16 万亿元、9.3 万亿元,近 10 年年均复合增速分别达到 22.4%、22.2%。特别是 2014 年,保险业总资产首次突破 10 万亿元大关,增速创下 4 年以来的新高。2004~2014 年保险业资产总额如图 5-1 所示。

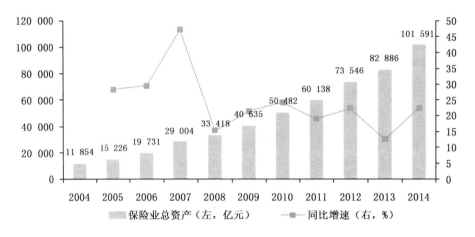

资料来源:中国保险监督管理委员会网站。

图 5-1 2004~2014 年保险业资产总额

四、资产质量较为优良

总体上,保险资产风险基本可控、质量较为优良。存款和债券投资占比接近 70%,存款主要集中在国有及上市股份制银行,债券主要是 AAA 以上债券;优质的高流动性配置资产,如货币市场基金、国债等配置占比达 10%,流动性风险较小;强调信用增级、基础设施及不动产债权计划等多采用银行或大型企业抵质押等信用增信,信用风险基本可控;同时,严格托管机制,基本实现了债券、股票等保险资金投资资产的全托管机制。截至目前,行业发展初期遗留的不良资产基本处置完毕,而随着行业制度建立完善,尚未产生新的不良资产。

第二节 我国保险业大类资产配置概况

2014 年 2 月,根据行业监管与发展需求,保监会印发了《关于加强和改进保险资金运用比例监管的通知》(以下简称《通知》),对保险资金运用实行多层次比例监管。保险资金运用大类资产监管,使得资金运用监管体系适应了行业发展需求,不仅放松了资金配置比例,而且更强调投资资产的真实属性,为后续配置资产的监管和优化提供了重要的制度安排。

2014 年以《通知》为基础,保监会相继印发了多项监管通知,对保险资金运用进行松绑,新增优先股、创投基金等投资领域,并给予保险机构更多的投资自主权,配置组合越来越丰富,形式更加多样化,使得保险资金配置更加趋于市场化,转变和拓宽了保险机构的盈利模式,保险资金投资收益率实现平稳回升。

一、资产配置结构:日益优化

2014 年,保险资金运用"新政"作用下,行业积极创新业务模式,调整和优化资产配置结构,强调资产结构的平衡与多元化。2011～2014 年我国保险业资产配置概况如图 5—2 所示。

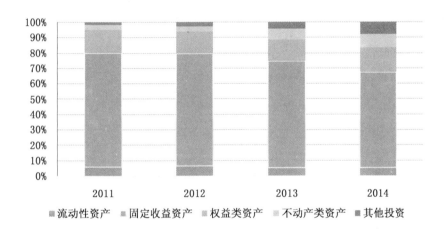

资料来源:中国保险监督管理委员会网站。

图 5—2　2011～2014 年我国保险业资产配置概况

一是流动性资产占比保持稳定。流动性资产主要包括银行活期存款、货币市场型基金和买入返售金融资产三个部分。行业流动性资产规模稳步增长,总体充足。截至 2014 年,流动性资产投资规模接近 5 000 亿元,占投资资产总规模的 5％左右。其中,银行活期存款与货币市场基金占据了绝大部分,对稳定行业收益率、舒缓收益率波动具有重要作用。

二是固定收益类资产规模增加,但占比下降。目前,固定收益类资产基本涵盖定期存款、银行协议存款、具有银行保本承诺的结构性存款、剩余期限在 1 年以上的政府债券和准政府债券、金融企业(公司)债券、非金融企业(公司)债券、债券型基金等。固定收益类资产是保险业资产配置的主要品种,是守住行业基本收益底线的重要保证。2014年末,固定收益类资产投资规模占投资总资产的比例达到60％。其中,在债券投资中,国债、金融债、企业债等占比均有所下降,也反映了当前各家保险机构积极调整资产配置,适应市场形式的变化。

三是权益类资产占比继续上升。权益类投资主要包括境内上市权益类资产如股票、股票型基金等,境外上市权益类资产包括普通股、优先股、全球存托凭证、权益类证券投资基金等,以及境内、境外未上市企业股权、股权投资基金等相关金融产品。该类资产占比保持相对稳定,各主要投资品种占比均有不同幅度上升。2014年末,权益类资产投资规模约1.5万亿元。通过上市险企资产配置看,股票投资、基金投资与长期股权投资构成了权益类资产的主要配置标地。

四是不动产类资产占比稳中有升。不动产类资产包括基础设施债权投资计划、不动产及不动产投资相关金融产品。截至2014年末,受经济形势的影响,各家保险机构增加了不动产类资产配置,不动产类资产投资规模不断提升。其中,投资性房地产与不动产债权计划增长较快。

五是金融产品投资占比大幅增高。其他金融产品包括银行理财、信贷资产支持证券、集合资金信托计划、券商专项资产管理计划、保险资管机构资产支持计划、没有银行保本承诺的结构性存款等。2014年,优质资产稀缺,受利率下行周期影响,其他金融产品配置价值凸显,各家保险公司纷纷增加金融资产配置规模。截至2014年末,其他金融资产投资规模突破5 000亿元,信托计划、保险资产支持计划、券商专项资产支持证券规模均较上一年同期大幅增长。

六是资产结构日益优化。2004年至今,我国保险资产配置结构经历了显著变化。首先,银行存款占比先降后升,总体呈现下降趋势。银行存款占比从2004年的42.04％大幅降至2007年16.46％的历史最低值;全球金融危机之后,资本市场持续低迷,银行存款占比又显著回升,2013年达到29.5％;2014年小幅回落至27.1％。其次,保险资金特性决定了银行存款、债券等固定收益品种在配置结构中占据主要地位,债券占比保持稳定,为保险资产配置的第一大类资产。2004～2013年,债券占比维持在50％左右,波动区间在43％～58％;伴随股票市场好转,2014年债券配置首次降至40％以下,为38.2％。最后,股票和基金占比先升后降,从2004年开始逐渐上升,至2007年两者占比达到24.5％的顶峰;2008年由于全球金融危机的影响,股票和基金投资占比快速降至10.5％,2009年起回升至15.7％;此后,资本市场持续低迷,股票和基金配置比例逐年下降,近年来稳定在9％～10％之间;2014年,股票市场回暖,占比小幅回升至 11.1%。

特别值得一提的是,2011 年以来,保险资金加大了另类资产投资力度,对于优化资产配置结构和改善投资收益发挥了积极作用。从最新数据来看,相比 2013 年,2014 年其他类投资占比上升了约 4.7 个百分点,投资比例达到 23.6%;其中,另类投资累计占比超过 18%,投资收益贡献度超过 20%。保险资金逐渐从资产被动配置向主动配置转变,有效提升了投资收益。

二、资金运用收益:逐步改善

2014 年,保险资金实现投资收益 5 358.78 亿元,同比增长 44%,实现财务收益率 6.30%,同比增长 1.26 个百分点,综合收益率 9.17%,同比增长 5.1 个百分点。财务收益率和综合收益率均创出新高,实现了近五年来最好的投资收益水平。具体来看,长期股权投资、基金、股票等权益类投资收益的大幅增加,以及新开放金融产品新增收益是行业投资收益较好的重要因素。

保监会多次强调注重保险资金特征,坚持从资金来源属性出发进行资产配置。从保险资金的配置上也体现了这一要求,目前来看,固定收益类资产投资规模占比最大,投资收益贡献度最高;权益类资产受益于 2014 年下半年股市,收益率贡献度也大幅提升;在近 9.33 万亿元的保险资金运用余额中,另类投资已超过 2.2 万亿元,占比达 23.67%,并贡献了超过 20% 投资收益。

保险资金运用总体收益受国家经济总体运行情况影响较大,2003 年以来保险资金运用收益率呈现向好态势,但波动较大。2004~2014 年,保险资金年平均收益率 5.32%,累计实现投资收益 2.14 万亿元,这已经构成了保险资金的主要利润来源。而在期间,伴随着我国经济的快速发展,保险资金收益率在 2007 年达到 12.2%,之后受全球金融危机的负面冲击,保险资金运用收益率跌至 1.9%,但仍实现了资金运用正收益。2003~2013 年保险资金运用平均收益率如图 5—3 所示。

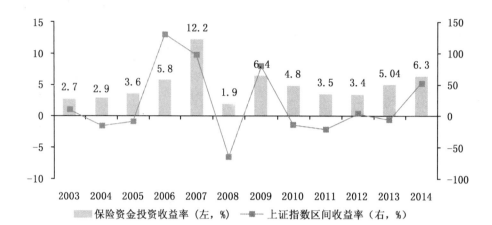

資料来源：Wind 资讯。

图 5－3　2003～2013 年保险资金运用平均收益率

第三节　社保基金及金融同业资产配置概况

一、社保基金

目前，我国社保基金会采用直接投资与委托投资相结合的方式进行运作，经批准的境内投资品种主要包括银行存款、债券、股票、证券投资基金、股权投资、股权投资基金、资产证券化产品等；经批准的境外投资品种主要包括货币市场产品、债券、股票、证券投资基金，以及衍生金融工具等。

2014 年末，社保基金总资产 1.536 万亿元，相较于 2013 年末的 1.242 万亿元，增长 0.294 亿元，增速达到 23.7％；其中，直接投资 0.772 万亿元，占基金总资产的50.26％，资产规模增长超过千亿元，而委托投资资产 0.764 万亿元，较上年同期增长0.192 万亿元，占基金总资产的 49.74％。从投资区域来看，仍以境内投资为主，境内投资 1.405 万亿元，占基金总资产的 91.5％，境外投资资产 0.131 万亿元，占基金总资产的 8.5％；从投资品种来看，固定收益类资产投资占比超过 50％，权益类资产配置与其他金融资产配置占比分在 20％与 13％左右。社保基金 2014 年实现投资收益11.43％，较上年 6.2％的全年收益率增长 84.35％，实现绝对回报额 1 390 亿元。

根据市场发展及社保基金配置需求，2015 年 4 月国务院常务会议审议决定适当扩大社保基金可投资范围和投资比例，一是将债权投资范围扩展至地方政府债券，并将投资比例提高到 20%；二是将中央企业及其子公司、地方核心龙头企业包括优质民企纳入社保基金直接股权投资范围；三是将社保基金信托贷款投资比例从 5% 调整为上限 10%，同时向民生工程、重大国家建设等项目倾斜；四是允许社保基金在银行间一级市场直接投资同业存单。

二、同业对比

目前，我国金融行业实行分业监管，不同行业监管部门出于本行业发展需求在规章制度方面存在一定差异，而在保险新政推动下，保险资金投资不断松绑，业务领域不断拓宽，行业监管弱化，依托于保险资金属性，逐渐形成了自身行业的配置特点。

一是银行理财部门和保险公司在资产选择、风险偏好等方面具有相似性。银行理财资金与保险资金在投资组合方面更关注固定收益类和类固定收益类资产，债券类资产配置规模一直在保险资金配置中占有重要地位，而银行理财在债权融资等资产配置规模占到投资组合类产品规模的 1/4 左右。同时，两部门在权益类资产配置占比都较低。

二是权益类资产配置在公募基金中占有重要地位。以 2015 年 3 季度为例，新成立的基金产品中，权益类基金从数量到规模上都占据主导，125 只权益类基金募集规模 841 亿元，占到募集总规模的 79%；与保险和银行理财相比，公募基金在投资资产品种以及大类资产的分散程度上明显不足，而随着货币市场基金规模的不断增长，公募基金在大类资产配置也呈现出向固定收益类资产转移的倾向，带有公募性质的产品如券商集合计划等也表现出类似的特征。

三是受资本市场波动影响，各机构纷纷增加银行存款和货币市场工具配置等高流动性资产配置。在利率市场化进程的开启阶段，市场均衡利率水平处于抬升，货币市场资金相较于之前投资价值凸显，各家机构纷纷增加此类资产配置占比。受监管及控风险影响，银行理财资金对于非标资产的配置占比受到主动调整，而其他资产管理机构则受资产配置需求纷纷增加非标资产配置，舒缓收益率波动。保险资金、券商自营及部分私募机构在非标资产需求方面增长迅速，规模上升较快。从目前市场来看，非标资产相对于其他大类金融资产而言，收益率相对较高，且不必做市值重估等，成为吸引各金融资产配置的重要原因。券商资管计划、信托计划及基金子公司资管计划规模增长迅速，但其中属于银行理财资金通道类业务占比较大，其大类资产配置更多体现出对于银行理财产品和货币市场产品的偏好。

第四节　小　结

伴随着我国经济的快速发展与调整,保险资产管理行业迅猛发展,行业规模持续增长,投资渠道不断拓宽,投资收益率回升。同时,十三条保险新政为保险资金配置开启了新的格局,提供了更多资产配置工具,从传统配置工具到以非标资产为主的另类投资及境外投资,保险资金开展多层次、多元化资产配置成为可能。

第六章　保险资金大类资产配置案例——国际案例

第一节　美国国际集团

美国国际集团公司(AIG)业务遍及全球130多个国家及地区,为全球的客户提供保险和金融服务。旗下的 AIG American General 是全美最卓越的人寿保险机构,可以在全球范围内提供退休金管理服务和金融资产管理服务。截至2014年底,美国国际集团总市值757.2亿美元,营业总收入644.06亿美元,实现利润75.29亿美元

美国国际集团的投资主要投向政府和公司债券、股权投资、抵押贷款、保险贷款。其中,股票和企业债券的比重一直在上升(2007年后由于金融危机,股票投资有所减少),抵押贷款和保单贷款的投资比例在不断地下降。

相关内容如表6—1和图6—1所示。

表6—1　　　　　　　　不同经济发展阶段美国国际集团资金运用特征

时　期	资金运用特征	运用环境
经济高速增长时期	以贷款为中心,占总资产的60%～70%	高利息时代,企业贷款增加
20世纪70年代后期至80年代前期	增大对公司债券的投资	经济发展进入平稳发展期,民间资金需求减退
20世纪80年代后期泡沫经济时期	增加股票、外国债券等风险性投资	利率下降,股票、不动产上涨

续表

时 期	资金运用特征	运用环境
20 世纪 90 年代以来	减少风险性投资、转向公司债券、贷款，注重安全性	金融缓和、超低利率时期

资料来源：公司年报。

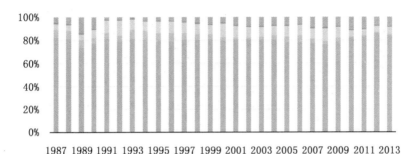

资料来源：公司年报。

图 6—1 美国国际集团大类资产配置占比

美国国际集团的大类资产配置相对多元化，但依旧坚持以固定收益投资为主。在资本市场波动较大时，固定收益债券和抵押贷款为公司带来稳定收益，而在经济高速发展时期，股价上涨为保险公司带来高收益。凭借其投资业务的稳定收益，寿险公司才可以向客户提供除传统寿险产品以外的养老基金管理、变额保险、万能寿险等更多依赖投资功能的产品，以抵御通胀风险，进一步提高了与银行、信托投资公司等其他金融机构竞争的实力。

美国保险公司投资去向比较多，从而进一步分散投资风险，但同时也面临较为严格的监管，对具体资产的投资比例均有明确上限，防止保险公司过度追求短期收益而忽视风险。美国国际集团的资产配置中，风险较高的权益类投资占比较低，占比最高的固定收益类投资在危机期间收益率较为稳定。即使不动产、短期投资收益率在不断下滑，但通过运用较少量的衍生金融工具，可实现风险对冲，从而保持总投资收益率的稳定。对于保险资金投资商业地产问题，美国国际集团随着商业地产投资额的扩大，通过对不同地段地产和不同类型的项目的逐渐增多，实现风险分散。2008～2013 年美国国际集团各类投资资产收益率保持稳定，具体如表 6—2 所示。

表6-2　　　　　　　2008～2013年美国国际集团各类投资资产收益率保持稳定

年　份	2008	2009	2010	2011	2012	2013
固定收益率	6.91	6.53	6.02	6.23	6.42	6.40
抵押和消费贷款	7.49	6.99	6.81	6.60	6.56	6.08
不动产	10.88	11.69	10.59	11.43	10.29	2.98
保单贷款	6.40	6.15	6.00	6.02	6.21	6.22
权益类	3.03	9.96	12.44	3.56	5.14	5.25
现金和短期投资	2.45	3.00	3.66	5.68	4.91	1.62
其他投资	9.65	6.55	8.96	−4.43	0.64	26.92
总投资收益率	6.88	6.69	6.35	6.65	6.88	5.71

资料来源:公司年报数据整理。

第二节　日本第一生命人寿

日本第一生命人寿,是日本最有实力的人寿保险公司之一,2014年公司总资产达4 156.22亿日元,营业收入达659.6亿日元,实现利润12.96亿日元,"世界财富500强"排名第164名。

日本保险公司投资理念较为传统,投资风格相对而言不那么积极,更加注重安全性和流动性。但同时,日本的保险投资监管环境也是较为严格的。因此,落实到投资收益上,过于注重稳定性而投资收益并不是很高。具体到日本第一生命人寿,资产配置如图6-2所示。

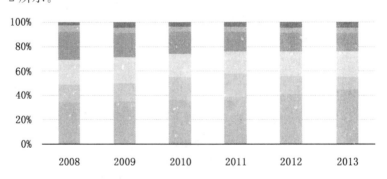

资料来源:公司年报。

图6-2　日本第一生命人寿大类资产配置占比

630

日本的金融体系是以银行为代表的间接融资为主,贷款在保险投资中的占比较高。而日本所在的地区东京在房地产泡沫和金融危机之后,面临产业空心化的问题,因此,日本第一生命人寿的资产配置中贷款比重不断下降,投资转向股权类,从而证券投资比重逐渐上升。面对 2008 年的全球金融危机,公司对证券投资比重大幅下降,转向增加对债权的持有。收益率方面,由于长期处于衰退,投资收益受到金融危机影响不大。2009～2013 年日本第一生命人寿各类投资资产收益率如表 6—3 所示。

表 6—3 2009～2013 年日本第一生命人寿各类投资资产收益率

年份	总收益率	债券	国内股票	国外证券
2009	−0.02	2.25	−4.35	−2.98
2010	1.9	1.77	3.26	2.18
2011	2.15	1.56	3.75	3.03
2012	2.42	1.53	4.68	3.96
2013	2.45	1.42	5.3	4.03

资料来源:公司年报数据整理。

第三节　英国保诚集团

保诚集团在英国、美国及亚洲提供零售金融信息服务和资产管理业务,大致有四个主要业务单位:保诚集团亚洲区总部、Jackson、保诚英国保险业务及 M&G。保诚集团亚洲区总部的核心业务为人寿保险、医疗及保障和互惠基金,也提供特定的个人财产及伤亡事故保障、团体保险、机构基金管理及消费信贷。

截至 2014 年底,保诚集团总市值达 3 740.88 亿英镑,总营业收入达 601.87 亿英镑,实现利润 32.66 亿英镑,同比增长 39.04%。

结合英国的金融行业发展特点而言,英国债券市场发达程度不及美国,但证券市场发达程度超过欧盟其他国家。英国保诚集团目前投资债券的比例达到 47%,低于欧盟同业和美国寿险普通账户水平。与英国监管环境和投资风格相匹配的是,股票配置占比也仅略高于欧盟同业。但是,在互联网泡沫和 2008 年的全球金融危机这两次危机后,保诚集团对其他资产的配置比例逐步上升,通过多元化投资来分散投资风险。英国保诚集团大类资产配置占比如图 6—3 所示。

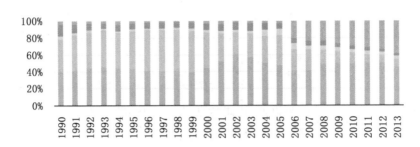

图例：■现金及现金等价物　■债券　■股票　贷款与抵押贷款　■房地产投资　■其他

资料来源：公司年报。

图6—3　英国保诚集团大类资产配置占比

第七章　保险资金大类资产配置案例——国内案例

随着保险资产规模的快速增长,保险公司基于资金来源属性、公司战略及对未来宏观经济和资本市场趋势发展的分析,在不同的周期预期下配置相对优异的大类资产。在经济新常态下,中国经济正面临着增速换挡、结构调整、风险释放等多重压力,在宏观经济总体向下的大周期中资产回报率是下降的。在这样的大环境下,把握风险与收益的平衡,充分发挥保险资金的特征,需求优质的资产配置成为各家险企的核心任务。

新华保险、中国平安、中国人寿三家机构2014年年报显示,三家上市公司在资产配置方面呈现出一定的差异化趋势:新华保险在非标资产投资占比方面业绩突出,集合信托更是占到其非标资产配置的49%,中国平安则在理财产品(信托和银行理财)上发力,国寿在权益类资产方面不断挖掘市场机会。

第一节　新华保险

新华保险坚持资产股债匹配管理,在确保受托管理资金安全性基础上,挖掘市场投资机会,通过合理的资产配置和有效的风险管控,实现最优投资组合,获取最佳收益。在新的经济形势下,新华保险积极调整资产配置,在资本市场的波动周期中积极拓展资金运用方式,强化大类资产配置,实现了投资组合收益的稳定性与可持续性,同时加大了另类资产配置力度,有效提升了整个受托资金的收益水平,平缓了收益波动。

截至 2014 年末,新华保险投资资产总规模 6 257.18 亿元,较上年同期增长13.9%,实现投资收益 323.23 亿元,收益率达 5.8%,较上年增长 0.6%。其中,债权型投资与定期存款占比超过 80%,是主要的配置渠道,具体来看,定期存款 1 672.97亿元,受非标资产、股票和基金投资配置占比的增加影响,在资产配置占比中小幅下滑至 26.7%;在"资产荒"背景下,公司加大集合资金信托计划和保险债权计划等资产配置,债权型资产占公司资产配置的规模的 55.2%,规模达 3 455.18 亿元;受股票、基金配置规模增加影响,股权类投资在总投资产中的占比较上年同期提升 3.7 个百分点,达 11.3%;而现金及现金等价物资产配置占比为 4.5%。新华保险资产配置结构如图7—1 所示。

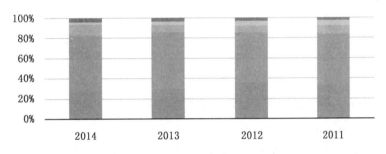

■定期存款 ■债权型投资 ■股权型投资 ■现金及现金等价物 ■其他投资

资料来源:根据新华保险年报整理。

图 7—1　新华保险资产配置结构①

截至 2014 年末,公司实现其他金融资产投资 1 214.33 亿元,配置资产以高信用等级产品为主,投资品种涵盖其他金融资产各品种,如集合资金信托计划、券商专项资产支持证券、资产支持计划等,基础资产涉及金融机构、基础设施、不动产等诸多领域。

第二节　中国平安

近年来,保险资金运用市场化改革将保险资金运用渠道逐步放开,保险资金可投

---

① 注:相关投资资产包括独立账户资产中对应的投资资产;现金及现金等价物含三个月以内定期存款;债权计划主要为基础设施及不动产资金项目;其他投资主要包括存出资本保证金、保户质押贷款、买入返售金融资产、应收股利及应收利息等。

资的产品类型得到极大丰富,中国平安在制定战略资产配置方案时,综合考虑资产端与负债端因素,针对不同的经济周期选择风险收益比最优的资产组合。目前阶段,平安保险在掘金权益类市场的基础上,逐步增加其他金融资产配置占比,净投资收益率稳步提升。

截至 2014 年末,中国平安保险投资资产总规模 14 740.98 亿元,实现净投资收益率 5.3%,总投资收益率 5.1%,与上年同期基本持平。在经济新常态下,平安保险结合公司发展战略,主动改善投资组合资产配置,优化资产配置。其中,固定收益类资产占比由 82.2% 下降至 79.7%,权益类资产占比则上升至 14.1%。中国平安资产配置结构如图 7—2 所示。

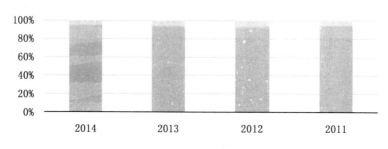

固定收益率　■权益类投资　投资性物业　现金、现金等价物及其他

资料来源:根据中国平安年报整理。

图 7—2　中国平安资产配置结构[①]

2014 年,中国启动全方位改革,中国"新常态"引导经济结构持续优化。在经济增长乏力,信用风险逐步释放的环境下,平安保险深入分析市场环境变化,注重研究指导投资,在严控风险的基础上优化资产配置,把握市场投资机会,同时加大对高信用评级产品的配置规模。针对市场优质资产稀缺,平安保险加大另类资产投资力度,舒缓了公司整体投资收益率波动,完善了资产配置结构。

第三节　中国人寿

针对新的形势,2014 年中国人寿积极应对资本市场环境变化,丰富投资组合中资产种类,拓展资金运用方式,实现投资渠道多样化,完善资管业务线。在投资组合方

---

① 注:理财产品投资包括信托公司信托计划、商业银行理财产品等;其他固定收益类投资包括买入返售金融资产、保单质押贷款、存出资本保证金等;其他权益投资主要为股权类基建投资。

面,增加高等级信用债、权益类资产、以非标资产为代表的其他金融资产配置力度;在投资管理方面,充分利用国内外市场平台,实现资产配置的多层次,多元化;在海外资产配置方面,积极探索境外投融资模式,选择海外优质金融及地产项目开展合作,开展公开市场策略试点。

截至 2014 年末,中国人寿投资资产总规模 21 009.54 亿元,较上年同期增长13.6%,实现净投资收益率与总投资收益率分别为 4.71% 与 5.36%。中国人寿以定期存款与债券资产为依托,搭建了相对平衡的大类资产配置结构,受权益类资产及其他金融资产配置占比增加影响,债券配置占比小幅下降至 44.77%,定期存款配置比例则降至 32.85%,与此同时权益类投资配置比例提高至 11.23%,以非标资产为主的其他金融资产配置占比升至 4.32%。中国人寿资产配置结构如图 7-3 所示。

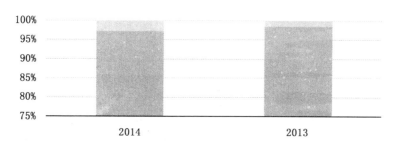

图中图例：■固定到期日投资　■权益类投资　■投资性房地产　　现金、现金等价物及其他

资料来源:根据中国人寿年报整理。

图 7-3　中国人寿资产配置结构①

受政策及大众保险意识的提高,行业规模迅速做大,我国保险业发展正处于重要的战略机遇期,但从现阶段性特征看,随着金融改革不断迈向新阶段,利率市场化、费率市场化改革稳步推进,行业壁垒弱化,混业发展成为趋势,技术促进下新的业态不断出现,对保险业发展方式提出挑战。与此同时,保险机构与国家经济发展紧密相连,在新形势下保持高速发展的难度增加,面临的不确定性和复杂性增加。受经济周期及资产配置结构等因素的影响,行业收益率波动较大;鉴于国内外经济环境的复杂性,金融市场不确定性较大,面临的宏观风险、投资风险加大;针对海外资产价值凸显,目前各家保险机构加大了海外资产的配置力度,国内外两个市场的扰动将通过多种渠道更加

---

　　① 注:固定到期日投资项下的保险资产管理产品包括基础设施和不动产债权投资计划、项目资产支持计划;权益类投资包括私募股权基金、未上市股权、股权投资计划等;现金、现金等价物及其他包括货币资金、买入返售金融资产。

明显地传导至国内保险行业,这就要求加强对海外市场的研究力度,重视汇率影响,增强对市场敏感度,更加合理地平衡业务结构。

第四节 小 结

除受短期市场波动对保险资金配置影响,总体而言,保险资金资产配置结构大致有如下特点:债券资产依托于高安全性、流动性仍是配置主渠道;权益类资产投资虽然收益率较高,但资产配置规模与收益率波动较大,受市场环境影响较大;部分银行协议存款高依托于良好的调动性成为保险资金规避风险的重要方式;另类投资虽然基数较小,但在低利率环境下相较于其他大类资产,配置价值较高,增长潜力大。

第八章 结论与政策建议

第一节 结 论

本文按照"理论基础—发展现状—政策建议"的逻辑顺序,从投资实务的角度对保险资金大类资产配置问题展开理论和实证研究。在阐明保险资金资产配置管理的理论基础和配置原理的基础上,详细说明保险资金大类资产配置的政策演进及发展现状,从总量、结构等方面阐述保险资金大类资产配置特征,从监管政策、负债成本、经济周期中资产轮动等方面分析影响保险资金大类资产配置的因素,从经济周期、市场周期、资产风险收益等方面阐明保险资金大类资产配置的意义及总体原则。另外,结合我国保险资金大类资产配置中的发展方向,系统总结成熟国家保险资金大类资产配置经验。最后,对全文的研究结论进行总结,主要得出以下几点结论以及资产配置的政策建议:

一、大类资产配置:稳健投资、多元化投资

我国保险业的大类资产配置,体现了保险资金内在属性决定保险资金运用的特点。第一,追求安全性和稳定性,因此主要是投资固定收益类资产,坚持资产端与负债端相匹配,通过投资资产的稳定收益来满足基本负债的需求,坚守防范风险的底线。第二,在大类资产的不同类别上实现多元化配置,同时在分类资产各自内部也要执行多元化配置。第三,规定单一投资项目的占比,防止出现集中度过高的风险。第四,不同的账户对投资的收益风险要求不同,因此,因地制宜,不同账户的风格对应不同投资策略,对保障型为主的产品,采取相对保守的配置策略。

二、风险控制:风险总体可控

保险资金运用比例的逐步放开,投资效益的优化带来分红保险产品的收益的上升,同时随着退保现象的减少,投资规模也逐步扩大。当前,保险资金运用风险总体可控,主要体现在:第一,主要投资固定收益类资产,总体风险水平较低。抵挡住股市牛市的诱惑,即使股票市场大幅度上涨期间,仍坚持以固定收益类资产投资为主。此外,银行存款、债券、基础设施投资计划等各类资产的占比仍接近80%。第二,资产质量较为优良。存款主要集中在以五大国有商业银行和上市股份制商业银行为主的安全系数较高的大型银行。债券评级较高,主要是国债、金融债及高信用等级企业债。基础设施投资计划等创新产品,通过银行或大型企业担保,再加上各种信用增级措施,总体上安全性较高,违约风险较低。第三,流动性相对充足。保险资金配置重点考虑资金的流动性,对于高信用、流动性较好的资产配置规模较大,如活期存款、货币市场基金、国债等流动性较高的资产占比超过10%,基本满足了负债端资金流转需要,防止挤兑现象的出现,面临的流动性风险较小。第四,资金运作和托管专业,制度完备。大型国有保险公司设置专业的资产管理公司或部门,管理着行业超过80%的资产,这些机构内部控制相对健全、专业化程度较高,通过严格的风控筑起"防火墙"。

三、国际经验:与国际接轨,坚持市场化改革

通过研究海外保险资金的大类资产配置,总结以下几个特点:第一,坚持资产负债管理,主要投向债券等固定收益类资产,另类投资的投资比例有逐步提高的趋势。第二,坚持分散化投资,加大全球化范围内投资的布局,提高保险资金运用的收益。通过不同种类投资品种的分散化投资和资产在全球范围内的配置,使收益率的波动得以减少,风险总体得到把控。第三,充分发挥保险资金优势,对接实体经济的长期发展。通过制度设计等引导供应稳定、期限较长、成本较低的保险资金直接对接实体经济,更好地服务经济增长。第四,偿付能力监管与比例监管并行,推行以偿付能力监管,保障偿付能力。

经过近几年市场化改革,我国保险资金投资和配置情况,已基本上与国际接轨。同时,国际保险资金运用的基本经验,为我们提供了有益的借鉴,推进了我国保险资金运用的市场化改革进程。

第二节　政策建议

近年来,我国保险投资范围不断拓宽,研究我国保险资金的大类资产配置规律对于保险公司分散风险、获取更为稳定且高额收益提供了重要保障,同时,如何借鉴国际保险资金运用的规律,把握我国保险资金运用的发展趋势,也值得我们进一步深思。为此,本文最后从微观层面和宏观层面提出相应的政策建议。微观层面上,保险资管的投资管理机制需要进一步改善,大类资产配置的研究能力需要进一步专业化。宏观层面上,近年来保险业业绩的可喜变化已经彰显保险监管改革红利,那么保险监管仍需要继续坚持市场化改革。

一、大类资产配置:建立大类资产价格波动研究体系

中国保险资产管理行业相对年轻,现有的专业人才储备有待丰富,在制度建设、专业队伍团队建设以及类别资产研究能力等方面仍需努力。我们认为,提高保险资产管理机构大类资产配置能力,应建立大类资产价格波动研究体系:

第一,逐步培养和打造对全球宏观经济和类别资产市场相互影响与交融的研究能力。特别适合要对中国经济与世界经济联系日益紧密,以及宏观经济与投资市场交互影响给予足够的重视。

第二,有效把握经济周期不同阶段大类资产价格影响主导因素。大类资产价格波动的主导因素在不同阶段会有非常大的变化,要随而变、因地制宜,不能囿于保守主义和经验主义,如果不能有效地把握这种变化而仅仅停留在以往的经验上,在大类资产配置上容易犯下比较大的错误。

第三,大类资产价格波动研究与大类资产配置方面,应建立有效的数量化工具体系。由于大类资产价格波动领域涉及面广,影响因素复杂,如果单纯依托传统定性式研究,就很难取得实质性的突破。

二、监管:市场化改革释放改革红利

市场化改革使得保险业迸发出新的活力和生命力,在保险资金大类资产配置的趋势下,保险监管需要建立现代化监管框架:第一,保险总公司统一集中管理保险资金,实现资金运作机制的专业和规范化。第二,制定并落实大类资产投资比例限制,对投资种类、投资比例和集中度设置比例限制,因地制宜动态调整比例限制。第三,加强偿付能力监管,推进从"偿一代"向"偿二代"的转变,以偿付能力监管代替比例监管,从而推进保险机构投资资产负债匹配管理。

同时,为了更好地彰显保险业的生命力和活力,加快我国保险业与世界先进保险业的接轨,还需做到:一是切实简政放权,转变监管方式,进一步释放保险资管主体市场把控力,将对风险的判断交还给市场主体。二是鼓励保险资金运用创新,丰富不同的交易品种和交易结构,更好对接实体经济发展,提高保险资金配置效率,助力经济转型升级。三是强化事中、事后监管。建立风险监测和预警,推动信息披露,强化事中、事后的监管,通过加大检查和处罚力度规范市场行为,坚守不发生系统性区域性风险底线。

参考文献

[1]ACLI Life Insurance Fact Book(1990—2014),American Council of Life Insurers,www.acli.com.

[2]General Insurance in Japan Fact Book(2002—2015),Life Insurance Association of Japan,www.seiho.or.jp.

[3]Uk Insurance Key Facts(2003—2014),Association of British Insurers,https://www.abi.org.uk.

[4]巴曙松,陈华良,王超等.中国资产管理行业发展报告—大资管时代来临[M].中国人民大学出版社.2013:159—180.

[5]段国圣.保险投资新政下的资产配置[J].中国金融,2013(20).

[6]韩梅.行为资产组合理论发展研究综述[J].商业时代,2012(13).

[7]郜哲.基于投资时钟原理的中国大类资产配置研究与实证[J].河北经贸大学学报,2015(3):49—54.

[8]金倩婧,谢伟玉,陈康,韩思怡.掘金大类资产配置新阶段[J].债券,2015(2).

[9]黎飞.证券投资基金资产配置能力及其相关影响因素研究[D].天津:南开大学,2008.

[10]谬建民,张雪松.资产周期特性与保险公司资产配置策略[M].保险研究,2015(8):36—41.

[11]谬建民.保险资产管理的理论与实践[M].新金融评论,2013(5).

[12]王松柏,童楠.中外保险资金大类资产配置研究[M].方正证券研究所证券研究报告,2014—

10—09.

[13]王亦奇.收益保证约束下资产配置策略研究[D].上海:上海交通大学,2011.

[14]吴晓蕾,温骊骊.保险机构另类资产管理体制研究[J].保险研究,2010(3).

[15]曾于瑾.险资布局"大资管"需应对五大挑战[J].当代金融家,2014(2).

[16]曾于瑾.对当前我国保险资金运用几个重要问题的思考[M].中国保险资产管理,2015(2).

[17]张雪莹.保险资金资产配置理论:模型及应用[J].山东工商学院学报,2007(1):51—56.

[18]赵飞.我国社会保障基金投资及其风险研究[D].长春:吉林大学.2008.

[19]中国保险监督管理委员会.保险资金运用管理暂行办法[S].保监会令2014年第3号,2014—04—18.

[20]中国保险监督管理委员会.2014年保险统计数据报告[R].http://www.circ.gov.cn/,2015—01—26.

保险资金大类资产配置研究

英大保险资产管理有限公司

摘要

资产配置是根据不同资产的收益和风险特征,通过对投资组合中不同类别资产比例的表征,试图使投资组合在一定条件下达到理论上的最优化状态。按照资产配置在保险资金投资决策过程中的不同功能与特性,资产配置可以分为不同的类型:战略资产配置、战术资产配置与动态资产配置。

本研究报告第一章为绪论。第二章为中国保险资金的资产配置和国际比较。研究中国保险资金的资产配置演变情况,分析美国保险资金资产配置的特征,比较中美保险资金资产配置的差异及原因。第三章为战略资产配置。比较了马科维茨模型、哈洛模型、VaR模型与考虑负债的马科维茨模型,严格界定了各类资产的收益与风险特征计量方法,对各类资产配置模型进行实证检验。第四章为战术资产配置。对基于经济周期理论的投资时钟模型与基于资产相对估值的联储模型在中国资本市场进行战术资产配置的效果进行实证检验,构建了基于经济周期与资产估值的综合配置模型,并检验了该模型的实际效果。第五章为动态资产配置。主要对CPPI、TIPP与C—M三种动态资产配置策略效果进行实证检验与绩效评估。第六章为研究报告总结。

关键词

保险资金　资产配置　经济周期　相对估值　动态调整

第一章　绪　论

第一节　选题背景与选题意义

目前,我国保险行业可运用资金规模已超过 10 万亿元,成为金融行业的重要子行业。随着可用资金规模的大幅增加,各保险公司也越来越关注资产配置的重要性。

资产配置是根据不同资产的收益风险特征,通过对投资组合中不同类别资产比例的调整,使投资组合在一定条件下达到理论上的最优化状态,即风险既定情况下的收益最大化,或是收益既定情况下的风险最小化。对于保险资金而言,资产配置是在一系列约束条件下,建立一个与约束条件匹配的投资组合,并根据资本市场的变化,不断调整资金在各大类资产之间的分配比例以求保险资金在可承受风险范围内,获得更优的投资回报。

在各国资本市场发展的过程中,机构投资者资产配置的重要性与日俱增。布里森、胡德和比鲍尔(Brison,Hood & Beebower)基于对美国 91 家大的养老基金的相关数据进行分析,发表了《组合业绩的决定因素》一文。文中指出,资产配置在很大程度上决定了投资组合最终的业绩和收益风险表现:投资组合业绩的 91.5% 受资产配置的影响,4.6% 受不同资产的具体投资标的选择的影响,1.8% 受入市时机的影响,2.1% 受其他因素的影响。

按照资产配置在保险资金投资决策过程中的不同功能与特性,资产配置可以分为不同的类型。目前,比较普遍的做法是根据投资决策的时间跨度将保险资金的资产配置划分为战略资产配置、战术资产配置与动态资产配置。

保险资金战略资产配置是指保险公司根据资金成本、现金流、风险承受能力以及预期投资收益等要求,在监管部门法律法规的限制条件内,通过数量化技术确定中长期最优投资组合配置计划的行为。其结果表现为中长期内各大类资产在投资资金中占比的均衡水平,更多地受到决策主体自身约束条件与各大类资产长期的风险收益特征等客观因素的影响。

战术资产配置是在战略资产配置的基础上,决策主体根据经济周期波动、宏观经济政策趋势和短期市场情绪等因素,通过对基于战略资产配置确定的投资组合进行调整,并通过捕捉中短期不同大类资产的阶段性投资机会来提高投资组合收益的行为。其结果表现为短期内各大类资产在投资资金中占比的水平与基于战略性资产配置决定的均衡水平的偏离,更多地受到决策主体对短期各大类资产的风险收益特征的主观判断。

动态资产配置是在战略资产配置的基础上,根据事先确定的数量化模型决策机制灵活调整投资组合资产配置比例,对资产配置比例进行的动态管理。动态资产配置在实际投资过程中投资组合的配置比例调整很难是实时的,一般是设定特定的阈值,当目标变量触及阈值后,配置比例进行调整。

在保险公司进行资产配置决策的实践过程中,学术界较为主流的关于资产配置的研究理均得到了普遍运用。本研究报告在对现有的资产配置理论进行优化的基础上,结合国内资本市场进行实证分析,建立资产配置的决策模型,为我国保险资金提高资产配置效率提出优化建议。

第二节　资产配置研究文献综述

一、战略资产配置方面的研究

马科维茨于 1952 年在 *Journal of Finance* 上发表的《资产组合的选择》一文中建立了均值—方差模型,首次从资产收益率和风险的关系出发,提出了证券组合投资是为了实现风险既定情况下的收益最大化或收益既定情况下的风险最小化。同时,马科维茨通过界定预期收益和风险,引入了数量化的风险概念,即资产投资收益的标准差,通过数理统计方法解决了资产组合的选择问题,从而把投资理论从定性分析推向定量分析,奠定了资产定价理论的基石。

自均值—方差模型提出以来,学术界一直在努力对马科维茨的均值—方差模型进行拓展与改良。目前,对该模型的改良主要体现在以下方面:解决均值—方差的稳定性问题;通过放松和解除传统资产配置模型中的假设条件,从多个角度拓展与完善资产配置模型。此外,为了解决均值—方差模型应用于大规模市场所面临的计算量庞大的问题,威廉·夏普于 1963 年提出了简化的计算方法(即单因素模型),该模型假定资产收益只与市场总体收益有关,从而大大简化了马科维茨理论中所用到的复杂计算。

二、战术资产配置方面的研究

1936 年,经济学家熊彼特对各种经济周期理论进行了综合分析后提出,在资本主义经济发展历史中,同时存在着三种经济周期:康德拉季耶夫长周期、朱格拉中周期和基钦短周期。其中,每一长周期包括 6 个中周期,每一个中周期包括 3 个短周期,而短周期为 40 个月左右。

在经济周期的不同阶段,股票市场、债券市场、大宗商品市场与货币市场体现出明显不同的风险收益特征。斯特朗和斯蒂夫等人(Strong,Steve et al.,1996)用美国 1970～1995 年的数据计算了股票、债券与现金三类传统资产在经济周期四个阶段中的风险收益特征,将经济周期理论运用在资本市场实践中。斯蒂夫和博尔腾(Steve Bolten et al.,2000)将经济周期理论应用到战术资产配置决策流程中,通过识别经济周期四个阶段的转折点,给出了不同阶段的大类资产配置建议。

美林证券 2004 发布了名为《投资时钟》的研究报告。该报告以 1973 年 4 月至 2004 年 7 月的 375 个月为周期,总结分析了股票、债券、商品、现金四大类资产在经济周期中的表现,对经济周期的不同阶段提出了相应的资产配置建议。

联储模型是一个被投资界广泛应用的理论模型,主要是通过比较股票的盈利收益率(E/P)与长期政府债券收益率的高低,即比较股票资产与债券资产的相对估值水平,来判断哪一类资产更有投资价值。该模型同时指出股票与债券都处于平衡状态时,这两个收益率应当有一个合理关系:当股票收益率超过债券,投资者投资股票,资金从债券市场流向股票市场,债券收益率应该增加,股票收益率应该下降,直到平衡状态;当债券收益率超过股票,投资者投资债券,资金从股票市场流向债券市场,股票收益率应该增加,债券收益率应该下降,直到平衡状态。因此,当两个收益率表现异常时,可以借助该模型调整投资资金在股票资产和债券资产之间的配置比例。

三、动态资产配置方面的研究

动态资产配置根据事先确定的数量化模型决策机制灵活调整投资组合资产配置比例,倾向于通过数量化模型来动态干预资产配置结构。动态资产配置方面的研究与各种动态调整策略的选择问题有关。动态调整策略包括:期权复制保险策略、恒定比例混合策略、恒定比例投资组合保险策略与时间不变投资组合保护策略。

期权复制保险策略,简称 SCO/SPO 策略。该策略通过连续调整投资组合中风险资产(如股票)与保留资产(如债券和现金)的相对比例,来达到与欧式保护性期权策略一致的保险功能。此策略可通过 B-S 股票期权定价模型和股票买权卖权平价关系进行推导。

恒定比例混合策略,简称 CM 策略。根据该策略,投资者根据自身的风险偏好情况来确定期初大类资产分配比例,以恒定的配置比例方式构建投资组合。

恒定比例投资组合保险策略,简称 CPPI 策略。为了避免复制性卖权策略中复杂的调整公式和波动性估计的麻烦,布莱克、琼斯和贝霍尔德(Black,Jones & Perold,1986)提出了 CPPI 策略。根据该策略,投资者根据自身的风险偏好和风险承受能力来设置一些简单的参数,然后按照简单的公式动态调整风险资产和无风险资产的比例,达到对投资组合进行保险的目的。

时间不变投资组合保护策略,简称 TIPP 策略。埃斯特普和克里兹曼(Estep & Kritzman,1988)在研究 CPPI 策略的基础上,提出了 TIPP 策略。TIPP 策略与 CPPI 策略的基本原理大致相同,都是在期初根据投资者的风险偏好和风险承受能力来设置参数,然后根据简单的公式来进行资产配置。二者唯一不同之处便是要保金额的设定和调整。TIPP 策略是将当期组合价值的一定比例与前期要保额进行比较,选两者之中较大的作为新一期的要保额度,其中的一定比例就是投资组合保险的要保比率。随着风险资产价格上涨,投资组合的价值也将上升,要保额度也会随之扩大。而当风险资产价格下降时,投资组合的价值减少,但要保额度不变,仍维持在原有水平,以保护投资者的利益。因此,可以认为 TIPP 策略是对 CPPI 策略要保额度的修正,相较于 CPPI 策略,向下保护资产价值的能力较强,而参与资产增值的能力则较弱。

第三节　研究框架与相关问题说明

一、研究框架

本研究报告除第一章绪论以外,其他章节内容结构安排如下。

第二章,中国保险资金的资产配置与国际比较。研究中国保险资金的运用监管历程与实际资产配置演变情况,分析美国保险资产配置的特征,比较中、美保险资产配置的差异及原因。

第三章,战略资产配置。首先,比较了马科维茨模型、哈洛模型、VaR 模型与考虑负债的马科维茨模型。其次,严格界定了各类资产的收益与风险特征计量方法。最后,根据界定的资产收益风险特征对各类资产配置模型进行实证检验。

第四章,战术资产配置。首先,对基于经济周期理论的投资时钟模型在中国资本市场进行战术资产配置的效果进行实证检验。其次,对基于资产相对估值的联储模型在中国资本市场进行战术资产配置的效果进行实证检验。最后,构建了基于经济周期与资产估值的综合配置模型,并检验了该模型的实际效果。

第五章,动态资产配置。主要对 CPPI、TIPP 与 C-M 三种动态资产配置策略效果进行实证检验与绩效评估。

第六章,研究报告总结。

二、相关问题说明

为解决保险资金大类资产配置的核心问题,本研究报告主要讨论投资组合中股票类资产与债券类资产的调整问题,几乎没有涉及银行存款与另类投资、投资资产的会计分类、偿二代对大类资产配置的影响等问题。针对这些问题,现说明如下。

首先是银行存款与另类投资问题。在目前保险资金的投资组合中不仅有股票资产与债券资产,还有相当部分的银行存款(主要是协议存款)与近几年来快速增加的另类投资。协议存款与大部分另类投资,一方面流动性较差,另一方面具有类固收资产的性质,可以看成是债券类资产。所以,在进行大类资产配置研究时,可以将银行存款与另类投资看成债券类资产,忽略这类资产对大类资产配置的影响。

其次是投资资产的会计分类问题。投资资产的会计分类主要影响保险公司当期的财务收益与综合收益。但是如果忽略期间的大量交易行为,保险公司长期的财务收益与综合收益在理论上基本是一致的。所以,在研究长期内的战略资产配置时,无须考虑投资资产的会计分类问题。而在研究战术资产配置与动态资产配置时,更多地考虑资产价格的短期波动与当期的财务收益。因此,在分析战术资产配置与动态资产配置时,不管实际工作中的会计分类情况如何,本研究报告都按照交易类资产进行处理。

最后是偿二代对大类资产配置影响的问题。考虑到偿二代政策未正式实施,对保险公司大类资产配置的实际影响尚未充分体现。本课题暂不考虑偿二代对大类资产配置的影响。

第二章　中国保险资金的资产配置与国际比较

第一节　中国保险资金的资产配置

一、保险资金运用发展历程

自 1979 年国内保险业务开始逐步恢复以来,保险资金的运用先后经历了初级、探索、规范发展、开放发展与高效发展五个阶段。

(一)保险资金运用的初级阶段

保险业务恢复初期,只有中国人民保险公司一家保险机构,资金规模小,没有行业竞争压力,保险资金运用的形式主要是银行存款。1984 年 11 月,国务院颁布《关于加快发展我国保险事业的报告》,允许保险公司开展资金运用。范围包括存款、流动资金贷款、国债及金融债券买卖,并由中国人民银行制定保险资金运用额度的年度指令性计划。

(二)保险资金运用的探索阶段

1988 年,我国为了抑制通胀实行了紧缩的货币政策,保险资金运用范围也被严格限定为:流动资金贷款、企业技术改造贷款、购买金融债券和银行间同业拆借。同时,开始采取担保和银行承兑汇票抵押等风险控制手段。1991 年后,受经济体制转型影响,经济形势好转,保险资金运用再度活跃起来,投资范围扩展到房地产、有价证券、信托等热点领域。1992～1995 年是保险行业集中的混乱投资期,涉及投资领域非常广泛。此后,受国家实施的一系列宏观调控治理等紧缩政策的影响,保险资金投资项目收益大幅下降,各保险公司资产质量都出现了不同程度的恶化,致使后来颁布的《保险法》对保险投资行为进行了严格的规范限制。

(三)保险资金运用的规范发展阶段

1995 年,《保险法》颁布实施,将资金运用严格限制在银行存款、政府债券、金融债券和国务院规定的其他合格渠道,同时规定保险资金不得用于设立证券经营机构和向企业投资。1998 年,中国保险监督管理委员会成立,依照法律、法规统一监督管理全国保险市场,维护保险业的合法、稳健运行。至此,我国保险资金运用进入到了规范管理阶段。

(四)保险资金运用的开放发展阶段

2003 年起,国务院以特批的形式逐步尝试放宽保险投资渠道,有效缓解了此前由于连续多次降低银行存款利率而导致保险资金收益大幅降低的困境,保险资金投资收益随之走高。2009 年新《保险法》颁布,大幅放宽了保险资金投资渠道,进一步完善了保险资金运用体制体系。2010 年,保监会发布并实施《保险资金运用管理暂行办法》,明确了保险资金管理原则、运用范围及投资比例。之后出台的《保险资金投资股权暂行办法》和《保险资金投资不动产暂行办法》,为保险资金运用渠道的进一步拓宽创造了更为有利的政策环境。

(五)保险资金运用的高效发展阶段

2012 年 7 月开始,保监会陆续出台了多项旨在"松绑"保险资金的投资新政,扩大了投资品种、投资范围和投资地区,实施推动保险资金运用的市场化发展。2013 年,保监会进一步推进保险资金运用市场化改革,稳步拓宽投资范围和领域,放开保险资金投资创业板上市公司股票,将基础设施投资计划等产品的发行方式由备案制改为注册制,实行大类资产比例监管,实行投资管理资格能力备案。

2014 年至今,保监会推出了《关于加强和改进保险资金运用比例监管的通知》,印发了《资产支持计划业务管理暂行办法》,同时下发了保险资金投资集合资金信托计划、优先股、创业投资基金等产品的通知等一系列新的政策法规。同时,保监会通过启动建立"偿二代"体系、试行保险资产风险五级分类、制定保险公司资金运用信息披露准则等方式,以提高保险业资本使用效率,加强风险防范。此外,为适应保险业务外汇管理方面的变化,监管层对保险资金境外投资相关规定也做出了一定调整,扩大了保险资产的国际配置空间,进一步优化保险资产配置结构。

经过 30 多年的发展,我国保险资金运用结构不断优化,已经呈现多元化、市场化发展形势,并且在不断地向国际市场接轨。

二、保险资金资产配置

随着保险资产规模的不断增长,保险资金运用监管政策的逐步放开,保险资产配置结构不断优化。

银行存款方面,随着投资渠道的放开和投资能力的提升,银行存款占比逐年下降,但整体依然保持在 30% 左右的规模;债券投资方面,作为与保险资金的匹配性较好、收益相对稳定的固定收益产品,债券投资整体规模占比保持平稳,目前依然是主要的保险资金投资渠道和基础性配置资产;权益投资方面,由于平均收益水平很高但波动性大的特性,以股票和证券投资基金投资为代表的权益类投资在整个保险资金运用中的比重始终保持较低水平;在非标资产投资方面,随着 2012 年保险新政密集出台,以非标资产为代表的其他投资在保险资金投资的占比大幅提升,从 2010 年的 3.1% 左右上升到 2014 年的 23.67%。2001 年以来保险资金资产配置结构占比情况如图2—1所示。

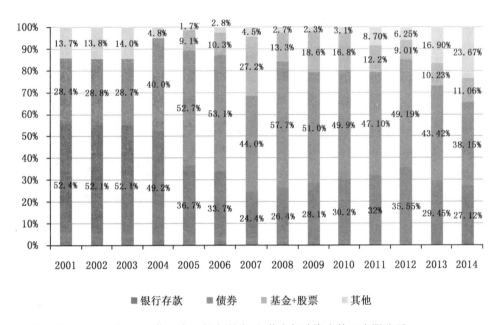

资料来源:Wind 资讯,国信证券股份有限公司,英大保险资产管理有限公司。

图 2—1　2001 年以来保险资金资产配置结构占比情况

第二节　美国保险资金的资产配置

美国是世界上保险业广度和深度最高的国家,保险资产投资规范,投资效率较高。考虑到美国保险行业资产配置特点与我国更为相似,对国内保险资金优化资产配置的借鉴意义更大,我们着重就美国保险行业资产规模、配置特点、风险偏好等方面进行分析。同时,由于美国寿险行业数据的公开性高、可得性好,且美国寿险公司管理资产约占保险行业总资产的 80%,下文以美国寿险行业数据为分析对象。

一、寿险资产规模稳步增长、配置比例较为均衡

截至 2013 年底,美国寿险行业总资产达到 6.15 万亿美元。以 1917 年美国寿险行业总资产 59.41 亿美元计算,行业总资产平均年化增速为 8.21%。进入 21 世纪以来,寿险行业总资产增速波动加剧,2008 年受次贷危机影响,增速一度降至 -8.7%,原因主要是权益市场波动的加剧以及权益占比较高的独立账户规模和占比的大幅增加。最近 5 年,寿险行业总资产增速恢复至 3%~7%。1917~2013 年美国寿险行业总资产规模及增长率如图 2-2 所示。

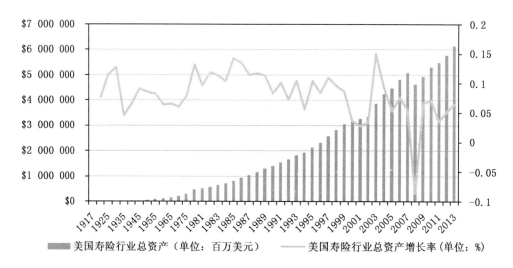

美国寿险行业总资产(单位:百万美元) ▬▬▬ 美国寿险行业总资产增长率(单位:%)

资料来源:美国寿险协会,英大保险资产管理有限公司。

图 2-2 1917~2013 年美国寿险行业总资产规模及增长率

美国资本市场发展程度较高,保险资金资产配置结构多元化且较为均衡。从资金配置情况看,债券、股票、抵押贷款、房地产及保单贷款等品种都有涉及,其中债券、股票和抵押贷款三类资产占比最高。以 2013 年为例,债券占比 48.8%,股票占比 32.6%,抵押贷款占比 6.1%,三者合计达到 87.4%。1917~2013 年美国寿险行业资产配置情况如图 2-3 所示。

总体上看,历年债券类资产配置比例基本稳定在 50% 附近,而股票资产占比波动较大。1960 年以前股票资产占比甚微,1960~1993 年基本在 10% 左右。1995 年以来,随着监管制度的放开,股票市场的长期牛市,独立账户规模的迅速扩大,股票类资产占比迅速超过 20%。2005 年以后股票占比维持在 30% 左右。

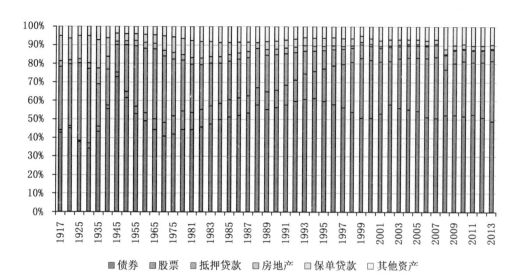

资料来源：美国寿险协会，英大保险资产管理有限公司。

图 2—3 1917～2013 年美国寿险行业资产配置情况

二、不同账户资产配置差异显著

美国寿险公司根据负债性质的不同将资金归为不同的账户：一般账户与独立账户。一般账户所管理的资金主要来自传统寿险保单，资金主要用于保险赔付，更加注重资金的安全性，对投资收益率要求相对较低。而独立账户管理的资金大多来自投资属性较强的寿险产品，比如变额保险、变额万能险，这类产品的投资风险由保单持有人承担。因此，两类账户采取不同的配置策略、制定不同的收益率目标，接受不同的监管要求。

分账户看，一般账户与独立账户在资产配置和风险偏好上存在较大差异。以 2013 年为例，一般账户中债券占比超过 70%，股票占比仅为 2%，且从 2007 年以后，一般账户中股票占比从未超过 5%。而独立账户中，股票投资超过 80%，且近 5 年以来一直维持在 80%左右，债券为 12.9%。2013 年美国寿险行业按账户分各类资产配置分布如图 2—4 所示。

三、债券配置呈现长久期、高等级的特点

考虑到保险资金安全性及收益性特征，债券资产是美国寿险业最为重要的配置资产，尤其是在一般账户。1917 年以来，美国寿险行业债券投资规模逐年增加，规模年化增速 8.6%，略高于整个行业总资产增速。配置占比方面，1975 年至今债券类资产

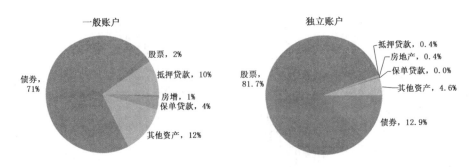

资料来源：美国寿险协会，英大保险资产管理有限公司。

图 2—4 2013 年美国寿险行业按账户分各类资产配置分布

占比一直稳定在 50％左右。1917～2013 年美国寿险公司债券资产总规模及占比如图 2—5 所示。

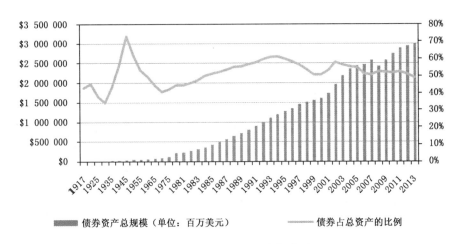

资料来源：美国寿险协会，英大保险资产管理有限公司。

图 2—5 1917～2013 年美国寿险公司债券资产总规模及占比

　　从债券期限看，美国寿险账户整体债券配置期限较长。2009 年以来，一般账户中债券剩余期限以长期限品种为主，且每年配置比例保持平稳，其中剩余期限 20 年以上的超长期债券占比也达到 20％。2009～2013 年美国寿险一般账户债券剩余期限分布如图 2—6 所示。

　　从信用等级看，美国寿险公司持有债券整体信用资质等级较高，按照美国保险监督官协会（简称 NAIC）对债券等级的划分标准，美国寿险公司持有债券以第一等级和第二等级为主，均为国际评级公司标准 BBB 级或 Baa 级以上的优质债券。以 2013 年

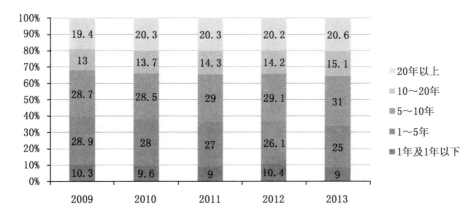

资料来源:美国寿险协会,英大保险资产管理有限公司。

图 2—6 2009～2013 年美国寿险一般账户债券剩余期限分布

美国寿险公司一般账户为例,信用等级处于第一等级的 62.7%,第二等级 31.6%,第三等级至第六等级合计仅占比 5.7%。相关内容如图 2—7 和表 2—1 所示。

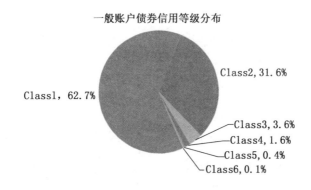

资料来源:美国寿险协会,英大保险资产管理有限公司。

图 2—7 2013 年美国寿险公司一般账户债券信用等级分布

表 2—1　　　　　　　　　**2013 年美国寿险公司一般账户债券信用等级分布**

NAIC 评级	对应国际评级
Class 1	AAA/Aaa、AA/Aa、A/a
Class 2	BBB/Baa
Class 3	BB/Ba
Class 4	B/B
Class 5	CCC/Caa
Class 6	已经或即将违约的债券

资料来源:美国保险监督官协会,英大保险资产管理有限公司。

第三节　中美保险资金的资产配置比较

随着我国监管政策的逐步放开、机制体制的建立健全以及机构投资能力的稳步提高,国内保险资金的资产配置结构日趋完善且与国际接轨,但同时也存在一些显著不同。下文就中美两国保险资金的资产配置方面的差异进行具体分析。

一、大类资产配置比较

从结构上看,目前美国保险资金以债券、股票、抵押贷款为主要配置资产,同时还涉及房地产、保单贷款等类型产品,整体配置结构多元化。而中国保险行业资产结构中,仍然以传统的债券和银行存款为主要配置品种,较为单一。其原因在于:首先,由于美国保险资金可以通过贷款直接对接实体经济,甚至可以发放个人住房按揭贷款,而国内保险资金无法开展相关业务,因此国内大类资产配置中 25% 为银行存款;其次,海外业务投资占比低,我国保险资金境外投资尚处于探索阶段,投资运作较为谨慎,占保险业总资产比重约 2%;最后,金融衍生产品投资占比较小,受国内金融衍生产品发展起步较晚等影响,国内保险公司在人才储备、制度建设等方面需进一步完善。

二、债券类资产久期比较

2009 年以来美国保险机构持有债券剩余期限分布较为均衡:1 年期以内 10%,1～5 年期、5～10 年期和 10 年期以上三类期限债券各 30% 左右。中国债券市场发展仅 20 余年,非关键期限品种较为缺乏,特别是 10 年期以上长期限债券占比较少。以 2014 年末数据为例,国内债券托管存量 36 万亿元,其中 10 年期以上品种托管存量为 3.24 万亿元,占比仅为 9.0%,与美国债券市场中长期限占比差异较大。

国内长期限债券品种的缺乏,导致保险公司资产和负债久期不匹配问题较为突出,特别是 2014 年以来债券牛市行情下市场收益率整体大幅走低,致使短期内机构采取降低债券久期的防守策略,导致很多中小保险机构账户久期被动缩短,资产负债久期错配问题更为突出,进而带来较大的再投资风险。

三、投资多元化对比

随着保监会对投资渠道的逐步放开,2013 年以后国内保险资金投资结构占比逐步多元化,以非标资产为主的其他类资产占比逐年提升,2013 年为 16.9%,2014 年上升至 23.67%。同样也以 2013 年为例,美国寿险投资资产结构中扣除债券、股票后其他资产占比为 18.6%,两国投资渠道多元化,投资结构较为均衡。

但细看投资品种,两国存在较大差异。中国保险行业另类投资绝大多数资金以基础设施债权投资计划、集合资金信托计划、不动产债权计划等形式投资到地方基础设施和房地产项目中,行业集中程度较高。而美国保险行业其他资产中以抵押贷款、保单贷款、实物房地产为主,资金投向的行业较为分散,且保险公司依靠质量较好的抵押资产和较低的抵押比例来控制投资风险,另类投资的安全性更高。

第三章 战略资产配置

第一节 战略资产配置理论模型

一、马科维茨模型

马科维茨模型以随机变量的均值和方差为基础,是迄今为止最重要资产配置决策模型。运用均值和方差最优化方法研究资产配置问题时,首先要确定各类资产的收益和风险特征以及不同资产间的相关关系,然后通过数学的二元线性规划计算最优组合,即计算收益率既定时投资组合风险最小的资产配置比例,或风险既定时组合收益率最高的资产配置比例,得到投资组合在均值和方差空间的有效边界,最后根据投资者的风险厌恶程度来确定适合投资者的最优组合。马科维茨模型可以用以下最优化模型来表示:

目标函数:$\min \sigma_p^2 = \sum_{i=1}^{n} \sum_{j=1}^{n} w_i w_j \, cov(r_i, r_j)$

约束条件:$\begin{cases} r_p = \sum_{i=1}^{n} w_i E(r_i) \\ \sum_{i=1}^{n} w_i = 1, w_i \geqslant 0, (\text{不允许卖空}) \\ \text{或} \sum_{i=1}^{n} w_i = 1, (\text{允许卖空}) \end{cases}$

其中，σ_p^2 表示投资组合的方差，r_p 表示组合的预期收益率，r_i 表示资产种类 i 的收益率，w_i 表示资产种类 i 在投资组合中的比重。

马科维茨模型最依赖的一个关键假设是各资产的收益率分布服从正态分布，而正态分布的方差是度量风险的关键指标。如此，就可以把组合的方差分解为单个资产的方差，从而把单个资产的风险和组合的风险联系起来，通过配置方式降低投资组合面临的风险。但随后的很多实证研究发现，各类投资资产的收益率并不服从正态分布。而且，投资者承受资产损失和收益时的心理感受也是不对称的。因此，马科维茨模型用方差衡量风险的做法受到了很多质疑和批评，很多研究开始更多关注资产收益率落在期望收益率或目标收益率左侧的风险。

二、哈洛模型（LPM 模型）

由于用方差度量投资风险时，均值两边的数据（即正离差和负离差）对方差有同样的影响，与投资者的主观感受并不吻合。在投资者的眼中，高于预期收益的情形发生不是"风险"，实际收益率低于预期收益率的情形发生才是"风险"。因此，后来的研究人员提出了专门关注下偏风险（downside-risk）的半方差（semi-variance）方法。当收益率服从正态分布的情况下，均值左右两侧是对称的，半方差和方差在衡量风险方面的作用是一样的。但是，当收益率分布与正态分布或对称分布的情况下不相同时，二者就有显著差异了。本文以半方差模型中最具代表性的哈洛模型（LPM 模型，LPM 是 lower partial moments 的缩写）为例，研究如何利用下偏风险进行资产配置。哈洛模型可具体表示为：

目标函数：$\min \mathrm{LPM}_n = \sum_{-\infty}^{r_p < T} P_p (T - r_p)^n, n = 1, 2$

约束条件：$\begin{cases} r_p = \sum\limits_{i=1}^{n} w_i E(r_i) \\[2ex] \sum\limits_{i=1}^{n} w_i = 1, w_i \geqslant 0, （不允许卖空） \\[2ex] 或 \sum\limits_{i=1}^{n} w_i = 1, （允许卖空） \end{cases}$

其中，T 是投资人制定的投资收益目标，r_p 为投资组合的实际收益，P_p 是组合的投资收益率为 r_p 的概率。当 $n = 1$ 时，LMP 衡量的收益率低于投资目标离差的均值，当 $n = 2$ 时，LPM 表示的是投资收益率低于投资目标的半方差。

三、VaR 模型

VaR 的全称是 Value at Risk,是一种被广泛应用的风险管理工具。其具体含义是:投资组合在给定的置信区间和持有期间,在正常的市场条件下的最大期望损失。VaR 模型可以表示为:

目标函数: $\min \text{VaR} = W_0 E(r_p - r_p^*)$

约束条件:
$$
\begin{cases}
c = \displaystyle\int_{-\infty}^{r_p^*} f(r_p)\,d\,r_p = P(r_p < r_p^*) \\[2ex]
r_p = \displaystyle\sum_{i=1}^{n} w_i E(r_i) \\[2ex]
\displaystyle\sum_{i=1}^{n} w_i = 1, w_i \geqslant 0,(\text{不允许卖空}) \\[2ex]
\text{或} \displaystyle\sum_{i=1}^{n} w_i = 1,(\text{允许卖空})
\end{cases}
$$

其中,W_0 表示投资组合初始价值,r_p 表示组合的投资收益率,r_p^* 表示给定置信水平 c 上的最低收益率,$f(r_p)$ 为变量 r_p 的概率密度函数,$P(r_p < r_p^*)$ 表示组合收益率低于 r_p^* 的概率,也就是置信水平 c。

计算 VaR 值的一个重要条件就是要了解 r_p 的概率密度函数,通常的假设有四种:正态分布、历史分布、历史随机模拟与随机模拟(又称蒙特卡洛方法)。

用 VaR 计量投资组合的风险至少有三个好处:(1)简洁直观,可以把风险表述为一个可以与收益相配比的数值,有利于更清晰地识别和管理投资组合的风险;(2)引入置信区间的概念,可以在不同程度上定义风险的大小,对不同风险偏好的投资管理人提供了个性化的风险计量工具,有利于多角度、多层面对投资风险进行综合管理;(3)从 VaR 的定义来看,VaR 也是一种建立在下偏风险思想上的风险衡量方法,它更侧重对影响投资绩效的消极收益边的管理。因此,与方差、标准差方法相比,它更接近于投资者对风险的真实心理感受,更适合于在收益一般分布情况下的风险精确计量及管理。

四、考虑负债的马科维茨模型

保险公司投资遵循的首要原则就是资产负债匹配原则。在对保险资金进行资产配置决策时,必须充分考虑资金来源的特性,资金运用的方式要与负债特性相匹配。负债的特点不同,对投资资产的流动性、收益性以及风险承受能力的要求也不同,进而资产配置的结构也就不同。例如,寿险公司的负债久期较长,资金稳定性较高;而财险公司负债的期限比较短,且面临较大的赔付不确定性。因此,这两类保险公司的资产配置也有所不同。可见,在研究保险资金资产配置问题时,需要考虑负债的特性,坚持资产负债匹配原则,才能实现稳健投资,更好地保护投保人的长期利益。

受到负债端数据可获取性方面的制约,本研究报告以经典的资产配置模型马科维茨为例,比较考虑负债后的资产配置模型与原模型的配置效率。假设负债的成本为 r_l,保险公司资产和负债的比例为 H,那么保险公司的盈余 r_e 可以表示为:$r_e = H \times r_p - r_l$。按照马科维茨配置模型的方法,保险公司的配置模型可以表示为:

目标函数:$\min \sigma_e^2 = \mathrm{VaR}(f \times r_p - r_l)$

$$= H^2 \times \sigma_p^2 + \sigma_l^2 - 2H \times \mathrm{cov}(r_p, r_l)$$

约束条件:
$$\begin{cases} r_e = H \times r_p - r_l \\ r_p = \sum_{i=1}^{n} w_i E(r_i) \\ \sum_{i=1}^{n} w_i = 1, w_i \geqslant 0, (\text{不允许卖空}) \\ \text{或} \sum_{i=1}^{n} w_i = 1, (\text{允许卖空}) \end{cases}$$

其中,σ_l^2 为负债的方差,$\mathrm{cov}(r_p, r_l)$ 表示资产组合和负债的协方差。与马科威茨均值方差模型的思想一样,基于盈余的资产配置模型可以表述为:在盈余风险一定的情况下最大化盈余收益率,或者在盈余收益率一定的情况下最小化盈余风险。与马科维茨模型不同之处在于,除了资产端的投资品种的收益率分布会影响各资产的组合比例外,资产与负债的联动性也会对资产组合产生影响。该影响主要表现为资产负债比 f 和资产与负债的协方差或相关系数。

第二节　各类资产收益和风险特征计量

一、数据选取和处理方法

本研究报告考虑的资产配置可选资产范围包括股票资产、债券资产和货币资产。通过对各种资产价格指数的对比,本文选取沪深 300 指数、中债综合指数和银行间市场 7 天回购加权平均利率分别代表以上各类资产的价格。为刻画和描述资产收益水

平、波动性及其相关性,需要对上述数据进行初步处理才能用于实证研究。具体处理方法如下:

首先,我国自 2002 年初以来才开始大规模发行政策性金融债,因此本文选取 2002 年 1 月 4 日到 2015 年 10 月 30 日作为选择数据的时间跨度,确保以上 3 类资产价格都有权威的数据可用。

其次,由于 3 种资产交易日期略有差异(当交易所停止股票交易的日期,银行间债券市场仍在交易),在 2002 年 1 月 4 日到 2015 年 10 月 30 日的期间内,须剔除存在任一空值的日期。按此方法,可以得到 3 347 组观察值。

最后,得到每类资产的年化收益率数据。银行间市场 7 天回购加权平均利率可以直接使用,代表流动性资产的收益率。为得到股票和债券资产的年化收益率,需要对沪深 300 指数和中债综合指数进行处理。本文选取的公式为 $r_{A,t} = (A_t - A_{t-250}) / A_{t-250} \times 100\%$,其中 $r_{A,t}$ 表示股票或债券在 t 期的收益率,A_t 表示股票或债券在 t 期的价格指数,A_{t-250} 表示该类资产在 250 个交易日前的价格指数。$r_{A,t}$ 可以理解为在时间 t 买入资产 A 一直持有一年可以获得的收益率水平。按此办法,需要牺牲最早的 250 个数据,最终得到 3 097 组资产收益率数据。

以上计算股票和债券收益率的方法有三个好处:(1)数据个数足够多,最大限度提升了统计分析和计量运算的有效性和无偏性。现有文献通常是按照自然年度或月份计算收益率,受我国资产市场发展历史较短限制,可选数据不多。(2)符合保险资金价值投资、长期投资的投资理念。(3)长时间跨度和大量数据能够在很大程度上规避因宏观经济周期性波动导致的数据选择对研究结果稳定性的影响。

二、统计结果

2002 年 1 月 4 日以来的沪深 300 指数收益率、中债综合指数收益率、银行间 7 天回购加权利率的收益率统计结果表明:权益类资产的平均收益率最高,达到 22.47%,但波动性也大,标准差达到 69%,是均值的 3 倍多;固定收益率资产平均收益率在 3.90%,波动性不大,标准差为 3.51%;银行间市场 7 天回购利率的均值在 2.70%,波动也不大,标准差在 1.22%。

三种资产的相关性情况为:股票和债券存在一定的负相关性,相关系数 −0.25;7 天回购利率和股票收益率的相关系数 −0.16;7 天回购利率和债券收益率相关性较高达到 0.34。沪深 300、中债综合指数和 7 天回购利率统计指标如表 3—1 所示。

表 3—1   沪深 300、中债综合指数和 7 天回购利率统计指标

	沪深 300 指数收益率	中债综合指数收益率	7 天回购利率
均值	22.47%	3.90%	2.70%
标准差	69.04%	3.51%	1.22%
协方差矩阵			
	沪深 300 指数收益率	中债综合指数收益率	7 天回购利率
沪深 300 指数收益率	47.647%	−0.601%	−0.130%
中债综合指数收益率	−0.601%	0.124%	0.014%
7 天回购利率	−0.130%	0.014%	0.014%
相关系数矩阵			
	沪深 300 指数收益率	中债综合指数收益率	7 天回购利率
沪深 300 指数收益率	1.000	−0.247	−0.157
中债综合指数收益率	−0.247	1.000	0.340
7 天回购利率	−0.157	0.340	1.000

资料来源:Wind 资讯,英大保险资产管理有限公司。

三类资产收益分布情况为(见图 3—1、图 3—2 和 3—3):三类资产的收益都呈现出右偏的态势,在不同程度上呈现右侧长尾分布;股票收益率分布的偏态系数最大2.09,表明股票收益率落在均值右侧的概率大于落在左侧的概率,获得超额收益的可能性小,但超额收益的绝对数量级较大;债券收益率分布的偏态系数最小为 0.51,表明债券收益率在均值两侧的波动较为接近,即债券收益率向上和向下波动的概率大体相当;7 天回购利率的偏度系数介于其他两类资产之间。从峰度系数来看,股票和 7天回购利率收益率分布较为集中,债券收益率分布较为均匀。从最大值与最小值的差与均值的比例来看,股票收益率最大值与最小值差 395%,是均值 22.47% 的 17.5 倍;债券收益率最大值与最小值差 14.3%,是均值 3.90% 的 3.7 倍;7 天回购利率最大值与最小值差 12.4%,是均值 2.70% 的 4.6 倍。这表明股票收益率波动显著大于债券和 7 天回购利率的波动率,而债券和 7 天回购利率的波动大体相当。

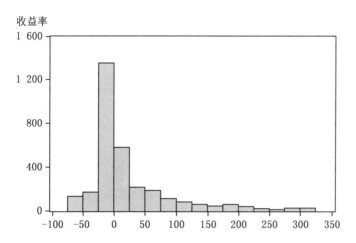

资料来源:英大保险资产管理有限公司。

图 3—1　沪深 300 指数收益率分布

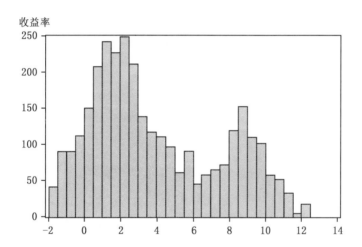

资料来源:英大保险资产管理有限公司。

图 3—2　中债综合指数收益率分布

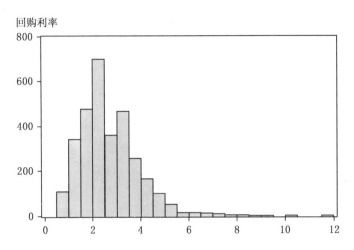

资料来源:英大保险资产管理有限公司。

图 3—3　7 天回购利率分布

第三节　各类资产配置模型的实证研究结果

一、不考虑负债的实证研究

(一)资产配置模型具体形式的选择

在具体模型的选择中,本研究报告主要采取了以下方法:

(1)在求解哈洛模型时,为使其优化结果与经典马科维茨配置模型能在同一环境下更具可比性,我们选择哈洛模型的二阶形式,即用低于目标值的区域的方差衡量下偏风险。在下偏形式的风险衡量方法中,二阶形式的哈洛模型最接近于方差,特别是当组合收益率呈现正态分布且目标值等于组合期望收益时,有 $LPM=(1/2)\sigma_p^2$。因此采用 LPM 二阶形式能够方便地比较马克维兹模型与哈洛模型的效率差异。

(2)在计算最优组合 VaR 值的模型中采用历史分布。原因在于:(1)采用 VaR 的历史模拟和随机模拟方法涉及大量的数据处理,并且处理结果很大程度上依赖于不同投资者的具体处理手法,对实证结果的影响很大;(2)历史数据更能真实地反映资本市场的收益和波动情况,当对三种资产配置模型应用效率进行比较时,用于计算有效边界的数据基础应该是一致的,使实证结果更具可比性。

(3)从实证的角度出发,为使各种配置模型和我国的资本市场情况更具拟合度,我们最大限度地使用历史数据或历史分布来计算最优资产组合。

（二）模型的求解方法

求解有效边界涉及最优化问题，很多情况下很难或不能得到解析解，需要寻找最优化方程组的数值解，处理起来较为复杂，且效率不高。本研究报告在确定有效边界时采用特征点描述法，即特征点由股票和债券的系列比例组合确定，共选择 26 组特征值，特征值之间采用相同步长。货币类资产的配置则选择 20%、0% 和 −20%，其中当货币类资产配置比例为 −20% 时，表示加杠杆的情形，既直观又简单。具体如表3−2所示。

表3−2 有效边界特征点的组合比例

	1	2	3	……	24	25	26
货币类资产占20%							
股票	0.000	0.320	0.640	……	0.736	0.768	0.800
债券	0.800	0.768	0.736	……	0.640	0.320	0.000
货币类	0.200	0.200	0.200	……	0.200	0.200	0.200
货币类资产占0%							
股票	0.000	0.040	0.080	……	0.920	0.960	1.000
债券	1.000	0.960	0.920	……	0.080	0.040	0.000
货币类	0.000	0.000	0.000	……	0.000	0.000	0.000
货币类资产占−20%							
股票	0.000	0.048	0.096	……	1.104	1.152	1.200
债券	1.200	1.152	1.104	……	0.096	0.048	0.000
货币类	−0.200	−0.200	−0.200	……	−0.200	−0.200	−0.200

资料来源：英大保险资产管理有限公司。

（三）组合期望收益率的计算

设投资组合的收益率为 r_p；股票资产的收益率为 r_s，权重为 w_s；债券资产的收益率为 r_b，权重为 w_b；货币类资产的收益率为 r_m，权重为 w_m。对 26 个特征点所代表的资产组合均有：$w_s + w_b + w_m = 1$，其中 w_s 和 w_b 需大于或等于 0，即股票或债券不能卖空；w_m 可以大于或小于 0，当 w_m 小于 0 时，表示该投资组合通过债券质押回购融入资金买入股票或债券。因此，投资组合的期望收益率可以表示为：$E(r_p) = w_s E(r_s) + w_b E(r_b) + w_m E(r_m)$。其中：$w_s + w_b + w_m = 1$，$E(r_i) = \left(\frac{1}{N}\right) \sum_{t=1}^{N} r_{i,t}$，$i = s, b, m$；$N = 3097$。

（四）组合风险的计算

设投资组合的标准差为 σ_p，股票资产收益率的标准差为 σ_s，债券资产收益率的标准差为 σ_b，货币类资产收益率的标准差为 σ_m，任意两种资产收益率的协方差为 σ_{ik}^2，相

关系数为 ρ_{ik} ,其中 $i,k=s,b,m$ 。

1. 马科维茨模型

马科维茨模型用资产组合的方差表示投资面临的风险。因此,给定任一资产组合比例,在已知各类资产均值、标准差、协方差和相关系数的情况下,可以计算该组合的方差。如果分别计算 26 个特征点对应的投资组合的期望收益率和方差,就能得到马科维茨模型下的有效边界。组合收益率方差的计算公式如下:

$$\sigma_p^2 = w_s^2\sigma_s^2 + w_b^2\sigma_b^2 + w_m^2\sigma_m^2 + 2\,w_s w_b\rho_{sb}\sigma_s\sigma_b + 2\,w_s w_m\rho_{sm}\sigma_s\sigma_m + 2\,w_b w_m\rho_{bm}\sigma_b\sigma_m$$

$$其中:\sigma_i = \sqrt[\frac{1}{2}]{\frac{1}{N}\sum_{t=1}^{N}(r_{i,t}-E(r_i))^2}$$

$$\sigma_{ik} = \sqrt[\frac{1}{2}]{\frac{1}{N}\sum_{t=1}^{N}(r_{i,t}-E(r_i))(r_{k,t}-E(r_k))}$$

$$\rho_{ik} = \frac{\sigma_{ik}}{\sigma_i\sigma_k}$$

2. 哈洛模型

哈洛模型考虑的是资产组合的期望收益率低于目标收益率的风险,即下偏风险。为便于与马科维茨模型进行对比,本研究报告在计算下偏风险时使用二阶形式,同时把目标收益率定义为组合的期望收益率。具体操作办法为:(1)给定任一资产组合比例,计算期望收益率;(2)按照上述资产组合比例,对全部历史数据计算实际收益率,即假设历史上一直按照既定资产组合比例进行配置所能实现的收益率;(3)把全部历史收益率(第二步的结果)中低于期望收益率(第一步的结果)的数据找出来,并按照以下公式计算哈洛模型的下偏风险: $LPM_2 = (1/T)\sum_{r_i<E(r_p)}(E(r_p)-r_i)^2$,其中, $E(r_p)$ 表示既定投资组合下的期望收益率, r_i 表示既定投资组合下的历史收益率, T 表示历史收益率小于期望收益率的个数。计算 26 个特征值对应的投资组合的期望收益率和 LPM_2 值就能得到哈洛模型的下的投资有效边界。

3. VaR 模型

VaR 衡量的是在一定置信水平上,投资组合的最大损失与目标收益率的差值。为增强与其他两个模型的可比性,本研究报告将预期收益设定为组合的期望收益率,置信水平分别设置为 60% 和 80% ,采用历史数据法寻找满足一定置信水平的分位数。具体方法如下:(1)给定任一资产组合比例,计算期望收益率;(2)按照上述资产组合比例,对全部历史数据计算实际收益率,即假设历史上一直按照既定资产组合比例进行配置所能实现的收益率;(3)对全部历史收益率进行分布,找出满足一定置信水平的分位数,计算该分位数和组合期望收益率的差。计算公式如下:$VaR_c = E(r_p) - r_c$,其中,VaR_c表示置信水平c对应的在险价值,$E(r_p)$表示投资组合的期望收益率,r_c表示置信水平c对应的投资组合的最低收益率。

(五)实证研究结果

1. 货币占比对组合收益率的影响

以马科维茨资产组合模型为例,我们先研究货币资产占比对投资组合有限边界的影响。我们分析三种情况,分别是货币资产占比20%、0%和-20%,其中第三种情况可以理解为保险机构通过债券回购融入资金加大投资杠杆。从图3-4可以看出,货币资产对有效投资边界的影响分两个阶段:(1)当组合收益率较低时,即债券配置比例较大时,增加资金杠杆使得组合期望收益率和面临的投资风险同步提升,表现为有效边界向右上方移动;(2)当组合的收益率超过一定阈值后,即保险投资机构加大股票投资占比后,资金杠杆的优势才得到充分体现,表现为投资有效边界向左上方移动。因此,通过融入资金加杠杆并不必然引起投资边界的改善,还取决于保险投资机构的风险偏好以及组合中各类资产的占比。当融入资金更多地配置在债券类资产时,给组合收益率带来的提升效果还不能超越增加的风险,有效边界并未向外拓展。只有当股票在组合中的占比逐步提高时,融入资金的益处才会逐渐显现出来,有效投资边界向外推移。

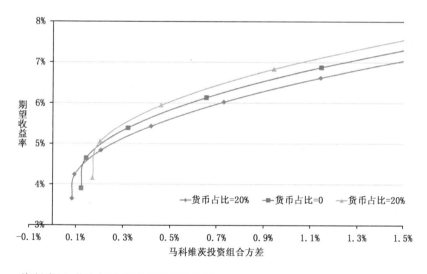

资料来源:英大保险资产管理有限公司。

图3-4 资金杠杆与马科维茨组合有限边界

2. 马科维茨模型和哈洛模型的比较

从实际应用的角度看,下偏风险的资产配置理论具有更强的现实操作性。首先,下偏风险的衡量方法更加符合投资者的真实风险感受。其次,模型应用的理论假设更加简单。方差方法下的马克维兹模型的一个基本前提是收益的正态分布假设,而在哈洛模型中,这一假设要求并不存在。因此,当现实的收益分布情况与假设不符时,哈洛模型的应用价值更大,配置效率更高。最后,大多数风险度量方法,包括传统的方差方法均可视作哈洛模型的特例,这一点只要在二阶哈洛模型的计算式中将目标值设置为均值就不难理解。因此,马克维兹模型也可视为哈洛模型的一个特例。相比马克维兹模型,哈洛模型的不足是在进行优化分析时,其途径主要是历史数据的逐次模拟分析运算,当组合中个体资产数增大时,若无计算机,数据的巨大处理量将是制约模型应用的一个重要因素。

计算哈罗模型有效边界时选用组合的预期收益率作为目标值。通过图 3-5 可以看出,哈洛模型的有效边界位于马克维兹模型的左上方,即哈洛模型的资产配置效率更高。这个结果与现有文献中的结论一致。哈罗模型的主要思想就是只考虑低于目标值的收益率分布可能性,这种风险刻画方式应该是对投资者的投资心理更准确的描述。马科维茨也曾经说过"除了方差之外,也存在着多种风险衡量方法的替代,其中理论上最完美的度量法应属于半方差(semi-variance)方法"。

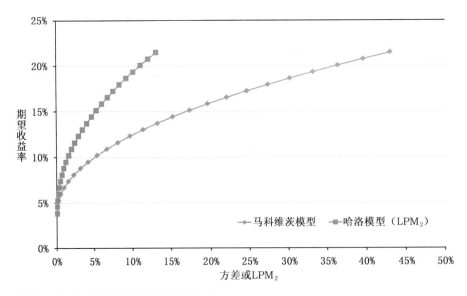

资料来源:英大保险资产管理有限公司。

图 3-5 马科维茨模型和哈洛模型(LPM_2)有限边界比较

3. 马科维茨模型和 VaR 模型的比较

与 VaR 这种风险度量方法相对应,VaR 模型对比马克维兹模型的优点与哈洛模型一样,表现为模型效率的提高和风险心理真实感受度的增强。不足之处在于,应用VaR 模型进行资产配置决策时,VaR 计算方法的选用以及历史数据的宽度、处理方式等,都将显著影响到决策过程的复杂程度和最终的精度。值得指出的是,当收益满足正态分布时,VaR 和组合标准差呈现线性关系。因此,马克维兹模型也可视为 VaR模型的一个特例。

选用 VaR 模型需要设定投资组合收益率分布的置信水平,为使研究覆盖各种可能的情形,使研究结果不过度依赖置信水平的选择,我们使用 3 个置信度,即 5%、20% 和 40%,并在此置信度下计算出 VaR 模型下的投资组合风险。从图 3—6 可以看出,三种置信度的设置情形下,VaR 模型的配置效果都明显优于马科维茨组合。而且,随着置信水平的扩大(对应投资者风险承受能力降低),VaR 模型下投资组合的有效边界逐步向左上方移动,表明资产组合效率越高,也说明了用 VaR 来衡量投资风险的方法比马科维茨的方差方法在实践中更能反映资产的风险特征。

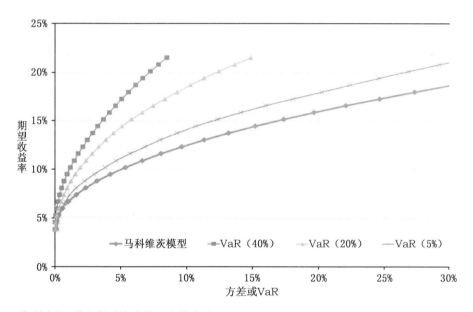

资料来源:英大保险资产管理有限公司。

图 3—6 马科维茨模型和 VaR 有限边界比较

4. 哈洛模型与 VaR 模型的比较

VaR 模型与哈洛组合模型具有显著的相似之处:它们使用的风险度量方法从本质上看都是使用下偏风险,符合投资者对风险的真实感受,并无须存在对收益的正态分布假设。因此,在应用这两类模型进行资产配置时,都具有比马克维兹模型更强的适应性和准确性。不同的是,VaR 这种度量风险的方法比哈洛模型更具有简明易判、收益与风险价值匹配以及在现代金融市场中对重大风险的有效管理等优点,从而使 VaR 模型更加具有潜在和广泛的应用价值。同时,哈洛模型对风险的计算往往仅局限于历史数据的经验处理这种方法,而 VaR 可以采用多种计算方法,更具有灵活性,可以根据投资者所要求的置信程度的不同计算有效前沿和在投资组合中包括衍生金融产品。简言之,哈洛模型和 VaR 模型的思想都是用下偏风险衡量投资组合所面临的风险,不同之处在于前者沿用了方差的思想,考虑了所有低于目标值的可能性,而后者只考虑投资组合的最大损失可能。

从实证结果来看,两种模型的配置效率取决于 VaR 模型置信水平的选择。以本研究报告选用的三种置信水平来看,哈洛模型优于置信度 5% 和 20% 的 VaR 模型,但劣于置信度为 40% 的 VaR 模型。这表明投资者应用 VaR 模型进行资产配置分析的重心是对 VaR 的计算和置信水平的确定,而置信水平的确定取决于投资者风险承受程度、风险管理能力和负债来源特征等因素。

哈洛模型和 VaR 有限边界比较如图 3-7 所示。

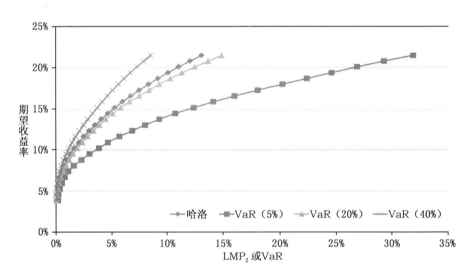

资料来源:英大保险资产管理有限公司。

图 3-7 哈洛模型和 VaR 有限边界比较

二、考虑负债的实证研究

由于负债的历史数据获得难度较大,本研究报告对负债的均值、标准差和资产端股票、债券和货币的相关系数进行了如下假设：(1)负债成本的均值和标准差是债券类资产均值和标准差的80%；(2)负债成本和债券收益率的相关性最大，与货币类资产收益率的相关性次之，与股票的相关性最低。具体数据如表3—3所示。

表3—3　　　　　　　　　　　负债成本的统计特征假设

假设参数	均值	标准差	相关系数		
			股票	债券	货币类
负债	3.12%	2.82%	0.1	0.9	0.8

资料来源：英大保险资产管理有限公司。

为计算盈余收益率有效边界，还需要对保险资金资产和负债的比率进行设定，本研究报告考虑资产负债比为1和1.2两种情形。对考虑负债模型的求解方法也采用特征值法，与未考虑负债的配置模型的选择值一致。基于以上假设和设定，可以计算盈余收益率的期望值和方差。

(一)盈余收益率的期望

$$E(r_o)=Hw_sE(r_s)+Hw_bE(r_b)+Hw_mE(r_m)-E(r_l)$$

其中：r_o为投资组合的盈余收益率，H为保险公司的资产负债比，r_l为保险公司负债的成本，且$w_s+w_b+w_m=1$。

(二)盈余收益率的方差

为了计算盈余收益率的方差，我们可以把负债看成是一种负资产，投资组合包括股票、债券、货币和负债四种资产。

首先，通过该投资组合四种资产的相关系数计算任意两种资产之间的协方差，得到四种资产的协方差矩阵。

其次，通过以下矩阵运算得到盈余收益率的方差：

$$\mathrm{VaR}(r_o)=\mathrm{VaR}(Hw_sr_s+Hw_br_b+Hw_mr_m-r_l)$$

$$=\mathrm{VaR}\left([Hw_s\ \ Hw_b\ \ Hw_m\ \ -1]\times\begin{bmatrix}r_s\\r_b\\r_m\\r_l\end{bmatrix}\right)$$

$$=[Hw_s\ \ Hw_b\ \ Hw_m\ \ -1]\times\mathrm{VaR}\begin{bmatrix}r_s\\r_b\\r_m\\r_l\end{bmatrix}\times\begin{bmatrix}Hw_s\\Hw_b\\Hw_m\\-1\end{bmatrix}$$

$$= \begin{bmatrix} Hw_s & Hw_b & Hw_m & -1 \end{bmatrix} \times \begin{bmatrix} \sigma_{ss} & \sigma_{sb} & \sigma_{sm} & \sigma_{sl} \\ \sigma_{bs} & \sigma_{bb} & \sigma_{bm} & \sigma_{bl} \\ \sigma_{ms} & \sigma_{mb} & \sigma_{mm} & \sigma_{ml} \\ \sigma_{ls} & \sigma_{lb} & \sigma_{lm} & \sigma_{ll} \end{bmatrix} \times \begin{bmatrix} Hw_s \\ Hw_b \\ Hw_m \\ -1 \end{bmatrix}$$

（三）数据结果

实证研究考虑四种情况，分别是不引入负债时、引入负债且资产负债比 $H=1$ 时、资产负债比 $H=1.2$ 时、资产负债比 $H=1.5$ 时，并按照前述方法依次计算最优的收益和方差组合，计算各种情况下的有效边界。

研究结果显示，引入负债后，无论对于资产负债比的假设如何，投资组合的有效边界都位于马科维茨模型下的有效边界下方，说明考虑负债成本的情况下，投资组合在相同风险偏好下所能获取的收益率较低。当资产负债比等于 1 时，投资组合的有效边界与马科维茨模型是非常接近的。随着保险公司的资产负债比扩大（即 H 值越大），表明保险公司的偿付压力越大，保险公司就会倾向于提高股票类资产的配置。但在这种情况下，投资组合收益率的上升不及所面临的风险增加得快，反而降低了组合的配置效率，表现为投资有效边界向右下方移动。

考虑负债的投资组合的有效边界如图 3—8 所示。

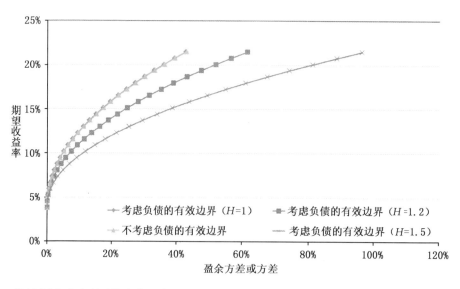

资料来源：英大保险资产管理有限公司。

图 3—8　考虑负债的投资组合的有效边界

第四节　研究结论

1. 利用中国资本市场数据研究发现，在不考虑保险公司负债成本的情况下，哈洛模型和VaR模型的配置效率都高于经典的马科维茨模型。表明考虑下偏风险的资产配置模型更贴近与投资者的主观感受，更能反映投资风险的真实含义，对于资本市场投资风险的刻画更为准确，更具现实指导意义。

2. 哈洛模型与VaR的配置效率比较取决于VaR模型置信区间的选择，这需要投资者根据自身风险偏好、风险容忍度和风险管理能力等因素综合考量，建立适合自身个性化需求的资产配置模型。

3. 保险公司需要坚持资产负债匹配原则。当考虑负债成本后，以最小化盈余方差为目标的资产配置模型的效率低于经典的马科维茨模型。而且，保险公司资产负债比例的大小也在很大程度上决定了资产配置的效率。在实践中，任何保险公司的资产配置都要受到负债端的约束，因此，只有将资产和负债统筹考虑的资产配置模型才更为有效、更具可操作性。

第四章　战术资产配置

第一节　经济周期与战术资产配置

一、经济周期理论

西方经济学家将经济周期分为四种类型：长周期、中长周期、中周期、短周期。长周期平均长度为60年左右，首先由俄国经济学家康德拉季耶夫发现，因此又被称为"康德拉季耶夫周期"。中长周期平均长度为20年左右，与建筑业扩张与收缩的关系密切，被称为"建筑周期"，首先由美国经济学家库兹尼茨发现，因此又被称为"库兹尼茨周期"。中周期平均长度为10年左右，与固定资产设备投资关系密切，被称为"设备投资周期"，首先由法国经济学家朱格拉发现，因此被称为"朱格拉周期"。短周期平均长度为 40 个月左右,与企业库存或者存货关系密切,被称为"库存周期"或者"存货调整周期",首先由美国经济学家基钦发现,因此又被称为"基钦周期"。

经济周期一般被分为经济扩张和经济收缩两个阶段。按照产出缺口和价格的变化上升下降的不同组合,可以分为衰退、复苏、过热、滞胀四个阶段。

由于我国工业产出缺口变动和经济实际走势表现基本一致,可以利用月度工业增加值同比增速代表经济增长水平,月度 CPI 同比增速代表通胀水平,考察 2001 年以来我国的经济周期。经济周期划分如表 4-1 所示。

表 4-1　　　　　　　　　　　　经济周期划分

工业增加值当月同比方向	CPI 当月同比方向	经济周期	开始时间	结束时间	月份数
下降	下降	衰退	2001—01	2001—12	12
上升	下降	复苏	2002—01	2002—06	6
上升	上升	过热	2002—07	2004—05	23
下降	上升	滞胀	2004—06	2004—09	4
下降	下降	衰退	2004—10	2005—02	5
上升	下降	复苏	2005—03	2006—04	14
上升	上升	过热	2006—05	2007—07	15
下降	上升	滞胀	2007—08	2008—04	9
下降	下降	衰退	2008—05	2009—02	10
上升	下降	复苏	2009—03	2009—07	5
上升	上升	过热	2009—08	2010—03	8
下降	上升	滞胀	2010—04	2011—08	17
下降	下降	衰退	2011—09	2012—11	15
下降	上升	滞胀	2012—12	2013—11	12
下降	下降	衰退	2013—12	2015—03	16
下降	上升	滞胀	2015—04	2015—10	7

资料来源:Wind 资讯,英大保险资产管理有限公司。

加入 WTO 后,中国充分发挥了资源禀赋的比较优势,在中央地方独特的分权体制下,地方政府对于投资热情较高,催生了土地、投资、信贷的正向循环。同时,叠加人口红利,中国经济保持了 10 多年的高速增长,经历了 3 个较小的周期波动。近几年,应对 2008 年金融危机的政策的副作用开始显现,叠加出口比较优势与人后红利消失,信贷周期和传统行业的经济周期都向下,中国经济在转型与稳定之间艰难前行,经济增速逐步下台阶,经济周期进行到滞胀和衰退反复切换的阶段。

二、美林投资时钟理论

美林证券 2004 发布了名为《投资时钟》的研究报告。该报告以 1973 年 4 月至

2004 年 7 月的 375 个月为周期,总结分析了股票、债券、商品、现金四大类资产在经济周期中的表现,对经济周期的不同阶段提出了相应的资产配置建议。

经过数据分析发现:股票资产的表现最好,年均回报 6.1%;大宗商品表现次之,年回报 5.8%;债券资产与现金的收益率分别为 3.5% 与 2%。具体结果如表 4-2 所示。

表 4-2　　　　　　　　　　　　美国经济周期不同阶段资产类别表现

阶段	时段	月份数	债券	股票	商品	现金
衰退	Dec74—Jan75	1	4.5	14.2	−7.8	0
	Apr80—Nov82	31	9	10	−6	5
	Nov90—Dec91	13	11	20	−9	3
	May01—Jun02	13	8	−18	−18	1
	月份总计/收益率	58	9.8	6.4	−11.9	3.3
复苏	Jan75—Dec76	23	4	20	−17	−1
	Nov82—Jul83	8	7	34	10	5
	Mar84—Dec86	33	15	20	0	5
	Dec91—May94	29	3	6	−4	0
	Dec96—Feb99	26	6	27	−27	3
	Mar03—Mar04	12	2	33	16	−1
	月份总计/收益率	131	7	19.9	−7.9	2.1
过热	Dec76—Nov78	23	−5	−9	14	−2
	Jul83—Mar84	8	3	−6	12	5
	Dec86—Jan89	25	0	6	20	2
	May94—Dec96	31	5	21	16	2
	Feb99—Nov99	9	−2	16	56	2
	Mar04—Jul04	4	−10	−1	20	−4
	月份总计/收益率	100	0.2	6	19.7	1.2
滞胀	Apr73—Dec74	20	−8	−31	50	−3
	Nov78—Apr80	17	−13	0	4	−2
	Jan89—Nov90	22	5	4	31	2
	Nov99—May01	18	4	−9	23	2
	Jun02—Mar03	9	7	−23	44	−1
	月份总计/收益率	86	−1.9	−11.7	28.6	−0.3
合计	月份总计/年化收益率	375	3.5	6.1	5.8	1.5

资料来源:转引自《投资时钟》,英大保险资产管理有限公司。

在经济衰退阶段,央行往往会启用扩张性的货币政策,各种贴现率随之下行,债券实现了显著的超额收益;在经济复苏阶段,企业盈利开始触底回升,宽松的货币政策对估值水平也有提升,投资者情绪明显好转,股票是最好的投资标的;在经济过热阶段,经济增速有所放缓,通胀高企导致货币政策转向收缩,债券价格开始下跌,在该阶段商品和股票相对表现更佳;在经济滞胀阶段,企业盈利受到需求下行和成本刚性的双重挤压,股票表现糟糕,此时配置现金类资产防御性最好。

依照美林投资时钟模型,可以给出经济周期不同阶段的大类资产配置建议,还可以继续发掘优先配置的子资产类别。投资时钟优点是使得宏观、中观研究找到了较好的契合点,逻辑性较强,易于跟踪,便于调整组合。其缺点是经济周期的运行并非一成不变,可能出现经济阶段的跳跃和反复。此外,模型以中周期为时间框架,无法处理多周期复杂嵌套,并且不涉及外汇及跨国投资,没有考虑商品的美元因素。

根据对我国经济周期的划分结果,比照美林投资时钟的分析方法,可以考察我国股票、债券与现金三类传统资产在经济周期不同阶段的收益情况(见表4—3)。其中,股票收益率采用沪深300指数收益率计算;债券收益率采用中债综合指数收益率计算;现金收益率采用银行间7天回购收益率计算。

表4—3 我国经济周期不同阶段资产类别表现

阶段	开始时间	结束时间	月份数	沪深300	中债综合	银行间7天回购年化
衰退	2004—10	2005—02	5	−6.25%	2.62%	2.22%
	2008—05	2009—02	10	−45.94%	7.94%	2.81%
	2011—09	2012—11	15	−24.51%	8.07%	4.75%
	2013—12	2015—03	16	67.49%	10.98%	4.63%
	月份总计/收益率平均		46	−10.53%	7.36%	3.60%
复苏	2002—01	2002—06	6	8.71%	4.74%	2.04%
	2005—03	2006—04	14	14.79%	8.79%	1.85%
	2009—03	2009—07	5	72.53%	−0.25%	0.96%
	月份总计/收益率平均		25	29.13%	4.36%	1.62%
过热	2002—07	2004—05	23	−15.36%	−0.86%	1.95%
	2006—05	2007—07	15	280.48%	0.37%	2.11%
	2009—08	2010—03	8	−10.42%	2.54%	1.94%
	月份总计/收益率平均		46	42.36%	0.67%	2.00%
滞胀	2004—06	2004—09	4	−9.38%	0.03%	2.27%
	2007—08	2008—04	9	−10.75%	3.26%	2.19%
	2010—04	2011—08	17	−16.07%	0.98%	1.57%
	2012—12	2013—11	12	13.99%	0.04%	3.38%
	2015—04	2015—10	7	−14.30%	5.50%	3.78%
	月份总计/收益率平均		49	−7.89%	1.94%	2.63%
合计	2002—01	2015—10	166	22.47%	3.90%	2.70%

资料来源:Wind资讯,英大保险资产管理有限公司。

注:经济周期每个阶段收益率平均为该阶段不同时期收益率几何平均;合计收益率采用第三章第二节的统计结果。

由表4—3可以看出,股票、债券与现金166个月将近14年的年化回报分别为

22.47%、3.90%与2.70%。从经济周期不同阶段看,衰退阶段债券收益率最好,复苏和过热阶段股票收益率最好,滞胀阶段现金收益率最好。这个结果与美林时钟的实证结果基本相符。

2013年以来,中国经济在低位中枢窄幅波动,基于周期波动的投资时钟框架在"存量经济"中应对较为艰难。而2014年中以来的股市大牛市,经济没有复苏,没有过热,投资时钟的解释能力也比较弱。另外,采用经济周期投资时钟给出的投资建议,在衰退结束配置股票资产,往往会错过衰退中强烈逆周期政策带来的股票市场机会(如2008年底至2009年初),以及在滞胀阶段过早进场(如2013年初),或者承受衰退结束后股票市场的下跌(如2002年初和2015年6月)。

总体上看,美林投资时钟的分析框架尽管有其自身的局限,但从实证结果上看在国内还是比较适用,易于跟踪,仍被投资者广泛认同。2012年3月,深圳证券交易所和深圳证券信息有限公司基于投资时钟理论编制了发布深证投资时钟指数(代码399644,简称"深证时钟",以深圳A股公司为选样范围)和巨潮投资时钟指数(代码399391,简称"投资时钟",以所有A股公司为选样范围),均以2006年底作为基日,1000点为基点,样本数100只。这些指数的共同特点是:首先通过量化模型判断中国所处的经济周期阶段;其次根据历史上相同经济周期阶段内的行业表现,分配行业权重;最后在行业内优先配置自由流通市值较大的股票。

第二节　相对估值与战术资产配置

估值定位包括绝对估值和相对估值两方面。战术资产配置是将既定的投资资金在不同资产类别之间进行的动态调整,是为了获得风险调整后的最大收益。因此,战术资产配置更多地考虑不同资产类别的相对估值。

一、联储模型

联储模型是一个被投资界广泛应用的理论模型,主要是通过比较股票的盈利收益率(E/P)与长期政府债券收益率的高低,即比较股票资产与债券资产的相对估值水平,来判断哪一类资产更有投资价值。该模型同时指出股票与债券都处于平衡状态时,这两个收益率应当有一个合理关系:当股票收益率超过债券,投资者投资股票,资金从债券市场流向股票市场,债券收益率应该增加,股票收益率应该下降,直到平衡状态;当债券收益率超过股票,投资者投资债券,资金从股票市场流向债券市场,股票收益率应该增加,债券收益率应该下降,直到平衡状态。因此,当两个收益率表现异常时,可以借助该模型调整投资资金在股票资产和债券资产之间的配置比例。

联储模型对近 30 年来标准普尔 500 指数与美国长期债券收益的实际情形解释力较强。格雷厄姆最早提出的安全边际和美联储模型的思想也是一致的,"如果股票的盈利率超过 10 年期债券利率的 50%,则可视作有安全边际"。

二、中国大类资产配置估值比较

在比较中国大类资产的相对估值时,考虑到市场指数的代表性及其价值属性,股票指数采用沪深 300 指数,股票收益率为沪深 300 指数市盈率的倒数(E/P),债券收益率为 10 年期国债到期收益率,时间跨度为 2002 年初至 2015 年 10 月末。其中,2005 年以前沪深 300 指数收盘价采用 Wind 资讯系统提取值,2005 年之前市盈率采用近似计算替代,近似计算方法为上证指数市盈率除以系数,系数为 2005 年 4 月份上证指数市盈率比沪深 300 指数市盈率平均值。

为描述股票收益率与债券收益率相对关系,我们使用股票收益率/债券收益率作为相对估值比例。国债收益率、沪深 300 指数收益率(E/P)、相对估值指标情况如表4—4所示。

表 4—4   国债收益率、沪深 300 指数收益率(E/P)、相对估值指标情况

指标	10 年期国债收益率	沪深 300 指数估值倒数	相对估值指标
平均值	3.64	6.43	1.79
标准差	0.57	2.98	0.82
最小值	1.98	1.71	0.38
1/4 分位	3.23	3.81	1.11
1/2 分位	3.53	5.91	1.78
3/4 分位	4.04	8.70	2.55
最大值	5.41	13.39	3.40

资料来源:Wind 资讯,英大保险资产管理有限公司。

表 4—4 数据表明,10 年期国债收益率均值 3.64,沪深 300 指数估值倒数均值 6.43,股票指数估值倒数大于债券收益率,差值约为 2.8,可以看成是股票资产相对于债券资产的风险溢价;在波动范围方面,股票比债券大,可以理解为股票资产的波动风险大于债券资产;相对估值指标均值 1.79,标准差 0.82。

从图 4—1 中数据可以看出,2002 年以来相对估值指标均值加上一倍标准差为 2.61,而大于 2.61 的时期,基本上对应着股票市场底部区域,事后都出现了超过 2 倍标准差(1.64)的下跌,对应着股票市场的顶部区域。这类相对估值指数从高位大幅下

滑,即股票市场的较大投资机会,2000 年以来共有三次:2005~2007 年,指标从 3.0 以上下降到 1.0 以下;2008 年底~2009 年底,指标从超过 2.8 下降到 1.2 以下;2012~2015 年,指标从 3.2 以上下降到 1.7 以下。

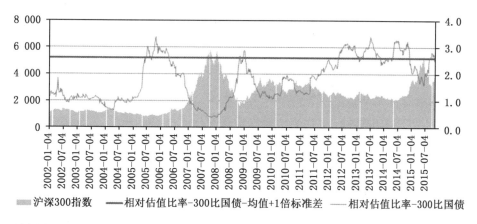

■ 沪深300指数　——相对估值比率-300比国债-均值+1倍标准差　——相对估值比率-300比国债

资料来源:Wind 资讯,英大保险资产管理有限公司。

图 4-1　沪深 300 指数与 10 年期国债相对估值比率

三、基于相对估值指标的投资策略

以下考察根据相对估值指标进行分批建仓并持有策略的收益情况。买入部分,当指标第一次超过一定阈值后,开始第 1 次建仓,每间隔 1 周等量买入 1 次,共买 4 次。买入价格按照指数收盘价计算,分别持有 1 年、2 年计算持有收益率。2 年过后,视为开始新的投资周期,此处买入阈值采用相对估值比率低于历史均值加 1 倍标准差(2.61)计算。具体情况见表 4-5。表中数据说明,2002 年以来,一共有过 4 次投资周期,除了第三次,持有 1 年、2 年均亏损,其余 3 次 1 年、2 年 2 个持有期投资沪深 300 指数收益率均超过 50%。

表 4-5　　　　　　　　相对估值指标均值加 1 倍标准差开始建仓持有期收益

建仓开始月份	2005 年 6 月	2008 年 10 月	2010 年 5 月	2014 年 4 月
建仓平均点位	867	1 801	2 604	2 171
建仓平均指标	2.73	2.53	2.77	2.83
1 年后点位	1 318	3 242	2 493	4 171
1 年后指标	2.41	1.22	3.04	1.86
1 年后收益率	52.04%	79.95%	−4.28%	92.08%
2 年后点位	3 838	2 936	2 271	3 534

续表

建仓开始月份	2005 年 6 月	2008 年 10 月	2010 年 5 月	2014 年 4 月
2 年后指标	0.69	1.77	2.51	2.52
2 年后收益率	342.71%	62.95%	−12.81%	62.77%

资料来源：Wind 资讯,英大保险资产管理有限公司。

  如果用相对估值指标的回撤达到 2 个标准差作为卖出指标,相对估值指标均值加 1 倍标准差作为买入指标,相对估值买卖指标如图 4—2 所示。按照该策略进行操作,获得的投资收益率见表 4—6。期间共有 4 次买入机会,出现 3 次卖出机会,目前为持有状态,未出现卖出指标。3 次完成操作均获得超过 60% 的回报。存在的问题是遇到大牛市,卖出较早(比如 2006 年的 11 月份卖出)。

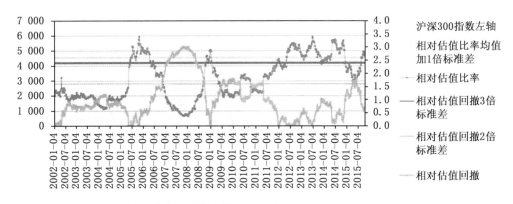

资料来源：Wind 资讯,英大保险资产管理有限公司。

图 4—2 相对估值买卖指标

表 4—6   相对估值买卖收益率

方 向	截止日期	沪深 300 指数	相对估值比率	相对估值回撤
买入	2005—06—17	880	2.618 5	—
卖出	2006—11—10	1 504	1.690 3	1.702 3
持有期(月)	17	收益率	70.85%	
买入	2008—10—31	1 664	2.646 0	0.472 0
卖出	2009—07—17	352 0	1.223 2	1.658 3
持有期(月)	9	收益率	111.57%	
买入	2012—05—11	2 637	2.621 0	0.000 0
卖出	2015—04—10	4 344	1.725 0	1.672 3
持有期(月)	35	收益率	64.75%	

续表

方　向	截止日期	沪深300指数	相对估值比率	相对估值回撤
买入	2015—09—18	3 251	2.699 5	0.697 9
卖出	无			
持有期(月)	2	收益率	16.08%	

资料来源:Wind资讯,英大保险资产管理有限公司。

尽管未来模型的有效性不得而知,但是从历史数据实证情况看,在较长的考察期内,联储模型思想在中国市场的应用还是能起到有效指导股票资产再平衡的效果的。

第三节　经济周期与资产估值的综合配置模型

在严格意义上,战术性资产配置需要考虑宏观经济(M)、估值水平(V)、市场政策(P)与市场情绪(S)等多方面因素。本报告中构建的综合配置模型只考虑了宏观经济与估值水平两个方面的因素,主要是基于两个原因:(1)市场政策难以量化,且不具有连续性;(2)市场情绪的变化过于频繁,在一定时期内的趋势性较弱,且估值水平也包含了一定的市场情绪因素。

根据上文分析结果,过去15年宏观经济波动中较为明显的库存周期共有3个,而2013年以来经济周期波动不明显,是更大级别经济周期向下叠加后的结果。

从经济周期不同阶段各类资产表现的视角看,总体上经济复苏和经济过热阶段股票表现较好,经济衰退、经济滞胀股票表现较差。从股票资产与债券资产相对估值角度看,股票相对于债券有过4次较大级别的底部区域。两种视角对股票资产机会与风险提示的特点不尽相同:从经济周期角度看,复苏和过热阶段股票市场的投资机会可能会在衰退末期就提前体现,并在滞胀时期出现股票市场的向下拐点。从相对估值角度,股票市场的投资机会可能出现后仍然保持一段时间的低迷,但是之后行情的级别是较大的,从相对估值角度较难有明确的风险提示。下面结合两个视角的特点,尝试进行模型的优化并给出一些结论。

一、宏观经济指标选择

由于股票资产波动水平远大于债券资产,所以资产再平衡时主要从股票资产的风险和机会角度进行模型构建。影响股票价格的宏观经济指标主要包括经济总体指标、投资消费指标、货币财政指标、其他指标等。

经济总体指标主要有国内生产总值、工业增加值、失业率、价格指数、国际收支等。

其中,价格指数又分为消费者价格指数、生产者价格指数、GDP 平减指数等。

投资消费指标主要有全社会固定资产投资、社会消费品零售总额等。

货币财政指标主要有货币供应量、基准利率、存款准备金率、财政收支、财政赤字(盈余)等。

其他指标主要有中国制造业采购经理人指数、OECD 领先指数、ISM 采购经理人指数的等领先指标,以及美元指数、商品价格指数等。

在指标更新频率方面,月度频率比较符合实际投资,而季度以上的低频数据和月度以下的高频数据在当前实际中可能都不合适。另外,由于我国工业产出缺口变动和经济实际走势表现基本一致,为使所选指标能较好地描述中国宏观经济增长水平,我们选取月度工业增加值同比增速、月度 CPI 同比增速作为描述经济周期的宏观指标。

二、估值指标选择

估值指标方面,考虑指标的市场代表性、价值属性,选取沪深 300 指数市盈率倒数作为股票收益率的指标,选取 10 年期国债到期收益率作为债券收益率指标,计算股票收益率与债券收益率的比值作为相对估值指标,以衡量股票市场相对债券市场的投资价值。

三、模型构建与实证检验

结合经济周期与相对估值两个模型的特点,对于股票资产再平衡时点选取如表 4—7 所示。

表 4—7 资产再平衡调整

条 件	股票到债券	债券到股票
切换条件 1:经济周期	处于滞胀时期或者过热中强烈逆周期政策出现	衰退结束或者衰退中强烈逆周期政策出现
切换条件 2:相对估值	相对估值指标较配置时点以来最大值下降接近 1.63(相对估值历史标准差 0.82,即波动从均值上波动到均值下,波幅达到约 2 个标准差)	相对估值指标超过 2.61(历史均值为 1.79 标准差 0.82,均值加一倍标准差 2.61)
条件关系	且	且
期间收益计算	中债综合指数	沪深 300 指数收益率

注:其中切换条件 1 中比较重要的逆周期政策分别是:2008 年 11 月 18 日的"四万亿",当时经济周期处于衰退;2010 年 4 月 17 日的"国十条",当时经济周期处于过热。

资料来源:英大保险资产管理有限公司。

宏观数据方面,由于月度经济数据在下月中旬公布,下月中旬就为每个观察点,以确定当时处于经济周期的哪个阶段。相对估值数据方面,由于每周数据可得,每周就为每个观察点。若既不满足股票配置条件,也不满足债券配置条件,则配置现金,年化收益率 2.70% 计算。

图 4—3 为综合模型的股票买入情况,166 个月中,股票买入出现了四次:第一次是 2005 年 10 月份,是衰退结束后相对估值指标出现买点叠加;第二次是 2008 年 11 月份,衰退中后期逆周期政策出现叠加相对估值指标出现买点;第三次是 2013 年 1 月份,衰退结束后叠加相对估值指标出现买点;第四次是 2015 年 9 月份,衰退结束后叠加相对估值指标出现买点(与以往衰退到复苏不同,这次衰退结束迎来的是滞胀)。

资料来源:Wind 资讯,英大保险资产管理有限公司。

图 4—3　经济周期和相对估值下的股票买入条件

图 4—4 为综合模型的股票卖出情况,166 个月中,股票卖出出现了三次:第一次是 2007 年 9 月份,是滞胀期间相对估值指标回撤出现卖点叠加;第二次是 2011 年 4 月份,滞胀期相对估值指标回撤出现卖点叠加;第三次是 2015 年 6 月初,滞胀期叠加相对估值指标回撤出现卖点。其中值得注意的是,2010 年 4 月中是过热中逆周期政策"国十条"推出,相对估值指标回撤之前也在 1.62 以上,也是一个卖点,2010 年 11 月 5 日,经济周期处在滞胀期,相对估值指标在 1.6 以上未达到 1.62,也是一个卖点,随后 11 月 12 日开始大跌。

综合考虑买入与卖出条件后,结果见图 4—5。图中可以看到,166 个月以来,股票有 4 次买入时机,分别是 2005 年 10 月份、2008 年 11 月份、2013 年 1 月份以及最近的 2015 年 9 月份。3 次卖出时机分别是 2007 年 9 月份、2011 年 4 月份、2015 年 6 月份。

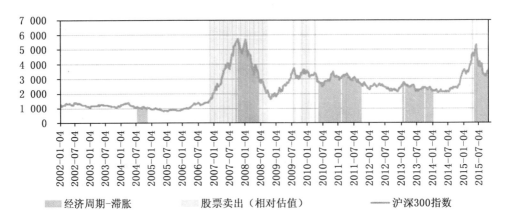

经济周期-滞胀　　　　股票卖出（相对估值）　　　——沪深300指数

资料来源：Wind 资讯，英大保险资产管理有限公司。

图 4—4　经济周期和相对估值下的股票卖出条件

最近一次的买入模型还没有给出卖出建议、根据模型卖出设定，当前处于滞胀期，要等相对估值指标有 2 个标准差的回撤时卖出。

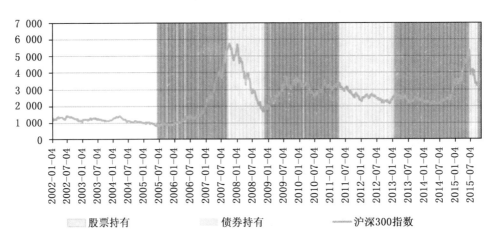

股票持有　　　　债券持有　　　——沪深300指数

资料来源：Wind 资讯，英大保险资产管理有限公司。

图 4—5　资产再平衡结果

假设 2002 年初资产规模为 1，到 2015 年 10 月底，资产规模为 31，年化收益率为 27.89%，如图 4—6 所示。

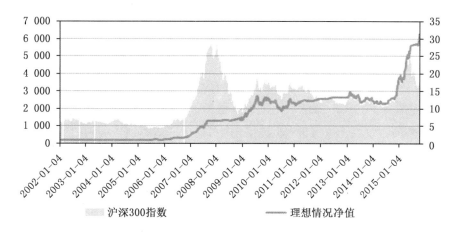

资料来源：Wind 资讯，英大保险资产管理有限公司。

图 4—6　理想情况下资产再平衡收益

第四节　研究结论

经过本章对 2002 年以来 166 个月经济周期、相对估值不同情境下资产收益情况的讨论，我们可以得到如下结论和配置建议：

1. 美林投资时钟模型、相对估值模型框架下的中国大类资产配置建议基本有效，在近年经济周期弱化面临更大周期效果叠加的背景下，效果有所钝化。考察 166 个月时间跨度，中国经济周期 3～5 年，股票资产年化回报 22.47％，债券年化回报 3.90％。

2. 股票资产表现较好的时期是经济复苏和过热，在滞胀时期应考虑择机切换到债券类资产以回避未来可能衰退阶段的损失，但是应该保持在经济过热时出现强烈逆周期政策时退出的敏锐反应。此处的择机采用相对估值指标的最大回撤达到标准差一定倍数进行判断较为有效。

3. 股票表现较差的时期是衰退阶段，是反向配置债券资产的较好时期。在衰退结束后，应择机调回股票资产，但是同时需要注意在衰退中后阶段，价格下跌较多，保持强烈逆周期政策出现时调回股票资产的敏锐反应。此处的择机采用相对估值指标的偏离均值标准差一定倍数较为有效。

4. 在实际操作中，能够根据当前数据准确判断经济周期阶段转换是难点。对于股票的买入，衰退中后期和复苏前期是关键窗口。对于股票的卖出，过热中后期和滞胀中前期是关键窗口，对于窗口期经济走势的判断尤为关键。对于强度较大的衰退和过热,对强烈的逆周期政策的准确反应也是难点。观察市场表现可以发现,市场是有效的,会对政策和经济周期的变化提前做出正确反应。尽管窗口期经济周期变化对未来投资非常重要,但是经济数据公布与验证有一定滞后,相对估值指标的变化从实际看更加具有参考价值。

5. 理想情况下的再平衡结果年化收益率 27%,是比较高的,模型参数都是样本内的,对于未来预测效果无法保证,但是由于未考虑从资产类别子类别的结构机会,模型还有相当的提升空间。

6. 从投资周期来看,再平衡操作的时间跨度较不确定,在 2014 年之前平均在 21 个月进行一次股票买入或者卖出的操作,2015 年由于股灾时间短速度快,卖出到买入只有 4 个月。从买入后下跌(踏空后买入)或者卖出后踏空(下跌后卖出)来看,股票买入(卖出)点同市场附近低点(高点),的距离在 15%左右是比较正常的。

7. 根据模型结果,当前是股票持有期,经济周期为滞胀,等待相对估值指标有回撤触发卖出。

第五章　动态资产配置

第一节　动态资产配置策略比较分析

一、期权复制保险策略(Synthetic Call/Put Option)

期权复制保险策略,简称 SCO/SPO 策略。该策略通过连续调整投资组合中风险资产(如股票)与保留资产(如债券和现金)的相对比例,来达到与欧式保护性期权策略一致的保险功能。此策略可通过 B-S 股票期权定价模型和股票买权卖权平价关系进行推导。

如果股指期货与期权交易对保险机构放开,保险机构有望逐步试点采用 SCO/SPO 策略来进行风险资产暴露度的调整,而不需要实际进行大量股票的买卖,这是未来保险资产动态配置策略的大方向。不过,鉴于目前相关法律法规和国内资本市场环境还不成熟,该策略仍处于理论探讨阶段,不具有实际操作的可能。

二、恒定比例投资组合保险策略(Constant Proportion Portfolio Insurance)

恒定比例投资组合保险策略,简称 CPPI 策略。为了避免复制性卖权策略中复杂的调整公式和波动性估计的麻烦,布莱克、琼斯和贝霍尔德(Black,Jones & Perold,1986)提出了 CPPI 策略。根据该策略,投资者根据自身的风险偏好和风险承受能力来设置一些简单的参数,然后按照简单的公式动态调整风险资产和无风险资产的比例,达到对投资组合进行保险的目的。

CPPI 保本策略理论公式表示为:

$$R_t = m * (V_t - F_t);$$
$$B_t = V_t - R_t;$$
$$C_t = V_t - F_t;$$

其中,V_t 是 t 时期资产总值;F_t 是 t 时期最低要保额度,即保本线;m 是风险乘数;R_t 是投资于风险资产的部分;B_t 是投资在无风险资产的部分;C_t 是 t 时期的防守垫。

上述公式中有两个最为重要的参数:风险乘数 m 和要保额度 F_t。风险乘数 m 反映投资者的风险偏好程度,m 越大,表明投资者愿意承担的风险越大,相应地获得资产增值的机会也越大。风险乘数 m 在保险期间一般是固定的,但是为了由于模型参数僵化,导致模型不适应快速变动的市场,目前市场上出现了一些风险乘数 m 随市场价格变化而不断调整的投资组合保险策略。要保额度 F_t 是投资者可以接受的最低组合价值。如果考察周期较短,可以将要保额度 F_t 固定为某一具体数值。如果考察周期较长,可以某一模型调整 F_t,以适应市场价格的大幅变动。本研究报告中 F_t 是在初始要保额度 F_0 的基础上以无风险利率 r 增长。

三、时间不变投资组合保护策略(Time Invariant Portfolio Protection)

时间不变投资组合保护策略,简称 TIPP 策略。TIPP 策略与 CPPI 策略的基本原理大致相同,都是在期初根据投资者的风险偏好和风险承受能力来设置参数,然后根据简单的公式来进行资产配置。二者唯一不同之处便是要保金额的设定和调整。TIPP 策略是将当期组合价值的一定比例与前期要保额进行比较,选两者之中较大者作为新一期的要保额度,其中的一定比例就是投资组合保险的要保比率。随着风险资产价格上涨,投资组合的价值也将上升,要保额度也会随之扩大。而当风险资产价格下降时,投资组合的价值减少,但要保额度不变,仍维持在原有水平,以保护投资者的利益。因此,可以认为 TIPP 策略是对 CPPI 策略要保额度的修正,相较于 CPPI 策略,向下保护资产价值的能力较强,而参与资产增值的能力则较弱。TIPP 的理论公式与 CPPI 策略是一样的,所不同的是要保额度的需重新设定:

$$F_t = \text{Max}\{A \times V_t, F_t - 1\}$$

其中,F_t 为 t 时期要保额度,A 为固定保本比率,V_t 为 t 时期组合总值。

一般情况下,在风险资产增值(股权市场上升)时,$A \times V_t$ 高于上期要保额度,因此本期要保额度调整为 $F_t = A \times V_t$;在市场下跌的时候,$A \times V_t$ 小于上期要保额度 $F_t - 1$,因此本期要保额度仍为 $F_t - 1$。

总体上看,CPPI 与 TIPP 策略均为"买高卖低"策略。原理是随着风险资产上涨,组合总资产上涨,组合的防守垫增厚,从而增强了组合的抗风险(下跌)能力,可以将更多的资产投入风险资产中。反之,随着防守垫的减薄,组合抗风险能力减弱,风险资产的数量必须减少。客观来看,两种策略都具有"助涨助跌"的效果。

四、恒定比例混合(Constant Mix)

恒定比例混合策略,简称 CM 策略。根据该策略,投资者根据自身的风险偏好情况来确定期初大类资产分配比例,以恒定的配置比例方式构建投资组合。不管风险资产价格如何变化,都始终将风险资产价值和无风险资产价值维持在这一期初比例。以债券资产和股票资产简化举例,股票资产由于波动较大,其本身净值的上升或下降将明显影响整个组合的总资产,为保持事先设定的投资两种资产的比例,在投资运作过程中需要不断调整两类资产的投资比例,以达到对股票资产的风险暴露程度的控制。

CM 策略就是一种"低买高卖"的操作策略,即当风险资产价格上升时,风险资产价值增加,为了将风险资产和无风险资产维持在期初比例,就需要卖出部分风险资产,买入相应的无风险资产。该策略对限制风险暴露程度有较强的作用,股票资产配置比例不受到市场或者人为判断等因素干扰,但仍没有对投资收益做任何保险。实证研究表明,在单边上升或下跌市场中,与简单的买入持有策略相比,采用 CM 策略的投资组合的投资收益不高于在同期采用简单的买入并持有策略投资组合的投资收益率。只有在震荡市的环境中,CM 策略有可能取得超越买入并持有策略的投资收益。

从保险资金的负债属性来看,保险投资对于资金投资收益的安全性要求相当高。因为从保险负债本身来说,每笔保费收入都有固定成本和对应的期限,其投资收益的首要目的是覆盖成本和期限匹配,所以对于保险资金来说,上述四种动态策略中,SCO/SPO 目前无法适用,另外三种策略均可作为保险资产动态配置的选择。以下将主要针对 CPPI 策略、TIPP 策略与 CM 策略进行重点分析。

第二节　动态资产配置策略实证研究

一、样本的选取和数据说明

本研究报告选取 2012 年 1 月 4 日至 2015 年 10 月 30 日作为研究样本的时间区间,既包括了 2013～2014 年债券市场由熊转牛,又包括了 2015 年股市由暴涨转为暴跌。样本数据主要采用 2012 年 1 月 4 日至 2015 年 10 月 30 日的沪深 300 指数和中债综合指数。

假定投资者起始资金为 1 亿元人民币构建投资组合,其中风险资产是股票,无风险资产是债券。根据监管规定及实际情况,资产配置比例遵循以下要求:配置的风险资产比例不超过 30%,初始配置比例由 CPPI 模型中的 $m \times (1-f)$ 确定,以保证不同策略间的可比较性。股票交易费用按照 0.2%(佣金 0.1%,印花税 0.1%)计提,债券交易费用忽略不计,不考虑此期间的股票分红,股票和债券均不允许买空卖空。

二、调整法则

埃齐奥尼(Etzioni,1986)提出了定期调整法则、市场波动调整法则和落差调整法则决定调整时机和调整法则。动态资产配置策略需要根据市场价格变动对资产配置比例进行动态的调整,实现实际值和理论值的再平衡关系。理论值是指依据动态资产配置模型或者公式重新计算应持有的股票资产的头寸;实际值是指市场价格变动以后股票的实际价值。调整的目标是将资产配置的实际值调整至理论值。(1)定期调整法。在保险期间选择固定的时间(一周、一个月、三个月、一年等),定期对投资组合资产配置比例进行调整。(2)市场波动调整法。以股票组合市值上涨或者下跌达到一定比例(3%或 5%)时进行风险资产和无风险资产的调整,否则就维持原有配置。(3)落差调整法。当市场行情波动所造成的理论值与实际值之间的差距超过某一个特定比率时就进行调整,调整的部位仅仅是超过阈值的部分,调整值并不是固定的。

在三种方法中,我们选择波动调整法则。主要原因在于:定期调整法则实质上是一种被动式的调整方法,操作比较呆板,容易失去调整的最佳时机;落差调整法则的调整值是不固定的。实际操作中,受交易成本的影响,频繁调整势必会导致交易成本的增加,而降低保险效果。考虑到我国股市的波动性较大,分别选取 3% 和 5% 为临界值:当沪深 300 指数累计涨跌幅超过上一次调整以来的 3% 或 5% 时,就对资产配置进行相应的调整。

三、实证结果

为防止首次调整出现数值大幅波动,我们以 CPPI 模型中 $m \times (1-f)$ 确定初始比例,而净值表明依照相应规则运行,扣除成本后的投资业绩。$(1.5, 95\%, 3\%)$ 表示风险乘数 $m = 1.5$,要保额度为 95%,调整的临界值为 3% 的情形。我们可以模拟得到不同假设条件下的应用 CPPI、TIPP 与 CM 策略的调整次数、期末资产价值与交易成本,如表 5—1 所示。

表 5—1 数据说明,交易成本对于风险乘数的变动的敏感度较大,而调整次数对于调整的临界值的敏感度较大,但是对于交易成本影响较小。过去近 4 年的时间里,在不同参数的情况下,CPPI 策略、TIPP 策略、CM 策略均实现了保本目标。由于 2015 年股票市场出现了大幅波动,CPPI 策略下组合净值也出现大幅波动。在风险乘数较大情况下,CPPI 策略要差于另外两种策略。以 $(2, 95\%, 5\%)$ 为例,三种策略组合净值走势如图 5—1 所示。

表 5—1   不同情形下三种策略组合模拟结果

模拟情形	CPPI			TIPP			CM		
	调整次数	净值	成本	调整次数	净值	成本	调整次数	净值	成本
$(1.5, 95\%, 3\%)$	182	126.13	0.21	130	124.64	0.09	130	124.33	0.09
$(2, 95\%, 3\%)$	283	130.21	0.34	130	125.92	0.14	130	125.38	0.11
$(2.5, 95\%, 3\%)$	291	131.48	0.40	130	127.26	0.20	130	126.43	0.14
$(1.5, 95\%, 5\%)$	125	126.22	0.17	76	125.10	0.07	76	124.40	0.07
$(2, 95\%, 5\%)$	248	130.25	0.32	76	126.63	0.11	76	125.48	0.09
$(2.5, 95\%, 5\%)$	259	131.20	0.37	76	128.19	0.15	76	126.55	0.11
$(1.5, 90\%, 3\%)$	280	130.29	0.30	130	127.92	0.12	130	127.47	0.16
$(2, 90\%, 3\%)$	295	131.24	0.37	130	130.21	0.21	130	129.51	0.21
$(2.5, 90\%, 3\%)$	479	131.18	0.48	130	132.56	0.33	130	131.51	0.25
$(1.5, 90\%, 5\%)$	240	130.47	0.28	76	128.57	0.10	76	127.61	0.13
$(2, 90\%, 5\%)$	262	131.00	0.35	76	131.17	0.17	76	129.70	0.17
$(2.5, 90\%, 5\%)$	412	131.28	0.44	76	133.76	0.26	76	131.73	0.20

资料来源:Wind 资讯,英大保险资产管理有限公司。

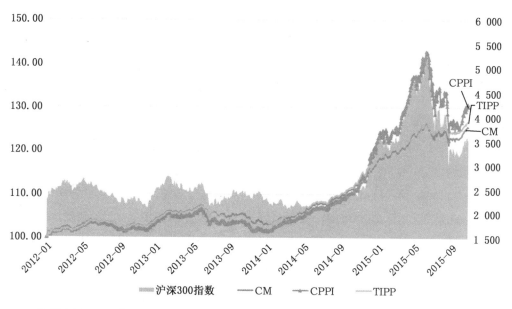

资料来源：Wind 资讯，英大保险资产管理有限公司。

图 5—1　以(2,95％,5％)为例,三种策略组合净值走势

以历史数据来看,TIPP 策略和 CM 策略模拟结果较 CPPI 策略更为平稳,且在股票市场没有大幅上涨的情况下,要优于 CPPI 策略。CM 策略与 TIPP 策略走势较为一致,但略差于 TIPP 策略。

第三节　动态资产配置策略绩效评估

一、收益率分布形态指标

收益率分布形态指标主要选择以下三种指标:平均收益率、收益率标准差、偏度。其中,收益率标准差越大,则表明风险越大。如果偏度值趋近于 0,则表明投资组合收益率较为集中,风险也越小。不同情形下,三种策略组合的分布形态指标对比如表5—2所示。

表 5—2　　　　　　　　　　　　　　　不同情形下,三种策略组合的分布形态指标对比

指标		平均值	标准差	偏度	峰度	平均值(年化)	标准差(年化)
CPPI	(1.5,95%,3%)	0.000 26	0.003 64	−1.41	15.95	0.065	0.058
	(2,95%,3%)	0.000 29	0.004 09	−1.13	14.02	0.074	0.065
	(2.5,95%,3%)	0.000 31	0.004 20	−1.02	12.89	0.076	0.066
	(1.5,95%,5%)	0.000 26	0.003 64	−1.40	15.90	0.065	0.058
	(2,95%,5%)	0.000 29	0.004 08	−1.13	14.07	0.074	0.065
	(2.5,95%,5%)	0.000 30	0.004 19	−1.04	12.98	0.076	0.066
	(1.5,90%,3%)	0.000 30	0.004 26	−1.00	12.07	0.074	0.067
	(2,90%,3%)	0.000 30	0.004 51	−0.84	10.06	0.076	0.071
	(2.5,90%,3%)	0.000 31	0.004 79	−0.69	8.36	0.076	0.076
	(1.5,90%,5%)	0.000 30	0.004 26	−1.00	12.07	0.074	0.067
	(2,90%,5%)	0.000 30	0.004 51	−0.84	10.06	0.076	0.071
	(2.5,90%,5%)	0.000 31	0.004 79	−0.71	8.44	0.077	0.076
TIPP	(1.5,95%,3%)	0.000 24	0.001 38	−0.35	7.20	0.060	0.022
	(2,95%,3%)	0.000 25	0.001 62	−0.43	6.78	0.063	0.026
	(2.5,95%,3%)	0.000 26	0.001 85	−0.47	6.70	0.066	0.029
	(1.5,95%,5%)	0.000 24	0.001 38	−0.35	7.25	0.061	0.022
	(2,95%,5%)	0.000 26	0.001 62	−0.42	6.87	0.064	0.026
	(2.5,95%,5%)	0.000 27	0.001 86	−0.45	6.85	0.068	0.029
	(1.5,90%,3%)	0.000 27	0.002 30	−0.49	6.38	0.069	0.036
	(2,90%,3%)	0.000 30	0.002 84	−0.49	6.59	0.074	0.045
	(2.5,90%,3%)	0.000 31	0.003 34	−0.51	6.76	0.078	0.053
	(1.5,90%,5%)	0.000 27	0.002 30	−0.49	6.38	0.069	0.036
	(2,90%,5%)	0.000 30	0.002 84	−0.49	6.59	0.074	0.045
	(2.5,90%,5%)	0.000 31	0.004 25	−0.56	7.06	0.077	0.067
CM	(1.5,95%,3%)	0.000 24	0.001 51	−0.37	6.74	0.059	0.024
	(2,95%,3%)	0.000 25	0.001 86	−0.45	6.55	0.062	0.029
	(2.5,95%,3%)	0.000 26	0.002 24	−0.50	6.62	0.064	0.035
	(1.5,95%,5%)	0.000 24	0.001 51	−0.38	6.78	0.059	0.024
	(2,95%,5%)	0.000 25	0.001 86	−0.47	6.59	0.062	0.029
	(2.5,95%,5%)	0.000 26	0.002 24	−0.51	6.65	0.064	0.035
	(1.5,90%,3%)	0.000 27	0.002 63	−0.53	6.76	0.067	0.042
	(2,90%,3%)	0.000 29	0.003 43	−0.55	6.94	0.072	0.054
	(2.5,90%,3%)	0.000 31	0.004 25	−0.54	7.05	0.076	0.067
	(1.5,90%,5%)	0.000 27	0.002 63	−0.53	6.76	0.067	0.042
	(2,90%,5%)	0.000 29	0.003 43	−0.55	6.94	0.072	0.054
	(2.5,90%,5%)	0.000 31	0.004 25	−0.56	7.06	0.077	0.067

资料来源:Wind 资讯,英大保险资产管理有限公司。

表 5—2 数据说明,在相同参数设定下,三种模型的收益率分布情况具有如下

特征:

(1)平均收益率:CPPI 模型＞TIPP 模型＞CM 模型。

(2)波动性:CPPI 模型＞CM 模型＞TIPP 模型。

(3)偏度:TIPP 模型＞CM 模型＞CPPI 模型。

(4)峰度:CPPI 策略的峰度明显高于其他两种策略。

二、向上捕获率

向上捕获率是受保组合期末价值与未受保组合期末价值的比率,用来衡量受保组合能够捕获未受保组合价值上升的百分比。如果向上捕获率大于1,则不存在机会成本;如果向上捕获率小于1,则存在机会成本。表 5－3 为不同情形下,CPPI、TIPP 与 CM 三种策略的向上捕获率。

表 5－3　　　　　　　　　不同情形下,三种策略组合的向上捕获率对比

向上捕获率	CPPI	TIPP	CM
(1.5,95％,3％)	2.92	12.54	12.54
(2,95％,3％)	2.33	9.66	9.15
(2.5,95％,3％)	2.33	8.63	7.12
(1.5,95％,5％)	2.90	12.41	12.41
(2,95％,5％)	2.33	10.56	9.05
(2.5,95％,5％)	2.33	9.62	7.04
(1.5,90％,3％)	2.33	7.31	5.76
(2,90％,3％)	2.33	6.36	4.07
(2.5,90％,3％)	2.33	5.98	3.05
(1.5,90％,5％)	2.33	6.62	3.02
(2,90％,5％)	2.33	6.91	4.02
(2.5,90％,5％)	2.33	6.62	3.02

资料来源:Wind 资讯,英大保险资产管理有限公司。

在相同风险乘数和要保额度比例下,TIPP 向上捕获率的数值最大,CM 策略其次,而 CPPI 策略明显小于前两者,表明 TIPP 策略的保险效果最优,而 CPPI 策略的保险效果最差。

三、绍坦诺比率

由于动态资产配置策略具有将投资组合的损失锁定在一定范围,同时又可享有股市上涨时的收益的特征,这种特性致使整个投资组合的收益不再服从正态分布。夏普

比例等传统组合绩效评价指标的假设前提就是收益率符合正态分布,因此在对动态资产配资策略进行评价时,传统的绩效评价指标不再适用。绍坦诺比率采取了与夏普指数类似的方法,只是对风险的衡量上使用的是下方标准差,即只有收益率低于最低可以接受的收益率才被视为风险,而高于最低可以接收的收益率被视为回报。其一般模型为:

绍坦诺比率$=(\bar{R}-R_{MAR})/DD$

其中 $DD=\sqrt{(\sum_{t=1}^{N}L_t^2)/N}$,当 $R_t-R_{MAR}<0$,$Lt=R_t-R_{MAR}$;当 $R_t-R_{MAR}>0$,$L_t=0$。

$\bar{R}$ 表示组合的平均收益率,R_{MAR} 表示最低可接受收益率。

我们选取 7 天交易所国债回购利率 R_{007} 均值作为最低可接受收益率,R_{007} 在样本期间平均收益率 3.587%,将调整以后对应的周收益率 0.07% 作为最低可接受收益率计算绍坦诺比率。不同情形下,三种策略组合的绍坦诺比例对比如表 5-4 所示。

表 5-4 不同情形下,三种策略组合的绍坦诺比例对比

绍坦诺比率	CPPI	TIPP	CM
(1.5,95%,3%)	14.98	87.39	72.88
(2,95%,3%)	16.48	76.66	55.42
(2.5,95%,3%)	17.04	68.71	42.90
(1.5,95%,5%)	15.02	91.64	73.73
(2,95%,5%)	16.54	81.53	56.17
(2.5,95%,5%)	16.77	73.58	43.53
(1.5,90%,3%)	15.43	47.21	34.15
(2,90%,3%)	14.80	37.46	23.39
(2.5,90%,3%)	13.32	32.04	17.36
(1.5,90%,5%)	13.30	34.56	17.63
(2,90%,5%)	14.57	40.33	23.76
(2.5,90%,5%)	13.30	34.56	17.63

资料来源:Wind 资讯,英大保险资产管理有限公司

在相同参数情况下,绍坦诺比率:TIPP 策略>CM 策略>CPPI 策略。表明 TIPP 策略将明显优于 CM 策略和 CPPI 策略。

第四节　主要结论

1. 在股市剧烈波动过程中,CPPI 策略跟随股市波动幅度大于其他两种策略。风险参数对于 CPPI 策略的保本效果影响很大。

2. 依据历史数据回测,从收益率分布形态、向上捕获率与绍坦诺比例等绩效评估指标来衡量,TIPP 策略保险效果要优于 CM 策略和 CPPI 策略。

3. CM 策略在历史回测表现中略差于 TIPP 策略,但好于 CPPI 策略。

不过,上述结论只是在使用特定历史数据,并且单纯运用动态资产配置策略的基础上得出的。例如,CM 策略在单边下跌市场中对于本金的保护较差,其潜在劣势未在历史回测中表现出来。

掌握不同动态资产配置策略的优缺点后,在实际管理组合资产时,可以依据战术资产配置策略,在不同动态资产配置策略间进行切换,或依据预判结果,调整动态资产配置策略的相应参数。例如,如果依据战术资产配置预判未来股市有明显上升的可能,可以采用 CPPI 策略,并适当提高该策略中的风险系数,反之亦然。

第六章　研究报告总结

一、关于资产配置国际比较的结论

与美国保险资金资产配置情况相比,中国保险资金资产配置的显著特征为:行业资产结构中,仍然以传统的债券和银行存款为主要配置品种,较为单一,海外业务投资占比低,金融衍生产品投资占比较小;国内缺乏长期限债券品种,导致保险公司资产和负债久期不匹配,面临较大的再投资风险;另类投资绝大多数资金以基础设施债权投资计划、集合资金信托计划、不动产债权计划等形式投资到地方基础设施和房地产项目中,集中程度较高;为优化中国保险资金投资的风险收益特征,建议保监会进一步扩大保险资金投资范围,鼓励保险资金海外投资,适度放开金融衍生品投资,提高投资资产的多样性,通过保险资管管理公司发行长久期的资管产品,减少保险资金运用的再投资风险。

二、关于战略资产配置的结论

关于战略资产配置的总体结论为:利用中国资本市场数据研究发现,在不考虑保险公司负债成本的情况下,哈洛模型和 VaR 模型的配置效率都高于经典的马科维茨模型,表明考虑下偏风险的资产配置模型更贴近与投资者的主观感受,更能反映投资风险的真实含义,对于资金市场投资风险的刻画更为准确,更具现实指导意义;哈洛模型与 VaR 的配置效率比较取决于 VaR 模型置信区间的选择,这需要投资者根据自身风险偏好、风险容忍度和风险管理能力等因素综合考量,建立适合自身个性化需求的资产配置模型;保险公司资产负债比例的大小也在很大程度上决定了资产配置的效率,只有将资产和负债统筹考虑的资产配置模型才是更有效、更具可操作性的。

三、关于战术资产配置的结论

关于战术资产配置的总体结论为:美林投资时钟模型、相对估值模型框架下的中国大类资产配置建议基本有效,在近年经济周期弱化面临更大周期效果叠加的背景下,效果有所钝化;综合配置模型理想情况下的再平衡结果年化收益率 27%,是比较高的,模型参数都是样本内的,对于未来预测效果无法保证,但是由于未考虑从资产类别子类别的结构机会,模型还有相当的提升空间;根据模型结果,当前是股票持有期,经济周期为滞涨,等待相对估值指标有回撤触发卖出。

四、关于动态资产配置的结论

关于关于动态资产配置的总体结论为:在股市剧烈波动过程当中,CPPI 策略跟随股市波动,如果对于市场有准确的把握,CPPI 策略可以在保本的基础上获得股市上涨带来的收益;从收益率分布形态、向上捕获率与绍坦诺比例等绩效评估指标来衡量,TIPP 策略保险效果要优于 CM 策略和 CPPI 策略;CM 策略在历史回测表现中略差于 TIPP 策略,但好于 CPPI 策略,不过由于 CM 策略在单边下跌市场中对于本金的保护较差,其潜在劣势未在历史回测中表现出来。

参考文献

[1]冯俊.中国保险资产配置决策流程与优化[D].上海:复旦大学,2012.

[2]吴世农,陈斌.风险度量方法与金融资产配置模型的理论和实证研究.[J].经济研究,1999(9).

［3］王敬,王颖.机构投资者资产配置方法研究.［J］.价值工程,2006(2).

［4］杨明生.保险资金运用新规的历史跨越.［J］.保险研究,2011(06).

［5］朱俊生,王刚.市场化:保险资产管理改革的关键词.［J］.中国保险资产管理 2015(2).

［6］艾潇潇.新常态下的保险资产管理行业(2014 行业研报).上海:华宝证券,2015.

［7］吴世农,陈斌.风险度量方法与金融资产配置模型的理论和实证研究.［J］.经济研究,1999(9).

［8］任飞,李金林.资产配置理论与模型综述.［J］.生产力研究,2007(7).

［9］刘洋,曾令波,韩燕.战略性资产配置的理论基础:比较与综合.［J］.经济评论,2007(3).

［10］苏民,逯宇铎.基于经济周期框架下的资产配置模型.［J］.上海管理科学,2011(4).

［11］郜哲.基于投资时钟原理的中国大类资产配置研究与实证.［J］.宏观经济研究,2015(5).

［12］段炜,蒋晓全.CPPI、TIPP 动态资产配置策略比较与绩效研究.［J］.统计研究,2006(7).

［13］冯骏.我国保险动态资产配置实证分析与优化.［J］.中国保险,2012(5).

国内外保险资金资产配置
发展历程的回顾与比较

光大永明资产管理股份有限公司

王瀑　周凯　田佳

摘要

中国保险行业在经过了 10 余年的高速发展之后,保险行业总资产已经突破 10 万亿元,可用资金余额达到 9.3 万亿元。随着保险资金运用规模的快速增长,保险资金大类资产配置的重要性正日益凸显。

大类资产配置研究的核心是研究各类资产在不同时期的风险收益特征,通过比较其在投资组合中的风险收益表现,对各类资产的配置比例进行动态调整,从而对投资组合进行优化,实现在既定风险水平下的收益目标最大化。研究大类资产配置,一方面要对于保险资金的性质和特点进行深入研究,根据公司保险业务和资金特点,将资金来源区分为保险产品保费收入、公司可用资本金和未分配利润等,分别分析其资金特点。另一方面,要综合分析大类资产的轮动情况,寻找资产配置的最优解。

第一,本文从国外保险资产配置的历史变迁开始研究,分别考察了美国、日本、欧洲寿险公司管理的保险资金的大类资产配置情况,分析了其保险资产配置的结构特点和变化原因。第二,研究和分析了我国保险资金大类资产配置的现状。第三,对股债资产轮动的历史结果进行了统计分析。第四,介绍了国内外监管政策的变迁,讨论了监管政策的优化建议。第五,给出了结论并进行了课题总结。

关键词

保险资金　大类资产配置　国际比较　资产轮动

第一章　研究背景及理论综述

第一节　研究背景

一、我国保险行业井喷式发展,管理资产规模增长迅猛

截至 2014 年末,我国保险业总资产和可运用资金的余额分别达到 10 万亿元和 9.33 万亿元,与 2013 年相比,分别上涨了 6% 和 4%。随着资产和可用资金余额的增长、可投资范围的不断放宽,保险公司对于大类资产配置研究的需求也越来越迫切。

2003 年之后,监管机构对于保险资金的可投资范围和投资比例上限逐步放宽,保险资金可用余额占总资产的比重逐年上升,目前已超过 90%。在这样的背景之下,如何在控制风险的前提下实现保险资金的收益最大化成为大类资产配置研究的核心问题。

二、保险资金投资范围的不断扩大,对大类资产配置研究的需求越来越迫切

近 30 年来,我国资本市场经历了飞速发展,股票市场、债券市场规模迅速扩大,可投资金融工具日益丰富,保险公司的投资水平也日益提升。在 2014 年保监会发布《保险资金运用管理暂行办法》《关于加强和改进保险资金运用比例监管的通知》之后,保险资金的可投资的资产类别进一步扩大,为保险公司的大类资产配置提供了丰富的渠道。

在此背景下,需要加紧研究大类资产配置相关理论,以提升保险资产管理公司的配置能力和投资水平。

三、大类资产配置需要加强风险管理

资产组合的收益水平与相应的风险水平相关,而风险指标是衡量风险的核心内容。在当前国际、国内经济形势下,经济下行趋势和结构复杂的金融产品给资本市场带来了很大的不确定性。在资产配置的过程中,风险指标受不确定的宏观与微观因素影响,使得资产组合的收益率和风险水平的不确定性增加。风险管理因此成为资产配置管理中十分重要的部分。

从宏观方面看,2015 年以来,中央对经济产业结构的调整和对落后产能的淘汰是新一轮中国经济改革的趋势和重心。因此,从宏观的角度管理资产组合的风险就要求资产配置必须符合政策规定,把握经济的总体趋势。除此之外,还要前瞻性地进入改革前景良好的行业,获取超额收益。

从微观方面看,资产配置需要对具体的投资对象进行调查分析,特别是对复杂的金融产品,需要监控组合中各项资产的信用风险、操作风险和市场风险。单一资产的风险水平和收益率是组合资产的组合收益与风险的组成部分,两者关系复杂,密切相关,在很多情况下也不能简单地切分,需要用组合风险管理的一些方法进行深入分析。

第二节　选题意义

一、有利于监管部门制定科学的、切合我国保险业实际的监管政策

对于我国的保险资产管理公司来说,监管政策是影响大类资产配置的不可忽略的因素之一。监管政策通过制约投资范围、期限、投资比例和额度等影响市场传导机制,从而影响大类资产配置策略。除此之外,政策变化在短期内会改变经济运行轨迹、主导部分资产的投资时点。

研究保险资金大类资产配置的理论与实践,可以为监管部门制定科学的、切合我国保险业实际的监管政策服务。

二、有利于保险公司重视风险管理、完善配置管理,提高盈利能力和抵御风险能力

风险控制贯穿在保险资金大类资产配置的过程中。大类资产配置既需要对投资所面临的利率风险、信用风险、法律风险进行研究,又需要对操作风险、流动性风险进行控制。因此,风险管理在大类资产配置中起着至关重要的作用。深入研究保险资金

大类资产配置的理论和实践,有助于提升保险公司自身的风险控制能力。

三、有利于增强全行业的风险管理意识,提高投资能力

随着保险机构投资者逐渐成为国内资本市场的主力投资者之一,大类资产配置的重要性正越来越多地被机构投资者重视。国外学者的实证研究表明,通过资产配置可以在投资收益和投资风险中找到一个平衡点,即在风险一定的条件下实现收益最大化,或在收益一定的条件下使风险尽可能地降低。

进行保险资金大类资产配置研究,有助于增强整个保险行业的风险管理意识,使得资产组合达到可能的最佳风险收益平衡,提高投资能力。

第三节 保险资金资产配置的理论背景

一、战略资产配置方面的研究

(一)马科维茨均值—方差模型

20世纪50年代,马科维茨于创建了均值—方差模型,在对资本市场、投资者进行了一系列理性假设的基础之上,通过数学方法,从收益和风险的关系出发,提出了多元化投资组合的理念,资产配置的最优解是既定风险的情况下最大化收益,或者是既定收益的情况下最小化风险。马科维茨的均值方差模型是第一个关于资产配置理论的量化模型,是现代资产配置理论的开端。

(二)对马科维茨均值—方差模型的改良

马科维茨的均值方差模型之后,涌现出了一批放松均值方差模型假设条件的改良模型。其中,马科维茨的学生威廉·夏普在均值方差模型中引入无风险资产,并对均值方差模型的计算进行了简化。同时,夏普提出的风险调整收益率(即夏普比率)的计算方法对于资产配置和业绩评价影响深远。

二、战术资产配置方面的研究

(一)熊彼特经济周期理论

20世纪30年代,熊彼特提出了其经济周期理论,对于经济周期和各类别资产轮动提出了系统性的理论。熊彼特提出了长周期、中周期、短周期的观点,认为一个长周期由6个中周期组成,而一个中周期由3个短周期组成,短周期的持续时间为35~40

个月,中周期的持续时间为 10 年,而长周期则可以长达 60 年。熊彼特认为,权益类资产、固定收益类资产、另类资产在经济发展的不同周期会出现资产轮动的特征。

熊彼特认为外部因素(包括银行信贷)是导致波动的重要根源,但即使排除外部因素,经济仍呈现周期现象,因为存在创新活动。

熊彼特认为,创新是商业社会内生周期现象的本质,企业家的创新活动是经济脱离长期均衡的最主要动力,而创新的模仿导致经济的过热,二者是经济走向繁荣的基础,但同时创新的非连续性以及繁荣过程的物价上涨和信贷紧缩导致繁荣不能持久,并进入衰退。这是简单的"繁荣—衰退"二阶段模型。

但由于投机心理的存在,由创新引起信贷扩张和对生产资料扩张的同时,会出现大量的与创新无关的投机活动,会导致过度繁荣,衰退时会跌穿长期均衡,形成危机和萧条,熊彼特将这些与创新无关的投机活动称为"从属波",并构成了熊彼特的多周期嵌套模型,典型的包括:50～60 年的长波(康德拉季耶夫周期)、9～10 年的中波(朱格拉周期)、40 个月的短波(基钦周期),此外还包括建筑业周期(库兹涅茨周期)、存货周期等。

(二)美林证券投资时钟理论

美林证券通过对美国资本市场各类资产的风险收益特征进行量化分析,概括了不同资产类别在经济发展的不同阶段的风险收益特征,形成了美林投资时钟理论。该理论对于不同经济周期中的资产配置形成了不同的建议,具有很强的实践指导作用。

美林证券的投资时钟理论对各层面上组合配置的贡献已经得到国内配置策略研究的空前重视。不论是理论还是实践,对于资产配置而言,投资时钟理论都有缺陷。

第一,投资时钟在理论上与资产配置原则的相悖。这主要体现在:首先,投资原则相悖。组合资产配置强调分散风险,而投资时钟暗示集中投资。其次,投资期限相悖。组合配置突出跨周期配置的效果,而时钟无法逾越宏观周期的限制。

第二,投资时钟在国内配置实践不仅知易行难,而且会导致组合的风险不降反升。这主要体现在:

(1)宏观周期的判断风险陡增

宏观判断难以精准,直接导致在时钟理论指导下的大类资产配置组合的风险收益分析要冒风险。此外,投资时钟虽然总结出在不同时期应配置的资产类别,却并未指出应该在哪个具体时点、如何配置各类资产才能获得最大收益。配置实践中,很多时候资产的表现没有按照时钟顺序,各类子资产的表现顺序有先有后。举例而言,这往往导致按照时钟理论应该在 $T+1$ 时点增(减)配的资产种类甚至风格,在 T 时点已经表现过了。

(2)集中配置的风险积聚

以宏观经济指标为基础的投资时钟资产配置体系看似合理,但这种运用统计归纳法将宏观经济的研究判断与品种轮动直接联系的研究忽略市场传导层面上的研究。由于中、美两个市场的发展程度、结构状况迥异。借鉴投资时钟这一实证研究成果,对于国内资产配置造成具体品种选择的困惑。

(3)集中配置的风险较高

资产配置,尤其是跨类资产配置强调通过长期投资、充分重视系统性风险、有效规避非系统风险,实现控制风险、收益最优化的投资目标。显然,这与投资时钟理论暗示的集中配置、强调收益、忽视风险的原则是有出入的。

在国内,目前配置机构往往在相互博弈的过程中选择相似的配置策略,并且换仓存在一定的时滞性,因而很容易出现集中持仓的风险,推高相关资产收益的波动性也相应提升。这种集中化的配置行为使得资产的流动性和价格风险骤增。

第二章　国外保险资金资产配置研究与分析

第一节　国外保险行业资产配置的变迁

一、美国保险资金资产配置的历史变迁与原因分析

(一)美国寿险公司投资结构变迁

美国的金融市场占据世界金融版图的半壁江山,而美国的重要机构投资者之一就是寿险公司。1974～2014 年,美国寿险公司的总资产规模出现了"井喷式"的增长,1974 年的总资产为 2 764 亿美元,1984 年已经增加至 7 223 亿美元,1994 年大幅增加为 1.94 万亿美元,2004 年跃升至 4.25 万亿美元,截至 2014 年,总资产已达到 6.4 万亿美元。

美国的机构投资者众多,包括银行、共同基金、寿险公司、信托公司在内的各类金融机构竞争十分激烈。美国的寿险公司除了向投资者提供传统险之外,还通过万能险

等兼具投资功能的保险产品,以长期投资的视角,满足了投资者的长期理财和保险需求,吸引了大批客户,实现了资产规模的大幅增长,为其在美国金融市场上夺得了一席之地起到重要的推动作用。

伴随着美国资本市场的扩容,可投资品类的不断增加,上述兼具投资功能的寿险产品的规模增长,美国寿险公司资产配置结构逐渐向权益类资产和衍生品市场倾斜。多元化的配置结构不但可以提升收益率水平,而且能有效地分散投资风险。

投资结构方面,只有在 2007 年金融危机的背景之下,美国寿险公司降低了权益类投资的配置比例。除此之外,美国的寿险公司在配置结构上主要倾向于固定收益类资产、权益类资产、各类抵押和保险贷款。动态来看,其中企业债和权益类资产的配置比重持续上升。

从图 2-1 可以看出,美国保险投资结构相对多元化,一个显著的特点就是以固定收益投资为主。

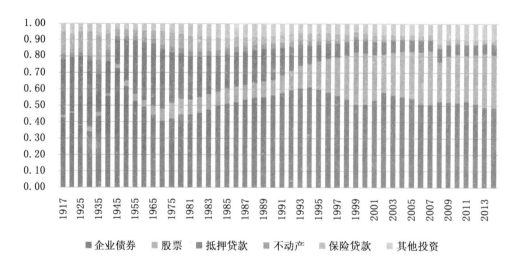

资料来源:美国人寿保险协会。

图 2-1　美国寿险资产配置占比

究其原因,一方面与保险资金追求绝对回报的资金性质密不可分,另一方面与美国保险行业严格的监管也有很大关系。

由于保险资金投资追求绝对收益,配置较大比例的固定收益类产品可以平滑收益,保持保险公司的稳定运营。在金融危机时期,特别是各资产类别收益率变动剧烈时,固定收益类资产可以起到平滑收益的作用。在经济繁荣时期,权益类资产的上涨则可以抵御通胀效应,为寿险公司带来较高收益。

同时,由于美国的监管政策相对严格,对每类资产的投资比例均有明确上限,防止保险公司过度追求短期收益而忽视高风险。因此,美国寿险公司的大类资产配置结构中,收益波动性较大的股票类资产和另类资产的占比相对较低。在这样的风险控制体系之下,美国寿险公司正逐渐扩展投资种类,以实现投资风险的分散。

在美国寿险公司所有的投资类别中,股票资产和债券类资产所占比重无疑是最大的,因此本研究着重对这两类资产进行深入分析与研究。

(二)美国寿险公司股票类资产配置及变化原因

1. 美国寿险公司股票类资产配置比例的历史变迁

美国寿险投资中股票类资产的投资占比与监管政策的变化和资本市场所处发展阶段的关系紧密。

在美国的寿险资金投资结构中,股票类资产占比相对较低。从图 2—2 中可以看出,美国寿险公司的股票类资产配置比例相对较低,其历史配置趋势可以 1990 年为界,分为两个阶段:第一阶段是 1990 年之前,股票类资产在保险资金配置结构中的占比稳定保持在 10% 左右。第二阶段是 1990 年之后,股票类资产投资比例发生显著变化,逐年增长。

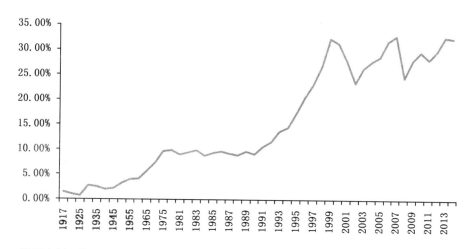

资料来源:美国人寿保险协会。

图 2—2　美国寿险股票类资产配置比例

2. 股票类资产配置比例变化的原因分析

造成股票类资产配置比例变化的核心因素主要有两个:监管政策的变化和股票市场的变化。

(1)监管政策的变化

造成股票类资产配置比例转变的原因之一是变额寿险与可变年金的增长。美国的监管政策一般允许此类资产和其他某些资产保持在独立的账户,并且允许百分之百投资于股票。根据美国的监管要求,采用一般账户记录传统负债,同时采用单独账户记录投资性负债。

(2)股票市场的变化

股票市场的变化主要通过两个角度影响股票类资产的配置比例,首先是股票牛市引致的配置比例上升,其次是股票市场容量扩大、优质投资标的增加带来的配置比例上升。其中,权益类资产的走势是影响股票类资产配置比例的核心因素。

观察图2-3可以发现,美国的权益市场自1990年开始了长达9年的繁荣时期,标准普尔500指数从1991年末的417点上升到1999年末的1 469点,虽然1999年之后指数出现了较大幅度的快速回落,但相对于历史,仍处于较高水平。与这一过程相对应地,美国保险资金股票类资产的配置比例也经历了快速上升。

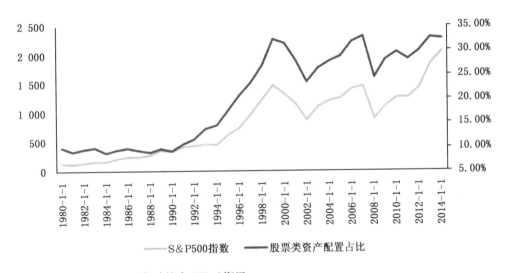

资料来源:美国人寿保险协会,Wind资讯。

图2-3 美国S&P500指数与寿险股票类资产配置比例的关系

进一步地,对1990~2000年标准普尔指数与保险资金股票类资产配置比重进行相关分析,可以看到其相关性达0.968 2。也就是说,股票市场的牛熊是影响股票类资产配置的重要原因。

(三)美国寿险公司的债券类资产配置及变化原因

1. 美国寿险公司债券类资产配置比例的历史变迁

（1）美国寿险资金债券类资产配置比重

美国寿险资金债券类资产配置比重如图2—4所示,不难发现,美国寿险公司在对其一般账户进行资产配置的时候,往往倾向于配置公司债,配置比例持续稳定在40%上下,且不同年份之间的变化很小。与之形成鲜明对比的是,美国寿险公司的公司债配置比例较低,占14%左右。

尽管美国寿险公司的固定收益类资产配置比例中,公司债券的比例一直维持在40%左右,但从内部配置结构来看,在没有改变总投资比例的前提下,债券资产配置的行业形势发生巨大的变化。在20世纪40年代之前,公司债券主要是投资于运输类和公用事业类债券。20世纪50年代之后,随着美国经济的腾飞,美国寿险公司开始减少交通、公共设施的债券投资,逐步增加投资工业企业债券。1980年以后,保险资金的债券投资方向又调整为对信息技术、金融服务业的公司债投资。

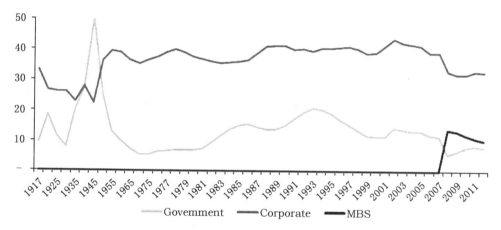

资料来源:美国人寿保险协会。

图2—4　美国寿险不同类型债券配置占比

（2）美国寿险资金债券类资产的投资期限结构

通过对表2—1进行分析可以看出,美国寿险债券投资期限结构具有一些明显的趋势性特点:首先,美国人寿保险公司的固定收益类资产投资期限结构长期相对稳定,鲜有波动。其次,无论是国债还是企业债,短期债务的基本比例非常小,比例保持在10个百分点以内,中长期债券所占比重较大,约为40%。

表 2—1　　　　　　　　近 5 年美国寿险资金债券类资产的投资期限占比

政府债	1 年以内	1~5 年	5~10 年	10~20 年	20 年以上
2010	9.5	20.5	19.8	23.9	26.3
2011	10.7	18.4	19.4	25.7	25.9
2012	13.5	18.8	18.3	23.2	26.3
2013	9.9	17.5	19.1	25.4	28
2014	8.5	17.9	19	25.8	28.7
公司债	1 年以内	1~5 年	5~10 年	10~20 年	20 年以上
2010	9.6	30.5	31.3	10.3	18.3
2011	8.7	30	32.6	10.4	18.3
2012	9.3	28.6	32.6	11.3	18.2
2013	8	27.6	34.3	11.8	18.3
2014	8.8	26.1	34.3	12.3	18.5

资料来源:美国人寿保险协会。

2. 债券类资产配置比例变化的原因分析

造成债券类资产配置比例变化的核心因素主要有三个:保险资金的性质、与权益类资产的配置比例具有此消彼长的关系、社会经济及产业结构的变化。

(1)保险资金的性质

由于保险资金的负债的长期性和追求绝对回报的特点,美国人寿保险公司基于长期债券的债券配置可以更好地实现资产和负债的匹配,达到资产负债管理的目的。长期保险责任的结构决定了其投资的期限结构必然会关注长期债券的结果。

(2)与权益类资产的配置比例具有此消彼长的关系

由于公司债券具有高收益、高流动性的特点,所以美国寿险公司在此类债券上的投资比例的波动很小,而国债投资的比例则有更大的变化。可以看出,政府债务的比例和人寿保险的股票资产配置比例具有部分替代效应。

(3)社会经济及产业结构的变化

这种变化的主要原因是密切相关的社会和经济结构的变化。不同时期的债券投资结构调整,都是以当时的支柱行业为依托,因为此类债券将有更好的相对回报和相对可控的风险水平。

二、日本保险资金资产配置的历史变迁与原因分析

(一)日本寿险公司投资结构变迁

日本寿险公司的投资理念为安全性为先,在控制流动性风险的前提之下,实现资产的保值增值,因此资产配置理念相对保守。与美国寿险行业不同,日本的保险业监管相对较严格,对保险资金的投资范围和投资比例有十分严格的限制,因此日本保险资金的投资收益并不是很高。

日本监管机构对于保险资金运用的监管要求十分严格,日本新保险业法限定的保险资金可投资范围包括:银行存款、权益类资产、固定收益类资产、另类资产以及各种形式的抵押贷款。其中,权益类资产投资不得超过寿险公司总资产的30%;另类资产投资不得超过寿险公司总资产的20%。在集中度要求方面,日本监管机构要求保险公司持有同一公司的股票比例不得超过10%。具体如图2-5所示。

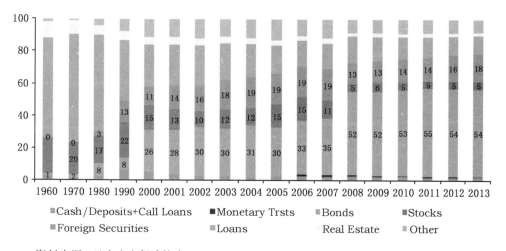

Cash/Deposits+Call Loans　　Monetary Trsts　　Bonds　　Stocks
Foreign Securities　　Loans　　Real Estate　　Other

资料来源:日本人寿保险协会。

图2-5　日本寿险资产配置占比

结合日本寿险资产配置占比可以看出,日本寿险公司的大类资产配置具有较为稳健和保守的特点:

第一,以债券为主,且债券类资产的配置比重呈现出上升的特点。近年来,日本寿险债券类资产整体配置占比约为65%,接近美国普通账户债券配置比例。

仔细研究债券投资细项的分布可以看出,日本的债券类资产配置比重与美国有所不同。具体而言,近年来,日本寿险国债投资占总投资的比重逐年上升,超过30%,公

司债占总投资的比重不到10%,而地方政府债券占比仅在2%左右。国债投资比重大大超过公司债和地方政府债。具体如图2-6所示。

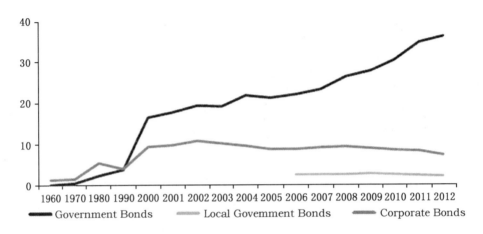

资料来源:日本人寿保险协会。

图2-6 日本寿险不同债券类资产的配置额占总资产的比重

第二,与美国寿险普通账户和寿险独立账户相比,日本寿险公司的权益类资产配置占比居中,这与日本寿险公司的产品结构具有很大的关系。日本寿险公司的产品结构中,独立账户的数量较少。

第三,日本寿险公司的海外债券投资占比较高,主要原因是海外债券投资的回报水平高于日本本土的固定收益类债券回报水平。

(二)日本寿险公司资产配置变化的原因分析

纵观历史上日本寿险资金大类资产配置比例,20世纪70年代,日本的寿险公司资产配置多集中于贷款类资产,占比超过50%。这样的资产配置结构与日本当时所处的社会经济发展阶段是密切相关的。日本在20世纪50年代至70年代,经历了经济的高速发展时期,实体经济的飞速发展提高了贷款类融资需求,日本的保险资金通过投资于贷款类资产,获得了低风险、低波动的稳定投资回报。

对比其他各发达国家的保险资金运用监管政策,日本的监管较为宽松。因此,日本保险公司的大类资产配置强调多元化,通过多元化投资分散投资风险。

纵观日本寿险公司资产配置的变迁可以发现,日本寿险公司的配置结构与其所处的社会经济发展阶段密切相关。20世纪70年代之后,日本经济进入较为平稳的发展时期,寿险公司的资产配置方向也从贷款类资产逐步转化为权益类资产。

三、欧洲保险资金资产配置的历史变迁与原因分析

总体来看,欧洲寿险公司的权益类资产投资占比在 30％左右。动态来看,在 2000 年以前,由于欧美股市经历了近 10 年牛市,因此欧洲寿险公司的权益类资产配置比例逐年增加。在 2000 年之后,随着股票牛市的终结,欧洲寿险公司的权益类资产配置比例也逐年降低。2005 年之后,随着欧美宏观经济形势的逐渐好转,欧洲保险资金的权益类资产配置比例又出现了一定程度的回升。

除英国、德国之外,欧洲寿险公司的固定收益类资产配置比例基本都在 50％以上。如此之高的配置比例与欧洲寿险公司稳健的资产配置目标有关。

从国别来看,德国寿险公司的贷款类资产配置比例较高,英国寿险公司的权益类资产配置比例较高,而其他国家,如法国、意大利的固定收益类资产配置比例较高。

欧洲各国保险资金资产配置差异的原因主要可以从资产端、负债端和监管制度这三个层面进行考量。

资产端方面,保险资金的配置比例受制于金融市场和金融体系的发展情况。英国的股票市场是世界上最发达的股票市场之一,股票市场的流动性高于欧洲其他各国,因此,英国寿险公司投资于权益类资产的比重就较大。而德国是以银行为主导的间接金融体系,所以德国寿险公司的贷款类资产配置比例较高。

负债端方面,负债结构也是造成各国保险资金配置差异的主要原因。从负债结构来看,欧洲寿险公司的负债结构方面存在较大的不同。英国寿险公司投连险占据了全部保费的"半壁江山",较高的投连险销售比例决定了较高的收益目标,因此英国寿险公司的权益类资产配置比例较高。

监管制度方面,欧洲监管机构对于保险资金运用的监管政策也会影响寿险公司的资产配置结构。在权益类资产投资方面,英国的监管限制较少,而其他各国的监管限制较多,因此英国的资产配置结构中,权益类资产的占比较大。

第二节　各国保险投资监管分析

一、美国的保险资金投资监管

美国的资本市场较为发达,以机构投资者为主,对于银行体系的依赖程度较低,主要依靠股权和债权融资。在监管理念方面,美国对于寿险公司采取相对审慎的监管态

度,既关注对系统性风险的防范,又关注各个寿险公司自身的风险防范。

在监管层次方面,美国对于寿险公司并没有设置联邦层面的监管规定,各个州分别根据实际情况,负责寿险公司的监管工作。从监管理念来看,美国对于寿险公司的监管主要强调控制投资风险,保证偿付能力,对于权益类资产的投资,还需要接受美国证券交易委员会的约束。

总体而言,美国各州对于保险资金运用的监管规定主要可以分为两种类型:第一种类型是允许保险资金投资于多元化的资产类型,但对投资上限有所限制。第二种类型采取审慎性的监管态度,如投资总额大于等于寿险公司的负债与最低资本金和盈余之和,则要求必须投资于监管允许的投资范围。上述两种监管规定都提供了保险资金投资范围的"黑名单",并且,未被明文规定允许保险资金进行投资的资产类别都属于禁投范围。

20 世纪 90 年代初,美国的全国保险监督管理协会针对寿险公司制定了新的资金监管要求。新的要求引入了风险资本指标,通过指标值的变动,确定相应的监管措施。

二、日本保险资金运用的法律规范

日本对与寿险公司资产配置方面的监管与美国相比相对宽松。与美国各州分别监管不同,日本采取的是国家层面的集中监管,通过各种行政许可和审查的方式对于寿险公司的资金运用进行监管。

20 世纪 90 年代之后,日本的监管理念逐渐与美国趋同,也是以偿付能力为核心的监管体系。日本监管机构允许的投资范围包括:权益类资产、银行存款、贷款类资产、固定收益类资产、不动产等。各类资产的投资上限为:权益类资产的配置比例低于30%,对同一企业的权益类资产、固定收益类资产投资比例不得超过寿险公司总资产的 10%,不动产配置比例应低于 20%等。

三、欧洲寿险投资监管规定

相对于美国、日本,欧洲对于保险资金运用的监管规定总体而言更为宽松。细分来看,典型的监管模式有以英国为代表的相对宽松的监管模式和以德国为代表的相对审慎的监管模式。

英国监管机构对寿险公司的可投资资产类别和配置比重上限都没有具体的限制,监管主要集中于偿付能力方面的要求。因此,英国的寿险公司可以根据自身的资产配置理念和目标,灵活地进行资产配置。英国的寿险公司实行多元化投资,投资范围涵括权益类资产、固定收益类资产、不动产、对外股权投资等。20 世纪 90 年代之后,随着监管政策的进一步放开,英国的寿险公司的投资渠道进一步扩展,已将投资领域延伸至各类衍生品。为了控制风险,英国监管机构要求寿险公司的衍生品投资只能作为风险对冲工具,不能以投机为目的。

德国对于寿险资金投向的监管要求相对较为严格,监管涵括的范围较为宽广,德国监管机构的主要监管手段为行政审批。同时,德国规定了较为严格的寿险公司可投资资产范围和具体配置比例限制。德国的监管机构规定的保险资金可投资范围包括:权益类资产、固定收益类资产、贷款类资产、不动产等。在配置比例方面,德国对于银行存款、贷款类资产的比例限制较为宽松,但对于权益类资产等收益波动较大的资产的配置比例监管要较严格。

第三章　当前国内保险资产管理公司资产配置现状研究

第一节　我国保险资金运用情况

一、总量特征

近 15 年来,我国保险资金运用总量呈现两大主要特征:

(一)余额增长快

我国保险行业总资产从 1999 年底的 1 817 亿元增长至 2014 年底的 10 万亿元,年复合增速 33.5%。1999～2014 年我国保险总资产规模如图 3—1 所示。

(二)资金运用积极

随着投资范围和比例的逐步放开,保监会发布的数据显示,2015 年末,11.18 万亿元的保险资金运用余额中,投向债券的规模最高,其次为另类资产,银行存款占比降至第三位,占比最低的是股票和证券投资基金。这 11.18 万亿元的保险资金运用结构具体为:债券 38 446.42 亿元,占比 34.39%;其他投资 32 030.41 亿元,占比 28.65%;银行存款 24 349.67 亿元,占比 21.78%;股票和证券投资基金 16 968.99 亿元,占比 15.18%。

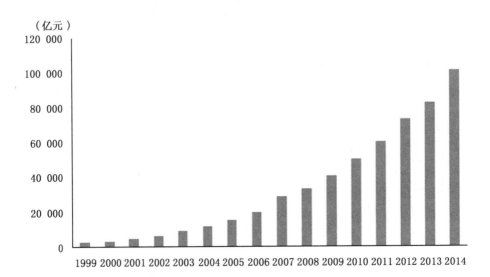

资料来源：Wind 资讯。

图 3—1　1999～2014 年我国保险总资产规模

而在 2014 年年末,资金运用余额为 9.33 万亿元,按投资规模排序的四大类资产依次为:债券 35 599.71 亿元,占比 38.15%;银行存款 25 310.73 亿元,占比 27.12%;其他投资 22 078.41 亿元,占比 23.67%;股票和证券投资基金 10 325.58 亿元,占比 11.06%。数据显示,2015 年,保险资金投资另类资产的规模增长 9 952 亿元,接近万亿元,另类资产在险资运用余额中的占比由 2014 年的 23.67% 提升至 28.65%,提升幅度接近 5 个百分点。

投资收益方面,2014 年保险资金运用实现投资收益为 5 358.8 亿元,较 2013 年增加 1 700.5 亿元,投资收益率为 6.3%。2015 年末保险资金运用实现收益 7 803.6 亿元,同比增长 45.6%,平均投资收益率 7.56%,创下近 5 年来新高。2004～2014 年保险资金运用收益率如图 3—2 所示。

二、结构特征

2003 年以来,一方面保险资金运用监管政策逐步放开,另一方面我国 A 股经历了 2005 年 7 月至 2007 年 10 月、2008 年 10 月至 2009 年 7 月、2014 年 9 月至 2015 年 6 月的 3 波牛市和 2009 年至 2010 年中小板和 2012 年后创业板的 2 波结构性牛市。

我国保险资金的配置结构变化如图 3—3 所示。

总体而言,保险资金大类资产配置在结构方面具有如下特点。

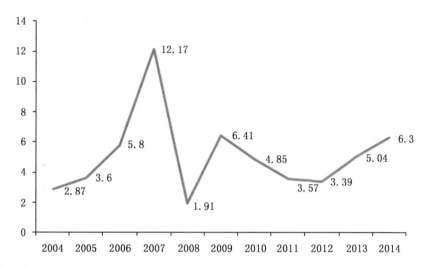

资料来源:中国保险监督管理委员会。

图 3—2 2004～2014 年保险资金运用收益率

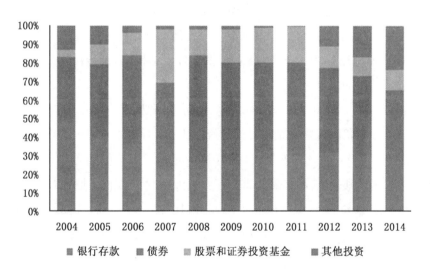

■ 银行存款 ■ 债券 ▨ 股票和证券投资基金 ■ 其他投资

资料来源:中国保险监督管理委员会。

图 3—3 2004～2014 年我国保险资金配置结构

(一)固定收益类资产继续保持主导地位

2004 年以来,我国保险资金的固定收益类资产配置比例最高,维持在高于 40％的水平。从投资回报率来看,固定收益类资产的投资回报率较为稳定,波动较小,基本维持在 4％～4.5％的水平上。固定收益类资产每年贡献的投资收益占总投资收益的

40%以上。截至 2014 年末,国债、金融债和企业债等各类债券余额为 3.6 万亿元,在投资资产中占比 38.2%。

债券作为固定收益产品,能够满足流动性管理需要,与保险类资金的负债匹配性较一致,收益波动性相对较小,因此是保险资金必须配置的基础性资产。

(二)权益类资产稳中有升,平均收益最高,波动最大

2003 年,保监会重新修订了《保险公司投资证券投资基金管理暂行办法》。自此之后,保险资金投资于权益类资产的比重有所上升,平均配置比例约为 12.55%,累计投资回报总额约为 3 000 亿元。自 2004 年以来,基金、股票投资合计年均收益率为 9.3%。2007、2008 年收益率分别为 46.2%、-11.6%,可见权益类资产收益率年度波动性较高。

(三)银行存款规模大,起到稳定投资收益的作用

在《保险公司投资证券投资基金管理暂行办法》公布以前,保险资金的大类资产配置以银行存款为主要渠道,顶峰时期,银行存款的配置比例曾经高达 80%以上。在《管理暂行办法》发布之后,随着保险资金投资渠道的逐步放宽,银行存款的配置比例逐步降低,近 5 年保持在 25%~30%的水平,起到了稳定行业收益的重要作用。与我国形成鲜明对比的是英、美、日等国家保险资金配置结构中,银行存款在投资资产中占比均未超过 10%。

(四)另类投资和债权计划收益较高,规模尚小,发展空间较大

2010 年之前,我国保险资金的另类投资占比在 4%以下,2010 年开放股权和不动产投资之后,另类投资占比迅速增长,由 2011 年的 6.7%提升至 2014 年底的 17.3%,4 年平均增长率达到 10.4%。截至 2014 年,我国保险资金长期股权投资 6 398.8 亿元,占比 6.9%;投资性不动产 784.4 亿元,占比 0.8%;基础设施投资计划产品等 7 317亿元,占比 7.8%。长期股权投资、不动产投资、基础设施投资计划等分别比年初增长 59%、13.9%、66%。

另类资产具有投资期限长、流动性差、高收益的特征。在持有期间,由于受到会计分类和估值方法的影响,短期内收益的释放相对而言较为缓慢,但另类资产的长期汇报水平较高。

第二节 各类资产的历史收益情况分析

在从大类资产配置的角度回顾各类资产轮动的历史实际情况时,本研究重点研究

股债两类主流资产轮动的历史实际情况,并以此为基础,分析基于国内资本市场的实际情况,值得配置策略持续重点关注的因素。

一、各资产类别的风险收益特征

(一)权益类资产的风险收益特征

本研究将股票市场的牛市定义为股指在较长时期持续上涨,且涨幅超过80%。在此定义之下,2003~2014年,我国股票市场共经历了3轮牛市。分时期来看,2003~2007年、2008~2012年、2010~2014年,沪深300指数复合增长率分别为45%、9%、3%,标准差分别为73.34%、613.69%、26.56%。具体如表3—1所示。

表3—1 分时期沪深300指数风险收益情况

时间周期		年数	复合年增长率(%)	标准差	相关性	
					固定收益	大宗
2003	2007	5	0.45	73.34	0.14	0.28
2003	2012	10	0.09	69.65	−0.17	0.44
2008	2012	5	0.09	613.69	−0.35	0.53
2005	2014	10	0.16	69.17	−0.22	0.44
2010	2014	5	0.03	26.56	−0.09	0.47
2012	2014	3	0.18	25.15	−0.03	0.42

资料来源:Wind资讯。

(二)固定收益类资产的风险收益特征

我国的债券市场从2002年不到3万亿元的存量,发展到如今35.7万亿元的规模,中国债券市场在过去10余年经历了一轮"井喷式"发展。2003~2014年,我国债券市场全年发行量从1万亿元左右提升至11.87万亿元,托管量也从2008年末的10.3万亿元提升至2014年的35.7万亿元。

分时期来看,2003~2007年、2008~2012年、2010~2014年,中债财富指数复合增长率分别为2%、2%、4%,标准差分别为4.67%、5.27%、7.73%。具体如表3—2所示。

表 3—2　　　　　　　　　　分时期中债财富指数风险收益情况

时间周期		年数	复合年增长率(%)	标准差	相关性	
					权益	大宗
2003	2007	5	0.02	4.67	0.14	0.26
2003	2012	10	0.03	5.30	−0.17	−0.32
2008	2012	5	0.02	5.27	−0.35	−0.58
2005	2014	10	0.04	13.11	−0.22	−0.35
2010	2014	5	0.04	7.73	−0.09	−0.30
2012	2014	3	0.04	6.80	−0.03	−0.35

资料来源：Wind 资讯。

（三）商品类资产的风险收益特征

影响商品类资产收益走势的因素主要有美元指数、全球（尤其中国）需求、大宗供给和大宗自身属性。

分时期来看，2004～2008 年、2008～2012 年、2010～2014 年，南华商品期货综指复合增长率分别为−2%、12%、−11%，标准差分别为 18.76%、32.36%、11.85%。具体如表 3—3 所示。

表 3—3　　　　　　　　　　分时期南华商品期货综指风险收益情况

时间周期		年数	复合年增长率(%)	标准差	相关性	
					权益	固定收益
2004	2008	5	−0.02	18.76	0.28	0.26
2004	2013	10	0.02	24.16	0.44	−0.32
2008	2012	5	0.12	32.36	0.53	−0.58
2005	2014	10	−0.02	24.92	0.44	−0.35
2010	2014	5	−0.11	11.85	0.47	−0.30
2012	2014	3	−0.14	8.97	0.42	−0.35

资料来源：Wind 资讯。

二、股债严格意义上的轮动在历史上的出现频率不高

（一）股债轮动效应出现频率并不高

受数据可得性所限，本课题对于股票类资产和债券类资产的收益情况表现的统计开始于 2006 年 11 月之后。从图 3—4 中可以比较清晰地看出，从趋势的角度看，国内

债券类资产的走势与股指走势之间在 2007 全年、2010 年 1～5 月和 2011 年 7 月之后出现了比较明显的反向变化。

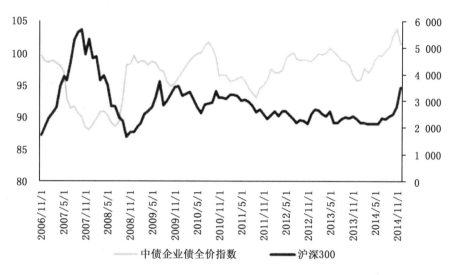

资料来源：Wind 资讯。

图 3—4　中债企业债全价指数与股指走势

进一步地，本研究将 2006 年 11 月至 2014 年 12 月共 8 年间股票和债券市场的涨跌组合情况进行了频率统计。

从表 3—4 中可以清楚地观察到，股债的轮动效应发生的频率不超过考察的 8 年中按月份计算的 50%；即使在一个年度以股债一涨一跌轮动为特征的时期里，仍然有很多月份呈现股债同涨同跌的行情。

表 3—4　　　　　　　　　2007～2014 年股债涨跌行情的实际组合频率统计表

股票	债券	出现月数	出现月数占比
涨	涨	24	25%
涨	跌	25	26%
跌	涨	29	30%
跌	跌	19	20%

资料来源：Wind 资讯。

也就是说，对于大类资产配置而言，不能简单依靠股债轮动的跷跷板效应而进行配置决策，这无疑提高了大类资产配置的预测难度。

(二)股债轮动组合真实投资回报

为了进一步研究股债同涨同跌时期不同市场的回报率弹性,本研究统计了在历史上出现股债同向变动的时期和股债资产的指数收益回报率。相关内容如表3—5和表3—6所示。

表 3—5 　　　　　　　　2007～2014 年股债双升月度指数回报率统计

日　　期	中债企业债全价指数回报率	沪深 300 指数回报率
2007 年 2 月	0.4%	6.7%
2007 年 8 月	0.3%	18.7%
2008 年 2 月	1.0%	1.2%
2008 年 4 月	0.1%	4.4%
2008 年 11 月	0.3%	10.0%
2009 年 2 月	0.4%	5.3%
2009 年 5 月	0.6%	5.2%
2009 年 11 月	0.5%	7.1%
2009 年 12 月	0.9%	1.8%
2010 年 2 月	0.8%	2.4%
2010 年 3 月	1.0%	1.9%
2010 年 7 月	1.0%	11.9%
2010 年 8 月	0.6%	1.2%
2011 年 10 月	1.6%	4.4%
2012 年 1 月	1.7%	5.1%
2012 年 4 月	0.5%	7.0%
2012 年 5 月	1.9%	0.2%
2013 年 1 月	0.7%	6.5%
2013 年 5 月	0.8%	6.5%
2014 年 4 月	0.8%	0.6%
2014 年 6 月	0.8%	0.4%
2014 年 9 月	0.6%	4.8%
2014 年 10 月	1.8%	2.3%
2014 年 11 月	0.9%	12.0%

资料来源:Wind 资讯。

表 3-6   2007～2014 年股债双跌月度指数回报率统计

日　　期	中债企业债全价指数回报率	沪深 300 指数回报率
2007 年 6 月	-4.1%	-4.2%
2007 年 11 月	-1.7%	-16.7%
2008 年 5 月	-0.6%	-8.8%
2008 年 6 月	-1.4%	-22.7%
2009 年 8 月	-0.2%	-24.2%
2010 年 11 月	-2.8%	-7.2%
2011 年 1 月	-0.2%	-1.7%
2011 年 7 月	-1.3%	-2.4%
2011 年 8 月	-0.8%	-4.2%
2011 年 9 月	-0.7%	-9.3%
2012 年 3 月	0.0%	-6.8%
2012 年 8 月	-0.9%	-5.5%
2012 年 11 月	-0.1%	-5.1%
2013 年 3 月	-0.1%	-6.7%
2013 年 6 月	-0.6%	-15.6%
2013 年 7 月	-0.6%	-0.3%
2013 年 10 月	-0.8%	-1.5%
2013 年 12 月	-0.7%	-4.5%
2014 年 3 月	-0.8%	-1.5%

资料来源：Wind 资讯。

从上面两个表中不难看出，在股票类资产和债券类资产同涨同跌的时期里，股票的弹性明显强于债券。也就是说，当股债同跌的时候，股票价格的跌幅要远远超过债券；而同涨的时候，则股票的涨幅也要远远超过债券。

对于大类资产配置工作来说，在研究和预测股票类资产和债券类资产的未来走势时，不仅要提高预测的科学性和前瞻性，还要考虑资产回报的弹性。

三、股债轮动的原因分析

（一）宏观周期是影响股债资产轮动的根本原因

传统的市场分析认为支撑股债市场的三大基本面支柱分别为：政策、通胀和增长。

其中,政策和通胀很大程度上是随经济发展而相机变化。所以,宏观因素对于权益类资产和固定收益类资产的预测起到了至关重要的作用。

由于股债资产的投资风险各异,基本面对其的影响途径并不相同,具体而言,在经济增长速度回升期间,宏观调控政策的松动会改变投资者们对于风险资产的偏好,有利于股票牛市的出现;在经济增长速度放缓时期,宏观调控政策的松动可能会导致投资者们对无风险资产的偏好,有利于债券牛市的出现。

(二)资金与股债资产收益之间的关系

回顾历史数据可以发现,资金在不同市场间的流动以及资产收益之间,不论是谁影响了谁,或是同时受到第三种因素的影响,其关系都是十分迅速和显著的。资金—资产收益的变动关系基本呈现同时性,即同时发生、同时完成。

这对于大类资产配置工作的启发在于,保险资金在进行大类资产的收益预测时,应充分考虑资金流动对于各资产类别收益率的相互影响。

第三节 影响我国保险资金大类资产配置的因素

综合分析不难看出,监管政策、大类资产轮动、负债成本、风险管理能力和投资业绩评价方法五个因素是影响我国保险资金的大类资产配置结构的核心要素。另外,大类资产轮动、保险资金负债成本、保险公司风险管理能力和保险公司选取的业绩评价方法是影响我国保险资金大类资产配置的客观因素。

一、监管政策

(一)监管政策方面,偿二代下的偿付能力监管思想对于保险资金的大类资产配置具有较为重要的影响

众所周知,偿一代下保险公司偿付能力衡量主要以规模为导向,无法全面、及时反映风险,而偿二代将主要以风险为导向衡量保险公司的偿付能力,重点关注保险公司的风险管理能力的提升。偿二代下的核心指标是偿付能力充足率(实际资本/最低资本)。在这样的监管框架之下,保险资金最低资本的决定因素和偿二代下各类资产的风险因子具有密切的关联。具体而言,各类资产的收益波动性越高,承受的风险越大,相应的风险因子权重也就会越高,进而要求的最低资本水平也就会越高。在偿二代的框架之下,基本上所有资产的风险因子都有所升高。

偿二代下综合最低资本计量采用资产相关性矩阵,鼓励多样化配置,不动产、境外

资产等另类资产投资正日益受到保险资金的关注。

1. 对权益投资的影响

偿二代框架下,主板、中小板、创业板股票投资所对应的风险因子分别为31%、41%、48%,与偿一代相比,风险因子有了一定提升。与之形成对比的是,权益类基金的风险因子为26%,大幅低于股票。所以,权益类基金的配置可以降低资本消耗。

在投资浮盈的最低资本计提方面,偿二代框架下,浮盈的最低资本消耗更大,这种计提方式鼓励保险资金及时确认收益。除此之外,偿二代对于长期股权投资采取鼓励的态度,资本消耗低于股票投资的资本消耗。

2. 对固收类投资的影响

偿二代框架下,重点关注固定收益类资产的利率风险和违约风险。对于利率风险的最低资本计提方面,偿二代鼓励资产负债久期的匹配。对于违约风险的最低资本计提方面,违约风险资本消耗从低到高的顺序是:基础设施债券计划、企业债、公司债、资产证券化产品、信托产品。

3. 对另类投资的影响

偿二代框架鼓励保险资产的多元化配置策略,鼓励保险资金投资于另类资产。偿二代框架下,不动产投资的风险因子有所降低,美元类资产的汇率风险资本消耗相对较小。

(二)逐步放宽的投资范围和投资比例限制给保险机构大类资产配置带来更大的灵活性

2003年之后,监管部门逐渐放松了保险资金权益类资产的投资比例限制,特别地,将万能险和投连险投资于权益类资产的比例高限分别设定为80%、100%。在这样的背景之下,2005~2007年的大牛市中,保险公司的万能险和投连险账户规模大幅上升,保费占比达到25%,进而使股票和权益类基金配置占比达到25%以上。2005~2007年的权益牛市中,保险资金权益类投资取得了30%以上的投资回报率。

2010年之后,监管机构逐步放宽了基础设施债权计划、非标资产投资的投资,进一步拓宽了保险资金的投资渠道。保险资金普遍减少了权益类资产的配置比例,增加了非标资产的配置比例,降低了权益市场波动对整个组合投资回报带来的影响,进一步多元化投资,优化了资产配置结构。

在投资新政发布之后,监管机构"新国十条"进一步对保险机构的投资范围予以放宽,鼓励保险公司通过投资债权计划支持关系到国计民生的各类改造工程,改善保险资金的资产配置结构,提升投资收益。

二、大类资产轮动

随着保险资金投资范围的放宽,我国的保险资金的资产配置方向从原有的存款类资产向固定收益类资产、权益类资产的进行转变。分解来看,我国保险资金的固定收益类投资方向也逐渐从国债向企业债进行转变。随着监管的逐步放松和负债端的成本逐步上涨,大类资产轮动是影响大类配置的又一变量。

目前,随着保险资金配置的多元化,配置范围已由银行存款、国债等传统金融领域扩展到 PE 基金、金融衍生品等现代金融领域,由资本市场扩展到实体经济、由国内投资市场扩展到国际资本市场,长久期资产更多,股权、不动产及基础设施等另类投资增长较快。

三、负债成本

保险公司的负债成本是持续上升的,主要由两方面因素导致。

第一,保险行业的竞争性定价。目前,寿险行业的同质化竞争十分普遍。为了换取规模上的战略优势,大型保险公司往往以牺牲短期利益为代价,推升负债成本。除了保险行业内部的产品定价竞争之外,银行理财产品和各类信托理财产品也在与保险公司竞争资金来源,来自业外的竞争成为保险公司负债成本上升的又一重要推手。

第二,保险资金负债的长期性。保险资金的特点是负债的长期性,这使得保险公司的产品定价也基于较长投资期限的考量,从而主动地承受相对偏高的负债成本。

四、保险公司风险管理能力

保险公司的风险管理能力也是制约大类资产配置的客观因素之一。不同的保险公司面临着不同的市场风险、流动性风险、信用风险、操作风险、法律风险、声誉风险和政策风险,其风险管理理念,管理体系建设和风险管理的业务能力制约着资产配置战略的选择。

国内风险管理部门作为独立部门,其出现的时间、管理理念和经验与国际同行相比尚存在差距。因此,为了更好地服务于大类资产配置的目标,保险公司应该严格按着保监会"偿二代"的要求,提高风险意识,结合自身情况,努力从企业目标、全面风险管理要素和企业各个层级这三个维度建设现代化的风险管理体系。

五、保险公司业绩评价方法的选择

保险公司的业绩评价方法也会影响到大类资产配置的结构。关注长期回报的业绩评价方法相较于关注短期回报的业绩评价方法而言,会导致权益类资产的配置比例上升。关注相对排名的业绩评价方法相较于关注绝对收益的业绩评价方法而言,也会导致权益类资产的配置比例较高。

第四章 结论与政策建议

第一节 主要结论

大类资产配置研究的核心是研究各类资产在不同时期的风险收益特征,通过比较其在投资组合中的风险收益表现,对各类资产的配置比例进行动态调整,从而对投资组合进行优化,实现在既定风险水平下的收益目标最大化。研究大类资产配置,一方面要对于保险资金的性质和特点进行深入研究,根据公司保险业务和资金特点,将资金来源区分为保险产品保费收入、公司可用资本金和未分配利润等,分别分析其资金特点。另一方面,结合要分析大类资产的轮动情况,寻找实现资产配置的最优解。

本文首先从国外保险资产配置的历史变迁开始研究,分别考察了美国、日本、欧洲寿险公司管理的保险资金的大类资产配置情况。美国寿险以债券配置为主,略超50%,投资品种丰富,久期相对较长。普通账户配置股票的比例相对较低,而独立账户的权益类资产配置比例较高。日本寿险也以债券配置为主,配置比例在65%左右,接近美国寿险普通账户,但与美国不同的是,日本保险资金配置中,国债的投资比重大于企业债。另外,日本权益类资产的投资比重接近10%,比美国寿险普通账户的投资比例要高。欧洲保险巨头因所处国家证券市场发达程度不同配置有所差异,但均以债券为主,英国保险资金配置比例最低,为44%,股票2000年及2007年后维持低位(最高不超过9%,大部分在5%以下),其他投资类别2007年金融危机后提升较快。

其次,研究和分析了我国保险资金大类资产配置的现状。我国保险行业总资产从1999年底的1 817亿元增长至2014年底的10万亿元,年复合增速33.5%。2003年之后,随着保险资金投资范围的放宽,我国保险资金运用余额占总资产中比重大幅上升。在大类资产配置实践中,我国保险资金的配置以规模和收益相对稳定的债券为主,维持在40%以上;权益类资产稳中有升,平均收益最高,波动最大;银行存款仍保持 30%左右占比;另类投资快速增长。

最后,对股债资产轮动的历史结果进行了统计分析,可以看出股债的轮动效应历史上发生的频率并不高;在存在股债"跷跷板"效应的年度中,也存在着权益类资产和固定收益类资产同时涨跌的自然月。在权益类资产和固定收益类资产收益呈现正相关的时期,权益类资产的收益率弹性大于固定收益类资产。对于大类资产配置而言,不能简单地依靠股债轮动的"跷跷板效应"而进行配置决策,除了要提高各类资产收益率未来走势预测的科学性和准确性,还要考虑各类资产的弹性。

第二节　政策建议

一、管理理念及方法

保险资金的特点主要体现在其资金来源和负债期限方面,保险资金的来源既包括保险产品的保费收入,也包括公司的可用资本金和未分配利润,负债期限较长。随着近年来金融市场的不断发展,金融产品的不断丰富,万能险、投连险保费收入占比的不断提升,保险资金大类资产配置的重要性正在日益凸显,大类资产配置对于保险公司风险控制能力的要求也在日益提高。

从监管的角度来看,一方面应引导保险公司根据不同来源的资金特点分别制定不同的大类资产配置方法,另一方面应着重关注大类资产配置过程中的风险控制问题。

二、丰富产品类型,健全投资渠道

通过上文对发达国家寿险公司的投资范围的研究可以看出,发达国家保险资金可投资的资产涵括范围非常广泛,既包括股票、权益类基金、国债、企业债,又包括贷款类资产、银行存款、另类资产等。

对于我国而言,债券市场容量仍然较小,另类投资的发展尚属于起步阶段,使得保险资金较难获得长期稳定的投资渠道。因此,未来的监管理念仍然应该是健全保险资金的投资渠道,为保险资金的运用提供更大的市场。

第五章　课题总结

本研究着重于分析国内外大类资产配置的历史变迁和原因,以期为我国保险资金的大类资产配置提供历史借鉴。在研究方法和框架上尚存在以下不足和待改进之处。

第一节　大类资产配置策略研究的框架有待完善

一、需对宏观研究的维度进行进一步扩展

大类资产配置依赖于宏源研究和预测。正是由于市场在准确预测宏观经济走势上面临着诸多困难,要求保险公司以更开阔的视角构建恰当的市场模型和分析方法以增强对宏观经济的预测能力。

(一)需建立中观数据库修正宏观判断,提高预测能力

本研究并没有对中观数据对大类资产配置的影响进行研究,缺乏一个完善的中观数据库监测市场传导过程。建立中观数据库的重要性主要有以下两个方面:

其一,中观数据库更高频、更主动,有助于对宏观判断在方向和节奏上的及时修正,降低判断失误导致的策略风险。宏观的逻辑判断非常重要,但具体落实到何时、是否正确均无证明,中观数据库可以跟踪和调研,通过观察这些数据,可以对宏观的逻辑推断做出某种验证,为资产配置提出更为详细的决策建议。

其二,中观指标是行业景气和行业投资的重要参考,为具体的品种组合配置提供数据基础。

(二)关注宏观增长周期与其他周期的叠加

在美国等经济社会发展较为成熟、经济结构较为稳定的国家,仅通过经济周期与各类资产和行业轮动的统计关系进行资产配置或许可行。但是在中国,传统的宏观经济周期并不能全景地展现中国经济的发展路径,因为在政策调控的影响下,政策周期、制度改革周期等与传统宏观经济周期相互作用共同影响着投资机会的产生。因此,在以后的研究中,应关注宏观周期与其他周期的叠加,提高对各资产类别所处周期的认识。

二、拓展研究框架,重视风险和投资组合方面的思考

目前的大类资产配置策略研究基本只有自下而上(从股票、债券等配置策略到组合配置策略),而组合层面自下而上的研究框架尚待优化。

(一)收益方向要填补对于资产属性研究的欠缺

这个领域的研究主要包括:股票类资产和债券类资产的相对优势研究;另类资产对大类资产配置的意义和配置逻辑等。

(二)重视风险的多维度研究

本研究的大类资产配置相对强调配置收益,而没有充分重视风险研究,这对于目前的大类资产配置而言是必须填补的漏洞。

历史结果表明,市场时而跑到基本面之前,时而基本面落在身后。若不考虑市场情绪和政策预期因素,而仅凭宏观经济指标,则很难对经济的走势和周期轮动做出准确把握和预期。在我国的资产配置实践中,在某种程度上,政策和经济预期已经成为驱动行业轮动的先导因素。因此在以后的研究中,应将对于风险的研究纳入到大类资产配置的研究框架之内。

参考文献

[1]陈旭辉.寿险公司资产配置研究[J].保险研究,2007(7).

[2]舒高勇.保险公司资产负债管理及与银行的比较[J].保险研究,2007(3).

[3]曲扬.保险资金运用的国际比较与启示[J].保险研究,2008(6).

[4]孟昭亿.保险资金运用国际比较[M].中国金融出版社,2005.

[5]李丽晖,景捐,贾巍.全国社保基金投资问题研究[J].保险研究,2008(4).

[6]方秋霞.论强化保险资产管理[J].保险研究,2008(1).

[7]孙健,范南.我国保险业资产管理公司的定位与发展[J].保险研究,2007(2).

[8]吴钰.我国保险资金运用邹议[J].保险研究,2008(1).

[9]章晓霞,梁冰.投资组合保险策略在保险公司中的应用与实证分析[J].保险研究,2008(4).

[10]杨明生.对保险资金运用与监管的思考[J].保险研究,2008(8).

[11]肖潇.保险资金与资本市场互动的博弈分析[J].保险研究,2007(3).

[12]刘莹.细想"投资时钟"的大类资产配置意义——大类资产配置方法论及实践系列研究之八.研究报告,2012(8).

[13]刘莹.揭秘股债轮动(下):仔细复盘十一年来国内股债市场行情——大类资产配置方法论

及实践系列研究之十二.研究报告,2012(12).

[14]童楠,王松柏.中外保险资金的大类资产配置研究.研究报告,2014(8).

[15]冯骏.中国保险资产配置决策流程与优化.[D]上海:复旦大学,2012

[16]杨毅.中外寿险资产配置比较研究.[D]上海:上海交通大学,2010

[17]卢劲松.国外保险资金运用监管法律制度比较研究[J].法制与社会,2007(2).

[18]刘娜.英、美、日、中四国政府对保险资金运用的监管比较[J].中国保险管理干部学院学报,1999(3).

[19]王绪瑾.中国大陆的保险监管[J].保险专刊,1998(12).

[20]申曙光.现代保险学[M].北京:高等教育出版社,200:196.

[21]秦道夫.保险法论[M].北京:机械工业出版社,2000:401-402.

[22]费安玲,王绪瑾.保险投资监管法律问题的思考[J].北京商学院学报,2000(1).

[23]张琳,曹龙骐.中国商业保险市场创新研究[M].北京:中国金融出版社,2005:179.

[24]王银成.中国保险市场研究[M].北京:中国经济出版社,2006:84-85.

[25]Eichner, T., R. Pethig, Corrective Taxation for Curbing Pollution and Promoting Green Product Design and Recycling[J]. *Environmental & Resource Economics*, *European Association of Environmental and Resource Economists*, 2003, 25(4), pp.477-500.

[26]Roger G. Ibbotson and Paul D. Kaplan. "Does Asset Allocation Policy Explain 40, 90, 100 Percentage of Performance?"[J]*Financial Analysts Journal*, Jan/Feb2000, Vol.56：1

[27]Jeffrey T. Hoernemann, Dean A. Junkans, and Carmen M. Zarate. "Strategic Asset Allocation and Other Determinants of Portfolio Returns." [J]*The Journal of Wealth Management Winter* 2005, Vol.8, No.3：26-38.

[28]Jeffrey T. Hoernemann, Dean A. Junkans, and Carmen M. Zarate. "Strategic versus Tactical Asset Allocation." [J]*The Journal of Portfolio Management Winter* 2004, Vol.30, No.2：8-22.

[29]Maretno A. Harjoto and Frank J. Jones. "Rebalancing Strategy for Stocks and Bonds Asset Allocation." [J]*The Journal of Wealth Management Summer* 2006, Vol.9, No.1;37-44.

[30]Paolo Sassetti and Massimiliano Tani. "Dynamic Asset Allocation Using Systematic Sector Rotation." [J]*The Journal of Wealth Management Spring* 2006, Vol.8, No.4：59-70.

[31]Tim Farrelly. "Asset allocation for robust portfolios."[J]*The Journal of Investing Winter* 2006, Vol.15, No.4：53-63.

[32]Mebane T.Faber. "A Quantitative Approach to Tactical Asset Allocation." [J]*The Journal of Wealth Management Spring* 2007, Vol.9, No.4；69-79.

新常态下的保险机构另类资产配置策略

国寿投资控股有限公司

曹 阳

摘要

随着我国经济步入"新常态"、全球经济进入后 QE 时代,美联储的加息吹响了全球风险资产价格重估的"号角",传统金融市场面临剧烈波动。此时,保险机构应当加强配置另类资产,以规避潜在的市场波动风险。另类资产天然契合保险资金属性,另类投资能力是保险系资产管理机构在"大资管时代"下安身立命的核心能力。但另类资产配置需遵从科学的大类资产宏观配置策略,因此,需要构建一种更加贴近保险资金特性、适用于另类投资的科学策略体系,来指导险资另类资产配置。本报告在充分分析新常态下的宏观形势变局、保险资产管理发展趋势、险资进行另类投资的优势基础上,从战略与战术的角度,创新性地提出了新常态下适合险资进行另类资产配置的宏观策略建议及资产配置战术性策略建议,试图探寻到险资进行另类投资的长赢之道。

关键词

新常态 保险 另类投资 资产配置 策略

第一章 "新常态"的宏观经济内涵

一、"新常态"的国外经验

2008 年全球金融危机之后,发达经济出现了前所未有的新形势,被美国太平洋投资管理公司(PIMCO)前 CEO 穆罕默德·埃里安于 2009 年 5 月称为"新常态",这就促使了"新常态"这个词的出现。

发达经济"新常态"的根源有两个:一是科技进步率下滑,二是凯恩斯主义需求管理的长期化和常态化。其结果,发达经济一个个陷入了流动性陷阱,并将长期在流动性陷阱中运行;由于流动性陷阱中利率已经无法降低,所以以凯恩斯主义需求管理为特征的宏观调控体系就不得不把量化宽松货币政策和财政政策作为宏观调控的主要手段。在这两个政策的作用下,经济可能会增长,但增长的质量却是下降的,经济健康状况恶化,对外来冲击的抵抗力减弱,患上了"肥胖症";经济将时刻面临债务危机、金融危机的威胁,发达经济的各种经济危机将此伏彼起,危机将成为发达经济的"常态"。要把发达经济从这种"新常态"中挽救出来,必须依靠科技革命。科技革命将带来更多、更好的投资机会和消费热点,提高投资收益率,使经济走出流动性陷阱,成功"减肥",改善经济健康状况,提高经济对外来冲击的抵抗力,降低各种危机爆发的概率。

二、我国经济运行"新常态"的具体特征

与发达经济体的"新常态"不同,我国赋予了"新常态"新的内涵。一方面,类似发达经济体,在后危机时代,我国的经济增速也在下台阶,2012 年、2013 年、2014 年和 2015 年 GDP 增速分别为 7.7%、7.7%、7.3% 和 6.9%,预计 2016 年 GDP 增速在 6.8% 左右,告别了过去 30 多年平均 10% 的高速增长。但是,即使从高速增长转为中高速增长,我国的经济发展速度在全球范围内仍然居于前列,有别于发达经济体的"新常态"。另一方面,我国也面临产业结构调整问题,这与发达国家面临的科技创新"瓶颈"类似。在"新常态"下,我国传统的以房地产投资、工业加工制造为代表的经济增长模式发展动力逐渐枯竭,新的支柱型产业尚未形成,经济增长将面临结构性的放缓。与此同时,战略性新兴产业未来发展空间巨大,已经初步形成了未来成为支柱产业的

雏形,局部的产业投资机遇凸显。

从改革和调控角度看,当前国内政治、经济和社会变化都是"新常态"的组成部分,这是一个动态概念。从中国经济发展方向来看,"新常态"应该是个静态目标,它应当具备以下特征:第一,经济达到新的平衡状态,区域经济圈的布局基本形成,新型城镇化取得显著进展。第二,创新经济领域形成持续增长的驱动力,传统经济找到可持续发展模式。第三,产业结构调整取得重要成果,服务业和消费成为经济发展的支柱,制造业基本完成升级换代,产能布局合理化。第四,企业间的竞争从产品与市场营销方面,向技术、创新、发展战略等更高层次上转变。第五,人力资源的质量显著提高,劳动效率持续提升;居民收入水平提高,社会生活需求多元化。达到上述目标的中国将成为名副其实的强国。可以预见,我国当前阶段经济仍处在寻找和构建"新常态"的阶段,距离达到上述目标依然较远,调整和产业转型升级任重道远。从动态角度而言,我们已经处于"新常态"之中,但从静态目标来看,我们距离转型升级成功后的"新常态"仍然任重道远。

第二章　国内宏观环境分析

一、宏观经济增长下行压力仍然较大

现阶段,我国经济增长下行压力仍然较大,2015 年、2016 年中国经济处于经济 L型走势的底部区域,而且 L 型走势在几年内仍将延续,中短期内难以扭转。一是通胀持续低位运行,工业通缩压力仍然较大,但有望在 2016 年探底成功。2008 年金融危机后,全球经济先陷入低谷后缓慢复苏,中国的 CPI 走势也从 2009 年的负值逐步上升到 2010 年 11 月 5.1% 的水平,并在 2011 年 7 月达到 6.45% 的高点。随后货币政策开始紧缩,物价逐步走低回稳,到 2012 年 7 月跌破 2%,此后基本维持在 2% 上下的水平。同时,PPI 在 2011 年 7 月达到 7.54% 的高位后急剧回落,在 2012 年 3 月起转为负值后,至 2016 年 5 月已有连续 51 个月为负。2016 年,中国经济增速仍将继续下行,由此带动总需求降低。但中央大力推进供给侧结构性改革,通过"去产能、去库存、去杠杆、降成本、补短板",降低过剩产能,扩大有效供给,目前已初见成效,2016 年物价有可能探底成功,2016 年 5 月 PPI 同比下滑 2.8%,但 3 月份已出现环比上涨,超过

4 年之久的工业领域通缩,有在 2016 年止跌的迹象。同时,国际原油价格触底反弹,NYMEX 原油价格已反弹至最高 50 美元/桶附近,有助于我国物价水平的触底反弹,供给侧结构性改革的重要作用正在逐步显现。二是 PMI 稳定在荣枯线附近,但 2016 年下半年下行压力仍然较大。2016 年我国经济稳增长压力仍然较大,5 月官方制造业 PMI 为 50.1,已连续 3 个月位于荣枯线上方,这主要得益于我国上半年相对宽松的货币政策推动不动产投资回暖,在供给侧结构性改革为主线的背景下,预计下半年我国货币政策将重归稳健,房地产销量将明显下行,经济下行压力将再度显现。在以"三去一降一补"为重点工作的背景下,经济增长下行的压力将长期存在。

二、短期经济硬着陆风险不大

短期而言,中国经济增速虽然尚未见底,但出现"硬着陆"的风险不大。一是我国货币政策短期内不会趋紧,利率仍将维持在低位水平。目前,我国基准利率已降至历史低位,在经济复苏迹象尚不明显的情况下,央行仍将继续推行逆周期调控政策,货币政策贸然转向的可能性不大。诚然,美元的强势升值抑制了我国货币政策进一步放松的空间,但相对宽松的流动性仍将支撑我国经济在低位运行。二是财政政策仍有发力空间。尽管地方政府债务平台压力比较大,政府债务矛盾也比较突出,不过整体上看,中国政府的债务负担率在 70% 左右,还没有超过 100%,处于可控状态。我国仍有继续加大财政政策力度的空间,预计积极财政政策将成为我国稳增长的重要手段。三是我国经济运行仍然处于增长区间。目前中国经济面临下行压力,但经济增速在全球范围内仍名列前茅,经济增速的下行并不意味着我国经济处在"衰退"阶段,特别是我国经济发展进程远没有结束,工业化、城市化、信息化、区域化和农业现代化这些趋势仍在进行,某种程度上只是改变了发展方式,增长的边际作用在递减。四是宏观调控存在底线思维。供给侧结构性改革需要稳增长营造一个积极温和的环境,化解我国经济运行中长期存在的问题,不能以完全牺牲经济增长为代价。现在看来,GDP 增速 6.5% 左右是我国"十三五"期间经济预期增长速度的底线,这一共识有助于决策层能够很快形成对经济有效管理的决策,不至于丧失政策的时效性,可以及时化解经济运行的突出矛盾。

三、"新常态"下我国经济增速底线为 6.5%

"十三五"期间,我国经济运行将步入"新常态",从高速增长向中高速增长换挡。在改革开放的前 30 年,供给端的人口红利与需求端的全球化红利是推动我国经济高速增长的两个重要因素。但随着我国经济的高速发展,人均收入水平不断提升,目前我国人均GDP已超过8 000美元,廉价劳动力时代已一去不返,同时全球经济进入"后危机"时代,总需求在逐年降低,贸易壁垒在不断增加,全球化时代进入了"瓶颈"期,这内外两大红利的加速衰退,势必促使中国经济从高速增长向中高速增长换挡。

从国际经验来看,高增长之后的"换挡"也是必然趋势。根据世界银行增长与发展委员会的统计,第二次世界大战后连续25年以上保持7%以上高增长的经济体只有13个,排除小国经济体后,剩余10个经济体基本都是从第三个10年开始减速,第四个10年能维持7%以上增速的只有中国台湾,其余经济体基本掉到了4%以下,而中国大陆目前已进入高增长的第四个10年。

我国潜在经济增速有所降低:一是新兴产业尚未成为支柱产业,自主创新难度远大于简单的模仿,因此,我国技术进步的速度在自主创新阶段难免有所下降。二是我国储蓄率逐渐下降。根据联合国《世界人口展望》的数据,未来中国抚养比会不断提升,进而导致我国消费率不断上升,储蓄率不断下降。三是劳动年龄人口不断递减,我国劳动年龄人口持续萎缩。虽然政府放开了单独二胎政策,但短期内并不会改变劳动年龄人口持续递减的趋势,劳动力供给水平的持续下降将给经济增长带来显著的负面影响。

6.5%或是"十三五"时期经济增长底线。十八大报告中提出了确保到2020年全面建成小康社会,实现国内生产总值和城乡居民人均收入比2010年翻一番的目标。根据测算,只要2016~2020年间GDP平均增长6.5%,就可以实现GDP翻倍的目标。同时,6.5%的经济增长速度对中国的经济规模而言已然很快,既能保证我国经济总需求的不断扩张,也不必出现过分的路径依赖问题。因此,预计6.5%的GDP增速将是"十三五"期间"新常态"的经济增长底线。

第三章　外部宏观环境分析

中期来看,全球流动性或重归紧平衡。以美联储加息为信号,全球流动性宽松格局面临终结,后QE时代风险资产价格将面临重估。

一、美元资产配置价值凸显

2015 年 12 月，美联储首次加息，全球资本市场震荡，美元持续升值，美元资产配置价值凸显。市场原本预期 2016 年将是美联储加息步伐最快的年度，但截至 6 月美联储仍然按兵不动，受此影响，美元指数高位盘整，年初以来下跌 4.26%，但人民币兑美元贬值趋势难改，在 6 月份维持在 6.58 附近。预计下半年美联储加息不会持续缺席，美元指数将重返强势上涨趋势，但预计 2016 年美元指数难以出现 2014 年下半年至 2015 年初大幅升值 25% 的情形，未来美元升值将是相对缓慢的过程。伴随着美国经济的稳步复苏以及美元升值预期的不断增强，固定收益类的美元资产将成为全球资金在流动性收缩环境下的配置首选。

二、强势美元对发达经济体的影响

尽管日本央行推出负利率政策，但全球资金的避险需求仍然推高日币汇率，这在一定程度上抑制了日本的出口，预计日本经济在短期内难以在"安倍经济学"的刺激下走出颓势。从经济增长的角度而言，欧元区前景要好于日本，财政政策与货币政策的双宽松有望拉动欧元区经济走出底部，但英国退欧公投将加剧欧元汇率的波动，欧元区的复苏存在一定变数；而工资增长不及预期、居民消费疲弱则增加了日本经济增长的不确定性。总体而言，强势美元对发达经济体的影响相对较小，决定发达经济运行趋势的更多是其内生经济复苏因素，目前来看，发达经济体的经济波动风险相对较小，仍然是资金的优质"避风港"。

三、强势美元对新兴经济体的影响

新兴经济体存在明显资金外流压力，但爆发金融危机的可能性较小。由于美联储加息推高美元汇率，即新兴市场货币贬值，资金将大量流出新兴市场。对于过去几年在全球超低利率环境下，大规模信贷扩张，尤其是本国企业借了大量美元债的经济体，美国加息不仅意味着利息成本上升，本币贬值也将加剧还债压力；对于资本账户完全开放的新兴经济体，以及货币政策独立性差的经济体，如新加坡、中国香港等而言，美国收紧流动性即本国收紧流动性，不利于经济的持续稳定增长。

不过，新兴市场因此爆发金融危机的可能性较小。1997 年亚洲金融危机前，多数亚洲国家货币错配严重，当地银行借入大量外债并在国内放贷，国内信贷膨胀，造成经济过热和资产泡沫，当时汇率制度僵化，在资本流动发生逆转时，政策当局试图维持汇率的稳定,积聚了很大的压力,最后撑不住的时候,导致货币崩溃和金融危机。而现在汇率灵活性已经大幅增强,近期汇率贬值也一定程度上释放了外部冲击的压力;同时,当前新兴市场的外汇储备显著超过 20 世纪 90 年代的水平,政策当局应对资金流出的能力相对较强。

四、后 QE 时代全球风险资产价格面临重估

量化宽松是应对 2008 年金融危机的非常之举,不得不承认,"直升机上撒钱"的方式确实对扩大需求、提升股市、增加就业起到了重要作用,但并没有从根本上解决全球经济结构失衡的问题。从某种程度上来讲,QE 的存在甚至掩盖了全球经济结构的种种弊端,进一步加剧了失衡因子的扩散,给全球主要经济体带来了更多的负面影响。包括资产价格的泡沫化、人均收入差距的扩大化等,这些负面因素的存在将长期影响全球政治生态环境。因此,全球经济运行需要一个"出清"的过程来化解或捅破这些失衡因子,以实现经济结构的再平衡,深层次矛盾已经到了非解决不可的阶段。此时,美联储进入加息周期,一方面将加速全球经济结构再平衡,但另一方面也将带来全球资产价格的剧烈波动,进而影响全球财富分配。理论上,在此阶段,全球比较背景下的泡沫化资产风险较大,而估值"洼地"的风险最低,在全球资产价格面临重估的背景下,"深蹲"要显著好于"跳起",而避险资产将受到过剩流动性的青睐,具有较高的投资价值。

第四章 "新常态"下资产管理行业发展特点

在 2008 年次贷危机之后,全球经济体金融体系都面临从旧常态向新常态的切换转变。中国经济运行中的"新常态"虽然并不等同于西方经济体提出的"新常态",但中国经济结构的转型升级也对资产管理行业提出了更高的要求,资产管理行业在"新常态"下也具有了新的含义和特征。

资产管理行业步入"新常态"的过程,与近几年"大资管"时代的跨界竞合与综合化经营趋势是契合的,是决策层推进市场化改革与行业自发转型升级共同推动的,也是资产管理行业主动适应宏观经济运行环境的结果。在转型过程中,资产管理行业也逐步呈现出以下几个特点:

一是居民资产配置的多元化。随着我国人口红利的消失，人力资本不断提升，这也推动了我国中产阶级的发展壮大，2015年我国人均可支配收入已经达到21 966元，特别是城镇居民人均可支配收入达到了31 195元，比上年增长8.2%，居民对于资产配置的需求达到了一个全新的阶段，并不满足于通过储蓄实现保本，而更多是对提升财产性收入的迫切需求。特别是随着我国金融改革的持续推进，资产证券化带来了投资品种选择的"井喷式"爆发，这为资产管理行业的大发展提供了扎实的基础。

二是国内股权投资飞速发展，另类资产占比不断提升。近年来，传统公开资本市场波动较大，A股牛短熊长，一线城市房地产价格持续上涨，但限购等政策的存在令广大投资者难以分享资产价格上涨的红利，同时随着国内多层资本市场的日益丰富及完善、行业监管政策的逐步落定及成熟，股权投资的财富效应更加明显。专业机构投资者正在将投资重心向未上市股权投资转移。在此推动下，2015年股权投资市场发展如火如荼。"十三五"规划利好互联网、医疗等战略新兴产业的投资；"双创"经济繁荣发展，"四众"平台不断壮大；国企加速改革掀起并购热潮；保险资金设立私募基金开闸；各省市政府争相设立政府引导基金；众VC/PE机构纷纷抢滩挂牌"新三板"，股权投资已经迎来了快速发展的黄金时期。与此同时，在中央强调金融对接实体经济的背景下，以另类资产为主的直接融资模式正在逐步取代间接融资，成为市场主导，促进实体经济融资更加"直接化"。以股权投资为代表的另类投资正在走向舞台的中央。

三是国内资产管理行业普遍面临"资产荒"。2015年至今，"资产荒"已成为中国资本市场的最大挑战，对资管行业而言，当前市场上的流动性并不紧缺，甚至泛滥，但在资产端却缺乏相对高收益、低风险的优质基础资产，导致大量资金找不到合适的投资品。"资产荒"本质是高收益资产的缺乏，实体经济回报率下行是出现"资产荒"的根本原因。具体而言，一方面是A股步入"熊市"，新增资金无处可去；另一方面是刚性兑付被打破，信用债违约风险大增，银行资金找不到相对低风险高收益的可投标的，相对较高的负债成本与相对较低的收益水平形成了"矛盾"。在当前的全球以及国内宏观经济环境下，"资产荒"仍将持续，这也是资产管理行业亟待破解的问题。

四是不良资产问题的浮现。随着宏观经济下行，我国商业银行不良资产余额和不良率持续"双升"，2016年四个季度的不良贷款余额的预测值分别是13 515.34亿元、14 393.98亿元、15 273.78亿元和16 154.80亿元，不良贷款率可能在2016年底达到1.94%。不良资产风险不仅局限于银行体系内，非银行金融机构的不良资产和非金融企业的不良资产风险也在累积，包括企业间应收款逾期、委托贷款逾期、股权资产贬值等，不良资产的风险在实体经济与金融体系中正不断蔓延。因此，对资产管理行业而言,防范风险将是"新常态"下的首要工作,特别是信用风险暴露与金融创新加速,将真正考验资管机构的风险管理能力和创新能力。

此外,在市场化改革持续推进的背景下,行政管制与市场边界正在重新划定,伴随着各类资管牌照放开,资管行业准入门槛已大幅降低,资产管理行业市场化竞争的趋势不可逆转,与此同时,中国金融市场的双向开放也将拓展资产管理行业的广度和深度,这些都是资产管理行业在"新常态"下的主要特征。

第五章　保险机构资产管理发展趋势

一、国际保险资产管理业务发展现状

保险资产管理机构普遍注重保险资金的安全性和流动性,投资风格相对其他资管机构更加稳健。发达市场的保险资金运用相较于新兴市场发展更加成熟、规范,拥有更加丰富的市场经验,因此,成熟发达市场的保险资金运用具有较强的借鉴意义。

保险资产管理机构在资管行业中的具有重要地位。根据波士顿咨询公司《2014年全球资产管理报告》,2013 年保险业资产管理总规模达到了 13 万亿美元,占全球资管总规模的 20%,根据韬睿惠悦的排名,在全球前 20 大资产管理机构中,有 3 个是保险资产管理机构。在 2009~2014 年资产管理规模最快增长的前 20 家资产管理机构中,包括英国法通保险公司、美国纽约人寿保险公司、英国保诚(Prudential)等保险公司。根据资产管理规模排名的 2014 年全球前 10 大资产管理机构中,德国安联集团(Allianz Group)、法国安盛集团(AXA Group)两家险企分别位居第 4 位、第 8 位,管理资本量分别达到了 21 892.96 亿美元、14 913.94 亿美元。

另类投资正在成为保险机构的"新欢"。数据显示,OECD 成员国的保险资金配置中,2002~2012 年,债券仍是最主要资产配置方向,平均配置比例超过 60%,这主要取决于保险机构的资金属性,险资对长期稳定现金流以及资产负债匹配的需求使得固定收益类的债券是一般保险机构的底舱资产。值得注意的是,另类投资已经超越传统的股票投资成为发达市场保险资金配置的第二大投资品种,占比达到 13.3%,股票投资作为第三大投资品种,占比为 11.4%,明显低于另类投资。可见,在发达市场中,保险机构越来越重视对另类资产的配置,特别是在后金融危机时代,对险资而言,以不动

产、基础设施、未上市公司股权为代表另类资产较股票更为"可靠"。

总体而言,近年来国际保险资产管理机构资产配置主要呈现出以下特点:一是更加追求安全性,降低风险敞口,低配高风险资产;二是重点配置美元资产,随着美国经济的企稳向好,各类资产配置自 2013 年以来呈现回流美国市场的特点;三是加大另类资产配置力度,说明在市场基础收益率有限的情况下,保险资管机构近年来对阿尔法收益的追逐有所抬头。

二、我国保险机构的资产管理发展趋势

保险机构资产管理规模持续提升。根据保监会披露的最新数据,截至 2015 年 12 月 31 日,我国保险公司总资产 123 597.76 亿元,较 2014 年增长 21.66%。其中产险公司总资产 18 481.13 亿元,增长 31.43%;寿险公司总资产 99 324.83 亿元,增长 20.41%;再保险公司总资产 5 187.38 亿元,增长 47.64%;资产管理公司总资产 352.39 亿元,增长 46.44%。保险资金运用余额从 2001 年底的 3 702.79 亿元增长到 2015 年的 111 795.49 亿元,年复合增速为 25.5%。随着投资范围好比例的逐步放开,资金运用余额在总资产中的比重从 1999 年底的 69.8%提升至 2015 年的 90.5%,保险资产管理机构可运用资金规模不断提升。

保险资管机构资产质量相对优良。保险资产管理机构投资理念相对成熟,注重安全性、收益性和流动性的有机统一,逐步形成基于资产负债匹配的长期价值投资理念,以"安全至上、风控第一"为原则,追求投资收益的可持续性与稳健性。多年来,保险资管行业从监管层到机构自身严格风控管理,资产配置相对保守,除国债及政策性金融债之外,债券投资一般有抵押担保等增信措施;A 股投资以蓝筹股投资为主,分红率较高、波动率较低;项目投资以国家或地方重点项目为主,一般做抵押担保或其他增信;存量的留存资产处置已接近尾声,新增不良资产尚未涌现。

保险资金运用范围不断拓展。近年来,保监会大幅度放开保险资金投资领域及其投资比例的限制,投资监管方式由过去的审批制调整为注册制,保险资管机构的资产配置范围大幅拓展。监管层针对股权、不动产权投资政策和海外投资政策也在进一步修订完善,进一步放宽了保险资金运用限制。目前,根据保险业"新国十条",在传统投资品种之外,保监会允许保险资金投资创业板、优先股;鼓励保险公司投资符合条件的小微企业专项债券及相关金融产品;鼓励保险资产管理机构探索设立夹层基金、并购基金、不动产基金等私募基金,支持小微企业、科技创新企业等新兴产业、新兴业态发展;支持保险资金投资创业投资基金。旨在通过不断扩展保险资金运用范围,发挥保

险资金特有的长期投资优势,推动保险资金对接实体经济、服务实体经济。

保险资产配置国际化趋势初显。近年来,保险机构着重加强海外资产配置力度,截至 2015 年 12 月,保险资金境外投资余额超过 360 亿美元,折合 2 000 多亿元人民币,占总资产比例 1.9%,仍有巨大的拓展空间。2015 年 3 月,保监会出台了《关于调整保险资金境外投资有关政策通知》,调整了保险资金境外投资有关政策,将投资范围扩大至 45 个国家或地区金融市场,同时扩大境外债券投资范围等,进一步放宽了保险业海外投资限制,给予保险机构更多的自主配置空间,加快了海外投资的步伐。在政策指引下,我国保险机构纷纷加大了海外资产配置力度,在国际市场日趋活跃。其中,以中国人寿、安邦保险表现最为突出。中国人寿先后在伦敦、纽约等核心门户城市的核心地段购买了多栋优质写字楼,并通过股权投资的方式参与了对 TPG、Uber 等优质境外企业的财务投资,安邦保险则斥巨资收购了纽约华尔道夫酒店和美国信保人寿保险公司。保险资管机构加大对海外优质资产的投资,对于规避汇率波动风险以及区域性风险有重要作用,未来保险机构境外投资力度将进一步加强。

保险资管机构加快拓展第三方业务。发达经济体的保险资管机构第三方业务在总受托管理资产中的占比较高,一般占比达到 70%~80%。2014 年和 2015 年,安联保险的第三方资产管理规模占比分别为 73% 和 72.4%。安盛保险的资产管理平台联博投资 2014 年的第三方占比为 73%,宏利资产管理的第三方资产占比在 2013 年和 2014 年均高于 86%。国内第三方业务比较突出的保险资产管理机构是泰康资产,截至 2015 年底,泰康资产受托资产管理规模超过 8 300 亿元,除管理母公司泰康人寿委托资产外,泰康资产第三方业务规模突破 3 800 亿元,其中企业年金投资管理规模突破 1 100 亿元。随着我国保险业资产规模的快速增长、新的保险主体不断涌现,以及社会财富的大幅增长,社会资金对于保险资管机构的委托资金管理需求将更加迫切。而在保监会进一步解除了保险资产管理产品发行的诸多限制背景下,国内保险资管业第三方资产管理规模有望持续提升。

第六章 另类资产是"新常态"下的可靠选择

随着我国经济运行步入"新常态",全球经济进入"后 QE"时代,全球资本市场的动荡不可避免,美联储加息导致美元升值趋势强化,新兴市场资本外流将常态化。同时,美联储加息必然导致美债价格下跌,美股大概率高位回调,传统的金融市场中缺乏真正安全可靠的避险资产。相较之下,另类资产因其能够部分规避经济周期波动、获取长期稳定绝对收益的特征或成为"新常态"下的优质资产,西方成熟市场的经验也表明,另类投资的发展空间仍然巨大,保险机构应当加强对另类资产的配置比例。

一、另类投资的特征

保险资金进行的资产管理业务,主要集中于传统投资领域与另类投资领域。其中,传统投资主要是指股票、基金和债券等公开市场可交易品种。而另类投资在中国则主要是股票、基金、债券投资外的投资。广义的另类投资就是除股票、基金、债券投资外的所有投资类别,主要包括私募股权投资、房地产、对冲基金、基础设施、大宗商品、艺术品等多个领域,衍生品投资和以传统投资为标的创新金融产品投资也都涵盖在内。狭义的另类投资通常以私募股权投资、不动产投资和对冲基金为主。目前,保险系资产管理公司在资金配置比例上较为向传统投资倾斜。但是,随着近年来资本市场的持续低迷,已经有越来越多的资产管理公司将视线转移至另类投资,虽然部分业内人士将另类投资称为非主流投资,然而仅从关注度和活跃度来看,另类投资已远远超过传统领域。

近些年,保险系资产管理公司的创新业务主要集中于另类投资领域。因此我们有必要对另类投资的特征进行梳理。另类投资在投资理念、投资领域和投资方式等方面与传统投资存在较大区别:

一是在市场选择方面:另类投资认为市场未必有效率,许多企业或项目的价格没有体现其内在价值,并且离公开交易平台越远,其价格与价值的偏差就越高,因此另类投资市场主要选择非上市企业和项目,同时也关注上市公司中价格与价值偏差较大的企业投资。

二是在投资组合方面:与传统投资组合理论分散投资不一样,另类投资强调在专业的投资领域,通过积极的、专业的投资管理降低风险,提高收益。

三是在收益获取方面:另类投资的高收益不一定依赖承担高风险获得,而更多依靠稀缺资源的获取能力、投后管理的增值能力和跨越市场的套利能力获取超额收益。很多优秀的基金(如耶鲁基金)业绩表明,其风险调整后的收益远高于其他领域。

此外,另类投资还具有进入门槛高(通常是高净值个人投资者和实力较强的机构投资者)、透明度低(无公开信息,每月或每季向投资者报告)、退出期限灵活性低(锁定期6个月到12年甚至更长)等显著特点,与保险资金追求长期、安全的投资回报具有天然的契合性。而保险资金久期长的特征,也非常适合参与另类投资。

二、另类投资的国际发展趋势

在资产管理行业,西方发达国家一直致力于创新,其中以另类投资为代表的创新型投资业务发展最为引人注目。

以另类投资为代表的创新型资产管理业务在历史沿革上主要经历了四个阶段。最早起源于 1946 年在美国开始的风险投资业务是资产管理行业另类投资业务的萌芽。在 20 世纪六七十年代,很多美国大公司开始设立自己的风险投资业务,但是多数在 20 世纪 70 年代中期的经济低谷中被解散,这是另类投资发展的起步阶段。此后,私募股权业务成为另类投资业务的主要形式。1978 年,美国当局放松了对于私募股权投资的管制并且第一次允许养老金进入到私募股权投资市场,新资本的涌入直接推动了私募股权投资的第一轮高速发展,同时也让险资的资产管理业务有了实质性的突破,不过,1987 年的美国股市暴跌使私募股权投资陷入了低潮。到了 20 世纪 90 年代,伴随着全球经济的崛起,私募股权投资又迎来了新的发展高潮,在此时期,私募股权市场的规模大大提升,风险投资空前活跃,并在互联网泡沫中达到了极致。但是,随着互联网泡沫在世纪之交的破灭,以另类投资业务为代表的资管管理创新再度陷入了低谷。21 世纪以来,全球经济的高速增长和充足的流动性推动资产管理创新性业务进入了新的高潮阶段,到了 2007 年,全球杠杆并购市场的总交易金额达到了 6 960 亿美元的规模,不过在 2008 年金融危机后,以私募股权为代表的另类投资进入了新的调整期,但从 2010 年开始逐步回暖。

在 20 世纪,以另类投资为代表的资产管理创新业务由于对投资者素质以及资金门槛要求过高,因而与普通大众存在着较强的距离感,并不为广大投资者所熟悉和使用。但到了 21 世纪,随着金融工具的不断创新,另类投资不再仅仅局限于少数机构投资者和高净值个人,开始受到越来越多的关注并成为与传统主流投资并重的投资类别。从 2005 年到 2011 年,全球另类投资市场的管理资产规模达到了 6.5 万亿美元,年均增长率高达 14.2%。近年来,机构投资者对另类投资的重视程度更是日益提升。根据麦肯锡公司和机构者协会在全球范围的调研,2010 年机构投资者配置在另类投资的资产比例平均为 21.7%,在 2013 年末上升至 23.6%,北美地区的机构投资者更为激进,其 2010 年的另类投资配置比例平均达到了 25%,并预计将继续提升。从罗素(Russell)2012 年另类投资报告的数据中,也可以看到与麦肯锡公司类似的结果,在罗素对全球受访者的调查中,94% 受访者配置了另类投资,平均配置比例达到

22.4％。

保险资金适合参与另类投资。由于可用于投资的保险资金来源于保险机构的保费收入,而保费收入大部分由期限较长的寿险产品和稳定增长的财险产品构成,因此保险资金投资久期长,追求长期、稳定、安全的投资回报,对标的资产流动性要求相对较低。对于保险、养老金等负债端期限较长的投资者来说,将能够充分享受长期限资产所带来的相对高收益,规避上市资产价格的周期性波动,非常适合参与另类投资。在近二三十年的发展中,国际保险机构参与到另类投资的程度不断加深。除了在资产配置方面更多向另类投资倾斜外,全球领先保险机构的另类投资业务也完成了从内部机构向市场化机构的转变,从管理自有保险资金为主演化为以管理第三方资金为主。根据英国另类投资研究机构 Preqin 的统计,在全球投入到私募股权投资的所有资本中,公众养老基金占比最高为 29％,保险机构占比在 8％左右,与主权基金的占比接近。因此,保险机构是另类投资市场的最主要参与者之一。根据 Preqin 的调研,在保险行业,另类投资配置比例在 5％～10％,比如 AXA 的不动产为 6％,PE 及私募债为2％,瑞士人寿不动产 13％,PE 及对冲基金为 1％～2％。相较之下,虽然近年来国内保险机构逐渐加大了对另类资产的配置力度,但整体上另类资产仍然处于"低配"的状态。到 2014 年 6 月末,中国人寿在基础设施和不动产债权计划(累计 626 亿元)、项目资产支持计划、理财计划、保护质押贷款和信托计划(合计 375 亿元)等配置 1 437 亿元,占比由年初 6.8％上升到 7.3％;中国平安债权计划、理财产品(信托计划和银行理财等)总额超过 1 700 亿元,占比由 2014 年初的 8.7％上升到 12.6％。总体而言,国内保险资产管理机构正在逐步加大对另类资产的配置力度。

第七章　险资投资另类资产的政策友好度持续提升

最近 10 年,针对保险业资产管理的监管政策逐年放开,监管层对于另类投资提升险资整体收益水平的认识更加清晰,险资进行另类投资的政策环境得到了持续的改善。

2006 年 3 月,《保险资金间接投资基础设施项目试点管理办法》的颁布允许保险资金间接投资基础设施项目,其中人寿保险公司投资比例限制为 5％。2009 年,新《保险法》的颁布进一步放开了不动产等投资渠道;2009 年 12 月,保监会起草了《保险资金运用管理暂行办法（草案）》，对保险资金各类投资进行了原则性的规定。其中，涉及不动产、股权等当时较为较敏感领域的投资。

2010 年 7 月，保监会发布了《保险资金运用管理暂行办法》，随后又发布《关于调整保险资金投资政策有关问题的通知》。《资金运用管理办法》将股票和股票型基金的投资比例设置为合计不高于 20％，未上市公司股权及相关金融产品的投资比例不超过 5％，不动产及相关金融产品的投资比例不高于 10％，基础设施等债券投资计划不高于 10％，对其他企业实现控股的股权投资的累积投资成本不得超过其净资产。至2010 年，我国保险资金运用的新的监管框架基本成型，同年，根据《资金运用管理办法》的精神，出台了进一步细化相关投资规定，如《保险资金投资股权暂行办法》、《保险投资不动产暂行办法》等。

2012 年以来，保监会连续出台资金运用监管政策，大幅放宽了保险资金投资范围。2012 年，保险投资政策取得重大突破，出台了"保险投资新政十三条"，涉及保险资产管理范围和保险投资渠道两大方向，并就拓宽保险资产管理范围和险资委托投资征求意见，保险公司将可以参与投资银行、证券和信托等发行的投资品种，以及委托其他投资管理机构管理保险资金，实现了与银行、证券、信托的对接。

2014 年，《关于加强和改进保险资金运用比例监管的通知》下发，规定了权益类资产、不动产类资产、其他金融资产和境外投资的账面余额的投资比例上限。此举是近年来规范和松绑保险资金运用监管的延续和重大突破。紧随而至的保险业"新国十条"鼓励保险资金利用债权投资计划、股权投资计划等方式，支持民生工程和国家重大工程；鼓励保险公司通过投资企业股权、债权、基金、资产支持计划等多种形式，为科技型企业、小微企业、战略性新兴产业等发展提供资金支持。随后，保监会下发通知，允许保险资金投资创业投资基金支持创业企业和小微企业健康发展。

随着保险投资新政的密集出台，保险资金的投资渠道大幅扩宽，保险资金运用的市场化程度大幅度提升，保险公司对基础设施债权计划、股权及不动产计划以及信托等非标类金融产品的投资规模明显提高，通过另类投资，险资实现了与实体经济的直接对接，建立了中长期投资收益的优势。我国保险资金投资范围和比例方面监管政策变化如表7—1所示。

表 7—1　　　　　　　　我国保险资金投资范围和比例方面监管政策变化

时　间	文　件	账面余额限制
2003 年 1 月	关于重新修订《保险公司投资证券投资基金管理暂行办法》的通知	基金≤15％×上季度末总资产
2005 年 2 月	关于保险机构投资者股票投资有关问题的通知	股票≤5％×(上年末总资产－投连万能产品资产)
2005 年 6 月	关于保险外汇资金投资境外股票有关问题的通知	境外股票≤10％×外汇局核准投资付汇额度,仅限中国企业在境外发行的股票
2010 年 7 月	保险资金运用管理暂行办法	a. 活期存款、央票、政府债券、政策性银行债券和货基等≥5％×上季度末总资产
		b. 基金≤15％×上季度末总资产,基金＋股票≤25％×上季度末总资产
		c. 境外投资≤15％×上季度末总资产,范围扩大至债券、基金和股票
		d. 基础设施债权投资计划≤10％×上季度末总资产
2012 年 12 月	关于保险资金投资有关金融产品的通知	a. 理财产品、信贷资产支持证券、集合资金信托计划、专项资产管理计划和项目资产支持计划等≤30％×上季度末总资产
		b. 基础设施投资计划和不动产投资计划≤20％×上季度末总资产
2014 年 1 月	关于加强和改进保险资金运用比例监管的通知	a. 权益类资产≤30％×上季度末总资产
		b. 不动产≤30％×上季度末总资产
		c. 其他金融资产≤25％×上季度末总资产
		d. 境外投资≤15％×上季度末总资产

资料来源:中国保险监督管理委员会。

第八章　险资参与另类投资的资产选择

目前在国内的另类投资市场中,受到保险资金普遍关注的另类资产选择一般包括未上市公司股权、商业不动产物业、基础设施以及养老社区。

一、险资参与股权投资的优势与意义

由于保险资金所具备的一些特性,险资在参与股权投资中具备一些先天优势。

首先，可参与久期较长的投资项目。由于保险资金来源的特点，特别是寿险资金，保险资金普遍具有长期稳定的特征，因此，保险资金在投资长期项目时不存在期限错配的风险。在投资项目的甄选上，保险资金实际上的可投范围要多于一般的股权投资公司，特别是相较于银行系资产管理公司而言，保险类的资产公司具有天然的久期优势。

其次，对预期收益率相对较低的需求与一般股权投资公司形成化差异化竞争。股权投资的回报率较高，因此得以吸引了市场上的各类资金蜂拥而至，其中不乏具备超强专业性的超级 PE 机构，如美国的 KKR、黑石、TPG 等。但是，由于保险系的资管公司对于投资的安全性的要求要高于收益性，因此，保险机构并不会涉足部分高风险高回报的项目，不会在早期即进入股权投资阶段，一般在 PRE－IPO 阶段进入较多，因此与顶级的 PE 公司在投资阶段与投资收益上形成了差异化，并不存在直接竞争关系。同时，保险资金可以作为项目长期资本金的特征也吸引专业的 PE 类公司主动寻求与保险资金的合作，通过收益条款的设置来各取所需，并承诺保险资金相对稳定的回报。在某种意义上来讲，保险机构的资产管理公司在资本市场上更具有主动性。

最后，可投资金总量大，议价能力强。保险资金的总体规模目前仅次于银行与信托，且投资途径与比例正在不断放开，在宏观经济未明显好转的背景下，保险资金量大、投资周期长的特点将明显提升议价能力，因此在对项目的预期收益率上或者风控措施上可以提出更高的要求，以确保投资的安全性与稳健性。

二、险资参与不动产投资的优势与意义

保险资金具有投资周期长、可运用资金总量大的优势，与不动产投资对资金的需求正好契合。一方面，保险资金可以通过信托等方式充分满足房地产开发企业的融资需求，因此，保险资金在参与不动产投资的过程中具有较强的议价能力。另一方面，保险资金在属性上天然适合不动产投资，由于保险资金对稳定的现金流较为看重，因此，投资不动产并获取稳定的租赁收入是保险资金的重要收入来源。同时，保险资金的长期性特征，能够令险资在收购不动产后长期持有，而不动产具备抗通胀、长期保值增值的特征，因此在获得定期的租赁收入的同时，保险资金还能够分享不动产的长期升值，实现现金流与总资产的双向增长。因此，保险资金是商业不动产二级市场的重要参与者，而对不动产的配置也在保险资金资产配置组合中占据重要比例。

三、险资参与基础设施建设投资的优势与意义

从投资的收益和风险来看，投资基础设施建设的收益相对比较稳定，比较符合保

险资金安全性、收益稳定性、支付确定性的"三性"要求。同时,基础设施建设项目保值增值的特点有利于寿险公司控制通货膨胀风险,尤其适合需要长期投资的寿险资金。而且基础设施的投资特点与来自于传统固定利率的寿险产品的资金特点恰好相吻合。

在国际资本市场上,公共机构贷款者拥有的巨额资金,为世界上许多发展中国家的大多数能源、运输、电信和其他基础设施项目提供相当可观的资金。

通过长期投资基础设施建设,可防止通货膨胀对保险产品造成的利差损的不利影响。此外,由保险公司直接承接地方性地产及基础设施建设项目,能通过运用保险精算方式对项目的风险进行财务与经济分析并在市场上公开。这种投资行为除对保险公司在当地经济建设的声誉有长足提升外,也对当地经济发展本身起到重要的支持和促进作用。

与此同时,投资地方基础设施建设有利于支持保险主业发展。以政府投资类项目为契机,保险公司可以与地方政府签署战略合作协议,与地方政府就城乡居民大病保险、新农合经办等业务开展合作。

四、险资参与养老养生产业投资的优势与意义

2013 年 8 月 16 日,国务院总理李克强主持召开国务院常务会议,研究确定深化改革加快发展养老服务业的任务措施。会议提出,到 2020 年全面建成以居家为基础、社区为依托、机构为支撑的覆盖城乡的多样化养老服务体系,把服务亿万老年人的"夕阳红"事业打造成蓬勃发展的朝阳产业,使之成为调结构、惠民生、促升级的重要力量。根据国务院常务会议精神,国务院印发了《关于加快发展养老服务业的若干意见》(国发〔2013〕35 号)、《关于促进健康服务业发展的若干意见》(国发〔2013〕40 号),提出了加快发展养老服务业和健康服务业的总体要求、主要任务和政策措施。无论对养老服务业、健康服务业还是消费者来说,这一文件都极具里程碑意义。开启了养老服务业、健康服务产业的新一轮公开竞争,并对整个养老产业、健康产业的良性发展提出了更高的要求。2014 年的新"国十条"明确鼓励保险机构投资养老服务产业。在养老产业和健康服务业用地保障方面,新"国十条"明确要求,各级政府要在土地利用总体规划中统筹考虑养老产业、健康服务业发展需要,扩大养老服务设施、健康服务业用地供给,优先保障供应;鼓励符合条件的保险机构等投资兴办养老产业和健康服务业机构。

到 2020 年,我国要基本建立覆盖全生命周期、内涵丰富、结构合理的养老服务业和健康服务业体系,基本满足广大人民群众的健康服务需求,使健康服务业总规模达到 8 万亿元以上,其中包括大幅提升医疗服务能力,提高健康管理水平和服务水平,进

一步完善健康保险服务,扩大健康服务相关支撑产业规模,不断优化健康服务业发展环境。

保险资金进入养老养生产业具有先天优势。这不仅仅源于保险资金的来源同养老养生产业的需求存在高度重合性,更源于养老养生产业投资与保险主业显著的互相带动作用。一般而言,在养老养生行业内,相较于房地产开发商,消费者对于保险公司的品牌认可度更好,存在更强的信任感。而我国保险公司在追求盈利的同时,也承担起了一定的社会责任。此外,保险资金的长期性和稳定性也恰如其分地与养老养生产业不追求眼前效益而是利在长远的特性相吻合。因此,保险资金在参与养老养生产业投资时具备显著的先天优势,而对保险资金而言,如何把握住养老养生这个"朝阳"产业带来的历史性机遇,实现对一直以来表现强势的银行资金的"弯道超车"才是保险公司最应该考虑的。养老养生投资极有可能成为险资实现资产管理创新的最佳突破口。

五、险资参与另类投资的其他投资机会

针对不良资产的投资,有望成为险资参与另类投资的新蓝海。据有关部门统计,中国的不良资产总规模将超过 10 万亿元,不良资产的大量涌现对我国金融体系将产生一定的冲击,但其中也蕴含着机遇。不良资产具有逆周期、滞后性的特点。经济出现调整之后不良资产供给会大幅上升,此时不良资产由于明显折价,将出现一定的投资机遇。特别是部分不良资产受困于现金流和高杠杆率,其资产本身质量并非"不良",比如 20 世纪 90 年代保险机构大量存在的不良资产,目前来看,很多留存的不良资产摇身变为了优质资产,为保险机构带来了额外的收入。而保险机构一般有处置不良资产的经验,因此在不良资产投资领域,保险机构存在确定性的投资机会。目前,国内不少机构已经涉足不良资产处置行业,如九鼎集团旗下的九信资产主要业务就是不良资产经营、债权及夹层产品投资,目前国内主流不良资产投资机构通过不良资产包的持续处置可为投资者提供超过 8% 的预期年化收益。对保险机构而言,通过有效盘活存量资产实现对不良资产的逆周期投资或是当前 L 型经济环境下的不错选择。

第九章 "新常态"下的险资另类资产配置宏观策略建议

根据不同标的资产的特征与市场容量,保险资金进行另类投资应当强调资产配置策略,基于自上而下的宏观形势判断,结合险资的收益预期与风险偏好,对资产配置进行优化与再平衡。

其中,基础设施投资在另类投资中应当起到"底仓"的作用,这主要源于基础设施投资规模大、投资期限长、收益相对固定,且基础设施投资一般有地方政府信用背书,一二线城市的地方政府财政安全性较高,因此适合险资进行大规模配置,是保险资金配置另类资产投资"上量"的首选。与基础设施投资类似,不动产投资也应当在另类资产配置比例中占据较大份额,相较于基础设施投资,在全球资产配置中不动产投资所扮演的角色更加重要,不过在"新常态"下我国不动产市场将出现分化,优质项目较为稀缺,因此在国内市场对不动产配置的份额不应超过基础设施。股权投资存在高风险高收益的特征,可以作为险资另类投资的"明星"项目,起到对资产配置"提质"的作用,但在投资规模上应当加以控制,并且强调分散化的组合投资,以控制局部风险爆发对整体资产收益的影响。养老产业不受经济周期波动影响,具备最稳定的收益,但回报期长,其他社会资本大多难以为继,保险资金、特别是寿险公司投资养老社区具备天然的优势,并且与保险主业结合密切,是最适合保险资金进行战略性配置的资产,不过由于短期养老产业投资不会产生明显收益,因此保险机构对养老产业、特别是养老社区的投资应当是渐进性的。在具体的战术性策略配置建议上,针对"新常态"时期的特征,主要提出以下策略建议:

一、构建以股权投资为核心的超额收益策略

在全球经济步入周期性调整、我国经济进入"新常态"的背景下,在资产配置上应当主动构建防御性的跨品种、跨行业、跨区域的另类资产组合投资,加强风险对冲操作,将风险敞口降至最低。但是,这种防御性的配置策略不应当简单地理解为"现金为王",而是应当以价值投资为理念,通过积极地对投资组合进行再平衡和分散化投资,构建基于逆向投资的另类资产投资策略。其中,股权投资是另类投资的核心竞争力,也是另类资产配置取得超额收益的关键,通过合理的组合投资策略和价值择时策略,可以实现股权投资的低风险、高收益。

历史经验表明,长期投资组合要偏重股权投资。根据杰里米·西格尔在《股市长线法宝》一书中的数据,从1802年到2005年两个多世纪里,投资于美国股票的1美元可以增值到1 030万美元,同期的长期国债只是增值到了19 500美元,而同期1美元的现金投资只能增加到4 800美元,不同投资工具的长期收益高下立判。

利用长期组合投资分散股权投资的风险。根据基本的金融理论,高收益是时刻伴

随着高风险的。但是,现代投资组合理论首倡者哈里·马科维茨认为,分散化投资可以在不牺牲预期收益的情况下降低风险水平,因此,通过分散化投资,投资者将组合资产分散到对市场因素反应不同的各种资产类别中,将构建出一个更加有效的投资组合。若忽略短期市场波动导致的股价涨跌,从长期而言,通过组合投资一揽子公司股权实现总体价值的提升相较于其他资产是最具优势的。

二、构建以价值判断为基础的逆向择时策略

事实上,简单地根据宏观经济运行的主观判断而运用择时策略有悖于严格的投资组合管理原则。一般情况下,成功的择时策略往往只存在于臆想中,因为择时会助长投资者基于交易需求的投机心理,且明确的买入与卖出时机很难把握。但是,若基于价值判断的基础,在资产价格存在明显溢价及至产生泡沫之时敢于卖出,在资产价格明显低估的时候敢于买入,这种具有明显逆向思维的择时策略,其成功率从长期来看较高。值得注意的是,区别于传统公开市场投资,另类投资项目周期长、投资兑现存在较大不确定性,而且流动性较差,因此另类投资进行择时策略时应尽量减少短期行为,而是更多地进行基于价值投资的长期投资,只有在金融市场偶有“失灵”和极端狂热的情况下,进行主动地逆向择时策略。

对看不清发展方向的行业进行股权投资要多一分谨慎。部分行业区别于传统行业的估值体系,盈利模式尚不清晰,市场往往基于“预期”给出一个超出价值投资范畴的估值水准。作为险资,应当适当降低风险偏好,对看不清未来发展方向或盈利模式的行业采取相对谨慎的投资策略,切忌通过随行就市的相对估值水平对资产进行定价,因为根据 2000 年纳斯达克泡沫的破灭以及前期创业板神话的破灭,随行就市的高估值以及所谓的行业市值故事本身可能就意味着泡沫的普遍存在,这种泡沫的存在最终一定会从二级市场传导至 PE、VC 市场。基于保险资金来源于保费、对资金的安全性要求高于收益性要求的现实,对部分高估值的行业不宜过早介入,通过夹层基金或者在 PRE—IPO 的阶段进入,赚取相对稳定的利润是较为稳妥的策略。

把握资本市场的低迷期,积极发掘低估的行业龙头企业。股权投资应当把握风险资产估值下移的有利时机,以较低的成本获取优质企业股权,既可以深入发掘行业内规模较大、有清晰商业模式及良好盈利但未上市的行业龙头企业,也可以通过 PIPE 的方式投资于已上市但股价严重低估或被错杀的行业龙头企业。

三、构建全球化资产配置策略

增加境外投资,分散区域性风险。伴随着我国人口红利的逐步消退,我国房地产

市场已发生趋势性的改变,产业结构调整稳步推进,以往依赖于国内房地产市场以及地方基础设施投资的策略在"新常态"下已经很难带来超额收益。与此同时,在美联储进入加息周期的背景下,美元将在数年内维持强势格局,这将改变量化宽松以来全球的资金流动格局,全球经济体将面临趋势性的流动性收缩局面,部分缺乏扎实经济基本面支撑的新兴经济体将面临资本大幅外流的现实。我国经济基础较好,能够有效应对资本外流对资产价格带来的波动,但是,从投资收益和资金流向的角度来看,以美国为代表的发达市场将迎来获取相对收益的阶段。因此,加大境外资产配置,特别是美元资产的配置,是应对全球风险资产价格再平衡风险的必要之举。

具体而言,一是加大对美元金融资产的配置。美国具备天然的创新土壤,且融资上市的路径更多,股权投资产品更加丰富、退出渠道更加成熟,估值相较于国内同类企业更加合理,因此应当增加对美国创新型企业的股权投资力度。一方面,可以通过直接投资增加对美国优质创新型企业的股权投资力度;另一方面,在境外投资能力有限的前提下,可以甄选专业优秀的境外基金管理团队,以间接投资的方式通过认购美元PE基金或者母基金间接参与美国优质企业的股权投资机会。二是适当加大对欧美发达地区商业不动产的投资力度。目前,新兴市场门户城市的不动产价格已经接近发达国家核心城市价格,在资本持续外流的背景下,未来面临较大的资产价格下跌风险,应适当予以规避,而部分发达国家的核心门户城市租售比仍处于合理区间,具备一定的配置价值。但是,鉴于伦敦、纽约、悉尼等一线门户城市的商业不动产价格近年来持续攀升,已接近合理价格区间的上限,因此在具体项目选择上应当宁缺毋滥,在投资方式上也应当提升间接投资比例,增加对境外不动产基金以及 REITS 等资产证券化产品的投资,适度提升不动产资金配置的流动性。

参考文献

[1]巴曙松,刘少杰,杨惊等.中国资产管理行业发展报告——新常态下的大资管转型[G].北京:中国人民大学出版社,2014.

[2]曹阳."新常态"下的另类资产配置策略[G]//曹德云,万放等.中国保险资产管理业发展战略与对策:"IAMAC2015 年度征文"论文集.上海:上海财经大学出版社,2016:137-144.

[3]陈文辉.保险资金股权投资问题研究[M].北京:中国金融出版社,2014.

[4]陈文辉.新常态下的中国保险资金运用研究[M].北京:中国金融出版社,2016.

[5]迟福林.转型抉择——2020:中国经济转型升级的趋势与挑战[M].北京:中国经济出版社,2015.

[6]大卫·F.史文森.机构投资的创新之路[M].北京：中国人民大学出版社,2015.

[7]段国圣.保险资产管理公司的转型与发展[G]//曹德云,万放等.中国保险资产管理业发展战略与对策:"IAMAC2015 年度征文"论文集.上海：上海财经大学出版社,2016:73-83.

[8]高谦,朱启兵.走出中期底部尚需时间[R/OL].北京：民族证券.2015-08-04.

[9]胡舒立.新常态改变中国——首席经济学家谈大趋势[G],北京：民主与建设出版社,2014.

[10]霍华德·马克斯.投资最重要的事[M].中信出版社,2012.

[11]姜超,顾潇啸.增长以民为本,转型仍靠改革——"十三五"规划展望[R/OL].上海：海通证券.2015-07-29.

[12]杰里米·J.西格尔.股市长线法宝[M].北京：机械工业出版社,2009.

[13]李慧勇.步入新周期——十三五中国经济的五大趋势[R/OL].上海：申万宏源研究所,2015-07-27.

[14]林毅夫.解读中国经济[M],北京：北京大学出版社,2014.

[15]邱冠华,管清友.新常态经济——中国经济新变局[M].北京：中信出版社,2015.

[16]张晶."十三五"经济增长目标应该定多少[R/OL].南京：华泰证券.2015-07-31.

[17]郑智等.中国资产管理行业发展报告(2015)——跨界联动资产重构的丛林时代[G].北京：社会科学文献出版社,2015.

[18]中国保险资产管理业协会.2015 年中国保险资产管理发展报告[R/OL].2016-03-30.

投资时钟理论失效后险资资产配置与国际比较研究

申万菱信基金管理有限公司

摘要

2004 年以前,投资时钟理论高度适用于大类资产配置。投资时钟理论揭示了经济增长、通货膨胀与大类资产配置策略之间的基本关系,即大类资产轮动与经济周期阶段之间存在互动关系:衰退阶段的债券、复苏阶段的股票、过热阶段的大宗商品和滞胀阶段的现金。这些都是各个阶段的最优选择。

但 2008 年金融危机之后,QE 的实施令传统投资时钟理论开始失效,宽松主导了市场。QE 推出后过量货币"脱实向虚",利率和风险偏高取代实体经济,成为影响金融资产价格的主要影响因素,以至于出现了实体经济不好但金融资产价格却迭创新高的局面。其中,宽松货币政策成为资本市场的主要影响因素,货币的流向决定了大类资产的配置方向,这在美国、欧洲和日本市场上都得到了验证。对未来资产价格趋势的展望如下:

(1)债市继续向好。国内物价维持低迷,货币政策转向时点远未到来,2016 年降息、降准可期,资产配置荒下资金将持续流入债市,利率下降将是趋势。

(2)改革创新仍在,股市震荡向上。从影响股市风险偏好的三大因素看,3 季度"去杠杆"导致风险偏好大幅下降,因而短期难以恢复。但创新仍在不断推进,改革仍在稳步推进,只不过是之前市场预期太高,因此我们依然对政府的改革抱有期望,尤其是"供给侧"改革将持续推升股市的估值水平。

(3)大宗商品进入"长冬"。一是加息预期背景下美元强势,大宗商品较难有大行情出现,二是作为全球经济增长的重要引擎,中国是世界上最大的铁矿石、铜等大宗商品的需求国,而中国经济减速、需求疲软将全面影响全球大宗商品需求,最终将传导至上游资源品价格。除非,美国 2016 年加息节奏骤然放缓、中国经济复苏,那么大宗商品价格或将迎来一波反弹。

通过国际比较研究,我们发现 OECD 国家保险资金资产配置的六大特点:其一,无论是寿险还是非寿险资产,投资于债券的比重都是很高的;其二,寿险资金中对于债券的配置比重一般高于非寿险资金,尤其是寿险更偏好于长期债券;其三,在股票配置比例上,对于大多数国家,股票是继债券之后的第二大投资品,且非寿险在股票上的配置比例略高于寿险;其四,不少国家的保险资金从事贷款业务,且比重不小,普遍在5%~20%;其五,对房地产的投资在各国的保险资产配置中均较少,一般小于 10%;其六,2008 年金融危机后,OECD 国家的保险资金大幅减持了房地产和股票资产,加大债券及各类贷款的配置比重。

下面介绍中国保险资金特点和保险资产配置趋势。保险资金的特点取决于保险产品的特点,总体而言,保险资金具有长久期、低风险和因负债成本增加而寻觅高收益这三大特点。而保险资产配置则呈现出以下三大趋势:一是规模不断增大,资产配置多样化以提升收益率;二是大类资产配置结构中以存款和债券为主,权益类和非标投资持续增加;三是在债券配置结构中,低风险的利率债和长久期的次级债为主要部分,短融配置很少。

利率长期下行背景下的险资配置建议之一:首选固定收益资产,从非标到利率债。由于保险负债长久期、低风险的特点,固定收益资产依然是保险资金配置的首选。在刚兑打破之前,无风险利率下行可能受阻。此时,建议继续优先配置高收益、低风险、有政府信用背书的非标资产。在非标配置达到监管上限后,高评级信用债和利率债也可配置。待刚兑打破后,国债、地方债的政府信用会真正回归,不同资质的信用债会表现分化,因而利率债的避险价值和配置价值凸显。在这一过程中,无风险利率下行,利率品是较好的配置。

利率长期下行背景下的险资配置建议之二:权益类伺机而动,多样化配置分散风险。我们认为权益"牛市"仍需等待利率真正下行与风险偏好回暖,但未来资产轮动依然可期。当风险偏好底部回升,权益类资产将迎来"牛市"。同时,也应通过多样化配置分散资产风险,可关注股权投资和直接项目投资的结构性机会,如健康医疗、消费服务等经济转型和国企改革领域的基础设施及股权投资,增强资产组合收益。

关键词

投资时钟　保险资金　资产配置　对比研究　配置建议

第一章　货币政策主导市场致投资时钟失效

第一节　投资时钟理论及经典案例

投资时钟理论基于产出缺口和通货膨胀的变动方向,指出在经济周期的衰退、复苏、过热和滞胀四个阶段,债券、股票、大宗商品和现金等大类资产的表现存在着对应的轮动关系(见图1-1)。投资时钟理论揭示了经济增长、通货膨胀与大类资产配置策略之间的基本关系。尽管不同国家在不同的经济周期中的表现可能有些差异,但投资时钟理论对2004年之前大类资产配置的方向和轮动关系的描述仍是较为准确的。

具体来看,投资时钟理论分四个阶段:

衰退阶段(增长下行,通胀下降):经济增长疲软,过剩产能驱动通胀下行,实际收益率下降。央行为促进经济增长重回长期趋势,往往实施降息等宽松货币政策,推动收益率曲线下移,债券成为表现最优的资产大类。

复苏阶段(增长恢复,通胀低位):宽松货币政策取得效果,经济增长加速,同时仍有部分产能未完全利用,通胀继续下降。企业利润恢复的同时央行仍维持宽松货币政策。债券收益率维持低位,股票价格快速提升,股票成为表现最好的资产大类。

过热阶段(增长上行,通胀反弹):经济增长上行至长期趋势上方,产能约束显现,通胀开始反弹。央行启动加息等紧缩货币政策以避免经济持续过热,推升收益率曲线,债券表现极差,股票盈利仍然不错但货币紧缩导致其估值压缩,大宗商品成为表现最好的资产大类。

滞胀阶段(增长下行,通胀高位):经济增速下滑但通胀仍然抬升,企业盈利下滑导致股价下跌,仍在上涨的通胀对央行出台的宽松货币政策形成约束,导致债券的上涨空间也较为有限。同时,需求下滑导致大宗商品价格走弱,持有现金成为这一阶段的

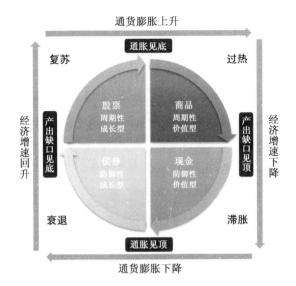

资料来源：申万菱信基金、海通证券研究所。

图 1－1　投资时钟理论

最优选择。

　　总而言之，投资时钟理论从产出缺口和通胀变化相互关系的角度将一个完整的经济周期分为四个阶段，展示了经济从衰退、复苏、过热到滞胀的循环过程中，债券、股票、大宗商品和现金等不同大类资产受到的不同影响，并揭示了在经济周期变化过程中大类资产表现的轮动关系。大类资产轮动与经济周期阶段之间存在互动关系是投资时钟理论的核心。产出缺口、通货膨胀与经济周期变化的关系如图 1－2 所示。

　　美国 1973～2004 年间经济周期的变化和大类资产轮动间的关系，与投资时钟理论的预测基本吻合，成为投资时钟理论的经典案例。基于 OECD 对美国产出缺口的估计数据，以及美国 CPI 同比增速，我们可将美国 1973 年 4 月～2004 年 7 月间共 375 个月的经济表现划分为 4 个不同的经济周期阶段。其中，通胀下降时期（衰退期、复苏期）与通胀上升时期（过热期、滞涨期）总时长基本持平；同时，经济增速放缓时期（滞涨期、衰退期）显著短于经济增速上升时期（复苏期、过热期），这一点也符合经济增长下滑往往较快，而复苏则更为稳健的特征。美国经济周期阶段频率与持续时间如表1－1所示。

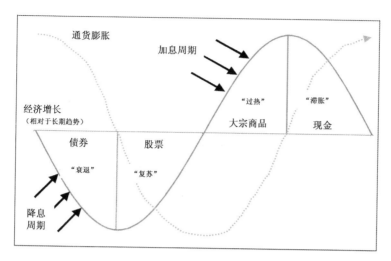

资料来源：申万菱信基金。

图1-2 产出缺口、通货膨胀与经济周期变化

表1-1　　　　　　　　　　美国经济周期阶段频率与持续时间

经济周期阶段	总时间（月）	总时间（年）	频率（%）	平均持续时间（月）
衰退	58	4.8	15%	19.0
复苏	131	10.9	35%	21.8
过热	100	8.3	27%	20.0
滞胀	86	7.2	23%	17.2
全部期间	375	31.3	100%	19.5

资料来源：申万菱信基金。

通过观察不同大类资产各个经济周期中的平均年化实际回报率,我们可以发现美国1973~2004年间大类资产轮动表现与经济周期阶段循环之间的对应关系基本符合投资时钟理论的预测。例如：在衰退阶段,债券表现最优,实际年化收益率达到9.8%,高于股票3.4个百分点,大宗商品表现最差,收益率为-11.9%;在复苏阶段,股票表现最优,年化收益达到19.9%,远高于债券的7.0%;在过热阶段,大宗商品是最佳选择,年化收益率19.7%;在滞胀阶段,现金实际收益率-0.3%,高于股票的-11.7%和债券的-1.9%。唯有大宗商品年化收益高于其他三类,与预期不符,反映了整个观察期[①]石油价格不断上升的趋势,而其他资产大类的变化仍基本符合投资时钟的预测。美国大类资产平均实际年化收益率如表1-2所示。

---

① 特别是两次石油危机导致的滞胀期。

表 1—2 美国大类资产平均实际年化收益率 单位:%

经济周期阶段	债券	股票	大宗商品	现金
衰退	9.8	6.4	−11.9	3.3
复苏	7.0	19.9	−7.9	2.1
过热	0.2	6.0	19.7	1.2
滞胀	−1.9	−11.7	28.6	−0.3
全部期间平均	3.5	6.1	5.8	1.5

注:债券选取 ML 美国国债和政府机构债券指数,股票选取标普 500 指数,大宗商品选取 GSCI 大宗商品总收益,现金选取 3 个月期国库券。

资料来源:Wind 资讯、彭博、申万菱信基金。

第二节 投资时钟理论失效案例:金融危机后的美国

2008 年 8 月至今的美国经济可以划分为两个阶段:衰退阶段(2008 年 8 月～2009 年 7 月)和复苏阶段(2009 年 7 月至今)。受金融危机影响,美国 GDP 增速从 2008 年起迅速下滑,失业率大幅度提高,通胀水平从 4% 以上直接降到−2.1%。从 2009 年 7 月起,经济开始缓慢复苏,GDP 增速、通胀均开始回升,失业率缓慢下降。美国 GDP 增长、通胀和失业率如图 1—3 所示。

量化宽松(下文简称"QE")轮番上阵,投资时钟理论被打破。自 2008 年次贷危机以后,美联储推出了 3 轮 QE,其中第一轮从 2008 年 11 月到 2010 年 4 月,持续了 1 年半。时隔半年之后,于 2010 年 11 月推出 QE2,持续了半年。时隔 1 年半之后,于 2012 年 9 月推出 QE3,于 2014 年 10 月结束 QE3。QE 打破了投资时钟理论预测的大类资产轮动规则,具体表现在两个方面:

第一,复苏阶段美股走强符合投资时钟理论预测,但美债也迎来一波牛市行情。根据投资时钟理论的预测,经济处于衰退阶段时,债券走强,股市较弱;复苏阶段时,股市走强,但债券走弱。美国金融市场在复苏阶段却出现了"股债双牛"的局面,从 2009 年 7 月经济筑底回升至 2014 年 10 月 QE3 退出,标准普尔 500 指数上涨了 218%,与此同时 10 年期国债收益率从 4% 左右下降到 2%,都可以归结为 QE1 的强刺激。

第二,大宗商品在经济衰退和复苏时竟然出现了一波牛市行情。按照投资时钟理论的预测,无论是在经济衰退阶段还是在复苏阶段,大宗商品的表现都是最弱的。但美国经济衰退和复苏阶段,大宗商品竟然迎来了一波牛市行情。从 2008 年底至 2011

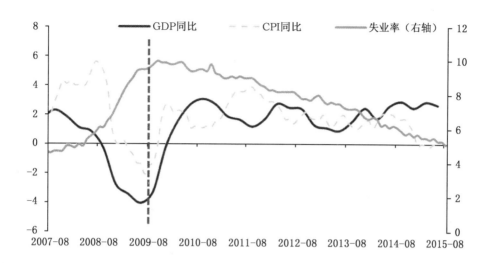

资料来源：Wind 资讯、申万菱信基金。

图 1—3　美国 GDP 增长、通胀和失业率(%)

年初,国际原油和铜价格都大幅度反弹,而这波行情也是从美国 QE1 推出开始的。

那么,QE 到底是如何打破投资时钟理论的呢? 在投资时钟理论的框架下,大类资产轮动的基础是实体经济的变化。在 QE 推出后,市场上过量的货币"脱实向虚",金融资产价格的主要影响因素不再是实体经济,而是利率和风险偏好。所以在实体经济不好的情况下,金融资产的价格反而在不断创新高。过量的货币导致利率下降,造就了债券牛市,低利率、投资者风险偏好程度提高以及对未来经济复苏的预期带来了股票牛市,过量的货币流向大宗商品市场也造就了大宗商品的牛市。在 QE 持续推出的情况下,大宗商品价格在 2011 年之后却逐渐下降。这主要是因为大宗商品的金融属性逐渐让位于商品属性[①]。

第三节　投资时钟理论失效案例:金融危机后的欧洲与日本

QE 打破投资时钟理论的逻辑同样适用于金融危机后的欧洲和日本。2008 年全球金融危机之后,欧洲、日本等全球主要发达经济体跟随美国相继进入量化宽松周期,资产表现与经济周期循环开始出现背离,流动性变化成为驱动资产价格的最重要因素,投资时钟理论失效。

---

① 全球经济持续低迷,对大宗商品的需求大幅度减少,与此同时原油等商品的供给却没有减少。

一是欧元区金融资产表现与投资时钟理论产生背离,自 2011 年下半年起出现"股债双牛"行情。从产出和通胀来看,欧元区自 2008 年至今经历了七个完整的经济周期阶段。2008 年至 2011 年 11 月,欧元区经历了一个完整的"衰退—复苏—过热—滞胀"循环,2011 年 12 月进入第二个循环周期。2008 年至今欧元区经济周期循环如图 1—4 所示。

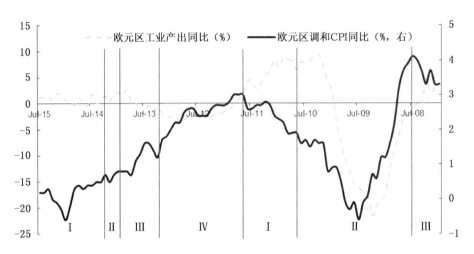

资料来源:CEIC、申万菱信基金。

图 1—4　2008 年至今欧元区经济周期循环

尽管在 2008~2009 年 4 月的衰退期中,债市表现的确优于快速下跌的股市,但此后债券—股票—大宗商品的轮动关系即被打乱。特别是自 2011 年下半年起,出现了持续 4 年之久的"股债双牛"行情。2011 年 7 月~2015 年 6 月,欧洲 STOXX 指数累计上涨达 65%;至 2015 年 4 月,10 年期国债利率由 4.60% 降至 0.85%,降幅达 3.75 个百分点。欧元区股票市场、债券市场表现如图 1—5 所示。

流动性涌入金融市场推升价格,大类资产行情与经济周期脱钩。金融危机后,欧元区资产价格走势与流动性密切相关。2011 年下半年起,欧洲央行开始实施前后两轮"长期再融资计划(LTRO)",开启欧元区量化宽松周期,流动性大幅改善,M1、M2增速均快速回升[①];2015 年初,欧洲央行宣布正式启动全面量化宽松,3 月起每月购买600 亿欧元政府与私人债务,流动性充裕的前景进一步推升股市和债市表现。投资时钟理论所反映的实体经济循环与大类资产表现之间的映射关系已经被流动性驱动资产价格的新模式所取代。

----

① M1 同比增速从 2011 年初的不到 2% 上升至 2015 年中的 12%。

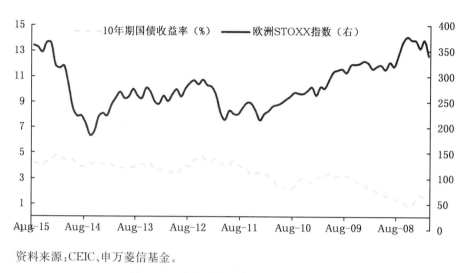

资料来源:CEIC、申万菱信基金。

图1-5 欧元区股票市场、债券市场表现

二是日本金融危机后债市走牛,2013年起"股债双牛"。日本金融市场表现同样与投资时钟理论背离。自2008年金融危机以来,日本国债利率持续下降,10年期国债收益率由危机期间的高点1.8%降至目前的0.4%。股市在经历2008年大跌之后企稳,2013年起开始持续上涨,至2015年6月末涨幅高达95%。债市、股市同时出现令人瞩目的良好表现同样与经济周期以及投资时钟的预测相背离。日本股票市场、债券市场表现如图1-6所示。

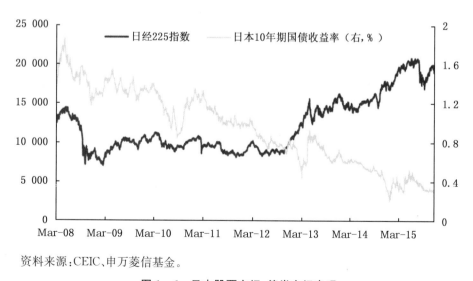

资料来源:CEIC、申万菱信基金。

图1-6 日本股票市场、债券市场表现

日本央行超宽松货币政策导致的流动性泛滥成为推动股市、债市走牛的主因。早在全球金融危机之前,日本央行就提出 QE 概念并付诸实施。全球金融危机后,日本央行于 2013 年初宣布实施旨在让基础货币数量翻倍的超宽松 QQE 计划。此后,QQE 规模进一步扩大,并明确在通胀达 2% 之前不会退出。流动性泛滥推升日本股市大涨,国债收益率加速下跌。

第四节　新规则时代各类资产的前景

随着人口老龄化以后经济结构从工业转向服务业,未来居民的资产配置会逐渐转向金融资产,但在金融资产内部遵循货币牛市→债券牛市→股票牛市的规律。如果说过去投资时钟理论是经济周期对金融周期的映射关系,现在则是流动性直接转入(出)金融市场推升(降)各类金融资产价格。这对于国内情况同样适用:自从金融危机以来,宽松货币政策成为资本市场的主要影响因素。

2013 年:钱荒缘于紧缩,导致"股债双熊"。2013 年中,央行收紧货币政策,大幅提高了官方回购利率,带动当时二级市场的货币利率一度超过 10%,进而导致了"股债双熊":当年上证指数一度跌至 1 849 点,而债市的国债利率也一度接近 5%。2013年,余额宝规模快速超过了 5 000 亿元,且可提供 7% 左右的稳定收益率,配置价值超过股票和债券。

2014 年:货币政策转松,"股债双牛"开启。从年初央行宣布通过 SLF 给货币利率封顶开始,货币政策转松,债市率先转牛。7 月份,央行正式下调了官方的回购利率,意味着央行在货币市场正式降息,股市也由熊转牛。11 月份,央行正式降息,意味真正宽松周期的全面开始,股市开始出现加速上涨。

2015 年:货币政策全面宽松,"股债双牛"延续。2015 年央行 5 次降息,1 年期定期存款利率降至新中国成立以来的低位 1.5%;5 次降准,累计释放超过 3.6 万亿元的资金。与此同时,地方政府债务置换完成 3.2 万亿元,证金公司救市投入资金超过2 万亿元。若考虑 1 000 亿元专项建设债券、5 000 亿元新增一般地方债与传统信贷的增长,足见中国版的 QE 规模宏大,货币流动性性异常宽松,使得各类广谱利率显著下行。

基于此,我们对大类资产波动的展望如下:

1. 债市继续向好

国内物价维持低迷,货币政策转向时点远未到来,2016 年降息、降准可期,资产配置荒下资金将持续流入债市,利率下降将是趋势。

2. 改革创新仍在,股市震荡向上

从影响股市风险偏好的三大因素看,3 季度去杠杆导致风险偏好大幅下降,因而短期难以恢复。但创新仍在不断推进,改革仍在稳步推进,只不过是之前市场预期太高,因此我们依然对政府的改革抱有期望,尤其是供给侧改革将持续推升股市的估值水平。

3. 大宗商品进入长冬

一是加息预期背景下美元强势,大宗商品较难有大行情出现;二是作为全球经济增长的重要引擎,中国是世界上最大的铁矿石、铜等大宗商品的需求国,而中国经济减速、需求疲软将全面影响全球大宗商品的需求,最终将传导至上游资源品的价格。除非,美国 2016 年加息节奏骤然放缓、中国经济复苏,那么大宗商品价格或将迎来一波反弹。

第二章　保险资金配置研究

新常态下"放开前端、管住后端"的监管趋势凸显,公、私募有别的金融产品体系建成,非标资产的监管继续收紧。在此大环境下,保险资金运用的行业监管模式逐步放松,市场化进程加快,保险资金的投资范围也随之扩大,为其开展资产配置提供了更加多元化的基础投资工具。从传统公开市场投资拓展到基础设施、股权、不动产、集合信托计划、金融衍生品等另类投资以及境外投资,使保险公司开展真正意义上的多元化资产配置成为可能。

第一节　多元化资产配置在寿险资金管理中的实践

为维持其安全性、流动性和收益性三大原则,寿险资金配置需遵循积极的资产配置策略。积极资产配置策略的核心是根据经济周期以及其他驱动因素的变化,预测股票、债券、商品等大类市场的趋势,并据此调整各类资产配置比例,以期获得长期累积收益。险资大类资产配置主要遵循两类方法:一是中长期资产配置策略,根据经济周期所处的阶段分析预测各类资产的趋势并选择相应资产;二是短期资产配置策略,根据主要资产市场的短期驱动因素来分析各资产市场的趋势并选择相应资产。

一、根据经济周期来分析选择配置资产

经济周期根据 GDP 增速、利率、通胀水平等可分为四个阶段,即复苏、过热、滞胀和衰退。为更精确地理解经济不同阶段和更精确地表达不同阶段的资产价格,更有效、精确地实现积极资产配置,可将经济周期进一步划分为酝酿、复苏、高涨、转折、滞胀、衰退六个阶段。不同经济周期阶段的资产看好排序如表 2—1 所示。

表 2—1　　　　　　　　　　不同经济周期阶段的资产看好排序

经济周期	酝酿	复苏	高涨	转折	滞胀	衰退
中小盘股	2	1	2	3	2	3
大盘股	3	2	1	3	3	3
债券	1	3	4	4	4	1
商品	4	4	3	1	3	4

＊看好程度由强到弱依序为1、2、3、4。

资料来源:申万菱信基金、海通证券研究所。

在酝酿阶段,经济处于衰退尾声但新的复苏还没有到来,此时已有政府的各类改革措施或经济刺激计划。经济增速虽然处于低位,但经济结构已经呈现积极变化,新周期预期增强。这一阶段,债券相对确定,表现最好,但股票收益率开始波动提升,大盘股或防御性股票表现相对较好,商品较为低迷。

在复苏阶段,经济探底向上,通胀依然处于低位。从历史经验来看,这个阶段的股票资本性收益最高,一些成长性的中小盘股表现最好,大盘股次之。同时,由于通胀处于低位,货币政策宽松,债券收益率同样具有吸引力,略低于股票。

在高涨阶段,GDP 环比增加,利率和物价水平均逐渐提升,供给与需求均处于旺盛阶段。这一阶段,大盘股、中小盘股表现较好;投资需求进一步推高利率和物价水平,债券下跌,不具备吸引力;在需求和价格推升作用下,商品表现很好。

在转折阶段,经济增长到达顶点开始回落。GDP 增速回落,而物价和名义利率仍然上涨,经济表现出过热的迹象。这一阶段的股票收益率不具备吸引力,债券现金收益均为负,反通胀的商品收益最好。

在滞胀阶段,通货膨胀与经济停滞同时存在,一般持续时间较短。由于整体情绪较为悲观,所有投资品种都不具备吸引力,只有持有现金或货币市场工具进行防守。

在衰退阶段,经济增速放缓,利率与物价水平快速下滑。由于投资、消费需求在此

阶段较为疲软,市场供大于求,物价和利率下降。衰退阶段,债券表现最好,呈现正的资本性收益;而股票的收益率明显较低,不具备吸引力;商品表现最差,往往是负收益。

二、根据驱动因素、估值比较分析选择配置资产

短期而言,由于经济阶段性因素经常表现出与经济周期不一样的特点,从经济周期出发很难选择资产,往往需要从驱动因素或各类资产之间的相对估值比较来选择。驱动股票、债券、商品等资产市场的主要因素包括经济增长、通胀水平、货币流动性、利率等。其中,最重要的是通胀水平和货币流动性。驱动因素对不同资产的影响如表2—2所示。

表2—2 驱动因素对不同资产的影响

	股 票	债 券	商 品
通胀上升	中小股正面	负面	正面
通胀高位	负面	负面	正面
通胀下降	正面	正面	负面
通胀低位	—	正面	负面
经济扩张,货币宽松	正面	—	正面
经济收缩,货币宽松	中小股正面	正面	—
经济扩张,货币紧缩	—	负面	—
经济紧缩,货币紧缩	负面	—	负面

资料来源:申万菱信基金、海通证券研究所。

通胀上升时,通常对商品正面、债券负面;通胀下降时,通常对商品负面、对债券和股票正面。经济扩张、货币宽松时,对股票、商品正面;经济收缩、货币紧缩时,对股票、商品负面;经济收缩、货币宽松时,对债券正面;经济扩张、货币紧缩时,对债券负面。

各类资产市场之间的相对估值比较,主要运用收益率指标进行横向、纵向比较。通过各类资产市场之间的预期收益率进行横向比较,选择收益率较高的资产。股票市场的长期收益率倾向用 PE 的倒数表示,并进一步区分大盘股和中小盘股,并与债券收益率进行比较,较多选择收益率高的资产配置。纵向比较主要是指各类资产的估值与历史均值水平比较,相对较少地选择正向偏离较大的资产。

第二节　OECD 国家保险资金的资产配置

近年来,OECD 国家的总保费收入较为稳定。无论是寿险保费收入还是非寿险保费收入,美国、日本、英国和德国这四国最高,四国保费收入规模合计占比超过 80％。OECD 国家寿险及非寿险资产配置呈现以下特点:

第一,对于大多数的 OECD 国家而言,无论是寿险还是非寿险资产,投资于债券的比重都是最高的。2013 年,除德国、奥地利和芬兰以外,在其他 OECD 国家,保险资金的债券投资比例基本超过 50％。甚至,匈牙利超过 91％的寿险资金和 88％的非寿险资金投资于债券资产。

第二,寿险资金中对于债券的配置比重一般高于非寿险资金,尤其是寿险更偏好于长期债券。由于寿险负债表现出较为长期的储蓄性质,寿险资产持有更多的长期债券可以在期限上与长期负债更加匹配。除了德国、奥地利、芬兰等国外,其余大多数 OECD 国家寿险资产债券配置比例超过 50％。在加拿大、土耳其和匈牙利的寿险在债券的配置上曾一度超过 90％。而非寿险在债券投资比例上相对较少,平均而言,非寿险资产持有债券的比例较寿险资产低 7％左右;对于奥地利而言,这一比例未达到 30％。

第三,对于大多数国家,股票是继债券之后的第二大投资品,且非寿险在股票上的配置比例略高于寿险。冰岛、奥地利、芬兰和瑞典的非寿险资金投资于股票的比例最高,都超过了 30％;另外,法国、丹麦、美国和挪威的非寿险资金配置于股票的比例也超过了 20％。而波兰、加拿大、西班牙和德国的非寿险资金持股比例在 10％～20％。对于寿险资金的而言,持股比例最高的国家主要有奥地利、瑞典、新西兰、冰岛和斯洛文尼亚等国,持股比率超过 20％。

第四,不少国家的保险资金从事贷款业务,且比重不小。如美国、德国、丹麦、韩国、荷兰、瑞士、智利、比利时、冰岛等国,尤其是丹麦,寿险中超过 40％的资产是贷款,其他国家贷款比重在 5％～20％。

第五,对房地产的投资在各国的保险资产配置中均较少,一般小于 10％。只有少数国家如智利、瑞士、挪威和澳大利亚的寿险资金和希腊寿险资产投资于房地产的比例达到 10％左右。另外,与寿险资产相比,非寿险资产更加偏爱房地产投资。这可能是由于寿险资金持有更多的长期债券以匹配其长期负债,从而相对减少了对房地产的投资。但总体而言,各国保险资金对房地产的投资比例不高。

第六,在 2007 年全球金融危机爆发之后,由于全球宏观经济的萎靡不振以及金融市场的大幅下挫,持有股票或房地产类资产的收益很不乐观,因此在全球金融危机爆发后,OECD各国的保险资金大幅减持了房地产和股票资产,加大债券及各类贷款的配置比重。这种金融危机前后各国保险资金资产配置结构的变化可以从OECD的数据变化看出。由于1997年金融危机对亚洲国家冲击较大,因此OECD国家中亚洲国家保险资金的构成也呈现这个特点。

上述相关内容如图2—1、图2—2、图2—3、图2—4所示。

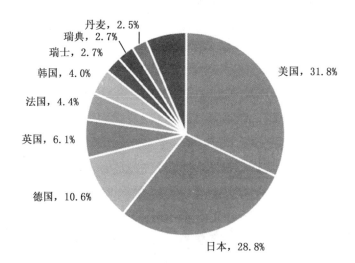

资料来源:OECD Statistics、申万菱信基金。

图2—1 OECD国家寿险资产占比

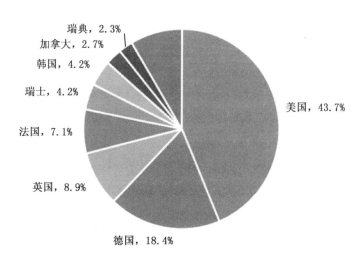

资料来源:OECD Statistics、申万菱信基金。

图2—2 OECD国家非寿险资产占比

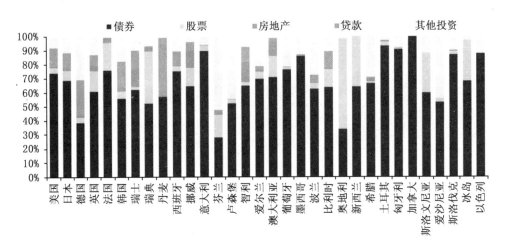

资料来源：OECD Statistics、申万菱信基金。

图 2—3　OECD 国家寿险资产配置

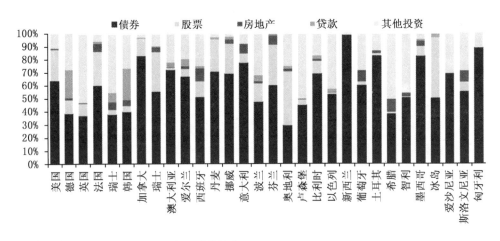

资料来源：OECD Statistics、申万菱信基金。

图 2—4　OECD 国家非寿险资产配置

第三节　美国、日本、中国三国保险资产配置比较

美国是保险业第一大国,其总保费收入一直位居世界首位,其总保费收入占全球总保费收入的 30％ 左右。美国保险公司的资产配置呈现以下特点：(1)近年来,美国保险资产比重最高的仍是信贷市场工具,一般超过 50％,其中一半是公司债和外国债券,另外一半包括贷款、抵押贷款、市政债券和政策性贷款、政府支持证券、国库券和商

业票据;其次,对于股票的投资也占到 30%左右;最后,持有的基金份额不超过 3%。
(2)在海外保险资金资产配置的结构变迁 60 多年来,公司债和外国债券配置比重基本
维持在 30%～40%,股票的配置比例在 1990 年以前基本在 10%,但之后上升到
20%～30%。抵押贷款的比重下降幅度较大。随着美国金融产品的丰富,其他资产比
重也有上升趋势,近 20 年维持在 10%的水平。1945～2014 年美国保险公司资产配置
变迁如图 2—5 所示。

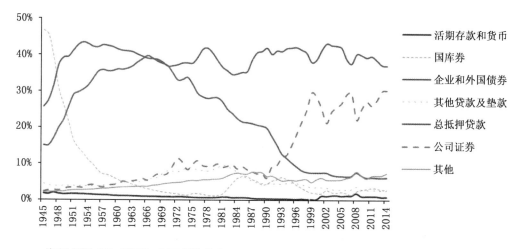

资料来源:Wind 资讯、申万菱信基金。

图 2—5　1945～2014 年美国保险公司资产配置变迁

　　日本是总保费收入仅次于美国的保险业第二大国。日本保险公司资产配置呈现
如下的特点:(1)2013 年,债券是其配置最大的资产,但与美国不同的是,日本更多的
是配置在政府债,而较少配置在公司债上。保险资产超过 45%配置在政府债券,而只
有 7%配置在公司债。(2)日本保险公司近几年在外国证券的配置比例一般在 20%左
右。(3)日本保险公司在贷款上的比重一般在 10%～15%,近几年一直在下降。
(4)2008年金融危机后,日本保险公司在股票上的配置比重显著下降,由危机前的
15%左右下降到 5%。2006～2013 年日本保险公司资产配置比重如表 2—3 所示。

表 2—3　　　　　　　　　　　2006～2013 年日本保险公司资产配置比重

年　份	2006	2007	2008	2009	2010	2011	2012	2013
现金及银行存款	1.4%	1.2%	1.6%	1.6%	1.8%	1.1%	1.0%	1.3%
短期同业拆借	1.2%	1.0%	0.9%	0.7%	0.6%	0.8%	0.8%	0.8%
货币信托	1.2%	1.3%	0.8%	0.7%	0.6%	0.6%	0.6%	0.7%

续表

年 份	2006	2007	2008	2009	2010	2011	2012	2013
有价证券合计	73.7%	72.6%	73.9%	76.7%	77.3%	78.8%	80.7%	81.3%
国债	22.1%	23.2%	39.7%	40.2%	41.3%	43.2%	43.1%	42.7%
地方债券	2.5%	2.5%	3.1%	3.4%	3.7%	4.0%	4.0%	4.0%
公司债券	8.7%	9.1%	8.8%	8.3%	7.9%	7.8%	7.3%	7.1%
股票	14.7%	11.2%	5.0%	5.9%	5.1%	4.5%	4.8%	5.1%
外国证券	18.8%	19.4%	12.8%	13.5%	14.3%	14.4%	16.2%	17.5%
其他	6.8%	7.1%	4.3%	5.4%	5.1%	4.9%	5.1%	4.8%
贷款	15.9%	16.0%	16.4%	14.7%	13.7%	12.9%	11.7%	10.9%
有形固定资产	3.0%	3.1%	2.2%	2.1%	2.1%	2.0%	1.9%	1.8%
其他	3.6%	4.8%	4.3%	3.5%	3.8%	3.8%	3.4%	3.3%

资料来源：Wind 资讯、申万菱信基金。

2013 年，美国和日本的总保费收入位居全球的第一和第二名，而我国的非寿险保费收入在全球排名第 7 位，寿险保费收入排第 5 名。虽然美国、日本和中国的保险规模均较大，但在资产的配置上体现出不同的特点：

(1)在银行存款方面，相比于美国、日本，我国保险资产更多配置于银行存款，占比 40%左右，而美国和日本保险资产配置于银行存款的比重不超过 2%。在 2004 年，我国保险资金投资于银行存款的比重高达 47%，此后由于保险资金投资渠道的不断放宽，银行存款的占比逐年下降，2008 年后又有所上升。这主要是由于一方面保险资产投资渠道不断放宽，另一方面 2006～2007 年我国股票市场处于大牛市，同时我国通胀较高，使得银行存款实际利率为负，因此从 2004～2008 年银行存款比重下降，但 2008 年全球金融危机爆发，金融风险较大，保险资金又回流到银行。

(2)在债券投资方面，我国保险资产另一个重要投资市场是债券。在美国、日本以及其他大多数 OECD 国家，债券是保险资金最大的投资市场，我国保险资金在债券的投资比例为 55%～60%。从债券细分市场来看，我国保险资金投资于国债的比例呈逐年下降的趋势，而金融债和企业债的投资权重大幅上升。这与美国类似，与日本不同。

(3)在贷款方面，我国保险公司不能向外贷款，而日本保险公司贷款业务占到 15%～20%，美国也占到 5%～10%。

第四节　日本寿险的资产配置研究

一、日本寿险资金的大类资产配置方向

日本寿险资金的大类资产配置主要有以下几个特点：(1)主要配置方向为现金及银行存款、短期同业拆借、货币信托、有价证券(包括债券和股票等)、贷款、有形固定资产(主要是房地产)。(2)有价证券的占比在70％以上，最近几年有逐年上升的趋势。2013年，该类资产的配置比例达到了81.3％。(3)也配有10％左右的贷款资产，最近几年该比例一直在下降，从2006年的15.9％下降到2013年的10.9％。(4)其他资产的占比在2％以下。相关内容如表2—4和图2—6所示。

表2—4　　　　　　　　　　　本寿险资产配置　　　　　　　　　　单位:10亿日元

	2006	2007	2008	2009	2010	2011	2012	2013
现金及银行存款	2 989	2 667	5 026	4 995	5 655	3 515	3 574	4 416
短期同业拆借	2 666	2 092	2 780	2 139	2 009	2 509	2 766	2 669
货币信托	2 656	2 775	2 588	2 205	2 071	2 014	2 059	2 459
有价证券合计	162 197	155 300	230 208	244 150	247 980	257 560	278 244	285 031
贷款	35 077	34 179	51 118	46 891	43 877	42 173	40 244	38 099
有形固定资产	6 671	6 592	6 718	6 816	6 772	6 601	6 460	6 319
其他	7 958	10 291	13 278	11 182	12 323	12 578	11 646	11 586
资产合计	220 214	213 896	311 716	318 378	320 687	326 950	344 993	350 579

资料来源：LIAJ、申万菱信基金。

从有价证券具体资产的配置情况中，可以发现：(1)国债的配置比例最高，2013年达到了42.72％。受金融危机的影响，国债的配置比例在2008年有一个明显的跃升，从2007年的23.25％上升到2008年的39.74％。(2)地方债券和公司债券的配置比例不高，2013年分别为4％和7.1％。(3)股票的配置比例最近几年维持在5％左右的水平，同样受金融危机影响，股票配置比例从2007年的11.18％下降到2008年的5.01％。(4)外国证券的配置比例很高，仅次于国债，2013年为17.53％。日本寿险资产有价证券配置占比如图2—7所示。

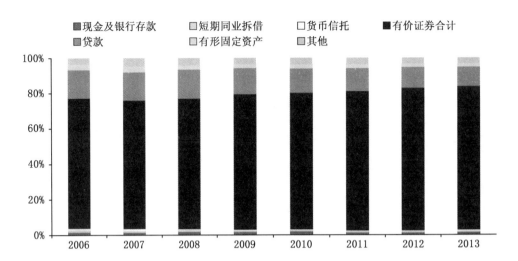

资料来源：LIAJ，Bloomberg.

图 2—6　日本寿险资产配置占比

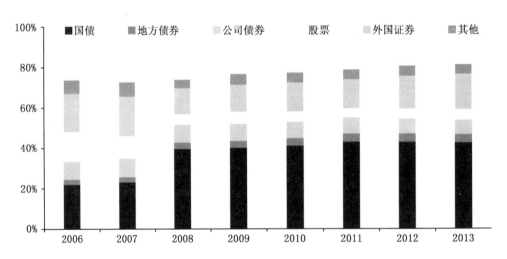

资料来源：LIAJ，Bloomberg.

图 2—7　日本寿险资产有价证券配置占比

二、日本寿险资金资产配置收益分析

日本寿险资金的收益率有如下特点：（1）日本寿险资产总体收益率较为稳定，在 1.8％～2.5％之间波动，2013 年为 2.4％。（2）日本寿险资金收益贡献主要来自债券，2009 年和 2010 年贡献度分别为 45.8％和 55％。股票贡献度在 2008 年之前较高，在

20%以上,2008 年贡献了 -55.9% 的负收益后,2009 年和 2010 年贡献度很小,很大部分原因是减少了股票资产的配置。外国证券贡献度较高,2009 年和 2010 年分别为 18.3% 和 16.4%。相关内容如表 2—5 和表 2—6 所示。

表 2—5　　　　　　日本寿险公司各项资产的收益对总收益的贡献度　　　　　单位:%

年份	债券	国内股票	外国证券	贷款	其他	合计
2006	19.3	31.8	31.0	13.4	4.5	100
2007	32.5	19.2	22.3	17.9	8.1	100
2008	228.0	−55.9	−98.8	98.4	−71.7	100
2009	45.8	7.3	18.3	17.7	10.9	100
2010	55.0	3.5	16.4	16.6	8.5	100

资料来源:LIAJ、申万菱信基金。

表 2—6　　　　　　　　　日本寿险资金各类资产收益率　　　　　　　　　单位:%

年份	债券	国内股票	外国证券	贷款	房地产	总体
2004	1.56	3.77	3.03	—	—	2.16
2005	1.53	4.71	3.96	—	—	2.43
2006	1.42	5.40	4.03	2.06	2.86	2.45
2007	1.77	3.26	2.18	2.13	3.12	1.90
2008	1.72	−4.35	−3.00	2.34	3.22	0.39
2009	1.64	2.33	2.52	2.23	2.87	1.86
2010	1.86	1.25	2.06	2.17	2.52	1.79
2011	1.91	1.56	2.91	1.94	2.27	1.92
2012	2.00	0.61	5.25	2.18	2.35	2.36
2013	1.95	5.14	4.60	2.15	2.43	2.40

资料来源:LIAJ、申万菱信基金。

三、案例研究:日本生命人寿保险

（一）资产配置结构变化

日本生命人寿保险是日本最大的人寿保险公司之一,其资产配置在行业中具备较好的代表性,我们选取该公司作为案例进行分析。日本生命人寿保险历年来资产配置比例及收益率情况如表 2—7 所示。

表 2—7　　　　　　　　　　日本生命人寿保险历年资产配置结构、收益率情况

	2003	2004	2005	2006	2007	2008	2009	2010	2011	2012	2013	2014
一、资产配置(%)												
证券资产:	65.8	66.1	68.6	71.4	69.9	67.8	71.1	71.1	73.2	76.7	77.9	79.7
其中:国内债券	33.3	34.6	32.9	33.0	35.1	38.1	36.8	36.8	38.4	38.9	39.0	37.0
国内股票	17.7	17.2	21.7	22.8	17.9	12.4	14.5	12.8	11.7	12.4	12.9	14.8
海外债券	10.3	10.2	10.3	11.4	12.2	12.8	14.2	15.9	17.2	18.3	18.4	19.7
海外股票	2.9	2.9	3.0	3.5	4.0	3.8	4.9	4.9	5.4	6.3	6.6	6.6
其他证券	1.6	1.2	0.7	0.7	0.7	0.7	0.7	0.7	0.5	0.7	1.0	1.6
贷款	25.6	23.2	20.7	19.6	20.6	20.5	18.5	18.0	17.5	16.0	15.4	13.7
不动产	4.2	4.0	3.5	3.3	3.6	3.7	3.7	3.6	3.5	3.1	3.1	2.8
现金、存款	1.1	1.4	2.8	2.0	1.3	1.6	1.4	1.5	1.2	1.2	1.3	1.6
购买货币应收账款	2.1	3.3	2.9	2.7	3.0	2.6	2.4	2.1	1.8	1.4	1.0	0.8
其他资产	1.2	2.0	1.5	1.0	1.6	3.8	2.9	3.7	2.8	1.6	1.3	1.4
总计占比	100.0	100.0	100.0	100.0	100.0	100.0	100.0	100.0	100.0	100.0	100.0	100.0
总计—规模(10亿日元)	42 994	44 410	48 208	49 563	46 275	44 454	47 235	48 515	49 863	53 644	55 563	61 170
二、资产收益率(%)												
国内债券	1.70	1.70	1.30	1.40	1.80	1.90	2.10	2.10	2.20	2.30	2.00	1.90
国内股票	3.60	5.60	5.30	4.10	3.70	−2.00	4.00	3.00	3.10	0.40	8.00	8.50
海外债券	3.70	3.10	3.30	4.30	3.30	3.00	2.10	2.90	3.20	3.40	2.80	3.10
海外股票	3.20	2.10	8.00	8.30	7.00	−8.9	1.00	0.90	3.30	3.40	3.80	5.90
贷款	2.60	2.30	1.90	2.00	2.00	2.10	2.10	2.20	2.10	2.10	2.00	1.90
不动产	2.50	2.40	2.90	3.50	3.50	3.60	3.00	2.60	2.30	2.30	2.60	2.70
平均	2.50	2.40	2.40	2.40	2.50	0.80	2.4	2.20	2.20	2.00	2.70	2.80

资料来源:公司资料、申万菱信基金。

1. 证券化资产近 80%,债券资产贡献了最大份额

以债券和股票为主的证券资产是日本生命人寿资产配置最重要的组成部分,长期以来呈现稳步上升的趋势。2003 年证券化资产占比 65.8%,2014 年上升到 79.7%(其中,债券资产占比 56.7%、股票资产占比 21.4%、其他证券占比 1.6%),资产配置的证券化趋势非常明显。在细分项中,无论是总资产还是证券化资产,债券资产都成为中坚力量,占比上升的趋势非常明显,而债券中又以国债为主。债券资产分配如图2—8 所示。

2. 海外资产配置趋势明显

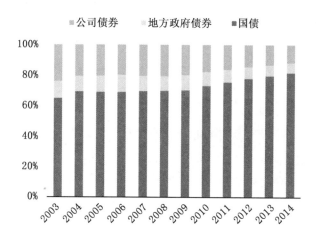

资料来源：公司年报、国信证券研究所、申万菱信基金。

图 2—8 债券资产分配

以配置资产区域划分，日本生命人寿保险海外资产配置的趋势较为明显。海外证券配置占比由 2003 年的 13.2％上升到 2014 年的 26.3％，其中海外债券同期占比由 10.3％上升到 19.7％，海外股票由 2.9％上升到 6.6％。且从国内外债务和股票资产收益率对比看，海外资产回报率明显优于国内同类资产。日本生命人寿保险公司海外证券占比逐年攀升，如图 2—9 所示。

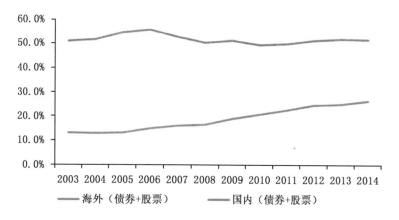

海外（债券+股票）   国内（债券+股票）

资料来源：公司年报、国信证券研究所、申万菱信基金。

图 2—9 日本生命人寿保险公司海外证券占比逐年攀升

3. 股票占比趋于稳定，结构上国内股票占比下降，国外股票占比上升

股票资产占比总体上较为稳定，2003 年占比 20.6％，2014 年占比 21.4％。但仍

有两方面的变化趋势:(1)个别年份波动较大,最明显的是 2008 年金融危机中,股票占比由上一年的 21.9% 下滑到 16.2%,之后呈现稳步回升趋势;(2)国内股票配置逐年下降,而国外股票占比逐年上升,国内股票由 2003 年的 17.7% 下降到 2014 年的 14.8%,而同期的国外股票占比却从 2.9% 提升至 6.6%。

4. 不动产及贷款占比稳步下滑

生命人寿在不动产及贷款方面的资产配置趋势较为单一,均体现出逐年下滑的趋势。其中,贷款占比由 2003 年的 25.6% 下滑至 2014 年的 13.7%,而同期的不动产配置占比由 4.2% 下滑至 2.8%。

(二)收益率表现

收益率表现总体上较为稳定,体现出领先的资产管理水平。除了 2008 年金融危机影响下,当年总资产收益率为 0.8%,其余年份收益率水平较为稳定,位于 2.0% ～ 2.8% 区间内。细分资产体现出的"收益—风险"差异较大,其中,国内股票收益的波动性最大,最高为 2014 年的 8.5%,最低为 2008 年的 -2.0%。不动产收益率水平呈现整体下滑趋势,收益率高点出现在 2008 年的 3.6%,之后下滑至 2014 年的 2.7%。贷款收益率也呈现出下滑趋势,由 2003 年的 2.6% 下滑至 2014 年的 1.9%。收益率表现最为稳健的,当属债券资产,它是整体收益率稳健的基石。

(三)资产结构变化原因

总体上讲,资产结构的变化主要受到以下几个方面的影响:(1)寿险资产本身所要求的较高稳定性;(2)大类资产轮动所带来的资产配置的轮动;(3)国内外资产收益率差异背景下,资产配置的全球化。受以上因素的影响,日本生命人寿的资产配置变化的趋势性较为明显:(1)在稳定性要求下,债券配置比例稳步提升。无论是国内债券还是国外债券均是如此,前者占比由 2003 年的 33.3% 上升到 2014 年的 37.0%,后者在同期由 10.3% 上升到 19.7%。(2)大类资产轮动影响下,贷款和不动产的占比趋势性下降,而证券类资产上升。(3)国内外资产收益率差异背景下,日本生命人寿将越来越多的资产配置到海外,以获得高于国内的收益水平。生命人寿资产配置变化如图 2—10 所示。

(四)以点带面,行业资产配置变化的逻辑

在行业层面,日本寿险公司资产配置依然主要受到以下三个方面的影响:(1)寿险资产本身所要求的稳定性;(2)大类资产轮动所带来的资产配置的轮动;(3)国内外资产收益率差异背景下,资产配置的全球化。资产配置时点上的选择,也主要受到资产在不同阶段的表现影响,我们下面以日本特定宏观情形来说明。

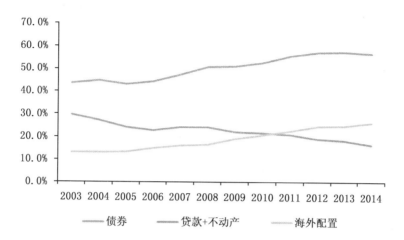

资料来源:公司年报、国信证券研究所、申万菱信基金。

图 2—10　生命人寿资产配置变化

1. 低利率环境中,权益类资产受益

近年来,日本宏观经济一直在低谷徘徊,日本央行也维持低利率环境以刺激实体经济。长期来看,低利率环境下降低了债券的收益率水平,但作为寿险投资稳定性的重要保障,债券资产的配置仍无法替代。

2. 实体经济不景气影响息差类资产的表现,房地产资产也受影响

日本经济长期在低位徘徊,导致资金需求端低迷,存贷利差收窄,相应的寿险资产配置中的贷款类资产比例下降。同时,房地产的不景气,也使其收益率受到影响,配置比例降低。

3. 日元贬值,海外资产收益率相对优势,加速资产配置全球化

日元贬值趋势使得海外投资更具优势,同时以美国为代表的海外证券的收益表现对日本更为突出,加速资产配置向海外的转移。

日本寿险业资产配置结构、收益率情况如表 2—8 所示。

表 2—8　　　　　　　　　日本寿险业资产配置结构、收益率情况

	2008	2009	2010	2011	2012	2013
一、资产配置(%)						
证券资产:	73.9	76.7	77.3	78.8	80.7	81.3
其中:国内债券	51.7	52.0	52.9	55.0	54.5	53.8
国内股票	5.0	5.9	5.1	4.5	4.8	5.1

续表

	2008	2009	2010	2011	2012	2013
海外债券	11.4	11.9	12.7	12.9	14.7	16.0
海外股票	1.4	1.6	1.5	1.5	1.5	1.5
其他证券	4.3	5.4	5.1	4.9	5.1	4.8
贷款	16.4	14.7	13.7	12.9	11.7	10.9
不动产	2.2	2.1	2.1	2.0	1.9	1.8
现金、存款	1.6	1.6	1.8	1.1	1.0	1.3
货币信托	0.8	0.7	0.6	0.6	0.6	0.7
其他资产	5.2	4.2	4.5	4.6	4.2	4.1
总计—占比	100.0	100.0	100.0	100.0	100.0	100.0
总计—规模 (10 亿日元)	311 716	318 378	320 687	326 950	344 993	350 579
二、资产收益率(%)						
国内债券	1.7	1.6	1.9	1.9	2.0	2.0
国内股票	−4.4	2.3	1.3	1.6	0.6	5.1
海外证券	−3.0	2.5	2.1	2.9	5.3	4.6
贷款	2.2	2.1	2.0	1.9	2.2	2.2
不动产	3.2	2.9	2.5	2.3	2.4	2.4
平均	0.4	1.9	1.8	1.9	2.4	2.4

资料来源:日本寿险业白皮书、申万菱信基金。

第五节　各国保险资金配置差异的原因

保险资产配置的差异是由多方面的因素造成的,如金融体制、金融市场结构、法律法规和会计制度等。不同国家(地区)对保险资金的投资均有所规定,英国最为宽松,而美国、日本、韩国、德国、中国台湾以及我国大陆都有严格的规定。另外,英国、美国直接融资体系比较发达,而日本、德国的间接融资体系发达,因此英国、美国保险资金在证券市场的配置比例比较高,而日本、德国在贷款市场的配置比重较高。世界主要国家(地区)保险投资方式及比例如表2—9所示。

表 2—9 世界主要国家(地区)保险投资方式及比例

国家(地区)	保险投资形式	保险投资比例
美国	债券、股票、抵押贷款或保单抵押贷款、不动产、海外投资	股票及公司债券不超过认定资产 20%、不动产 10%、海外投资 10%
英国	无具体规定	无具体规定
日本	有价证券、不动产、黄金债券、银行存款、信贷、信托、金融期货、期权、利息货币互换、外汇预约交易、外汇期货	国内股票不超过总资产 30%、不动产 20%、债券贷款 10%、其他 3%
德国	国内外债券、股票、抵押贷款、消费信贷、不动产	国内债券不超过认可资产 5%、股票 25%、不动产 10%、外国股票债券 20%
韩国	有价证券、股票、房地产、贷款及票据贴现、存款、信托	股票不超过总资产 40%、房地产 15%、对同一公司的债权及股票持有或以此为担保的贷款 5%、对同一人的贷款 5%、海外投资 10%
中国台湾	存款、股票、不动产、贷款、国外投资、专项资金运用和公共投资	有价证券不超过 35%、不动产 39%、贷款 35%、海外投资 5%、专项资金 10%、存放于同一机构的资金 10%
中国大陆①	存款、股票、不动产、政府债券、企业债、基金、银行次级债、可转换公司债、基础设施、不动产、股权	活期存款、央票、政府债券、政策性银行债券和货币市场基金等资产的余额不少于 5%、无担保非金融企业类债券不超过 50%、股票和股票型基金占比 30%、债券型和货币型基金占比 5%

资料来源:申万菱信基金。

与海外保险资金相比,我国保险投资资产结构仍然单一的主要原因在于,我国资本市场近 10 年才开始快速发展,但市场深度、广度和弹性仍有待加强。同时,在我国投资拉动式的经济增长中,房地产业起着举足轻重的作用,而始于 2010 年的房地产调控也限制了我国保险资金投资房地产的空间。在市场制度不完善、可投资工具有限、房地产调控等多重背景之下,我国保险资金呈现出的资产结构特征也在情理之中。

第三章 中国保险资金的特点与大类资产配置

第一节 中国保险资金的特点

保险资金的特点取决于保险产品的特点,总体而言,保险资金具有"长久期"、"低

---

① 中国保监会《关于加强和改进保险资金运用比例监管的通知》(保监发〔2014〕13 号)。

风险"和"因负债成本增加而寻觅高收益"这三大特点。

第一,保险资金可投资期限长、来源稳定。保险保单存续期较长,因此要考虑 5 年甚至 20、30 年存续期的投资与负债端相匹配。其中,寿险期限最长,一般在 15 年以上;寿险分红险期限通常在 5 年以上,有的可达 10~15 年;万能险、连投险的资金滞留期一般也在 5 年以上。另外,保险资金分期缴纳且解约成本高,相对于基金,险资来源稳定。

第二,保险资金风险偏好低。保险资金主要源于保费计提的准备金,属于长期负债,需要取得长期、稳定的收益以保证未来的保险偿付,并受支付能力监管等约束,因此险资风险偏好低,决定了其资产配置以固定收益类为主。

第三,在利率市场化和大资管竞争时代背景下,保险的负债成本增加,促使保险资金同样寻找高收益资产。一方面,传统寿险利率、费率市场化推升负债成本。2013 年 8 月,保监会启动人身险费率市场机制的改革,放开传统寿险产品 2.5% 的定价预定利率限制。预定利率是指保险公司在产品定价时,根据公司对未来资金运用收益率的预测而为保单假设的年收益率,即保险公司给投保人的回报率。另一方面,在大资管下,分红险与万能险成本提高。虽然分红型和万能型人身保险的预定利率仍不得高于 2.5%,但由于这两种产品具有投资理财功能,其必要回报率的对比参照对象实际上是具有替代性的理财投资、资管、信托等产品。因此,资管时代产品竞争格局中,分红险与万能险的负债成本相对较高。

第二节　中国保险资金的运用

一、中国保险资产规模

截至 2015 年 8 月,保险公司总资产规模 11.27 万亿元,寿险公司资产规模 9.01 万亿元。保险公司总资产规模达到 2007 年末的 3.9 倍,2008~2014 年,保险公司总资产年均增速达 19.6%。保险资产中,寿险公司占据绝大部分,截至 2015 年 8 月,寿险公司资产规模 9.01 万亿元,在保险公司总资产规模中的占比达到 80.6%,远超产险公司的 15.2% 和再保险公司的 4.0%,寿险公司是保险公司资产的绝对主力。

在各类金融资产中,保险业资产总额排名第三,仅次于资产总规模达 192.9 万亿元的商业银行以及资产规模达 15.9 万亿元的信托公司。保险公司管理资产规模超过公募基金、基金专户规模,成为金融市场上的重要机构投资力量。

二、中国保险资金投资比例限制

2012 年以来,保险资金投资范围和比例限制得到大幅放宽。随着保险资产规模的快速扩大,保险资金多元化投资需求不断提升,我国对保险资金运用的监管也经历了从严到宽、从单一到多元化的演变过程。2012 年以来,保险资金运用监管市场化改革加速。2012 年 7 月至 2013 年 2 月,保监会推动"十三项"新政,连续出台《保险资金投资债券管理暂行办法》《保险资产配置管理暂行办法》《关于保险资金投资股权和不动产有关问题通知》等十三项政策法规,大幅放松了对保险资金投资范围和比例的限制。此后,保监会又陆续推出多项市场化改革措施,将险资投资范围拓宽至私募基金、创投基金、集合资金信托计划等,投资标的更加丰富。

现行监管体系对保险资金投资债券几乎不设比例限制,对权益、不动产等大类投资设置有一定的比例上限。现行监管体系对保险资金投资各类资产的比例上限总结如表 3—1 所示。总体而言,债券类投资要求主体信用级别较高,对投资比例几乎不设限制,对权益类、不动产类等投资设有一定的比例上限,目前来看仍较为合理。

表 3—1   保险资金投资比例限制

投资大类	细分小类	具体要求与限制
债券类	商业银行金融债	国内 A 级以上主体评级
	商业银行混合资本债	国内 AA 以上主体评级
	证券公司债	国内 AA 以上主体评级
	国际开发机构人民币债券	国内 AA 以上或国际 BBB 以上主体评级
	企业(公司)债	国内 AA 以上主体评级,无担保非金融企业(公司)债不超过上季末总资产的 50%
权益类		合计不高于本公司上季末总资产的 30%
	蓝筹股	符合如下条件:①上季度末偿付能力充足率不低于 120%;②蓝筹股不低于股票投资余额 60% 的,投资权益类资产余额占上季度末总资产比例达 30% 后,可进一步增持蓝筹股至 40%
	创业投资基金	余额纳入权益类资产比例管理,合计不超过保险公司上季度末总资产的 2%
不动产类		合计不高于本公司上季末总资产的 30%
境外投资类		合计不高于本公司上季末总资产的 15%
其他金融资产		合计不高于本公司上季末总资产的 25%

资料来源:中国保险监督管理委员会、申万菱信基金。

第三节　中国保险资产配置特点

一、规模增大,配置多样化

近年来,保险资金运用余额不断增加,从 1999 年不到 2 000 亿元增加到 2015 年 6 月底的 10.4 万亿元,且 2003 年以来资金运用余额占总资产比重一直维持在 90% 以上。在我国人口老龄化、养老改革、保费市场化和保险业"新国十条"等政策支持下,未来保费收入有望继续增长,推动保险资管规模的继续扩大,但在利率市场化下,险资同时面临着其他资管产品的竞争。《国务院关于加快发展现代保险服务业的若干意见》(保险业"新国十条")指出,到 2020 年,我国保险深度(保费收入/国内生产总值)将达到 5%。根据十八大报告提出的两个"翻番"目标和财政部副部长 2015 年 7 月的发言,2020 年我国 GDP 有望达到 100 万亿元,那么 2020 年保费收入有望增至 5 万亿元,或较 2014 年保费收入(2.2 万亿)增加 1 倍多。保险资金运用余额及其占资产总额比重如图 3—1 所示。

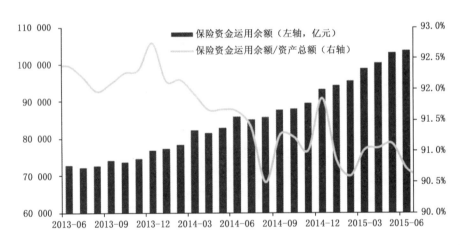

资料来源:Wind 资讯、申万菱信基金。

图 3—1　保险资金运用余额及其占资产总额比重

监管政策放宽,拓宽了保险资金的投资范围。2012 年,保监会发布《关于保险资金投资有关金融产品的通知》,规定保险公司投资非标等产品的配资比例。2014 年 2 月,保监会发布了《关于加强和改进保险资金运用比例监管的通知》,将保险资金运用形式分为流动性资产、固定收益类、权益类、不动产类和其他金融资产五个大类资产,并设立各类资产占保险公司总资产的监管比例(权益类 30％、不动产类 30％、其他金融资产 25％、境外投资 15％,流动性资产和固定收益类资产无限制)。保险资金的资产配置范围得以大大拓宽。[1] 保险资金运用形式如图 3-2 所示。

流动性资产	固定收益类资产	权益类资产	不动产类资产	其他金融资产
·现金、存款 ·货币基金 ·1 年内债券 ·拆借与回购	·境内外定存 ·协存 ·境内外债券及债券型基金 ·境外保本结构性存款	·境内外股票 ·优先股 ·境内外股票基金 ·未上市企业股权 ·股权投资基金	·不动产 ·不动产投资计划 ·基础设施计划股权 ·境外商业/办公不动产 ·REITs	·银行理财产品 ·集合信托 ·ABS、项目资产支持计划 ·券商资管计划 ·境外非保本结构性存款

资料来源:申万菱信基金。

图 3-2　保险资金运用形式

大资管竞争时代,险资通过多样化配置不断提升收益率。2012 年以来,我国保险资金运用平均收益率不断提高,从 2011 年的 3.5％大幅增加至 2014 年的 6.3％,这得益于监管拓宽了险资可配置资产的范围,尤其是非标资产配置提升了险资的收益率。而收益率提升的根本原因还是大资管时代下,保险资管为了与其他资产管理品种竞争,必须提高其产品收益率。因此,在满足长久期、低风险的前提下,险资也优先配置于高收益产品。[2] 相关内容如图 3-3 和图 3-4 所示。

二、大类资产配置结构

从资产配置结构来看,2011 年以来,银行存款和债券占保险资金运用余额的比重呈下降趋势,分别从 2011 年的 32％和 47％降至 2015 年 7 月的 25％和 35％。而其他投资、股票和证券投资基金的投资比重有所增加,分别从 2011 年的 9％和 12％增至 2015 年 7 月的 26％和 14％。其中,其他投资(主要是非标)比重增幅最快,2015 年 1～7 月其他投资占资金运用余额的 26％、占总资产的 24％,接近 25％的监管上限。

---

　　[1]　保险公司可以投资现金类资产、股票、债券等传统金融产品,也可以配置 ABS、理财产品、集合信托、券商专项资管计划、基础设施债权计划、不动产投资计划等非标产品,还能投向股权投资、创业板股票、金融衍生品和境外投资工具。
　　[2]　根据保监会新闻发布会,截至 2015 年 9 月,保险资管公司已发行的 22 个、总计 812 亿元的资产支持计划,平均期限 5.5 年,收益率在 5.8％～8.3％。

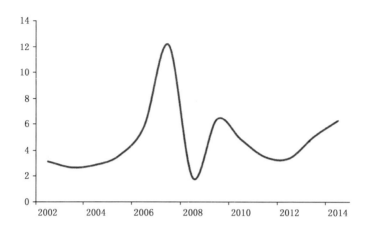

资料来源：Wind 资讯、申万菱信基金。

图 3－3　我国保险资金运用平均收益率

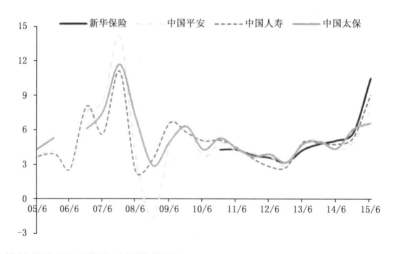

资料来源：Wind 资讯、申万菱信基金。

图 3－4　上市保险公司总投资收益率

2011～2015 年中国保险资金投资比例如图 3－5 所示。

从债券配置结构来看，以利率债和次级债为主。固定收益类资产是保险公司的主要配置品种，其配置特点为长久期、低风险。我们下面用 2015 年 8 月中债登、上清所等机构各券种托管量数据分析保险资金的债券配置结构。首先，国债和政金债是保险公司的主要债券配置，占比为 46％，远高于广义基金 27％的配置占比。其次，保险公司是长久期的商业银行次级债的绝对配置主力。次级债按发行量的加权平均剩余期

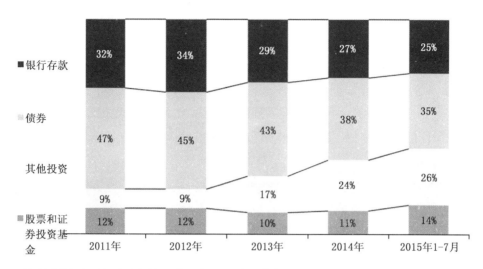

資料來源:中国保险监督管理委员会网站、申万菱信基金。

图3—5　2011～2015年中国保险资金投资比例

限为10.4年,近七成由保险公司持有,占保险公司债券总托管量的27%。另外,保险资金的短债配置比例远低于银行和广义基金,保险公司短融和超短融配置占比仅为2%,而银行配置占比为4%、广义基金为21%。保险、商业银行和广义基金的债券托管结构如图3—6所示。

資料來源:中债登、上清所、申万菱信基金,数据截至2015年8月。

图3—6　保险、商业银行和广义基金的债券托管结构

第四节　利率长期下行,保险资产如何配置

在人口老龄化、地产周期见顶、去杠杆化、全球经济增速放缓的背景下,我国利率

可能进入长期的下行期。未来无论是保险资金还是其他资管产品的收益率都难以回到高收益时代,那么保险资产该如何配置?

首先,由于保险负债长久期、低风险的特点,固定收益资产依然是保险资金配置的首选。未来要关注信用品的刚兑是否能够被打破,刚兑打破和无风险利率下行是相辅相成的。在刚兑打破前,无风险利率下行可能受阻,建议继续优先配置高收益、低风险、有政府信用背书的非标资产,在非标配置达到监管上限后,高评级信用债和利率债也可配置。但是2015年地方政府债务限额管理已经启动,预示政府信用的全面背书在未来将全面退出,刚兑有希望被打破。待刚兑被打破后,国债、地方债的政府信用会真正回归,不同资质的信用债会表现分化,因而利率债的避险价值和配置价值凸显。在这一过程中,无风险利率下行,利率品是较好的配置。

其次,对于股还是债的选择,我们认为权益牛市仍需等待利率真正下行与风险偏好回暖,但未来资产轮动依然可期。2013年是货币牛市,余额宝等货币基金崛起。2014年转为债牛,而到2014年下半年和2015年上半年转为股票牛市。若无风险利率的下降能形成新一轮趋势,就意味着债券牛市的重启。当风险偏好底部回升,权益类资产将迎来牛市。

最后,多样化配置分散资产风险。关注股权投资和直接项目投资的结构性机会,如健康医疗、消费服务等经济转型和国企改革领域的基础设施和股权投资,提高资产组合收益。

第四章　法规制度对保险资金配置的影响

第一节　相关法规制度

改革之前,我国保险资金主要存入银行,投资渠道十分单一。2003年,保监会开始推动保险资产管理体制改革,旨在促使保险业资金管理专业化。具体进程如下:2003年,保险资金被允许用于投资AA级以上的企业债券;2004年,投资范围大幅扩展,保险资金被允许投资金融、外国政府、公司债券,可转让债券以及股票;2005年6月起,保险资金可购买外国股票;2006年3月,《保险资产管理公司管理暂行规定》批准保险资金投资基础设施领域;2009 年,根据新修订的《保险法》,不动产也成为保险资金的投向之一;2010 年 8 月,《保险资金运用管理暂行办法》颁布,以专项文件的形式规定了保险资金的投资渠道。

2012 年先后发布《关于保险资金运用监管有关事项的通知》、《保险资金投资债券暂行办法》、《保险资金委托投资管理暂行办法》、《保险资产配置管理暂行办法》,与此前发布的诸多文件在险资运用方面共同构成较为完整的政策法规体系,对投资于债券、股权和不动产的保险资金品种、范围和比例限制进行了放宽,同时还允许相关金融机构受保险公司委托进行投资。

2015 年 2 月,中国风险导向偿付能力体系(下称"C—ROSS"或"偿二代")构建正式完成,发布总计 17 项监管规则。总体上看,偿二代作为保险业偿付能力监管的新规,对于整个保险业的风险管理、稳定健康发展有着深远的意义。根据保监会测试结果显示,偿二代下行业整体偿付能力充足率较偿一代更加稳定,仍保持紧平衡状态。产险公司方面,市场风险、保险风险和信用风险的最低资本占比分别为 17%、48% 和 35%;寿险公司方面,市场风险、保险风险和信用风险的最低资本占比分别为 66%、22% 和 12%。关于保险资产运用、配置的法律和规定如表 4—1 所示。

表 4—1 关于保险资产运用、配置的法律和规定

时 间	规章制度
1995 年之前	受到金融市场不完备及险资自身投资能力的限制,一般只能存入银行
2003 年	批准购买 AA 级以上的企业债券
2004 年	批准购买可转让债券,外国金融、政府、公司债券,可购买股票直接入市
2005 年	批准购买外国股票
2006 年	《保险资产管理公司管理暂行规定》出台,批准险资以特定方式进入基础设施领域,标志保险资金运用更加规范和专业
2009 年	《保险法》修订,新增不动产投资渠道
2010 年	颁布《保险资金运用管理暂行办法》,明确了拓展后的险资投资渠道
2012 年	一批新的文件出台,进一步放宽险资在股权、债券和不动产领域投资的范围和比例要求,允许保险公司按规定委托其他金融机构进行投资
2015 年	中国风险导向偿付能力体系构建完成

资料来源:王姝:我国保险资金运用及监管分析——基于国际经验的借鉴,《经济体制改革》,2013(3)。

第二节 对保险资产配置的影响

总体来说,我国法规制度对保险资金运用的管制是逐步放松的。我国保险资金运用结构也有所改变,投资方向更加多元。具体来说,在国债和银行存款比重下降的同时,金融债券、企业债券和股票比重上升。此外,保险资金的收益也是较为稳定的。但由于法规制度的管制,保险资金配置中还存在一些问题。

第一,保险资金收益率较低。当前,法律法规对保险资金投资的范围和投资比例有严格的限制,这也限制了保险资金的收益率。我国保险资金运用限于金融债券、银行存款、企业债券、政府债券和买卖证券投资基金等。因此,货币政策与金融市场波动,尤其是非权益类资产的价格波动都将使得保险公司投资回报率出现下滑,较大地影响各保险公司的业绩。2014 年保险资产平均收益率为 6.3%,但仍然远低于发达国家 8%的平均水平。

第二,目前我国保险资金的运用结构仍然存在失衡的现象。与发达国家相比,我国保险资金银行存款和债券仍然是最主要的投向,既限制了其收益率,也不能有效分散风险,收益率容易受到利率走势、货币政策的左右。目前,我国险资配置中,股票、基金占比不到 40%,而美国险资配置中股票、基金占比达到 80%。相形之下,仍有相当大的差距。

第五章 会计税收制度对保险资金配置的影响

第一节 我国保险会计准则的发展演变

1984 年以来,我国保险会计制度从传统会计制度转向新会计准则制度。两阶段的会计制度存在一定差异,传统会计制度时期,会计准则与会计制度并存,资产和负债都以历史成本进行计量;而新会计准则时期,国内外会计准则趋同,公允价值计量被引入资产和负债计量。

传统会计准则是 1984~2006 年间《中国人民保险公司会计制度》、《保险企业会计制度》、《保险公司会计制度》和《金融企业会计制度》等准则的总称。其中,外资保险公司和上市保险公司适用《金融企业会计制度》,其他保险公司适用《保险企业会计制度》。

新会计准则是指 2006 年以来财政部发布的 1 个基本准则和 38 项企业具体会计准则。此外,还包括了财政部发布的《企业会计准则解释 2 号》,以及财政部和保监会联合发布的《保险合同相关会计处理规定》。

第二节　新旧会计准则的对比变化

与传统会计准则相比,新的会计准则主要有以下几个变化:第一,采用了公允价值计量方法;第二,发布了一系列行业具体准则,主要围绕特殊行业;第三,将金融工具分为交易类金融资产、可供出售类金融资产、持有至到期投资、贷款和应收款项四类,资产计量方式与国际趋同。新会计准则下金融工具四种计量方式的比较如表 5—1 所示。

表 5—1　　　　　　　新会计准则下金融工具四种计量方式的比较

项　目	交易类金融资产	可供出售金融资产	持有至到期投资	贷款与应收款项
初始计价	公允价值	公允价值	公允价值	公允价值
后续计量	公允价值	公允价值	摊余成本	摊余成本
公允价值变动计量	当期损益	权益—资本公积	—	—
交易费用	当期费用化	资本化	资本化	资本化
优点	1. 较好地反映了资产的真实价值 2. 资产价值的变化能及时反映在利润表中	1. 较好地反映了资产的真实价值 2. 减少短期资产价值波动对利润表的影响,有利于长期决策的实施	1. 能减少资本市场变动导致公司资产负债的波动 2. 能减少短期波动对长期决策的影响	1. 能减少资本市场变动导致公司资产负债的波动 2. 能减少短期波动对长期决策的影响
缺点	1. 资产价格与金融市场联系紧密,在金融市场环境变化较大的情况下,交易类金融资产会加大利润表和资产负债表的波动 2. 若对应的负债价格变动不记入损益表,可能虚增公司利润	1. 资产价值变动一般需要在资产出售后才能反映在利润表中,在一定程度上会影响外部报表使用者对公司价值的判断 2. 可能成为公司调节报表利润的手段 3. 若对应负债价值变动记入损益表,可能对公司盈利产生负面影响	1. 不反映资产的真实价值,可能给信息使用者造成错误的决策 2. 若负债计量方式反映了市场环境的变化,可能对利润波动产生负面影响	1. 不反映资产的真实价值,可能给信息使用者造成错误的决策 2. 不存在活跃的市场报价,其经济价值与变现价值之间存在较大的差异,给管理带来较大的困难

资料来源:张连增、戴成峰:新会计准则下我国财产保险公司资产负债管理研究,《保险研究》,2013(3)。

公允价值的引入是与国际接轨的重要一步。四类金融工具分类中,交易类金融资产不论初始计价还是后续计量都以公允价值为基础,公允价值的当期变动损益记入利润表;可供出售类金融资产的初始计价和后续计量也都按公允价值计量,但当期公允价值变动损益计入所有者权益项下的资本公积中,只在出售资产或提取资产减值准备的情况下,公允价值变动形成的损益才从所有者权益中转出;持有至到期类金融资产、贷款及应收款项在资产负债表中以摊余成本为基础计量。

第三节 新会计准则对保险资产配置的影响

新会计准则下,保险资产的配置需要合理运用会计准则,对真实的投资资产价值和投资损益进行反映。一般资产管理和保险资产管理间存在差异:一般资产管理的会计核算比较容易,因为当期业绩能够直接反映资产组合的市值变动。而保险资产管理不仅需要考察资产负债匹配问题,还需要对资产价值和收益进行统筹考量。

第一,现行会计准则采取"四分类"法划分金融工具,选定后不可随意调整。因此,包括不同类别资产的价值、匹配负债情况、收益计算方法和后续交易限制等问题都需要被仔细考虑。此外,由于保险合同准则经历了大幅修改,偿付能力监管新规也将实施,经济环境发生了很大变化,今后保险公司的资产会计分类会发生很大变化。

第二,公允价值计量有一定局限性。首先,公允价值计量不可避免地存在顺周期性,即在市场资产价格上涨时水涨船高,而在市场价格低落时,其资产价格也随之大幅下降。其次,公允价值的会计框架不够完备,在某些低效的金融市场中,内在价值很难被发掘,存在公允价值不公允的现象。

第三,在新会计准则下,减值对保险资产的配置而言不仅是一个财务问题,也是一个投资策略问题。资本市场持续震荡将增大保险公司可供出售权益类资产减值。首先,鉴于会计准则仅在原则上对资产减值标准做出规定,在实务中保险公司需要自行建立操作标准,这使得保险公司间的财务报表可比性大大下降。其次,对保险公司而言,如何依据既定的减值标准进行主动管理,从而减少对利润的负面影响是需要在投资过程中予以考虑的。

第六章　"偿二代"体系下对保险资产负债配置的影响

第一节　什么是"偿二代"体系？

　　"偿二代"是我国风险导向的偿付能力监管体系，是一套既与国际接轨又与我国保险业发展阶段相适应的偿付能力监管制度体系。它共有三个支柱：第一支柱包含九个监管规则，都是定量要求，围绕资本展开；第二支柱包含三个监管规则，都是定性要求，强调风险管理；第三支柱指向信息披露，包含三个监管规则。此外，偿二代还包含分别与保险集团、偿付能力报告相关的两个监管规则，总共有十七个监管规则。如图6—1所示。

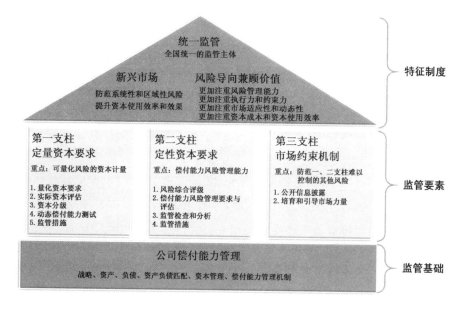

资料来源：申万菱信基金。

图6—1　"偿二代"的具体内容

　　2015年2月建立的偿二代监管体系将给保险公司的资产配置行为带来深刻的影响。偿一代体系下主要通过控制保险规模来监管偿付能力，偿二代将其改革为以风险为导向,能更为客观、全面地反映保险公司的潜在风险,提高其风险管理能力。偿付能力充足率(实际资本/最低资本)是保险监管的核心指标,偿二代下,保险最低资本的计量将与各类资产的风险因子的大小直接相关,资产的风险越高,则风险因子越大,对最低资本的要求越高,对资本的消耗越大。与偿一代相比,偿二代体系下计算出的资产风险因子几乎都有所提升,这反映出偿一代"一刀切"地衡量风险低估了保险公司的实际风险水平。

第二节 "偿二代"对各项资产配置的影响

偿二代在 2015 年 2 月正式建成,同时发布了 17 项监管规则,这是我国保险业偿付能力监管领域具有里程碑意义的事件。在以往"一刀切"的监管标准下,保险公司资本配置效率低下,且潜在风险较高。新规则下,资本要求和具体资产风险紧密联系,保险公司可以依照新的标准科学评估自身投资行为的风险,提高了资本的利用效率。

以下是实施"偿二代"后对资产配置的总体影响:

一、总体特征:多数资产风险因子上升,不动产和基建显著利好

首先,根据风险特征对资产进行了重新分类,有的合并、有的拆分,市场上同类产品资本要求进一步趋同。

其次,资产的风险因子全线上升,但提升幅度有所差别。权益类资产上升幅度最大,固定收益类上升幅度较小,基础设施股权计划、投资性不动产是少有的因子下降的资产。

最后,穿透法的首次应用,这实际上是根据"实质重于形式"的原则计量风险,即根据其基础资产面临的风险类型和大小计提资本要求,而不是根据其产品的形态计提最低资本,能够更加科学准确地反映保险公司投资资产的实质和风险大小。无法穿透的产品则被赋予较高的风险因子。

以下按照资产类别细分了一下偿二代体系带来的具体影响:

二、境内权益和不动产类

相比偿一代,偿二代在权益和不动产类资产的资本要求上呈现以下特点:

第一,股票基金的风险因子小于股票。保险公司可以利用基金配置权益类资产来节约资本,指数型基金就是一种很好的选择。

第二,引入逆周期的内在调整机制,通过浮盈时期多提资本来更好地应对亏损时期以丰补歉的做法,防止经济波动过大,体现了宏观审慎的监管思想。保险公司可以采用适当止盈的手段来节约资本。

第三,不再区分长期股权投资的被投资企业是否上市以及行业性质,鼓励保险公司通过多种方式对金融、非金融行业进行战略性投资。

第四,如前所述,基础设施股权计划、投资性不动产由于风险因子下降而显著利好,将对保险公司进一步投资形成导向。

第五,另类保险资管计划(以金融衍生品、集合信托计划等金融产品为投资标的)如果无法穿透,其风险因子将居第一位。为节省资本,保险公司应尽量使得基础资产标的清晰。

三、境内固定收益资产

相比偿一代,偿二代在境内固定收益资产的资本要求上呈现以下特点:

第一,出于保险资金流动性约束的考虑,财险、寿险都更加注重久期管理。人身险采用资产负债联动的情景法评估利率风险,资产负债的久期缺口越大就要求越高的资本;财险则将利率风险与期限挂钩,抑制"短债长投"。

第二,险资固定收益投资评级有下沉的趋势。低评级品种的边际资本收益率更高,使得在期限相同的情况下,风险因子的上升幅度小于信用利差上升幅度,并且这一特征随着期限的缩短体现得更为明显。

第三,非标品种的风险因子上升幅度小于债券,基础设施债权计划在偿二代体系下显著利好,预期该领域的险资将持续增长。

四、境外资产

境外资产的分类相对较少,对资本消耗的影响也不显著,相比偿一代,偿二代在境外资产的资本要求上呈现以下特点:

第一,对于发达市场的固定收益品种,偏向投资期限较长的,此举有利于减少寿险的负债久期缺口,还可以节约资本。

第二,现阶段鼓励投资发达市场的股票,因为相比其他领域,股票投资更加节约资本,风险水平相对可控,投资价值也较高。

第三,对于境外不动产的资本要求相比偿一代大幅降低;

第四,由于中国险资还处于境外投资初期,对于新兴市场投资总体投资策略偏审慎。

第七章　研究结论与决策建议

第一节　研究结论

2004 年以前,投资时钟理论高度适用于大类资产配置。投资时钟理论揭示了经济增长、通货膨胀与大类资产配置策略之间的基本关系,即大类资产轮动与经济周期阶段之间存在互动关系:衰退阶段的债券、复苏阶段的股票、过热阶段的大宗商品和滞涨阶段的现金,它们都是最优选择。

但 2008 年金融危机之后,QE 的实施令传统投资时钟理论失效,宽松主导市场。QE 推出后过量货币"脱实向虚",利率和风险偏高取代实体经济,成为影响金融资产价格的主要影响因素,以至于出现了实体经济不好,但金融资产价格迭创新高的局面。其中,宽松货币政策成为资本市场的主要影响因素,货币的流向决定了大类资产的配置方向,这在美国、欧洲和日本市场上都得到了验证。对未来资产价格趋势的展望如下:

1. 债市继续向好

国内物价维持低迷,货币政策转向时点远未到来,2016 年降息、降准可期,资产配置荒下资金将持续流入债市,利率下降将是趋势。

2. 改革创新仍在,股市震荡向上

从影响股市风险偏好的三大因素看,3 季度去杠杆导致风险偏好大幅下降,因而短期难以恢复。但创新仍在不断推进,改革仍在稳步推进,只不过是之前市场预期太高,因此我们依然对政府的改革抱有期望,尤其是供给侧改革将持续推升股市的估值水平。

3. 大宗商品进入长冬

一是加息预期背景下美元强势,大宗商品较难有大行情出现;二是作为全球经济增长的重要引擎,中国是世界上最大的铁矿石、铜等大宗商品的需求国,而中国经济减速、需求疲软将全面影响全球大宗商品需求,最终将传导至上游资源品价格。除非,美国 2016 年加息节奏骤然放缓、中国经济复苏,那么大宗商品价格或将迎来一波反弹。

第二节　比较与建议

OECD 国家保险资金资产配置的六大特点:其一,无论是寿险还是非寿险资产,投资于债券的比重都是最高的;其二,寿险资金中对于债券的配置比重一般高于非寿险资金,尤其是寿险更偏好于长期债券;其三,在股票配置比例上,对于大多数国家,股票是继债券之后的第二大投资品,且非寿险在股票上的配置比例略高于寿险;其四,不少国家的保险资金从事贷款业务,且比重不小,普遍在 5%~20%;其五,对房地产的投资在各国的保险资产配置中均较少,一般小于 10%;其六,2008 年金融危机后,OECD 各国的保险资金大幅减持了房地产和股票资产,加大债券及各类贷款的配置比重。

中国保险资金特点和保险资产配置趋势大体介绍如下:保险资金的特点取决于保险产品的特点,总体而言,保险资金具有"长久期"、"低风险"和"因负债成本增加而寻觅高收益"这三大特点。而保险资产配置则呈现出以下三大趋势:一是规模不断增大,资产配置多样化提升收益率;二是大类资产配置结构中以存款和债券为主,权益类和非标投资持续增加;三是在债券配置结构中,以低风险的利率债和长久期的次级债为主要部分,短融配置很少。

利率长期下行背景下的险资配置建议之一:首选固定收益资产,从非标到利率债。由于保险负债长久期、低风险的特点,固定收益资产依然是保险资金配置的首选。在刚兑被打破之前,无风险利率下行可能受阻,此时建议继续优先配置高收益、低风险、有政府信用背书的非标资产,在非标配置达到监管上限后,高评级信用债和利率债也可配置。待刚兑被打破后,国债、地方债的政府信用会真正回归,不同资质的信用债会表现分化,因而利率债的避险价值和配置价值凸显。在这一过程中,无风险利率下行,利率品是较好的配置。

利率长期下行背景下的险资配置建议之二:权益类伺机而动,多样化配置分散风险。我们认为权益牛市仍需等待利率真正下行与风险偏好回暖,但未来资产轮动依然可期。当风险偏好底部回升,权益类资产将迎来牛市。同时,也应通过多样化配置分散资产风险,可关注股权投资和直接项目投资的结构性机会,如健康医疗、消费服务等经济转型和国企改革领域的基础设施及股权投资,增强资产组合收益。

参考文献

[1]Greetham，Trevor and Michael Hartnett，The Investment Clock［R］，Merrill Lynch Report，2004.

[2]黄枫,傅黎瑶.新会计准则对保险行业的影响[J].中国保险,2007(5).

[3]姜超,李宁,张卿云.保费利率市场化,非标配置占比上升——保险资产配置分析[R].海通证券研究所证券研究报告,固定收益研究,2014 年 8 月.

[4]王姝.我国保险资金运用及监管分析——基于国际经验的借鉴[J].经济体制改革,2013(3).

[5]张连增,戴成峰.新会计准则下我国财产保险公司资产负债管理研究[J].保险研究,2013(3).

[6]赵治纲.新会计准则对保险公司的影响与对策研究[J].金融会计,2007(8).

[7]中国保监会.关于提高保险资金投资蓝筹股票监管比例有关事项的通知[S].保监发〔2015〕64 号.

[8]中国保监会.关于保险资金投资创业投资基金有关事项的通知[S].保监发〔2014〕101 号.

[9]中国保监会.关于保险资金投资集合资金信托计划有关事项的通知[S].保监发〔2014〕38 号.

[10]中国保监会.关于加强和改进保险资金运用比例监管的通知[S].保监发〔2014〕13 号.

[11]中国保监会.保险资金投资债券暂行办法[S].保监发〔2012〕58 号.

[12]魏瑄.偿二代下的保险资产管理[J].上海证券报,2015.05.15.

[13]缪建民.保险资产管理的理论与实践[J].新金融评论,2013(10).

（本文获"2015IAMAC 年度系列研究课题"优秀奖）

业务创新篇

我国保险资产证券化发展模式研究

安邦资产管理有限责任公司

冯 伟 董 利 郭 廓

摘要

本课题首先介绍了国内外资产证券化的基本理论与国内外实践,然后介绍了国内外保险资产证券化的经验与案例。在国内外信贷、保险资产证券化产品及交易所模式研究的基础上,本课题从未来我国保险公司可发行产品角度出发,设计了以保单盈余、保单质押贷款为资产的两种资产证券化产品,以及其适合的交易市场。同时,建议目前可以先考虑私募发行或场外柜台交易。随着保险规模不断扩大,会计税收信息披露不断完善,境外投资者高度参与,本课题建议建立以交易所占资产证券化交易主导的交易模式,重点包括保险资产证券化产品在内的综合型保险交易所。

关键词

保险资金 资产证券化 保险交易所

第一章 资产证券化的理论与实践

资产证券化是以特定资产组合或特定现金流为支持,发行可交易证券的一种融资形式。详细来说,它指的是金融机构或企业将其在未来能够产生可预见的现金流的资产,对其风险和收益进行分离和重组,进而转换为在资本市场上出售和流通的证券的过程。1970 年,美国首次发行以抵押贷款组合为基础资产的抵押支持证券——房贷转付证券以来,资产证券化逐渐成为一种被广泛采用的金融创新工具而得到了迅猛发展。

第一节 资产证券化的基本原理与要素

20 世纪 70 年代以来,主要发达市场经济国家的资产证券化发展迅猛,品种日益丰富,规模日渐庞大。我国自 20 世纪 80 年代起就开始了对资产证券化的探索,在经历了试水、扩大、停滞、重启等阶段后,近年迎来了加速发展阶段。截至 2014 年,市场产品以银行发起的信贷资产证券化为主导,基础资产主要是企业贷款。2014 年,全年发行信贷资产证券 2 833 亿元(82%),企业资产证券化 342 亿元(12%),资产支持票据 89 亿元(6%),合计 3 264 亿元,较 2013 年增长 10 倍以上。

一、资产证券化的基本原理

资产证券化的过程可以分为:资产重组、风险隔离和信用增级。资产重组指的是选择能够产生未来现金流的资产进行配置与组合,进而形成资产池。风险隔离指的是通过一系列处置(真实销售、信托等),保证证券与原始所有者的风险无关。信用增级则分为外部、内部两种方式,以吸引更多的投资者。

(一)资产重组

资产重组是发起人(资产的原始权益人)对所拥有的能够产生未来现金流的资产进行组合,来形成资产池的过程。当然,并不是所有的资产都适用这种方法,可证券化的资产一般均应具有几个比较重要的特征,比如从历史记录上来看,该资产要有较长时期稳定的低违约率,同时要求其能在未来产生稳定的现金流;对于抵押物也有一些要求,比如其最好有较高的变现价值,同时资产池要达到一定规模。

(二)风险隔离

特殊目的载体(Special Purpose Vehicle,SPV),是证券化结构的核心机构。它是连接投资者和发起人的纽带,代表所有投资者拥有基础资产,并作为证券或受益凭证的发行主体。SPV 隔离了资产出售人和被出售资产的权利关系,达到资产隔离的目的。

证券化的发起人,通常就是原始权益人。为了隔离基础资产和发起人的风险,证券化资产的转移一般应为真实销售而非担保融资,即实现资产的表外处理。在发起人破产时,基础资产是不能作为破产财产的。如果是担保融资的话,那么资产仍将保留在发起人的资产负债表上。一旦发起人破产时,持有人只能以受担保的债权人的身份参加清算,进而受破产风险的影响。

(三)信用增级

信用增级方式包括内部增信和外部增信方式,如图 1—1 所示。

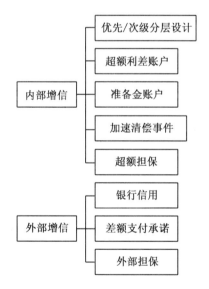

资料来源:联合评级信用有限公司。

图 1—1 信用增级方式

1. 优先/次级分层设计

优先/次级分层设计是根据基础资产的风险分布特点,划分出不同风险水平的收益率的多期债券的方法,属于内部增信的一种。这种设计有利于降低证券化业务中的代理问题,将基础资产的信用评级提高到融资方主体评级之上,从而降低融资方成本。

2. 超额利差账户

超额利差指的是基础资产利息收入加上其他证券化交易收入,然后减去资产支持证券利息支出和其他证券化交易费用。它用于弥补信贷资产证券化业务活动中可能产生的损失,属于内部增信方法的一种。

3. 准备金账户

准备金账户指的是截留基础资产内生的部分超额利差现金流,将其作为储备金,当超额利差为负时可拿来支持证券化产品的本息支付,作为第一缓冲。它属于内部增信的一种。

4. 加速清偿事件

加速清偿事件指的是当出现一些特殊情况时,本金将进入加速清偿阶段,以保证优先级券的本金偿还。

5. 超额担保

超额担保指的是证券化业务在设计时,会尽量保证基础资产未来产生的现金流多于需要支付的债券本息,以提供更好的保障。它属于内部增信的一种。

6. 银行信用

在满足预先确定条件的前提下,银行出具的信用证是承诺其会提供无条件的偿付。偿付的债务可以是部分债务,也可以是全部债务。它属于外部增信的一种。

7. 差额支付承诺

当基础资产现金流无法覆盖资产支持证券份额时,原始权益人承诺提供差额补贴。它属于外部增信的一种。这个条款不是证券化必需的,但实务中企业资产支持证券有时会采用,以增加投资者安全性。

8. 外部担保

外部担保可分为抵押担保和信用担保。例如,住房抵押担保证券化产品是典型的抵押担保。信用担保主要是指原始权益人对基础资产提供信用担保。它属于外部增信的一种。

二、资产证券化的产品结构

图 1-2 是资产证券化产品结构,大多数产品结构可以简化为这种结构,有如下几点值得说明:

(1)原始权益人与借款人之间建立债权债务关系。拥有相关资产的原始权益人,将该部分资产进行重组,继而把这部分资产组合出售给 SPV,兑现收益。

（2）SPV 获得该项基础资产，作为发行人，设计和发行基于该资产的资产支持证券，出售给投资者，获得发行收入，交给发起人。此外，这个过程会有以下机构参与：承销商机构参与产品承销、评级机构负责产品评级、审计法律机构提供服务等。

（3）SPV 将基础资产托管给资管机构。托管机构负责从借款人那里收取产生的本息现金流，并通过 SPV 交给投资者。其他还需要服务商来做的，包括监督逾期债务的借款人、提供现金流报告等。

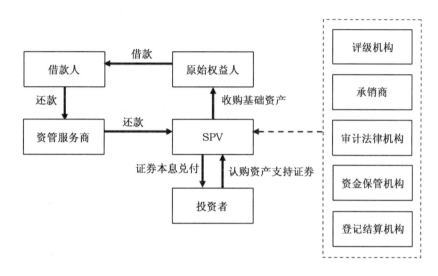

资料来源：安邦资产管理公司。

图1－2　资产证券化产品结构

三、资产证券化的基本流程

一般来说，资产证券化的基本流程可以分为以下几个步骤：

(1)确定证券化目标，组成资产池；

(2)组建特殊目的机构(SPV)，实现真实销售；

(3)完善交易结果，进行内部评级；

(4)信用增级；

(5)进行发行评级，安排证券销售；

(6)发售证券，获取证券发行收入；

(7)向原始权益人支付购买价格；

(8)服务人进行资产管理，按时收回资产收益(管理资产池)；

(9)清偿证券。

四、资产证券化评级方法

大致来说,评级思路是根据资产池贷款的数量和信用等级,测算出资产池未来的现金流和预期损失率,最后计算出每层的信用等级。

在理想情况下,资产证券化产品的信用评级主要关注基础资产信用质量与产品交易结构特征。如果基础资产实现了真实出售或破产隔离,那么基础资产就具有了独立性,信用评级不应该再考虑发起人的信用状况。

蒙特卡罗模拟是比较常用的计算方法。简单来讲,就是通过对单笔资产进行信用质量评估,得到违约概率,然后考察每一笔资产的违约概率、集中度以及其与其他资产的相关性,运用蒙特卡罗模拟方法模拟资产池违约事件来构建模型。其中,有可能会出现这种情况,少数几笔贷款信用表现恶化对整个资产池产生较大的负面影响,这就要求信用增级必须能够覆盖资产池中特定大额资产组合违约所带来的损失。

最后,根据交易结构和现金流分析及压力测试,基于一定的评级标准,得到由现金流压力测试所决定的受评证券信用等级上限。

综上各个标准,可以考虑取最严格的一个作为模型决定的指示信用级别。此外,还会结合主要参与机构的尽职能力、交易结构风险等定性因素,最终综合确定受评证券的信用等级。

第二节　资产证券化的国际经验与国内实践

1970 年,美国政府国民抵押协会首次发行房贷转付证券——以抵押贷款组合为基础资产的抵押支持证券。资产证券化逐渐成为一种被广泛采用的金融创新工具,迅猛发展。

一、美国资产证券化的产品类型及交易情况

(一)美国的资产证券化产品类型

美国资产证券化产品类型如图 1—3 所示。

在美国,资产证券化产品按照基础资产的不同可以划分为三大类:住房抵押贷款支持证券、资产支持证券和担保债务凭证。

住房抵押贷款支持证券是最早出现的资产证券化产品,是指由住房抵押贷款作为基础资产发行的证券。证券化发展到中期,基础资产范围扩展到汽车贷款、设备和厂

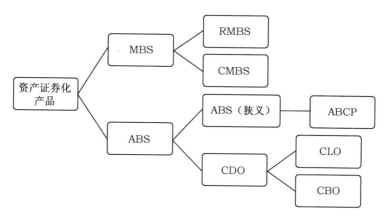

资料来源:Sifma。

图 1—3 美国资产证券化产品类型

房贷款等,这些均属于资产支持证券。后期,债券、高收益贷款及结构金融产品也开始被用来做证券化,这是美国资产证券化的高潮涌现的标志。

(二)美国的资产证券化产品交易情况

美国私募发行证券可豁免发行条件,简化发行手续。因此,大多数资产证券化产品由私募发行,场外柜台交易。只有房地产投资信托基金(Real Estate Investment Trusts,REITs)这一与资产支持证券有交叉的创新型资产证券化产品,可以通过交易所挂牌上市。

REITs 的组织架构分为美国模式的公司制和亚洲模式的契约制,前者是由房地产公司改造而成的,后者是中国香港、新加坡采用的。REITs 的信托资产上会加一个SPV,信托资产则以某种股权形式放入这个"壳"公司里。这种模式与我国的资产证券化产品很相似,因此我们可以借鉴 REITs 的交易经验。

1. 组织规范

REITs 的组织必须是公司、信托或如同法人一样可以征税的实体,必须由董事或受托人来管理。

2. 投资规范

至少 75% 的资产投资于房地产、抵押贷款、其他 REITs 的证券、现金或政府债券等。除上述规范以外,还要求 REITs 投资于其他公司发行的证券不得超过其资产价值的 5%,对发行在外的普通股不超过其资产的 10%。

3. 收益规范

有一系列关于收益规范的规定,在此列举几个:至少 75% 的总收益必须来自房地产的租金收入、抵押贷款的利息、出售房地产收入等；至少 30% 的总收益不能源自房地产持有期间未达四年就出售的收入、股票或债券的持有期间未达 6 个月就出售的所得。

4. 收益分配

除资本利得与确定的非现金可税收益外，REITs 的课税所得中的至少 90% 必须以股利方式分配给投资人。

5. 公开发行规范

根据要求，美国房地产投资信托基金的公开发行必须向所在州证券主管机关以及证券交易委员会注册。这些机构对于发行要件、发起人条件有许多严格的规定。

6. 信息披露规范

关于初次披露义务，房地产投资信托基金发行人需先向证管会申报注册报告书；而该报告书要求详细揭露关于业务、财产、管理及财务的重大事项，其中包括完整的财务报表。与之相配合的是持续披露义务，指的是房地产投资信托基金应定期向 SEC 申报最近年度与最近一季的业务及财务状况。

另外，对有控制权的发行人的变动、非常规交易以取得或处置金额重大资产、破产或受破产管理、签证会计师改变等事项要在事实发生的 5 日或 15 日内向证管会申报，具体日期根据特定事项而有所不同。

综上所述，在美国，所谓投资信托的实际操作形态并非全都采用信托方式，基本上是以公司型基金的形态出现。无论是公司型还是契约型，REITs 都算是信托基金与投资公司两种个体的结合。

此外，美国的 REITs 须符合许多严格规定才能享有免税优惠，否则须缴所得税。以美国情形来看，由于有法律赋予的特殊地位，REITs 可以使用各式的融资工具，比如 REITs 可以发行特别股、公司债或可转换公司债等。

从整体上来看，美国模式是在税收法律条款下的市场型模式。亚洲一些国家和地区也借鉴了美国的模式，在结构、投资目标等方面制定了相似的规定。

二、我国资产证券化的产品类型及交易情况

截至 2014 年，我国资产证券化市场产品，其基础资产主要是企业贷款。信贷资产证券是我国市场发行的主力。在 2014 年，全年发行信贷资产证券 2 833 亿元，占到了总量的 82%；紧接着是企业资产证券化（12%）和资产支持票据（6%）。2014 年，资产证券化总量超过 3 200 亿元，较前一年增长 10 倍以上。

（一）我国的资产证券化产品类型

目前，我国市场上的资产证券化产品主要有三类：信贷资产证券化、企业资产证券化、资产支持票据。我国资产证券化产品分类如表1-1所示。

表1-1 我国资产证券化产品分类

项　目	信贷资产证券化	企业资产证券化	资产支持票据
审批方式	央行、银监会审核	证监会审核，未来拟采取基金业协会备案制	发行人向交易商协会注册，可分期发行
发起人	银行	证券公司/基金子公司	企业
原始权益人	银行	企业	企业
SPV	信托	券商专项资管计划或基金子公司资管计划	资产不出表
基础资产	各类信贷，金融租赁资产	融资租赁、小贷、BOT回购、收益权等财产权利，商业物业等不动产，基金业协会有负面清单	以公共事业收费收益权为主
交易场所	银行间、交易所	交易所、证券公司柜台、证券业协会报价与转让系统	银行间
累计发行总额度	6 429亿元	1 725亿元	214亿元
评级要求	至少双评级	无强制要求	公开发行需要双评级
风险自留要求	至少保留基础资产风险的5%，目前多数自持各档证券的5%	多数自留次级档	无风险自留，但需要履行与投资者保护相关的承诺

资料来源：中国人民银行、银监会、证监会、交易商协会网站。

1. 信贷资产证券化

从安全性角度来考虑，信贷资产证券化产品比公司债券应该要高一些，而从期限来说，总体上信贷资产证券化产品多数是期限较长的金融产品，特别是个人住房抵押贷款支持证券，期限一般比较长，比较适合传统人寿保险项目的资金运用。

自2013年6月起，国务院便提出"用好增量，盘活存量"。随后，"金十条"等多个文件提及通过信贷资产证券化支持某些特定领域的发展。此外，中长期贷款占比近六成，在较长时间内商业银行无法收回贷款本金，隐含着效率损失。

非银行和非央行机构购买后，资产证券化就变成直接融资，属于创造了信用，但没有创造货币。如果由非银行机构购买，本质上是将间接融资转化为直接融资，同时调整了信贷资源的分布。银行可以借此腾挪表内资产，缓解银行资本消耗并腾挪贷款额度,优化贷款配置方向,纠正期限错配。

银行将存量贷款证券化,打通了信贷和证券两个市场,资金分配更有效率。因此,在一定程度上,资产证券化具有价格发现机制,优化银行的前端信贷投放。不过在现实中,由于规模还比较有限,这一趋势还未能得到体现。

(1)一般贷款证券化

一般贷款指的是对企业的各种用途的贷款。在我国信贷总量中,一般性的贷款占绝大多数。国家开发银行是我国 ABS 的首家试点单位,花费一年时间设计于 2005 年12 月发行了首单 ABS,后来浦发、工行、兴业、招商、中信等银行的 ABS,基本上沿袭了国开行的 ABS 模式。但国开行的第三单由于利率上行、评级结果存疑、发行系统招标方式不合适、推销力度不够等原因,发行失利,对扩大试点产生了一定负面影响。央行随即出台了资产池信息披露的办法和允许资产支持证券回购的通知,对每一单证券化产品的试点进行精心指导和组织实施。

浦发银行 2007 年 9 月份发行的首单 ABS 是继国开行第三单发行失利后的第一单 ABS,共发行 A、B、C、次级四档资产支持证券 43.83 亿元。其中,信用评级为 AAA级的有 36.38 亿元;信用评级为 A+的是 B 档,有 3.42 亿元;C 档为 2.50 亿元,信用评级为 BBB。以上三档均采用浮动利率方式。次级档 1.53 亿元,不评级,无票面利率。从上述分层结构看,在定价方面已经考虑到当时利率上行的趋势,采用浮动汇率的方式来解决投资者的顾虑。同时,在发行数量上既满足了发行的规模效益也充分考虑了市场容量。与国开行的模式相比,有一些明显的区别:一是第一次采取在主承销(国泰君安证券)组织下通过簿记建档方式来进行 ABS 产品的发行,同时自己放下身段对中小投资者也做足工作。二是发行安排人即财务顾问的角色由外部机构(花旗银行)充当。三是对资产支持证券持有人的流动性要求做了支持性安排,由于当时还不能回购交易,浦发银行承诺在特定条件下对持有人发放短期贷款。四是信息披露更加详细。

(2)个人住房抵押贷款

我国个人住房抵押贷款市场规模还很小,有一些因素制约其发展。一是个人住房抵押贷款的质量是最好的,银行不太舍得卖掉优良资产。二是基础资产管理比 ABS更难。个人房贷借款人众多,而且每一笔贷款的数量不大。在做证券化时,需要处理好抵押权变更、入池贷款标准梳理、贷款回收频率较高等一系列问题,相当复杂。三是业务费用较大,收益较小,因为涉及民生问题,又有公积金房贷采用优惠利率,因而项目收益有限。

建设银行在 2005 年作为发起机构做了第一单总额 30.016 亿元的 MBS。贷款的地理分布为上海(56.17%)、无锡(4.84%)、福州(24.24%)和泉州(14.57%)。平均贷款利率为 5.31%,平均贷款规模为 24.543 万元,平均还款期为 32 个月。在 30.016 亿元个人住房抵押贷款支持证券中,优先级 A 档 26.698 亿元,信用等级为 AAA,票面利率为基准利率加上基本利差 1.10%;优先级 B 档 2.036 亿元,信用等级为 A,票面利率为基准利率加上基本利差 1.70%;优先级 C 档 52 791 900 元,信用等级为 BBB,票面利率为基准利率+基本利差(2.80%);次级档 90 500 636 元,未评级,不设票面利率。法定最终到期日为 2037 年 11 月 26 日。值得一提的是,利率是设有上限的,其中 A 档的上限是资产池加权平均贷款利率-1.19%,B 档上限是资产池加权平均贷款利率-0.60%,C 档上限是资产池加权平均贷款利率-0.30%。由于次级档是建行自留,难免使人产生压低前几档利率确保自留高收益的想法,不过随着后来还本付息的实现,这些质疑逐渐消失。

(3)商用房屋抵押贷款

商用房屋抵押贷款证券化既有信贷资产证券化的一般意义,也有其独特意义。商用房屋抵押贷款用于物业的购置,而业主是通过经营这些物业去收取租金的,得到贷款就意味着他能够得到房子去出租,否则无法购置商用物业,也不可能收取租金。

商用房屋抵押贷款证券化具有一系列不同于 RMBS 和 ABS 的特点。首先,商用房屋抵押贷款证券化产品的期限一般不会太短,通常介于 RMBS 和 ABS 之间,这一特点决定了商用房贷款的期限。因为商用房贷款的回收期一般在 10 年左右,以这些贷款为基础资产的证券化产品期限也不可能太短。其次,租金的管理必须得到重视。每一笔贷款背后有几十甚至上百个租户作为支撑借款人偿还贷款的现金来源,这些租户是最终的还款主体,"控制"住这些租户是确保业主还贷的关键。因此,作为发起机构,银行必须承担贷款管理人的职责,否则就难以达到管住租金回收的目的。再次,基础资产的选择必须充分考虑商用房的经营条件。商用房的出租率、租金水平和经营效益取决于商品房所处的地理位置和经营项目,选择资产时应做好尽职调查。最后,CMBS 的资产池内物业的数目不会多,有时甚至只有一个,要综合平衡风险集中程度与证券化复杂程度之间的关系。

民生银行的第一款 CMBS 项目的基础资产池中只有一笔贷款,即对北京英蓝置业有限公司的贷款,共 18.4 亿元。这笔 CMBS 的贷款是对建造该大厦的房地产商的开发贷款的置换。英蓝国际金融中心只租不售,对租户有严格的要求,定位于国际著名金融机构及世界 500 强企业,这将有力保证 CMBS 项目现金流的回收。另外,出租率高、物业管理水平高、贷款抵押率低也是该资产的优势。A级 13.8 亿元、B级 2.392 亿元、C级 2.208 亿元,评级分别为 AAA、AA、A,全部采取公开发行而不是私募方式,全部优先级,没有次级,但有一个超额利差收益证券归属于民生银行,收益支付列后于各级别的优先级资产支持证券。超额利差是指贷款利息大于向资产支持证券持有人支付的全部利息之后所剩余的收益,这与资产池本金直接联系的次级档资产支持证券是不同的。民生银行还对租金管理和流动性管理予以支持。

(4)汽车贷款

汽车金融公司的融资渠道相对狭窄,通过信贷资产证券化的方式融资是目前情况下比较合适的融资渠道。汽车贷款证券化有四个问题:汽车的价值远远不及房屋,与金额相同的房贷证券化资产池相比,贷款笔数要多得多,必须寻找一种方法使抵押权能够快速、低费用与主债权一起转移。另外,一旦发生信用风险,汽车很容易"远走高飞",而且汽车一经出售就只能得到二手车的价格。这就需要作为贷款服务机构的汽车金融公司做好贷款管理,做好快速、强制处理抵押物的准备。

上汽通用汽车金融公司 2007 年一期首单证券化产品的设计比较简洁。进入资产池的汽车抵押贷款共 32 969 笔,分布在 26 个城市,共 19.95 亿元。入池贷款的剩余期限最长不超过 5 年,资产池加权平均期限为 26 个月。优先级 A 档 16.17 亿元,信用评级为 AAA;第二档为优先级 B 档,共 2.3 亿元,信用等级为 A;未经评级的次级档资产支持证券 9 200 万元。上汽对资产池的质量严格把关,并对贷款质量管理的做法和早偿风险等进行详细说明。

(5)不良资产证券化

为了剥离四大国有银行存在的 1.2 万亿元人民币的不良资产,我国在 1999 年设四大国有资产管理公司。但资产管理公司的基本任务就是处置不良贷款,一般不会在证券化方面花太多的气力,而对商业银行而言把不良贷款在短时间内划到表外会带来很大的好处。建行是真正做成不良资产证券化项目的第一家商业银行,将不良资产支持证券分为两个档次,结构简单,并对不良资产池账面价值和售出证券的差进行核销。但保险资金出于安全性考虑,一般不会投资不良资产证券化产品,在此不赘述。

2. 企业资产证券化

2014 年 11 月,《证券公司及基金管理公司子公司资产证券化业务管理规定》由证监会公布,开始执行备案制。这一年来,企业 ABS 的发行数量超过 100 只,金额超过 1 000 亿元,超过过去 10 年的累计。新型基础资产类型层出不穷,创新的交易结构也花样繁多。根据基础资产的性质及其风险特点,可以将基础资产简单分为债权与收益权两大类。债权包括:租赁债权、应收债权(履行完义务)。收益权包括:企业未来经营收入、权利凭证、合同权益、信托受益权、不动产等。

下面举几个有亮点的企业资产证券化例子。

资产为公益小贷。公益小贷主要面向农村女性发放小额贷款,金额为数千元。首单公益小额贷款项目——中和农信 2014 年第一期如表 1-2 所示。

表 1-2　　　　　　　　首单公益小额贷款项目——中和农信 2014 年第一期

管理人	发行时间	总规模(亿元)	产品分层	产品规模	发行期限	债项评级	发行利率
中信证券	2014/12/9	5.00	1A	4.30	3.02	AAA	6.40%
			2A	0.70	2.93	—	—

资料来源:ABS 之路。

单一小贷公司往往规模不大,而六家小贷公司集合发行,既能分散风险又提升融资效率,在小贷公司 ABS 领域开创新河。首单集合小贷项目——镇江优选小贷 1 号如表 1-3 所示。

表 1-3　　　　　　　　首单集合小贷项目——镇江优选小贷 1 号

管理人	发行时间	规模(亿元)	产品分层	产品规模	发行期限	债项评级	发行利率
恒泰证券	2015/2/2	5.52	镇小贷 1A	3.81	2.00	AAA	7.2%
			镇小贷 1B	0.94	2.00	AA	8.7%
			镇小贷 1C	0.77	2.00	—	—

资料来源:ABS 之路。

除了阿里小贷、中和农信等行业龙头企业开展真正的小微金融,大部分小贷公司开展的是类银行业务。即对中等以上企业放贷,单笔金额往往达数千万元。随着宏观经济的下行,其运营模式的弊病逐步显现。小贷行业增速下降明显。2015 年上半年,40% 以上省份出现机构数量和贷款余额均下降的情景,江苏、浙江、北京等省市均进入负增长。与之对应的小贷 ABS 发行也随之放缓,2015 年上半年,整个小贷行业发行 ABS 产品 10 单,规模近 60 亿元,而下半年仅有 6 笔发行,规模不到上半年的一半,其中重庆阿里巴巴小贷就占了 4 笔,再难看到其他小贷公司的身影。

由 11 家苏宁门店构成的基础资产池通过私募基金等方式进入,是备案制以来期限最长的产品。此项目帮助苏宁扭亏为盈,打破了苏宁 2014 年三季度季报关于 2014 年出现首亏的预测,为苏宁实现超 13 亿元的税后净收益。首单商业物业项目——中信华夏苏宁云创如表1—4所示。

表1—4 首单商业物业项目——中信华夏苏宁云创

管理人	发行时间	总规模（亿元）	产品分层	产品规模	发行期限	债项评级	发行利率
华夏资本	2014/12/16	43.95	A	20.85	18.01	AAA	6.17%
			B	23.10	4.00	AA	—

资料来源：ABS之路。

五矿发展将应收账款转化为现金流,成功匹配了企业的需求,起到了很好的示范作用,不到一年时间应收账款类ABS发行11笔,规模超100亿元,占整个ABS发行规模的11%。但目前原始权益人主要集中在贸易类、制造业企业,而建筑类企业需求很大,但普遍要求出表,技术难度较大,故一直未有产品发行。首单应收账款项目——五矿发展如表1—5所示。

表1—5 首单应收账款项目——五矿发展

管理人	发行时间	总规模（亿元）	产品分层	产品规模	发行期限	债项评级	发行利率
中信证券	2014/12/24	29.41	14五矿优	26.47	2.99	AAA	6.0%
			14五矿次	2.94	2.99	A	—

资料来源：ABS之路。

汇富武汉住房公积金贷款1号的基础资产是公积金贷款,原始权益人武汉公积金管理中心是事业单位,这一项目的发行为万亿级公积金贷款的存量资产带来盘活机会,有助于有效缓解公积金项目中使用率高、短存长贷的流动性风险,并有效拓宽住房公积金管理中心筹集渠道。首单公积金项目——汇富武汉住房公积金贷款1号如表1—6所示。

表1—6 首单公积金项目——汇富武汉住房公积金贷款1号

管理人	发行时间	总规模（亿元）	产品分层	产品规模	发行期限	债项评级	发行利率
民生加银	2015/6/30	5.00	15武积优	4.75	—	AAA	5.01%
			15武积次	0.25	—	—	—

资料来源：ABS之路。

京东白条应收账款是截至目前分散度最高的资产池,但基础资产期限短,产品期限长,现金流不匹配,未附加差额支付承诺。首单互联网个人消费应收账款类项目——京东白条应收账款如表1—7所示。

表1—7   首单互联网个人消费应收账款类项目——京东白条应收账款

管理人	发行时间	总规模（亿元）	产品分层	产品规模	发行期限	债项评级	发行利率
华泰证券资管	2015/9/15	8.00	京东白条01	6.00	2.00	AAA	5.1%
			京东白条02	1.04	2.00	AA—	7.3%
			京东白条次	0.96	2.00	—	—

资料来源：ABS之路。

广州机场高速公路车辆通行费收益权利率"破4"的理由：体量大、评级高、国有担保。超额认购倍数高达6.8倍，参与利率竞标的机构有45家，主要包括15家银行、14家基金、6家券商、4家信托、4家保险。首单"破4"项目——广州机场高速公路车辆通行费收益权如表1—8所示。

表1—8   首单"破4"项目——广州机场高速公路车辆通行费收益权

管理人	发行时间	总规模（亿元）	产品分层	产品规模	发行期限	债项评级	发行利率
信达证券	2015/10/17	44	广机路A1	4.36	0.68	AAA	3.80%
			广机路A2	4.85	1.68	AAA	4.00%
			广机路A3	5.45	2.68	AAA	4.50%
			广机路A4	7.29	3.68	AAA	4.50%
			广机路A5	8.31	4.68	AAA	4.80%
			广机路A6	8.90	5.68	AAA	5.00%
			广机路B	2.42	5.68	—	11%
			广机路次	2.42	5.68	—	—

资料来源：ABS之路。

3. 资产支持票据

资产支持票据（ABN）是一种在银行间债券市场由非金融企业发行并在约定期内还本付息的债务融资工具，以基础资产的稳定现金流作为还款支持。有别于过往的资产证券化产品，资产支持票据具备风险隔离的特征。发行人可以不受融资规模限制，获得更高的评级，降低融资成本。不过，第一批ABN没有设置风险隔离，与信用债一样具有优先受偿权和追索权。另外，第一批ABN多为私募产品，其发行利率要比公募产品高80～120bp，其利差产生原因在于流动性风险。

4. 项目支持计划

与以上三种资产证券化产品中保险机构一般作为投资人的角色不同，项目支持计划中保险机构作为 SPV,发行资产证券化产品。

2014 年 7 月,《项目资产支持计划试点业务监管口径》(下称《监管口径》)发布后,保监会明确规定仅保险资管公司类专业机构才能成为项目资产支持计划的受托人,基础资产通过原始权益人的转让来获取,并以其现金流作为偿还支持。

项目资产支持计划中的基础资产仅限于信贷资产(商业贷款、住房和商业房地产抵押贷款、个人消费贷款、小额贷款公司发放贷款、信用卡贷款、汽车贷款)、融资租赁应收账款资产和股权资产,其中股权资产的信用增级可通过保证担保、抵押担保和质押担保。

(二)我国的资产证券化产品交易情况

1. 银行间和交易所二元格局

我国信用资产支持证券和资产支持票据的交易主要发生在银行间市场,仅有企业资产支持证券可以在交易所中交易。2015 年 6 月份交易所获批挂牌转让信贷资产支持证券,平安银行的"1 号小额消费贷款证券化"的信托资产支持证券是首个在交易所进行交易的相关产品。

2. 做市商制度

在我国,交易所市场长期实行的是指令驱动机制(竞价撮合),直到 2013 年《证券公司资产证券化业务管理规定》的发布,明确券商也可以成为资产支持证券的做市商。银行间市场于 2004 年开始实行做市商制度,发展至今不过 10 年。截至 2014 年底,我国银行间市场共有做市商 25 家,其中银行机构占绝对优势有 21 家,证券公司仅有 4 家。总的来看,做市商制度仍然处于初始发展阶段,很不成熟。

3. 交易所资产证券化业务解析

在资产证券化业务的管理规定和配套规则明确后,沪深交易所发布了《上海证券交易所资产证券化业务指引》和修订后的《深圳证券交易所资产证券化业务指引》,并废止了 2013 年 3 月 26 日发布的《关于为资产支持证券提供转让服务的通知》。2015 年发布的两则指引对资产支持证券的挂牌转让、投资者适当性、信息披露等环节作出了明确要求。

以上交所为例,上交所挂牌转让申请流程如 1-4 所示。

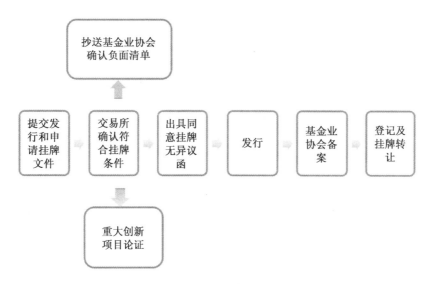

资料来源：上海证券交易所。

图 1—4 上交所挂牌转让申请流程

三、中美资产证券化的比较

(一)规模

资产证券化产品在国际资本市场上占有重要地位,美国资产证券化产品占整个美国债券市场的 1/4,2007 年资产证券化产品存量达到债券市场存量的 35%；然而,2014 年底中国的资产证券化产品存量占比仅有 2.5%。不难发现,资产证券化产品的发展在中国还处于初级阶段,但正逐步成为中国资本市场发展的重点。中国资产证券化市场 2014 年的新增发行量有3 000亿元,是过去十年全部发行量的两倍多。而美国在金融危机之后资产证券化的规模直线下行,但 2014 年发行量仍超过 10 万亿美元。

(二)SPV 的组织结构和对资产的处理

受托机构 SPV 可细分为特殊目的公司 SPC 和特殊目的信托 SPT；前者的核心是"卖出去"的基本资产给受托人,关键是资产基础是"信托"的受托人,两个都实现了所有权和风险隔离转让,是"真正的销售"的本质。两种形式在美国同时存在,但受制于《公司法》和会计税收制度,中国暂时仅采取 SPT 形式。

中国的 SPT 模式是复制美国的,目前仅适用于简单的资产证券化。对于未来高级阶段下不同类型资产合并、复杂现金流的拆分与合成、再证券化产品实施只能通过SPC 或对现行 SPT 模型进行调整,但这又建立在《公司法》和《税收法》的修改基础上,是一个长期过程。

（三）税收机制

《1986年税收改革法》和《1996年小企业就业保护法》颁布后，美国政府形成成熟的税收优惠体制，适用所有类型的SPV和资产证券化操作，同时在资产转入、转出的税收设计上避免了重复征税。

但中国税收优惠体制依然存在缺陷，例如有关资产证券化产品税收政策在我国就只有财政部、国家税务总局发布的《关于信贷资产证券化有关税收政策问题的通知》。该通知豁免了SPV在资产转移过程中签署合同的印花税，并规定仅对未分配给投资者的收益报缴企业所得税。但资产证券化产品在资产转移环节仍有所得税义务，且在营业税方面没有优惠。

（四）资产池品种

资产池品种结构上，美国80%以上是住房抵押贷款，ABS中也以个人消费贷款为主；而80%以上的中国资产池品种是公司贷款，以个人按揭贷款作为基础资产的产品仅有建行发行。在资产池品种数量上，美国较为丰富，1985～1992年间共发行20多个不同类型的基础资产的ABS；而中国相对单一，贷款一般以大类为主，少有细分。从资产质量上来看，美国一半以上属于投机级别（BB级及以下），中国均属于投资级别以上（BBB级以上）。由于目前我国尚处于试点阶段，多数银行以优质贷款进行资产证券化尝试。

（五）证券设计

目前，在全国银行间债券市场上流通的仅有优先级产品，而次级档多被发起人自己持有或包销给特定的机构客户，这就促使尽管2008年建设银行发行了以不良贷款为基础的资产支持证券但仍获得AAA评级的现象。

（六）衍生产品

在美国上非常发达的资产证券化衍生工具仍在我国受限制。美国的情况是，衍生产品通过信用互换的形式对信用风险转移实现合成证券化产品转让，以及MBS和ABS的再证券化产品标的抵押贷款现金流稳定。但合成证券化产品要少于再证券化产品。目前，我国对合成证券化产品和再证券化产品仍是严格禁止的。

第二章　保险资产证券化的经验与案例

从目前国际保险资产证券化现状看，国外的监管者往往乐于见到保险资产证券化的自行发展,因为其能够帮助完善市场机制,提高市场透明度以及帮助企业管控风险。本部分重点收集、研究国内外保险资产证券化的案例,主要是为未来我国保险资产证券化总结经验。

第一节 国外保险资产证券化的案例及交易所情况

一、国外保险资产证券化的案例情况

2004 年,瑞士再保险、英国巴克莱银行、中英人寿和英国友诚国际等率先进行人寿险证券化尝试。

人寿险证券化将产生很高的初始成本,但随着市场交易的进行,总成本将大幅下降。如友诚国际人寿与养老金业务(FPLP)用 20 基点的成本将其未来现金流打包筹得共计 3.8 亿英镑的资本金,据估算成本占总价值的比例约为 5.5%。如果采用债券融资,作为一家信用评级 A+的公司,其成本为 7%;采用股权融资其成本将达到 9%~10%。这一案例充分显示了证券化在降低融资成本方面带来的好处。故保险资产证券化的市场先锋们并没有重复抵押支持债券(MBS)市场第一批"试水者"的悲剧。在美国,保险商也进行重组准备金证券化交易(Reserve Funding Securitization)。

1. 有效合同价值证券化

有效合同价值证券化是指将特定保险业务未来可收取的保费收入、佣金手续费和其他相关费用的权利予以证券化的过程,以达到减轻该业务的首年年度费用对资金要求的限制,或者将业务的未来收益提前进行贴现。证券化的价值一般是有效合同价值的 50%~75%。

1996~1998 年,American Skandia 发行了 13 次此类 VIF 担保债券,总额约 900 万美元。它们是通过年金产品所包含的,未来可获取死亡成本、保费收入中营业费用部分、客户提前退保而给寿险公司带来的收益等的现金流量,对债券进行担保。而死亡率和营业费用以及退保利益等是影响保单利润的因素,从这个角度上来说,公司是以年金产品的未来利润的现金流对债券进行担保。

有效价值合同价值计算方法,为未来利润减去未来现金流出的贴现值再减去递延收购成本。在欧洲第一项有效合同价值证券化(VIF)交易是由巴克莱保险公司在 2003 年发起的。该项目意在巴克莱集团内部进行资本的重新分配,用价值 7.5 亿英镑的内在价值合同共筹得流动性资金 4 亿英镑,用于其子公司巴克莱人寿与伍尔维奇

人寿的经营与业务扩张,合同价值的 3.5 亿英镑作为此次证券化交易的抵押品留存。
图 2—1 简要展示了此次交易过程。

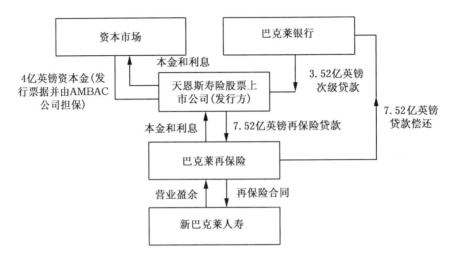

资料来源:Dorsman A B,Thibeault A E,Walhof P(2005)。

图 2—1　巴克莱有效价值合同证券化流程结构

2003 年 11 月,新巴克莱寿险公司封闭业务交易,该交易将巴克莱寿险封闭业务
产生的盈余进行证券化。新巴克莱寿险公司的盈余全部支付给新组建的 SPV——巴
克莱再保险,再由其将基金转交给天恩斯寿险金融公司(Gracechurch Life Financial),
由该公司发行总额为 4 亿英镑于 2013 年到期的浮动利率债券。债券发行收入再由该
发行方转移给巴克莱再保险,用于新巴克莱寿险公司的资本金筹集。作为交易的另一
部分,巴克莱银行向证券发行公司提供了价值为 3.57 亿英镑的次级贷款;这部分次级
贷款用于应对由于该封闭业务可能运营不善造成的损失。此外,交易也引入了美国市
政债券保险公司进行担保,实现了信用增级。此次交易被穆迪评级为 Aaa。该证券化
交易帮助巴克莱银行降低了 4 亿英镑的寿险业务贷款风险,缓解了资本金压力。通过
建立表外的再保险机构,巴克莱集团在不改变其资本机构的同时获得便利的金融渠
道。在 2004 年底,友诚国际人寿公司也进行了与之类似的交易。在 2005 年初,瑞士
再保险集团将其子公司管理再保险业务中 5 个保险组合进行证券化。此次证券化交
易也是第一次没有单一险种保险公司进行担保的交易,被分为三类等级进行交易,证
券化结构如表 2—1 所示。

表 2—1 瑞士再保险证券化结构

	系列 A 债券	系列 B 债券	系列 C 债券
发行金额	17 500 万美元	4 500 万美元	2 500 万美元
期限	6 年	9 年	11 年
评级	A+/A1	BBB/Baa1	BB/Ba1

资料来源：Dorsman A B，Thibeault A E，Walhof P(2005)。

另一个典型案例发生在对 Forethought 保险公司的收购中。Forethought 是一家美国保险公司，主要业务为葬礼保险。该公司被 Delvin Group 用 2.8 亿美元收购，其中 1.5 亿美元通过发行信用评级为 AAA 的证券化产品募得。该证券化产品由两部分组成：第一部分筹款 0.5 亿美元，利率为 LIBOR 利率＋40 基点，3 年到期；第二部分募集资金 1 亿美元，利率为 LIBOR 利率＋55 基点，10 年到期。从上面几个案例来看，有效合同价值证券化能够实现风险的实质性转移；同时，成熟的交易发起者能够以各种形式的收益来源作为标的资产进行交易，用于各种用途（资本金募集、资产内部转移、兼并与收购），使之成为有效的筹资方式，进而降低金融成本。目前，主要交易仍集中在高评级资产上（AAA～A），在很多案例中还引入了单一险种保险公司给目标投资者将资产打包出售。同时，也存在部分产品评级较低的现象，例如瑞士再保险公司推出的 Queensgate 和 Alps Ⅱ产品。这部分产品交易用于测试市场对高风险高回报产品的偏好程度，也获得了成功。目前，这一部分产品交易在英国、爱尔兰和美国较为普遍。

2. 递延收购成本证券化

递延收购成本证券化可以将保险商已投资用于收购新业务的资金解放，为保险商开展新业务提供了新的筹资办法，筹资条件的好坏与标的资产组合的信用评级息息相关。中英人寿公司曾进行一单价值为 2 亿英镑的递延收购成本证券化交易，但并未公开其具体信息。

3. 封闭业务证券化

对于保险商而言，写新保单的初始成本很高，开展新的保险业务将大幅紧缩企业流动性；另外，监管机构的会计标准也造成保险商开展新业务时杠杆率升高。这促使保险商将不同的业务"结块"打包进行证券化，以达到降低融资成本并合理规避监管压力的目的。故很大一部分封闭业务证券化是通过收购新业务融资（与之前提到的递延收购成本证券化有所区别）进行的。

20 世纪 90 年代以来，各国纷纷放松了对金融业的监管，以往的分业经营已经不能适应现代的金融发展了。正因为如此的转变，美国保险业长期受分业经营法案保护的优势荡然无存,而其中占比 26% 的相互保险公司显得压力更大。

相互保险公司是指公司资本金归保单持有人所有,保单保障的范围一般仅限于那些共同投保,以达到风险共担的人群的一种非营利性质的互助型保险企业。公司的经营管理费用来自保费,而资本积累主要来源于经营利润、投资利润和保单盈余。相互保险公司的组织形式封闭,业务和管理上自给自主,难以适应现代混业经营的大环境,不利于企业的长足发展。为了摆脱这种被动的局面,大多数相互保险公司着手进行企业重组,在资本市场上发行股票,寻求战略合作伙伴。由于股权的分散,难免造成了原互助制度下的保单持有人的权益与股份制下新加入股东权益的冲突。为了保障原保单持有人的权益,由此设立了独立的、封闭的账户进行专门管理。封闭业务就是将这些分红保单和保险公司的新业务区别开来,以保障保单持有人合理的预期分红。一般而言,将部分预期收益价值证券化的过程称为封闭业务证券化。

表 2—2 显示了汉诺威再保险公司在 1998~2000 年四次开展封闭式业务证券化交易的具体信息。

表 2—2 汉诺威再保险封闭业务证券化信息

交易	日期	地点	金额	运用领域
L4	2000 年 12 月	荷兰拉博银行	2 亿欧元	德国与奥地利的投资连结寿险业务
L3	2000 年 11 月	荷兰拉博银行/德国赫拉巴国际银行	0.5 亿欧元	新业务扩展,新兴市场
L2	1999 年 7 月	花旗银行	1.3 亿欧元	西欧与北美人寿业务收购
L1	1998 年 4 月	德国赫拉巴国际银行/马德里储蓄银行	0.51 亿欧元	扩展西欧新人寿业务

资料来源：Cummins J D.(2004)。

汉诺威再保险在 1998~2000 年间共进行了四次封闭业务证券化交易,通过出售其人寿、健康、个人灾害再保险业务来融资。四次交易共计成交额 4.31 亿欧元,募得资金主要用于扩张新业务。证券化交易开始初期,汉诺威再保险公司通过发展国际人寿和意外再保险业务来扩大其商业版图。但根据德国会计准则规定,业务收购支出必须在发生当年记入账目,这势必大大缩小当年的利润空间,故公司决定使用资产证券化途径进行筹资。第一单交易发生在 1998 年,共集得 0.51 亿欧元,用于扩展德国国内以及奥地利业务;第二单交易发生在 1999 年,主要通过收购已有业务的方式集得 1.3 亿欧元,用于扩展其在西欧与北美市场的人寿、意外与健康险。在 2000 年,第三交易筹集资金 0.5 亿欧元扩展亚洲新兴市场,第四单交易筹资 2 亿欧元进一步扩展西欧市场。此举的创新之处在于,汉诺威再保险在过程中担当了一位"巩固者"(consolidator):一方面通过购入保险业务为其客户提供收购融资服务,另一方面将购入的业务进行证券化为本公司进一步业务收购进行融资。"巩固者"将资金池做大可充分发挥规模经济的优势。图2—2展示了为取得新业务融资进行证券化交易的简要流程。

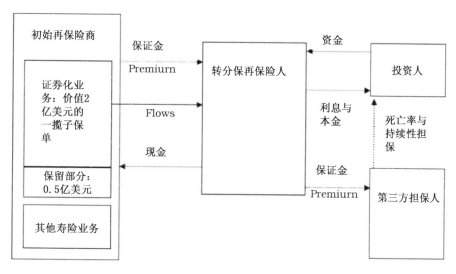

资料来源:Cummins J D(2004)。

图 2—2　收购成本证券化结构

封闭业务交易的另一种形式与"非互助化"(demutualization)进程息息相关。去互助化过程曾在许多发达国家发生,包括英国、美国和加拿大。2001年,英国保诚集团通过封闭业务交易筹得资本17.5亿美元。此次交易包括了三种产品,如表2—3所示。

表 2—3　　　　　　　　　　　　保诚集团封闭业务证券化产品

	系列 A 债券	系列 B 债券	系列 C 债券
金额	33 285 万美元	77 665 万美元	6 405 万美元
利率	浮动利率	固定利率	固定利率
期限	2017	2023	2023

资料来源: Cummins J D(2004)。

将不同产品分类是为了更好地贴近不同类型的投资者,无论是偏好高等级公司债券的还是 ABS 市场的参与者。与此同时,保诚集团还通过发行一种称作"等级 B"的股权融资1.75亿美元,这一股权设计反映了该封闭资产的市场价值变化。保诚集团公司在非互助化后的公司结构如图2—3所示。母公司保诚金融通过建立下游公司保诚控股运营公司人寿险业务。保诚控股同时管理封闭业务以及保诚集团正在进行的其他人寿险业务。保诚集团其他子公司或分支的业务利润与保诚控股无关,这也是保诚集团将其战略重心从人寿险转移到多元化业务的策略之一。

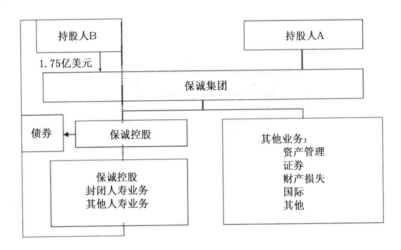

资料来源：Cummins J D(2004)。

图 2—3　保诚集团公司非互助化后的结构

保诚集团的封闭业务结构如图 2—4 所示。该封闭业务由价值 577 亿美元的自有资产与价值 613 亿美元的债务组成。需要注意的是:债务高于资产是由于会计方面实行了保守的估值标准,事实上该封闭业务的内在价值应为正。该封闭业务初始资产盈余为 37 亿美元,随着保单执行其资产价值逐渐被释放,收益由保诚控股持有,用于支付债务本金及利息。此外,为了进一步降低债权人的风险,保诚控股还用债券发行额的 25% 建立了一个债务服务账户(debt service coverage account),增强了抵押力度与信用等级。除建立账户外,该公司还采取了一系列手段保护债权人不受封闭业务不良经营的影响。例如,对该封闭业务的投资政策进行规范,如规定高等级的资产占比不得少于 90%。同时,公司也承诺给债券持有者额外约 15% 的公司股权。最后,上文所提到的系列 A&B 债券由英国金融服务管理局进行额外担保。与未进行证券化的其他保险公司的封闭业务相比,保诚集团通过业务证券化更好地获取保单的内在价值,同时为开展新业务筹集了充足的资金。但这一封闭业务证券化内在机制极其复杂,初始建立成本极高,这与传统寿险保单的政策设计有关。

2002 年,纽约互助人寿保险公司也通过封闭业务证券化交易筹资 3 亿美元,通过发行债券资产方式进行:债券采用三个月 LIBOR 利率＋55 基点的浮动利率,于 2017 年到期。由于引入了美国市政债券保险公司的担保,这一次交易被穆迪评级为 Aaa,

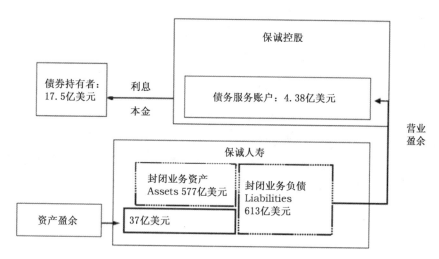

资料来源：Cummins J D(2004)。

图 2-4 保诚集团封闭业务结构

被标准普尔评级为 AAA；作为回报，纽约互助人寿保险公司支付给美国市政债券保险公司其年金的 0.75%。纽约互助人寿保险公司同时签署了一个利率互换协议，用固定利率交换 LIBOR。纽约互助人寿保险公司的此次交易与此前保诚集团的封闭业务交易结构非常类似，都采用了建立下游子公司将所有寿险业务转移到纽约互助人寿保险控股中进行，并从 3 亿美元的所得中拿出 0.6 亿美元建立债务服务账户，随时向债权人提供流动性与抵押品。与保诚集团类似，纽约互助人寿保险公司也建立了盈余资本账户，该账户资产为 172.3 万美元。

表 2-4 是关于这三类资产证券化的总结。

表 2-4　　　　　　　　　　　　三类保险资产证券化

	VIF	DAC	Closed Block
目标	筹集自有资本	对已有收购进行再筹资	加快未来资产变现/筹集自有资本
结构	基于 VIF 价值提供一定比例资本金	基于 DAC 价值提供一定比例资本金	提供资本金/业务完全转移
抵押担保情况	抵押或担保	抵押或担保	抵押或担保
管制情况	无	无	可进行再保险

资料来源：Dorsman A B，Thibeault A E，Walhof P(2005)。

4. 充足准备金证券化

在美国，除了上述三种证券化方式以外，还有一类常见的证券化产品是为应对美国保监会条例对保险公司自有资本准备金的保守估值要求而设计的,即充足准备金证券化产品(reserve funding securitization)。该条例自2000年1月开始实行,要求美国的保险公司在会计上采用保守估值假设进行准备金留存。此条例造成了部分长期人寿保险的准备金率相对于最优水平过高。一开始保险公司采用了离岸再保险的途径降低该条例的不良影响,但随之发现此举的融资成本越来越高,同时评级机构也不再看好用1年期的信用证支持为期20~30年的债务,保险公司该类型资产证券化随之崛起。这类交易一般由单一险种保险公司用AAA级债券资产进行担保,最早的一笔交易是在2003年由展维金融集团发起,苏格兰再保险公司、RGA美国再保险公司等也随之加入。在2003年6月,First Colony寿险公司作为展维子公司,通过SPV河湖保险公司(River Lake Insurance Company)作为证券产品发行方募资3亿美元以缓解保监会条例带来的准备金压力。在典型的充足准备金资产证券化交易中,出资者提供现金,再保险者出售股权给投资者换取现金。但事实上,多数资金的募集是由再保险方向资本市场信托公司发行债券,再由信托方向投资者发行证券,为SPV募集资金,这部分资金将用于人寿险保险公司。在金融危机后,投资者对这一批高评级低回报的金融资产逐渐失去兴趣,单一险种保险公司的模式也逐渐垮台。在雷曼公司倒闭前,充足准备金类型证券市场存量规模约有110亿美元,在其倒闭后仅剩10亿美元的新增发行量。充足准备金证券化结构如图2—5所示。

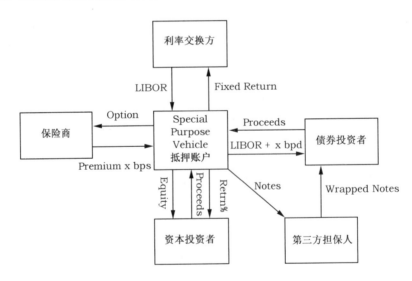

资料来源:Cummins J D(2004)。

图2—5 充足准备金证券化结构

二、国外知名保险交易所简介

1. 英国劳合社

劳合社的承销业务36%是再保险,财产保险占23%,意外险占20%,其他承销业务还包括海上保险、能源、保险、车险、航空保险以及各种复杂和特殊风险。劳合社再保险(中国)有限公司在2007年获准开业。

英国劳合社市场内分为不同的层次,其中包括:劳合社社团、经纪人、管理代理公司、辛迪加、成员代理和劳合社成员(资本提供者/投资者)。劳合社每一个辛迪加都要由管理代理公司进行管理,管理代理公司是一家专门设立的公司,代表提供资本的成员管理一家或多家辛迪加。他们负责监督辛迪加承保业务,雇用承保人员,并负责向辛迪加提供日常运营所需的基础设施和运营管理。

2. 纽约保险交易所

1980年,纽约保险交易所成立,以非股份公司的保险人社团形式采取会员制方式,其主要业务包括三类:一是各种类别的再保险业务;二是美国之外的各种直接业务;三是美国国内的直接业务。但在1987年,纽约保险交易所停止了新业务和续保业务。

3. 纽约巨灾风险交易所

纽约巨灾风险交易所在1997年成立,主要通过网络工具来实现各类巨灾风险间的交换和非传统风险间的转移。用户可以调整自己的风险分配模式,交易也可以在网络系统中进行协商和完成。巨灾风险交易所是保险期货交易所的一种,可以为客户财产、意外险债券等提供保障,但寿险债券多为融资工具。

可见,劳合社是会员制交易模式,并以原保和再保业务为标的,而纽约巨灾风险交易所是交易所挂牌交易模式,并以保险风险证券化产品为标的。英国劳合社的会员制是遵循历史习惯遗留下来的,美国在最初效仿英国模式时成立的纽约保险交易所最终失败,也许这个教训说明中国的保险交易所应该走美式路线。

第二节　国内保险资产证券化的案例情况

我国市场上还没有以保险资金为资产的资产支持证券,也就是说,我国的保险机构还没有作为资产证券化中原始权益人的案例,但保险机构有作为投资人的经验。目前,我国保险资金可以投资的资产证券化产品除了信贷资产证券化、企业资产证券化、资产支持票据以外,更值得关注的是保险资产管理公司出具的中国保险监督管理委员会明确批准的项目资产支持计划。

一、新华资产

新华资产设立首个项目资产支持业务计划,以东方资管公司作为项目融资方,新华人寿作为出资方,通过东方资管将不良债权资产打包后由新华资产发起项目资产支持计划,再通过新华人寿出资认购。该计划的期限是 10 年,协议收益率为 6.8%,认购资金规模为 100 亿元。

不过,该项业务不是真正的项目资产支持计划,东方资产与新华资管签署远期回购协议,这说明该项计划是以为东方资产提供委托贷款为目的,而非对不良债权资产的盘活。此外,该计划中的基础资产只是抵押物,不具备稳定的现金流。保监会的初衷是希望项目资产支持计划更像银行间市场中的资产支持票据(ABN),而非债务融资工具。

二、民生通惠资产

保监会批复了民生通惠资产管理有限公司和蚂蚁微贷合作推出的"民生通惠——阿里金融 1 号支持计划",这是监管层批复的首批支持计划。依该计划要求,保险资管公司可以成为 SPV 直接发行资产证券化产品,作为保险资金直接投资的方式之一,规模达 2.16 亿元,投资期限为 27 个月。民生通惠与蚂蚁微贷联合推出的项目支出支持计划可以为保险资金提供优质标的,并为重庆市阿里巴巴小额贷款的 20 万家小微企业提供资金支持。然而,保险资金的偏好较为特别,第一,要求的投资期限较长;第二,风险接受能力较低。因此,在保险资金参与的小贷资产证券中的产品设计中要重点关注风控环节。

第三章　未来我国保险资产证券化的思考

本章是本课题的核心部分,重点在总结、借鉴国内外资产证券化产品和交易的基础上,设计出适合我国保险市场和保险资产的资产证券化产品和交易模式,以推动未来保险公司资产证券化的稳健发展。

第一节　资产证券化对我国保险公司发展的意义

资产证券化有助于拓宽保险公司的融资渠道和投资渠道。保险公司可以将缺乏流动性但有稳定现金流的资产组成资产池,然后通过结构重组变成金融市场流通的产品进行融资,也可以投资资本市场上的资产证券化产品,或者发行项目资产支持计划,直接投资基础设施等债权类项目。保险公司的第一种行为是以原始权益人的身份将现金流转换成可交易的证券化产品,第二种行为是以投资者或 SPV 的身份获取收益。

(一)融资渠道方面

1. 解决资本金不足的问题

从保险的大数定理要求来看,保险公司发展"瓶颈"肯定是资本金的不足。最近几年,我国的保费收入增长迅速,保险业在整个经济运行过程中体现的作用越来越重要。然而,迅速增长的背后是资本金的缺乏,这又严重阻碍了我国保险业的长久发展。受制于偿付能力,保险公司无力扩大经营规模,经营成本显著提高。通过保险资产证券化可以有效地解决这一难题,提高我国保险公司整体的偿付能力。

2. 改善保险公司的财务状况

首先,保险公司通过证券化方式将从资产负债表中剥离资产,打包构造成新的投资工具。保险公司不需要为已证券化的资产业务保留准备金,从而降低了保险公司的最低准备金要求,有利于寿险公司进一步开展业务。其次,资产被剥离之后,保险公司的资产收益率也得到了提高。最后,保险公司可以将不同资产进行打包组合,从而达到控制不同资产的期限、利率等目的,优化了资产负债的结构。

3. 融资渠道多元化,降低融资成本

发起人用证券化的手段将其持有的基础资产在资本市场出售给 SPV 实现融资目的。资本市场中证券化产品的流动性增加,风险特性得以细分,最终带来融资成本的降低。

4. 与国际保险业接轨的需要

我国保险业的发展逐步融入世界经济,在面对国外先进的金融创新制度下,国外已拥有了成功的先例,我国应该与国际接轨,尝试进行保险资产证券化方面的创新。

(二)投资渠道方面

1. 丰富投资产品

当前可供保险资金投资的资产包括:银行存款、股票、债券、证券投资基金、央行票据、非金融企业债务融资工具、信贷资产支持证券、基础设施投资计划、不动产投资计划、项目资产支持计划及中国保监会认可的其他资产。相对于其他产品,资产证券化产品的收益率高,但流动性和现金流稳定性较差。由于产品本身就有分层结构,投资者选择空间较大。最近一段时间"资产荒"的问题显现,充裕的资金与狭隘的投资渠道之间产生了明显的冲突,资金的配置效率很低,资产证券化产品无疑会对"资产荒"问题起到良好的缓解作用。

2. 实际信用风险小,评级稳定

经过一系列标准筛选出来的证券化产品的基础资产一般较为优质,分层等信用增强措施也降低了违约风险。相比之下,公司债虽然大多有银行担保,但是否有足够的保护效力尚不清楚,而且公司自身治理水平仍有待提高,整体现金流的稳定性往往不如单个资产的稳定性。

3. 加快资产证券化市场发展

资产证券化的主体在银行间市场集聚,会带来风险集中,进而引发系统性金融风险。保险资金的进入有助于加快我国资产证券化的发展,不仅保险资产管理公司可以提供新的产品供投资者投资,而且保险机构对风险管理,特别是长期资产配置的专业性可以促进整个资产证券化市场的健康发展,使投资环境逐步改善。

第二节　我国保险资产证券化面临的机遇与存在的问题

一、我国保险资产证券化面临的机遇

(一)保险行业的发展机遇

2014 年,保险业总资产首次突破 10 万亿元大关,保费收入首次突破 2 万亿元,投资收益率创下五年来的新纪录。保险业在加强保障的同时,增强其金融属性。寿险原保险保费收入10 901.69亿元,寿险原保险赔付支出2 728.43亿元。政策红利至少延续到 2020 年,届时保险深度将达到 5%,保险密度将达到3 500元/人。保险,特别是寿险规模的快速增长无疑会为保险资金的资产证券化打下坚实的基础。

(二)保险资产管理公司的发展机遇

目前,大多数保险公司在集团内部有保险资产管理公司做支持,虽然目前市场上的 ABS 发行人可以是银行、信托、券商、基金子公司等金融机构,但是,保险资产证券化产品的发行业务与其自身的保险资产管理公司密切相关。保险资产管理公司目前

在资产证券化产品中有投资经验,熟悉信贷资产支持证券和资产支持证券的业务模式、收益和风险,以及保险资产管理公司具有项目资产支持计划的发行经验和保险集团的支持,保险资产管理公司将成为适合保险资产证券化产品的 SPV。一旦中国开始探索保险资产支持证券,保险资产管理公司的数量将迅速增加,一级市场的经营能力将得到快速提升。

(三)保险专业人才的发展机遇

以保险资金为资产的资产支持证券在发行时,由于保险资产的专业性涉及保单资产评估、保险会计盈余核算,需要大量保险公司的精算、保险会计人员参与到发行、定价工作中去,保险证券化带动了对保险专业人才的需求;保险人才有了发挥平台从而得到更好的发展,也会反过来带动保险行业的繁荣。

二、我国保险资产证券化面临的问题

(一)破产隔离难以保证

资产证券化的核心是破产隔离,从发展趋势和市场要求来看,最终还是应做到完全的"破产隔离"才能更好地发挥证券化的优势。然而,保险公司一旦破产,难免会影响以保险资产支持证券的现金流。保险业不同于其他企业,保险是对未来偿还的承诺,在保险交换中,被保险人不具备自我保护能力,保险公司的破产会对被保险人造成严重的伤害,甚至导致严重的社会危机。所以,保险人的偿还能力至关重要,各国保险监管机构为此也制定了一系列法规,这就使得目前保险公司在设计资产支持证券时,与其他企业发行资产支持证券不尽相同。发行中也许不能完全实施"破产隔离",即证券的信用不能与发起保险公司的信用完全隔离,在保险公司破产清算时有可能要考虑优先支付保单持有人等,从而影响证券化产品的现金流。

(二)资产池规模小

保险质押贷款是很多学者认为适合证券化的保险资产。但是,单就寿险保单质押贷款的证券化来看,主要障碍是资产池太小。我国保险公司寿险保单质押贷款的发放量太小,与其他类别的个人贷款相比,单笔贷款金额较小,即便将多位原始权益人的寿险保单质押贷款汇到同一资产池,总的规模也较小,不能形成有效规模的资产组合。我国保单质押贷款发放量小的一个可能的原因是,一般投保人仅仅将寿险保单质押贷款视为保险公司在展业时宣称的保单具有的一种附加功能,对其了解并不多。但是,随着保险公司竞争的加剧以及人们对保险的认识加深,寿险保单贷款必将作为个人融资工具之一被普遍应用,到那时,寿险保单质押贷款规模会急剧扩大,这一问题也将迎刃而解。

(三)投资收益制约发行利率

对已发行证券化产品的保险公司,其再投资能力是相当重要的,如平均投资回报率低于期望值,就难以有充足的现金定期支付债券持有人。但目前我国对保险资金投资管制较严,保险公司投资渠道狭窄,投资方式和投资工具单一,投资收益率也相应较低,低的投资收益率势必影响其所支撑的证券化产品。再加上寿险公司的每种产品都受多种因素影响,如投资回报、死亡率、费用及再保险等,考虑到这些风险溢价因素,市场对保险产品的期望收益率较高,使发行人难以匹配收益和成本。

(四)保险公司信息披露不完善

除了中国人寿、中国人保、平安保险、新华保险四大上市公司以外,其他保险公司都不是上市公司,财务披露不够完善,保险公司的神秘影响了以保险为资产的资产证券化产品的发行,难以获得投资者的认可。如果发行产品时披露过多信息,是否会得到保险公司的允许也是一大疑问。这一问题不仅会制约保险资产证券化产品的发行,甚至会阻碍保险交易所的发展进程。

(五)以保险为资产的特殊问题

退保虽然对保险公司并不带来损失,反而因高昂手续费会为保险公司带来额外的收益,但对以该保单为资产的资产证券化投资人来说,现金流会失去基本的支撑。这个问题要在设计产品时给予考虑,做好保险公司应将退保部分的本金返还给投资人的相关约定。然而,这种约定也破坏了证券化资产相对独立核算的要求,可以考虑准备金等机制以解决这一问题。

第三节　保险资产证券化产品及交易的基本思考

本部分在总结经验的基础上,针对我国保险市场存在的问题,提出我国未来发展保险资产证券化的产品设计和交易模式。

一、保险资产证券化的产品设计

从目前来看,保险资产可以着力发展保险投资资产证券化、保险存量资产证券化两类产品。

(一)保险投资资产证券化

保险机构具有作为债券类投资人的丰富经验。目前,中国的保险资金可以投资于资产证券化产品,除了信贷资产证券化、企业资产证券化、资产担保票据以外,保险资产管理公司自行发行的、保监会明文批复的项目资产支持计划近年来也颇受关注。保险机构是很重要的机构投资者,也是资产证券化产品重要的潜在投资者。保险机构资金运用的特点,总体上以稳健、安全为主,在此前提下再考虑收益性。这决定于保险资金本身的特点。保险资金主要是保费收入,这些资金与保险类型直接相关,一般而言,财产保险的保费需为赔付做准备,而赔付的时间存在很大的不确定性,因此,其资金的运用必须充分考虑流动性,一般不宜投资那些存续期限较长的证券产品。而人寿保险的保费支付是与投保人生命周期直接相关的,因此,它的规律性比较强,可以事先进行周密的安排,将相当一部分资金用于长期性投资。目前,保险机构还推出了一些投资性与保障性相结合的保险产品,其资金返回的确定性程度更高。这些资金的运用,在期限结构上更有可能做出事先的安排。

(二)保险存量资产证券化

保险存量资产证券化是指保险公司将流动性匮乏并具有稳定现金流的资产打包组合成资产池,并以此为支撑发行证券以实现融资的过程,其实质是资产或风险的交换和未来的现金流。

我国市场上还没有以这种保险资金为资产的资产支持证券,也就是说,我国的保险机构还没有成为资产证券化中原始权益人的案例。但是根据前文提到的美国保险资产证券化经验,目前来看,适合我国保险资产证券化的基础资产主要有两种:保单盈余以及保单质押贷款。

1. 保单盈余证券化

定期支付保险费余额的人寿保险政策符合证券化资产的特点,具有收入稳定、拖欠率低、违约率低的特点。虽然有退保风险,但由于一般退保对保户来讲是得不偿失的,出现了退保往往是家庭的经济条件突然恶化,真的无法支付后续保费和其他个人情况做出的无奈选择,必须支付给保险公司的费用是远远高于其他行业退款的,对保险公司的负面影响会小很多。

这样,保险公司可以按照原寿险保单提取责任准备金,实施风险管理,将可预期的保费现金流变成 ABS 证券,保证资产流动性。该政策的内在价值是来自未来寿险业务的净现金流入的现值,如保费收入、投资收入和其他现金流入,以及索赔、佣金、管理费用和其他现金流出。内含价值证券化是将寿险业务中的无形资产转化为流动性强的现金,比如将保单未来利润现金流和递延获得成本进行证券化。

2. 保单质押贷款证券化

为了减少政策性贷款活动的现金压力,提高资产的流动性,随着抵押贷款行业的发展,保险政策性贷款支持证券也产生了。保单贷款支持证券类似信贷资产证券化,其现金流也可以作为资产发行资产证券化产品。1987 年,美国普天寿保险公司成立了一家专项公司(SPC),发行证券并从普天寿保险公司购买贷款现金流。为了降低对证券所有人的偿付风险,证券规定了最低和最高的预计偿付率。如果实际付款低于预定的最低付款率,保险公司保证预付款所需的现金,以填补需要支付的金额的持有人的安全。如果实际偿付高于预定的最高偿付率,SPC 会将余下现金投入担保投资合同(GIC)。

从经济角度来看,现金的价值是保单持有人在保险公司的照管下的资产。保单持有人可选择以保单的现金价值做抵押,从保险公司借不高于保单现金价值的款项,但不必交回保单。保单持有人向保险公司支付固定利率。然而,随着 20 世纪七八十年代利率波动的增大,一些保险公司开始提供指数化贷款利率保单。如果利率是固定的,政策性贷款的条款是一个利率购买期权,期权的价值增加或减少与利率的波动相关。

二、保险资产证券化交易模式设计

(一)保险资产证券化交易场所

资产证券化(Asset Securitization)是对流动性较差的资产,经过结构设计、信用评级、信用增级等手段转换为证券产品的过程,使之具有流动性,因此资产支持证券的交易转让显得尤为重要。保险机构发行的资产证券化产品目前尚未出现,但是从推动其发展角度来看,一个专属于保险资产证券化的市场的建立和监管应成为发行产品前首要考虑的对象。保单质押贷款与银行信贷类似,因此以保单质押贷款为基础资产的资产证券化产品可以参考信贷资产证券化的交易。而保单盈余与收益权类似,因此以保单盈余为基础资产的资产证券化产品可以参考企业资产证券化的交易。

由于体制原因,我国资产证券化市场分为两个市场,这是我国资产证券化产品交易市场的主要特点,也是造成市场流动性匮乏的重要原因之一。实际上"二元"的市场格局,不仅降低了市场的效率,也空耗了市场的资源,甚至导致市场价格的扭曲。近年来,国家逐渐加大债券市场的整合和加速跨市场流转的力度。作为债券市场有机组成部分,我国资产支持证券市场很大程度上是依托债券市场原有的平台和体制建立的。因此,资产支持证券市场应该抓住国家整合债券市场的机会,进一步加快银行间和交易所市场之间的资源整合和互联互通。交易所最后成为资产证券化的主体,无疑是发展趋势,原因有三点:一是资产支持证券未来的买方主力是非银行机构投资者,而银行间市场是以银行为主体构成的。资产证券化产品相当于银团贷款,风险集中度较高,而交易所市场由非银行机构投资者构成,有助于解决中国金融市场防范风险过多累积在银行业的问题。二是交易所市场适用《证券法》,而银行间债券市场并不适用。三是应对金融衍生工具的发展经验,可以对冲资产证券化产品的风险,与银行间债券市场发展金融衍生工具,没有相应的便利性。

由于美国的资产证券化产品交易是在场外柜台完成的,因此我国可以将场外柜台作为保险资产证券化交易的先行试点。但由于风险较大、能力不足,需要加强监管。比之于国债等其他流动性较强的固定收益证券,资产支持证券存在着产品定价复杂、标准性较差的不足,为了更好地利用机构较强的定价能力,通常比较有效的做法是在交易机制上采用做市商制度。这种以报价驱动的交易制度,通过做市商的"双向报价",形成一个相对集中的交易平台,能够提高市场对各种信息的分析汇总能力,有效地对买卖需求进行分散和匹配,以此降低交易时间和成本,提高产品的流动性。

然而,目前我国的做市商制度还不成熟,主要表现在:一是做市商数目较少,且种类单一。截至 2014 年底,我国银行间市场共有做市商 25 家,其中银行机构占绝对优势有 21 家,证券公司仅有 4 家,做市商呈现高度的同质化。二是做市商的做市能力仍有待提升。我国银行间市场做市商做市能力整体仍不足,特别是存在部分做市商报价积极性不高,双边报价不够活跃,报价缺乏稳定性和持续性等问题。三是缺乏有效的风险控制手段,对市场上各种风险的应对和化解能力不足。

因此,根据信贷资产证券化和企业资产证券化的发展经验,保险资产证券化产品可以先考虑通过私募发行或者场外柜台交易,待市场形成发行和投资习惯,并且保险市场规则更加完善,保险信息更加透明化之后,再建立保险交易所。考虑到现在我国资产证券化市场中交易所逐步发展,有超越银行间市场占主导之势,保险交易所也很可能将成为保险资产证券化的主导交易场所。

(二)综合型保险交易所

保险交易所是寿险、非寿险、再保险等机构进行保险交易、信息互通、保险资产及其衍生产品推出的场所。结合互联网时代,建立了以社会信用为发起的第三方保险网络交易平台,形成了一套销售保险产品、支付结算、理赔评估服务和监管功能的综合平台,在改变保险业的同时,使保险消费者的权益得到保护,有效减少销售误导行业,提高保险消费者保险信托。这也是发展保险交易所的发展模式以及行业潜力的内生需求。

国外的保险交易所都是以保险交易为主,尚未有资产证券化产品上市,但我国可以根据我国分业监管和保险业有待发展的实际情况,安排自己的保险交易所经营项目。设想将来成立专门的保险交易所(上海在 2010 年开始筹备,深圳在 2011 年开始筹备,北京已于 2009 年成立了北京保险交易所股份有限公司,但后来更名为北京保险服务中心;或批准保险系统交易平台,用于保险资产证券化产品交易,深圳前海保险交易中心、平安集团的陆金所、阳光保险集团的惠金所都是 P2P 平台),借助集团优势可将交易保单抵押贷款证券化和保单证券化,甚至推出巨灾债券、巨灾期权等保险风险证券化产品。前两种产品的交易结构和监管方式可以参考已有的其他类别资产证券化产品,但由于保险专业性,最优办法还是通过保险交易所由保险公司认购交易流通。

第四章　总结与建议

本文在解释资产证券化原理、介绍国内外已有的资产证券化产品类型及交易所模式的基础上,设计了我国保险公司可以发行的分别以保单盈余和保单质押贷款为资产的两种资产证券化产品及其适合的交易场所。同时,分析了目前存在的问题,提出可以先考虑私募发行或场外柜台交易,然后建立包括保险资产证券化产品在内的综合型保险交易所。

可以看到,发达国家保险公司资产证券成功发行必须具备的条件包括:庞大的保单存量;健全的法律法规支持;完善的会计、税收制度;科学的证券组合模型、设计理念及定价方式;理想的投资群体。由此,本文关于保险资金资产证券化的主要建议有:

(一)加快发展保险规模

资产池规模的大小直接决定了资产证券化产品的发行规模和认可度。现在保险资产证券化难以开展的主要原因还是保单存量太小。从美国的经验看,在最初发布的资产价值至少应该达到 2 亿～30 亿美元的规模,发起人需要提供 4 亿～50 亿美元的金融资产来支持。随着国家对保险行业的战略上的重视,以及人们对保险认识的加深和印象的改善,只要保险公司稳步发展,单个寿险公司保单存量达到能够组建资产池的规模指日可待。

(二)加快保险资产证券化的立法速度

解决好资产支持证券与保险公司的保险破产隔离问题、信息披露问题,将是保险资产证券化产品发行的关键。会计、税收制度可以参考信贷和企业资产证券化,但同时还应考虑到保险会计的特殊性。可以采用我国最初信贷资产证券化产品出台时的办法,试点先行,边指导边探索,在对试点经验教训进行系统总结的基础上进行立法。

(三)鼓励境外投资者参与

国际资本市场有稳定且经验丰富的投资群体,利用国际资本市场进行保险资产证券化募集资金更容易成功,避免了国内资产证券化面临的机构投资者规模小、对保险不够了解的障碍,能吸引更多资金,而且定价上也会更为合理,对我国的资本市场发展是有利的。

(四)稳步发展保险交易市场

保险交易所可以流通保险资产证券化产品,也可以流通保险风险证券化产品,然而不论哪种,上市时都需要更多的信息披露以及配套的法律措施。按照我国保险行业的特性,鼓励各非上市保险公司披露信息多少有些障碍。据悉,上海、深圳、北京的各保险交易所申请迟迟没有达成,很大原因是信息披露问题没得到解决。因此,可以先考虑通过私募发行或者场外柜台交易,待市场培育好投资发行习惯,并且保险市场规则更加完善,保险信息更加透明化之后,再建立保险交易所。从长期来看,保险交易所将成为保险资产和负债证券化产品的主要交易市场,并且以美国式保险交易所模式为宜,而交易所成立之前仍需我们保险人加快发展保险行业,完善各项制度。

参考文献

[1]葛小波. 我国人寿保险证券化研究[D]. 新疆财经大学,2008.

[2]加鹏. 中国保险证券化问题研究[D]. 首都经济贸易大学,2005.

[3]李平. 我国保险公司资产证券化发展探析[D]. 西南财经大学,2011.

[4]乔利剑,罗卉宁. 保险资产证券化的两种模式[J]. 投资与合作,2003(11).

[5]许荣,潘自强. 资产证券化与保险资金运用——国际经验与中国的趋势[J]. 经济理论与经济管理,2006(4).

[6]袁翠芳. 我国REITs上市的条件和障碍研究[D]. 复旦大学,2009.

[7]张利. 美国资产证券化研究[D]. 吉林大学,2013.

[8]Cummins J D. Securitization of life insurance assets and liabilities[J]. *Journal of Risk & Insurance*,2004,72(2):193－226.

[9]Cummins J D,Barrieu P. *Innovations in Insurance Markets：Hybrid and Securitized Risk —Transfer Solutions*[M]// Handbook of Insurance. Springer New York,2013.

[10]Dorsman A B,Thibeault A E,Walhof P. Life insurance securitisation in Europe：An overview on the effects of alternative capital resources and its relation to regulator and IFRS guidelines [J]. *Ssrn Electronic Journal*,2005.

保险资金运用的创新路径

张 立 董 禹 夏振玉 林建敏 郭若思 熊诗萍 吕梦雅

摘要

随着我国保险行业的高速发展,保险资产管理规模和保险资金运用规模显著增长。相关数据显示,截至 2016 年上半年,保险行业总资产规模达到 14.27 万亿元(人民币,下同),其中保险资金运用余额为 12.56 万亿元,分别较 2015 年末增长 15.42% 和 12.37%。根据监管部门制定的政策目标,保险资金可运用规模将于 2020 年突破 20 万亿元。

国内保险资产管理规模基数大且增速稳步的状况,对保险资金的配置管理能力提出了更高的要求。在当前经济"新常态"下,国内经济面临转型换挡,经济增速势必放缓,加之货币政策的持续宽松,可满足保险资金配置特性(包括安全性、流动性、收益率和投资期限匹配等)的资产稀缺,资产配置结构有待优化。在此形势下,我们认为,保险机构开展资产证券化业务对保险资金的运用意义重大。

本文拟从投资信贷和企业资产证券化及发起设立保险资产支持计划两个角度,探讨保险机构参与资产证券化的发展方向和实践路径。首先,对资产证券化的原理、破产隔离、真实销售等核心问题以及我国信贷和企业资产证券化市场的发展情况进行梳理;其次,介绍我国保险资金运用发展情况以及投资资产证券化产品的现状,提出保险机构参加资产证券化的实践路径,并以保险机构主要参与的三类资产证券化业务——基础设施收费权、商业物业和间接投资领域为例展开分析;最后,提出保险资金参与资产证券化业务的挑战和相关政策建议。

关键词

资产证券化　资产支持计划　保险资金运用　基础设施投资　商业物业

第一章　资产证券化的核心原理和相关问题

第一节　资产证券化的核心原理

资产证券化被誉为"20 世纪 70 年代以来世界最伟大的金融创新之一"。资产证券化产品是以可特定化、可独立转让的资产或资产组合产生的未来现金流为支持而发行证券的一种融资工具。与资产证券化和传统债权融资相比,其最大的区别在于传统债权融资依托于企业整体信用,而资产证券化则基于从企业内剥离的部分资产。"证券化"的意义在于将本来不具备流动性的资产通过标准化和资产重组,使其具备流动性的过程。"流动性"是资产证券化中最具特色的属性,破产隔离、信用增级等是资产证券化的主要原理之一。

一、资产证券化的操作流程

一个完整的资产证券化运作流程主要由原始权益人、发行机构、服务机构、信用评级机构、投资者等参与。在其过程中,先由原始权益人将其所拥有的资产以真实出售的方式转让给特殊目的载体(SPV),发行机构以该资产的预期现金收入流为偿付支持发行资产支持证券或受益凭证。如图 1—1 所示,资产证券化的一般流程包括:

(1)确定资产证券化目标,制定入池标准,组建资产池;

(2)设立 SPV,设计交易结构,进行信用增级等;

(3)发行证券或受益凭证,资产转让交割,完成交易;

(4)资产售后管理和服务。

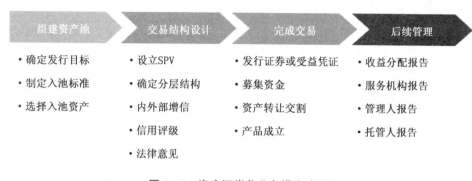

图1—1　资产证券化业务操作流程

二、资产证券化参与主体

资产证券化的业务流程相对比较复杂,需要由不同的专业机构参与及分工合作,主要包括原始权益人、发行机构(信托、券商、资产管理公司等)、特殊目的载体(SPV)、服务机构、托管银行、投资者等主要参与主体。一般交易结构如图1—2所示。

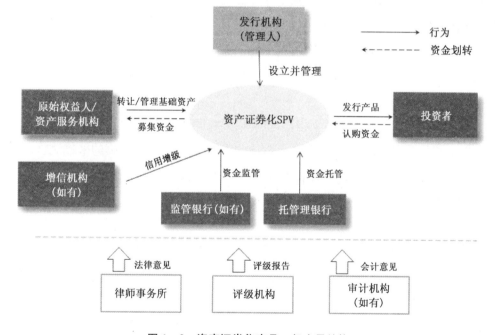

图1—2　资产证券化产品一般交易结构

(一)原始权益人

原始权益人通过转让其合法持有的、可依法出售的基础资产进行融资,其职能是和发行机构一起筛选拟证券化的资产(池),并转让给特殊目的载体(SPV)。商业银行、汽车财务公司、制造企业、保险公司、金融和融资租赁公司、小额贷款公司等都可以成为原始权益人。在多数证券化交易中,原始权益人往往是信用较好、资产质量较高的金融公司或企业。

(二)发行机构(信托、券商、资产管理公司等)

在资产证券化中,发行机构起到牵头人角色,原始权益人和发行机构通过共同工作来确保发行结构符合法律法规要求并实现融资、优化报表等目的。发行机构作为专业机构,协调和协助信用增级机构、信用评级机构及托管机构以促进整个工作的顺利进行。

(三)特殊目的载体(SPV)

为实现资产证券化,SPV 作为一个载体,在资产证券化运行中起到承上启下的作用:SPV 通过与原始权益人签署资产买卖协议,将拟证券化的资产转移到其名下,然后以此资产的现金流为支持向投资者发行相关份额。在我国的实践中,SPV 的主要组织形态是特殊目的信托(简称"SPT")或者资产管理计划(券商的资产支持专项计划和保险资产管理公司的资产支持计划等),也可以是"特殊目的公司"(简称"SPC")。设立 SPV 的目的在于实现与原始权益人之间的破产风险隔离,首先 SPV 本身装入的是原始权益人相对优质的资产,其经营本身不易破产;其次由于 SPV 与原始权益人之间法律上相互独立,因此不受对方破产清算的影响。

(四)服务机构

服务机构一般由原始权益人担任,也可以委托同业机构承担资产证券化的服务职能。服务机构负责管理证券化资产,负责应收账款的催收、相关数据的采集汇总统计、代理诉讼及处置等。服务机构有义务向受托管理人、投资者提供证券化资产组合运行情况的定期报告。

(五)信用评级机构

作为"标准化"流程的一部分,信用评级机构在资产证券化产品的发行和交易中起着重要的作用,一方面帮助发行人确定信用增级的方式和规模,另一方面为投资者设立一个简要明确的、可以反映产品信用风险的信用标准。在开展资产证券化业务过程中,由于评级公司的作用和地位的特殊性,评级机构的客观性、合规性和专业性应当受到监管部门的监管。到目前为止,在全球范围内享有盛誉的评级机构主要是标准普尔、穆迪、惠誉等。我国主要参与资产证券化的评级机构有中诚信国际、中诚信证评、大公国际、上海新世纪、联合信用、联合资信、中债资信等。

（六）托管人

托管人是承担资金托管职能的证券化中介机构，主要作用是按交易文件的约定执行资产证券化产品资金的接收、划转等。托管人一般应与发行机构或 SPV 签订协议，按协议约定的方式执行资金划转指令，并对服务机构和发行机构进行独立监督，保障资产证券化产品资金流转按相关交易文件约定进行。

（七）投资者

投资者包括机构投资者和个人投资者，在我国资产证券化实践中，资产证券化产品的投资者主要是机构投资者，包括商业银行、保险资管、基金等。我国目前以机构投资者作为资产证券化产品的主要投资者，存在一定的必要性，首先由机构作为投资者可以降低产品发行环节的成本，其次机构投资者在资金运用以及投资管理方面具有长期性，有助于稳定资产证券化市场。

三、破产隔离

依据《证券法》、《私募投资基金监督管理暂行办法》、《证券公司及基金管理公司子公司资产证券化业务管理规定》、保监会的《资产支持计划业务管理暂行办法》、银监会的《信贷资产证券化》等就破产隔离做出以下明确规定："证券化资产应独立于证券化交易参与机构的固有财产，当原始权益人、受托人、托管人及其他服务机构等因依法解散、被依法撤销或者被依法宣告破产等原因进行清算的，证券化资产不纳入清算范围。"

实现破产隔离的结构设计主要通过设立 SPV 并受让原始权益人合法持有的、可特定化的、可实现真实销售的基础资产来完成，这样的交易结构可以使 SPV 与原始权益人之间不受彼此破产清算的影响。真实销售的判断标准主要是"出售后的资产在原始权益人破产时不作为破产财产参与清算"，这取决于各国法规的解释和法庭判例。在法律上，如该证券化资产被确认为是抵押融资，而不是真实销售的话，那么如原始权益人发生破产，该资产也将进入破产清算程序，受司法措施影响现金流将难以及时收回，导致产品本息支付受到影响。

四、信用增级

资产证券化市场运作的过程需要吸引投资者参与，为了保障产品安全及降低发行成本，SPV 一般要对证券化交易运用信用增级工具，进行信用增级。信用增级的过程，引用天天基金的《资产证券化给基金带来的新机遇》一文中的定义即是"缩小证券发行人约束限制与投资人需求间差异的过程。因此,信用增级不但会增加各类资产组合的市场价值,而且通过运用信用增级工具,还可以为投资人提供相应风险分析服务。经过信用增级以后所发行的证券化产品,增强了流动性与安全性,在降低发行成本的同时促进了相关产品的销售"。

信用增级通常分为内部增级和外部增级两种形式,两种形式可以相互结合。其中,外部增级主要是由拥有较高资信等级的第三方提供信用支持的方式实现增级,包括金融机构、大型企业或担保机构提供的担保,原始权益人或其股东提供的差额补足,流动性支持等;内部增级方式主要是指采用证券化资产所产生的部分现金流收益来实现增级,如分层结构、超额利差、超额抵押、现金流超额覆盖、信用备付账户等。

第二节 我国资产证券化发展的环境

一、宏观环境:盘活存量需求迫切

我国近几十年来社会融资体系过度依赖银行,但在银行体系中由于系统性风险的大量积累导致银行放贷能力下降。另外,资本市场上民营企业、中小企业面临着融资贵、融资难的经营困难。而资产证券化工具可以有效盘活银行体系存量资产,填补融资缺口。

我国银行业信贷资产中工商业信贷资产体量庞大,同时住房贷款规模也在迅速增长,发展潜力巨大。另外,车贷、信用卡贷款、金融和融资租赁应收款以及小额贷款等也提供了较大的优质基础资产来源。除信贷资产和类信贷资产,我国还具有大量企业资产,如应收账款和基础设施收费权等可以盘活,为企业资产证券化提供了较大的想象空间。

随着我国利率市场化改革以及与金融国际化进程的不断推进,我国银行业传统业务遇到了较大的发展"瓶颈"。同时,负债结构中中长期贷款比例持续攀升,大大增加了资产负债表风险。银行业机构迫切需要盘活存量资产,一方面通过提高资产周转率来增加盈利以及对冲息差降低的影响;另一方面通过资产出表和风险定价来适当转移风险。

然而,中国利率尚未完全市场化,利率波动幅度尚有限,存贷比较发达国家来说仍有继续上升空间,同时中国银行业机构能够以银信、银证合作的方式实现资产出表。这些因素一定程度上也限制了资产证券化等标准化出表方式的快速发展。

二、微观环境：机构积极尝试，发行动力仍有待提高

我国虽然未发生过类似美国和其他西方国家的经济危机，但早在 1999 年，国有银行也曾通过组建四大资管公司收购和处置不良贷款来化解该风险。但在社会投资渠道拓宽、利率市场化趋势下，银行负债端不可能无限扩张，因而，银行等金融机构具有一定的资产出表需求。

由于市场上信托等"非标"产品较多，而资产证券化产品"标准化"的优势尚未完全体现，且发行成本较高，资产证券化产品的吸引力不足。虽然与同等信用级别的企业债券相比，资产证券化产品收益率具有一定的优势，但这种溢价更多是对投资安全性和资产流动性的补充。一方面，国内评级结构缺乏专业、一致的评级标准，使得资产证券化项目评级结果公信力较低。另一方面，投资者需要对资产证券化复杂的交易结构和风险进行理解和识别。

我国证券行业和资产管理行业处于混业竞争的关键时期，同质化竞争激烈，亟须通过业务创新来建立自己的竞争优势，因此具有极强的动力去开拓和发展资产证券化等创新业务。

第三节 资产证券化业务的开展情况

一、信贷资产证券化

我国创新尝试资产证券化业务至今一波三折，信贷资产证券化产品在 2005～2008 年间，通过监管政策的规范，信贷资产证券化产品的发展经历了从小规模试运行至常规化发展的历程。

伴随对市场经济看法的不断加深，资产证券化业务受到了各有关部门的重视。2012 年 5 月，中国人民银行、中国银行业监督管理委员会及财政部共同下达《关于进一步扩大信贷资产证券化试点有关事项的通知》，通知指出需积极推动信贷资产证券化业务试点，规模确定为 500 亿元；《关于金融支持经济结构调整和转型升级的指导意见》(国务院办公厅发，2013 年第 7 期)中指出"逐步推进信贷资产证券化常规化发展，盘活资金支持小微企业发展和经济结构调整"，信贷资产证券化进入第三轮试点，此轮试点额度为 3 000 亿元。此后，信贷资产证券化业务快速发展。根据中债资信 2014 年度信贷资产证券化市场运行报告，"2014 年全年共发行 66 单信贷资产支持证券，总金

额 2 819.81 亿元。其中 CLO 发行 54 单,金额占比 90.42%,依旧占据主导地位。从发行规模来看,2014 年以前信贷资产支持证券的发行总量为 1 018 亿元,而 2014 年一年的发行量则接近以往试点发行量总和的 3 倍,发行量有了显著提升,并且在产品的种类上也进行了创新,出现了租赁资产支持证券等新品种"。

中国银行业监督管理委员会于 2014 年 11 月 20 日发布了《关于信贷资产证券化备案登记工作流程的通知》,通知指出关于信贷资产证券化业务的审批制将变更为备案制,自此资产证券化业务进入常规发展阶段。2015 年证券化产品发行增速加快,规模明显扩大。根据中央国债登记结算有限公司 2015 年资产证券化发展报告,"2015年,全国共发行信贷 ABS 4 056.34 亿元,同比增长 45%,占发行总量的 67%",取得了爆发式的发展。

二、企业资产证券化

中国证监会于 2005 年 8 月开始试点实施证券公司企业资产证券化业务,2013 年 3 月资产证券化业务更名为证券公司资产证券化业务(《证券公司资产证券化业务管理规定》,证券会〔2013〕16 号)。同年 5 月,证监会将资产证券化业务的正式名称确定为"证券公司设立专项资产管理计划发行资产支持证券"。

2013 年 11 月,证监会下达《证券公司及基金管理公司子公司资产证券化业务管理规定》(以下简称"《管理规定》")和《证券公司及基金管理公司子公司资产证券化业务信息披露指引》(以下简称"《信息披露指引》")、《证券公司及基金管理公司子公司资产证券化业务尽职调查工作指引》(以下简称"《尽职调查工作指引》"),随后发布的《信息披露指引》和《尽职调查工作指引》对《管理规定》进行了相关补充和修正。

此次修订及起草的核心点为:"一是明确以《证券法》、《基金法》、《私募投资基金监督管理暂行办法》为上位法,统一以资产支持专项计划作为特殊目的载体开展资产证券化业务;二是将资产证券化业务管理人范围由证券公司扩展至基金管理公司子公司,并将《证券公司资产证券化业务管理规定》更名为目前名称;三是取消事前行政审批,实行基金业协会事后备案和基础资产负面清单制度;四是强化重点环节监管,制定信息披露、尽职调查配套规则,强化对基础资产的真实性要求,以加强投资者保护。"

2014 年度,证监会已经批准的企业资产证券化项目已经达到 48 单,合计 784 亿元。随着《管理规定》的颁布,证监会下企业资产证券化得到爆发式的发展。2015 年度,资产证券化产品的发行保持高速增长,企业资产证券化产品发行 144 单,发行规模超过 1 541 亿元,大有发展潜力。

第二章　保险资金投资资产证券化产品的现状及参与资产证券化的路径

第一节　保险资金运用情况和新常态

20 世纪 90 年代末至 21 世纪初,保险资金的投资范围从基金、股票等权益类资产逐步扩展到基础设施、不动产等另类投资工具。2012 年"十三条新政"出台后,保险资金投资范围进一步扩大,因此保险资金资产配置的可选范围和灵活性不断增强,与银行、信托、证券等其他金融机构可投资范围的差距逐渐缩小,保险投资覆盖了从公募领域到私募领域、从传统产品到另类投资工具、从境内市场到境外市场、从实体经济到虚拟经济的广阔领域。

过去十年间,我国经济的持续高速增长为保险行业发展提供了有力的支撑,在保险资产规模持续增长的同时,保险资金投资运用的需求相应增长,这为保险资产管理业务的发展奠定了基础。2004～2014 年的十年间,我国保险资产和保险资金运用总额均保持 20%以上的高速增长,其中保险资产总额从 1.2 万亿元增长到 10.2 万亿元,年复合增长率 22.4%,保险资金运用余额从 1.1 万亿元增长到 9.3 万亿元,年复合增长率 22.2%。2014 年,保险资产总规模突破 10 万亿元。

2004 年以来,我国保险资金配置结构经历了显著变化。首先,银行存款占比先降后升,总体呈现下降趋势。银行存款占比从 2004 年的 42.04%大幅降至 2007 年16.46%的历史最低值;全球金融危机之后,资本市场持续低迷,银行存款占比又显著回升,2013 年达到 29.5%;2014 年小幅回落至 27.1%。其次,保险资金特性决定了银行存款、债券等固定收益品种在配置结构中占据主要地位,债券占比保持稳定,为保险资产配置的第一大类资产。2004～2013 年,债券占比维持在 50%左右,波动区间在43%～58%之间;伴随股票市场好转,2014 年债券配置首次降至 40%以下,为38.2%。再次,股票和基金占比先升后降,从 2004 年开始逐渐上升,至 2007 年两者占比达到 24.5%的顶峰;2008 年由于全球金融危机的影响,股票和基金投资占比快速降至 10.5%,2009 年起回升至 15.7%;此后,资本市场持续低迷,股票和基金配置比例逐年下降,近年来稳定在9%~10%之间;2014年,股票市场回暖,占比上升约1%,增至11.1%。其中值得注意的是,保险资金为积极改良资产结构的配置、提高投资收益,自2011年起增加了另类资产的配置比例。相比2013年,2014年其他类投资占比上升了约4.7个百分点,投资比例达到23.6%;其中,另类投资累计占比超过18%,投资收益贡献度超过20%。保险资金逐渐从资产被动配置向主动配置转变,有效提升了投资收益。

2015年以来,保险资金运用进入"新常态",面临新的机遇和挑战。一方面,保险资管面临大资管行业的混业竞争,原有的银行、保险、券商、基金、信托等分业经营限制被逐步淡化,不同金融机构可以开展类似的资产管理业务。比如:券商、保险资管可以开展公募业务;保险资管、券商资管和基金子公司可以开展类信托业务。由于起步较晚,基础较弱,能力建设不完善,保险资管在人才储备、定价权、渠道资源、机制灵活度等方面与银行和券商等机构相比处于相对劣势,面临较大的竞争压力和挑战。另一方面,我国经济的"新常态"正逐渐重构资产管理行业的竞争格局。与适度降低的经济增速不同,由于保险行业的渗透率还比较低以及中产阶级逐渐增多、人民生活水平改善后对保险需求变大等原因,保险资金可运用规模增速显著。根据《关于加快发展现代保险服务业的若干意见》中的指导显示,到2020年,保险资金可运用规模将有可能超过20万亿元。经济增速的减慢和保险行业发展的加速这一矛盾,加重了保险资金运用的难度和挑战。因而,保险资金运用迫切需要加强创新,延伸深度和广度,以适应新的环境。保险资金参与资产证券化,符合未来市场发展从增量到存量的趋势,能够有效拓宽保险资金运用渠道,丰富保险资产配置种类。

第二节 保险资金配置资产证券化产品的现状

2013年8月,保监会发布《关于保险业支持经济结构调整和转型升级的指导意见》,鼓励增加保险资金的投资范围,引导保险资金投资信贷资产证券化产品。交易所发行的企业资产证券化由于收益率相对较高,更受保险机构青睐,但受制于企业资产证券化的发行规模和险资的投资偏好,当前保险资金投资规模有限。银行间市场信贷资产证券化投资资金的主要来源为商业银行,2014年保险资金的投资规模占比仅1.35%,约36.35亿元。

在成熟的金融市场,保险机构是资产证券化产品的主要参与方,2012年底美国资产支持证券的11.8%由美国保险机构持有。美国寿险机构投资于信用市场工具中约

10%的资金投资于联邦机构发行的资产支持证券产品,如表2—1所示。目前,我国保险资金债券投资总规模约3万~4万亿元,若类比10%的资产证券化产品配置比例,将有相当大的可投资规模。

表2—1 美国寿险机构投资联邦机构资产支持证券比例 单位:亿美元

年 份	2012	2013	2014	2015 Q1
美国寿险机构总金融资产	56 147	59 773	62 771	63 168
投资于信用市场工具总额(1)	33 739	34 513	35 510	35 826
投资于联邦机构资产支持证券总额(2)	3 609	3 541	3 391	3 386
资产支持证券占比:(2)/(1)	10.70%	10.26%	9.55%	9.45%

资料来源:美联储。

从大资管行业发展的趋势来看,资产管理行业的业务模式边界逐渐模糊,资产管理、投资银行和财富管理的重合性越来越强。资产管理行业从传统被动的买方角色不断向产业上游递进,以主动创设金融工具的方式去应对市场波动和服务实体经济。因而,除了投资已有的信贷资产证券化和企业资产证券化产品,保险机构更应努力尝试资产证券化直接投资业务。

国家政策层面对保险机构发展资产证券化业务持支持和鼓励态度。2014年,国家发改委29号文《关于加快发展现代保险服务业的若干意见》中指出:"鼓励保险公司通过投资企业股权、债权、基金、资产支持计划等多种形式,在合理管控风险的前提下,为科技型企业、小微企业、战略性新兴产业等发展提供资金支持";"探索保险机构投资、发起资产证券化产品"。2014年,国家发改委60号文《关于创新重点领域投融资机制鼓励社会投资的指导意见》中指出:"支持重点领域建设项目开展股权和债权融资,大力发展债权投资计划、股权投资计划、资产支持计划等融资工具,延长投资期限,引导社保资金、保险资金等用于收益稳定、回收期长的基础设施和基础产业项目。"

2014年7月,保监会发布《项目资产支持计划试点业务监管口径》,规范了保险资产管理公司作为资产证券化发行人的监管口径,资产支持计划可以作为一种特殊目的载体(SPV)开展资产证券化业务。截至2014年末,资产支持计划发行规模约600亿元,由于更能定制化地满足保险资金的投资需求,对保险机构吸引力较大。

2015年8月,保监会发布《资产支持计划业务管理暂行办法》(简称"管理暂行办法"),进一步明确资产支持计划业务操作细节,旨在推动资产支持计划业务逐步步入常规化。《管理暂行办法》主要从以下四方面进行了规范和明确:(1)根据资产证券化的基本逻辑,资产支持计划需以基础资产本身现金流作为偿付支持;(2)适应保险资金投资特点,强调稳健安全的资产负债匹配原则;(3)坚持"放开前端、管住后端",建立基础资产负面清单管理机制,体现市场化的运作机制,提高业务运作效率;(4)规范信息披露和风险提示,让市场主体做到主动的风险管理,"卖者尽责、买者自负"。

第三节 保险机构参加资产证券化的方式

2015 年来,优质资产稀缺,银行间和交易所债券利率不断走低,同时保险资管产品注册规模也同比减少。在一定的风险收益平衡的基础上寻找合适的资产进行配置面临更大难度,而资产证券化产品作为一种收益率相对可观的低风险产品越来越受到业内的青睐。因为,资产证券化产品可以资产现金流作为主要还款来源,同时通过结构化分层设计等增信措施的设置保障了投资安全。

保险机构参与资产证券化产品的实践路径,一是加强资产配置和投研能力,积极参与信贷资产证券化和企业资产证券化投资;二是加强受托管理能力,以资产证券化产品发行机构的形式,直接对接信贷或企业资产,在更好地服务保险资金投资需求的同时,缩短中间链条环节,直接为实体经济服务和提供资金。我们认为两种路径应该同时发展,互为补充,尤其是在自主发行方面,资产支持计划直接投资更符合保险资金运用需要,由于保险机构的基础较差、起步较晚,更应该受到重视。资产证券化和债权计划比较如表 2-2 所示。

表 2-2 资产证券化和债权计划比较

	资产证券化	债权计划
主体资质	可适当下沉	对偿债主体或担保机构要求较高
增信方式	采用更灵活的流动性支持、差额补足、保证保险、超额抵押等进行内部和外部增信	满足一定条件的担保或免增信
资金用途	无限制	有资金投向和项目资本金要求
现金流覆盖	资产现金流覆盖计划本息	一般要求偿债主体现金流覆盖投资本息
现金流归集	一般要求形成监管资金流	无明确要求

从机构投资者的角度来看,近年来,资产证券化的产品种类获得了极大的扩展和丰富。除了工商企业贷款,信贷资产证券化还包括了住房抵押贷款、汽车贷款、信用卡贷款、消费贷款、金融租赁等资产。企业资产证券化原始权益人种类日益丰富,涵盖租赁公司、小额贷款公司、基础设施和公用事业单位、航空公司、证券公司等。这为保险

机构投资资产证券化产品提供了较大的选择空间。然而，如前所述，现阶段，保险机构认购信贷资产证券化和企业资产证券化产品才刚起步，认购规模有限。

保险机构参与信贷资产证券化的角色不应仅限于机构投资者，保险资产管理公司还可充当资产证券化过程中的发行者，以受托人的角色发行资产证券化产品。保险资金具有期限长、规模大、对投资收益率要求相对稳定等特点。现银行间市场和交易所存量的信贷和企业资产证券化产品未必能满足上述投资需求，所以若让保险机构作为受托人，根据保险资金配置需求设计、发行和投资资产证券化产品是必要的发展趋势。

2012年第3季度保监会发布多项关于保险资金投资新政，显著扩大了保险资金可投范围，其中基础设施债权、不动产债权投资计划等金融产品投资比例逐步增长，得到了各家保险机构的认可。如表2—3所示，保险机构参与资产证券化产品可着重关注基础设施、商业物业、金融债权等方向。对这几类业务的分析详见下文第四节至第六节。

表2—3　　　　　　　　　保险机构投资资产证券化的资产类别

资产类别	说　明
应收账款（对基础设施债权投资计划的扩展）	原始权益人系为电信、铁路、石油、电网等企业提供产品配套的制造业企业
基础设施收费权（对基础设施债权投资计划的扩展）	原始权益人为有稳定现金流的供水、供电、供气、高速公路、环保等收费企业
商业物业证券化（对不动产债权投资计划的扩展）	原始权益人为大型商业物业开发运营的房地产企业、园区开发运营企业、城投企业等
金融债权（对投资领域的扩展）	原始权益人为银行、财务公司、租赁公司、小额贷款公司、消费金融公司、金融资产管理公司等

第四节　基础设施资产证券化

一、基础设施证券化的类型和现状

基础设施一般可分为营利性项目、微利性项目和纯公益性项目。营利性基础设施的收费权，如高速公路、自来水、电费、燃气、供热、公交、污水处理等收费权都可以被证券化。收费权既是一种无法真实出售，也无法实现完全的资产隔离的基础资产，但在市场上有着独特的吸引力。根据中国证券投资和基金业协会统计，在交易所发行的企业资产证券化产品中，备案制前，公共事业收费权类资产证券化产品共计10只，产品发行总规模约 127 亿元,超过融资租赁、小额贷款品种。截至 2015 年 6 月 30 日,已备案专项计划中公共事业收费权类专项计划 14 只,包括供水 3 只、供热 4 只、供电和公路各 2 只、公交和污水处理及天然气各 1 只,规模 136.45 亿元,占比 25.91%。产品规模为 2.7 亿~33 亿元不等,平均融资规模 9.75 亿元,产品期限为 3.8 年~10 年不等,平均融资期限约为 5.6 年,市场发行利率为 5.5%~7.5%。与小额贷款类和融资租赁类产品相比,公共事业收费权类产品的发行规模大、利率低、期限长。

这类基础资产符合资产证券化对基础资产的要求。首先,经营期间有稳定现金流且可以与其他资产产生的现金流相分离。其次,基础设施提供的产品或服务不仅具有刚性需求的特点,而且其消费价格往往受政府部门统一定价的限制,其消费次数在一段时间内不会有较大变化,使得基础设施项目未来现金流可预测。基础设施项目运营期限较长且遵循一定的规律,一般有历史记录可查,市场上也有大量中介评估机构提供基础资产的估值服务。再次,基础设施对资金需求规模较大。我国目前经济增长较快,城市化进程加速,每年中央和地方都有大规模资金投向基础设施领域,基础设施规模呈稳定上升趋势。最后,基础设施类资产质量较高。基础设施一般关系国计民生,缴费拖欠比例低,因而违约率和损失率较低。

二、保险资金开展基础设施证券化业务的要点

首先,保险资金迫切需要拓展投资领域,开展基础设施证券化业务具有较高必要性。基础设施债权投资计划对于融资主体要求较高,主要体现在评级方面,其中大型保险机构通常要求债项评级为 AA+以上,同时在增信措施方面需要由大型金融机构、大型国企或政府信用提供担保,综上因素使得基础设施债权投资计划的标的资产存在一定的局限性。此外,国发〔2014〕43 号文及后续文件的出台,限制了地方政府通过融资平台公司融资并由财政预算还款、差额财政补足等传统融资方式。因此,在市政建设、交通运输、能源开采、信息通信、环保水务等领域,可以通过保险机构以合同债权或收费收益权为基础资产设立资产支持计划,通过结构化设计等内部增信方式,降低对原始权益人本身资信水平的要求,大大扩充了可投资资产的范围。

其次,保险资金比较适合开展基础设施证券化业务。保险资金具有投资期限长、投资金额大、投资收益稳定等特点,与基础设施项目自身特点相匹配。而券商和基金子公司发行的资产支持专项计划的主要投资者是银行,对发行规模,尤其是产品期限有较大的限制,不一定能满足基础设施项目融资的需要和保险资金投资的需求。

最后,在开展收费收益权类资产证券化业务时,保险机构需要与相关专业机构展

开合作,重点关注法律风险、资产评估工作,其中收费权属清晰,可以真实、合法地转让,未设定抵质押权及其他物权或在专项计划设立前可以解除。此外,开展合同债权资产证券化业务时,保险机构可以放宽对原始权益人主体的资信水平要求,通过购买租赁资产、小贷资产、应收账款等合同债权的方式,分析和考察基础资产底层债务人的还款履约能力,同时通过对基础资产的打包、分层、超额抵押和差额支付承诺的方式,设立资产支持计划。此类项目开展时要注重原始权益人作为资产服务机构对于专项计划池内资产和现金流的归集和管理能力,关注其资金混同风险。

三、基础设施证券化的案例(广州高速专项计划)

保险资产管理公司目前尚未设立基础设施收费权资产支持计划的先例,但可以借鉴券商资产支持专项计划的相关经验,并使之在规模、期限或安全性等方面符合保险机构的投资需求。下面以广州机场高速公路车辆通行费收益权资产支持专项计划(以下简称"广州高速专项计划")为例,介绍基础设施证券化的案例。

广州高速专项计划发行规模为44亿元,其中优先A级资产支持证券的目标发行规模为39.16亿元,优先B级资产支持证券的目标发行规模为2.42亿元,次级资产支持证券的目标发行规模为2.42亿元。

资产支持证券本金和收益来源于管理人信达证券股份有限公司(以下简称"信达证券")运用发行资产支持证券募集资金所购买的基础资产,即原始权益人广州快速交通建设有限公司(以下简称"快速交通公司")合法拥有的广州机场高速公路自2015年7月1日起至2023年3月31日止期间的车辆通行费收益权。原始权益人通过相关安排,解除基础资产质押并承诺质押权利解除后基础资产不再负有其他任何质押等的权利负担和限制。

除进行优先、劣后分层,专项计划采用了外部增信的方式,快速交通公司对专项计划账户内资金不足以支付优先级资产支持证券的各期预期收益和未偿本金的差额部分承担补足义务。广州交投集团对基础资产付息年度内归集的资金金额低于《广州机场高速公路交通量及收费收入预测报告》中相应期间的预测收入值的差额部分承担补足义务。广州高速专项计划的交易结构如图2-1所示。

根据广州高速专项计划募集说明书,2015年7月1日至2023年3月31日,基础资产现金流预测值合计86.89亿元。测算结果显示,在影响基础资产现金流入的因素不发生变动的情况下,按照本次专项计划优先A级资产支持证券的预期收益率及预期支出,各付息年度覆盖倍数至少能达到1.12以上,表明优先A级资产支持证券的

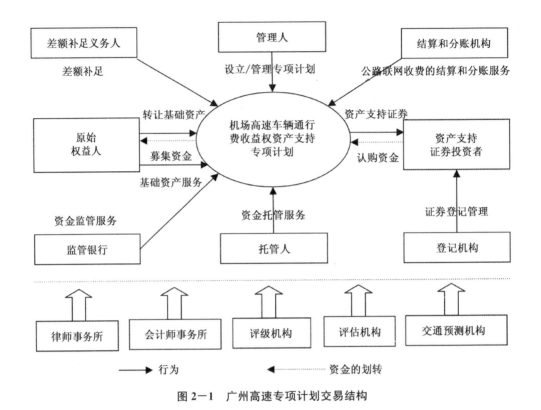

图 2—1 广州高速专项计划交易结构

偿付有较高保障。

在现金流归集方面,根据相关协议约定,相关收费机构应自专项计划设立之日起将机场高速车辆通行费结算收入直接划转至管理人设立的专项计划监管账户,该监管账户的资金以每月一次的频次(原始权益人和管理人另有要求的除外)划付至专项计划的托管账户。在每一付息年度内,当专项计划的监管账户向专项计划的托管账户划付资金累计达到该付息年度基础资产的现金流预测值之后,专项计划的监管账户将停止向专项计划的托管账户归集基础资产的剩余现金流,专项计划的监管账户的资金余额将划付至快速交通公司指定的账户。

第五节 商业物业资产证券化的相关问题思考

受国发〔2014〕43 号文及后续文件的影响,基础设施债权投资计划的规模明显收缩,而不动产债权计划的投资额逐年增加。目前,我国商业物业运营方通常负债规模较大、财务杠杆较高、经营风险较高、抗风险能力较弱,其公开市场融资难度较大、成本较高,保险资金可投资范围有限。然而,商业地产企业所持有的部分优质物业资产,由于所处地段优越、商圈经营成熟、物业估值优势明显,能够产生持续、稳定的现金流以及较强的流动性。资产证券化产品通过优质物业资产的真实出售或抵押,设立特殊目的载体以实现资产与原始权益人的风险隔离,在加强现金流归集和监管的措施下,能与较低资质的主体作为交易对手的同时,获得较高的投资收益率和投资安全性。

商业物业资产证券化开展的形式以物业所有权是否发生转让分为商业物业收费收益权证券化和房地产信托投资基金(REITs)。一方面,我国以 REITs 形式开展的商业物业资产证券化项目还存在诸多风险和难点。首先,以 REITs 形式进入的投资方需要更多的退出渠道,综观目前市场存续的 REITs 产品的退出条款,主要有公开市场上市交易、第三方转让和原始权益人回购三种退出方式,由于我国尚无 REITs 产品交易的市场,多数产品只能以原始权益人回购作为退出手段,故产品依赖于原始权益人的资信水平。其次,REITs 形式由于真实交易的必要性,使得交易税费较高,REITs 形式资产证券化的开展受到很大限制。另一方面,"商业物业收益权"能否作为资产证券化的基础资产尚且存在争议。有法律学者认为,由于"不动产收益权"不能独立于所有权而单独构成一项权利,缺乏可特定化和独立性的基础,"不动产收益权"无法在法律层面上实现向专项计划的真实出售或转移,也就不具备资产证券化基础资产的资格。在实际操作中,也缺乏有效的手段,对租金或收费账户进行监管。

随着资产证券化业务的不断探索,商业物业资产证券化取得了一定的成果,例如以物业租金收费收益权为基础资产设立的海印股份信托受益权专项资产管理计划,以及以 REITs 形式设立发行的中信华夏苏宁云创资产支持专项计划等,为保险资金投资或保险机构设立发行相关产品提供了一定的经验。

海印股份信托受益权专项资产管理计划的基础资产为海印资金信托的信托受益权。海印股份以旗下运营管理的 14 个商业物业的租金及其他收入作为还款来源,向海印资金信托取得信托贷款,并将 14 家商业物业整租合同项下的特定期间经营收益应收账款质押给海印资金信托。通过此等安排,在没有直接把基础资产涉及的商业、物业收益权直接转让给专项资产管理计划的情况下,海印股份专项计划创造性地解决了基础资产特定化和破产隔离等难题,同时将标的物业未来的租金现金流与专项计划进行了绑定。海印股份专项计划给商业物业收益权证券化提供了一定的借鉴意义,交易所后续发行的类似资产支持专项计划大多沿用或采用类似交易结构。然而,由于该交易结构较为复杂,且并不能从根本上解决租金收益比较低等问题,现阶段商业物业收益权证券化市场仍然相对较小,并没有出现之前预期的高增长。

中信华夏苏宁云创资产支持专项计划是"中国版"REITs 的一个尝试。这款产品计划募资规模达 44 亿元。不同于其他资产证券化产品的交易结构,该专项计划先通过私募基金持有苏宁 11 家门店物业,之后再以私募基金份额作为基础资产设立中信华夏苏宁云创资产支持专项计划并发行资产支持证券。该专项计划募集规模为 44 亿元,实现税后净收益将超过 13 亿元。苏宁云创专项计划虽然具有开创性意义,推动了类 REITs 的发展,但是其交易结构复杂,可复制性不强。总之,商业物业不动产方面,虽然有一定的可操作性,但仍有待于市场进一步发展,以及法律、税收层面的进一步完善。

第六节　金融债权

金融债权作为一大类资产,在资产形成过程中银行等金融机构利用其金融牌照的优势、健全的风险控制体系、人员和网点等展业渠道,形成了规模巨大、渗透范围广大、分散度高、质地优良的资产,如住房贷款、信用卡贷款、汽车贷款、消费贷款等。以此类资产为基础资产的资产证券化产品,可以将此类资产上述优良特性延续至相应的资产证券化产品中,为保险资金投资此类资产提供了间接渠道。

根据国际经验,以 MBS、CLO 以及信用卡和汽车贷款 ABS 为主的信贷资产证券化占资产证券化产品发行规模的大部分,其中 MBS 在资金安全性和期限要求上均比较符合保险资金特点。现阶段,此类信贷资产证券化产品一般收益较低,期限较短,保险机构投资认可度较低。另外,截至目前,信托公司作为我国信贷资产证券化产品的唯一发行载体,无法匹配保险资金配置资产证券化产品的定制化需求,因此阻碍了保险资金积极配置此类资产。

目前,保险公司已经进行了以小额贷款、租赁资产为基础资产类型的资产证券化探索,且因其较高的资产分散度和健全的产品结构而受到投资者的广泛认可。作为资产支持计划业务的积极探索者,民生通惠在 2013 年保险投资新政发布后,获批并成功发行了资产支持计划监管口径发布以来的首只资产支持计划——"民生通惠——阿里金融 1 号项目资产支持计划"。该资产支持计划以民生通惠资产作为受托人,以蚂蚁金融服务集团旗下小额贷款公司的小额贷款为基础资产,以基础资产的现金流作为产品本息偿付的主要来源,此次资产支持计划所融资募集的 30 亿元资金为超过 20 万家小微企业提供了融资。在为小微企业提供融资服务的同时,也为投资者提供了一种低风险的固定投资产品。

保险资金在间接投资领域的发展空间受制于此类资产的规模和原始权益人资质，以及交易所资产支持专项计划等产品的竞争，想要取得规模化的发展，还需要进一步提高保险资金在成本上的竞争力和完善自身受托能力建设。

第七节 资产证券化产品的风险

资产证券化产品由于其交易结构相对复杂，在具备一般固定收益产品的风险特征的同时，也具有一些特定的风险因素。保险机构投资或开展资产证券化业务，需要考虑相关风险，进行适当的风险控制，维护保险资金运用安全。几种常见的风险包括：

一、信用风险

信用风险即违约风险，指资产证券化产品不能按约定兑付本息的风险，可以由专业评级公司给出的信用等级来衡量。由于评级技术的发展，投资者在衡量资产证券化产品的投资价值时，不仅会关注证券化产品发生实质性违约事件的可能，而且会更多地考虑证券化产品在当前经济形势下信用风险的预期变化，以及因承担风险而要求的收益率溢价的变化。由于信用风险可以进行交易，保险机构可以根据自身的风险控制目标，对冲或管理信用风险。但在我国市场上可用来对冲信用风险的工具如信用远期合约、信用价差期权、违约互换等尚且不足。由于保险资金运用对安全性要求较高，保险机构投资和开展资产证券化业务，需审慎选择交易对手：对于现金流不能封闭监管的，需要加强外部增信措施；对于资产优质且现金流能够实现封闭监管的，可以适当"下沉"主体资质。

二、早偿风险

早偿风险是指由于底层债务人的提前还款所引起的基础资产收益不足的风险。对于很多资产证券化产品，如 MBS、CLO 等，早偿风险都是重要和特有的风险之一。早偿发生的原因可能由债务人自然转手引起，也受到债务人再融资成本的影响，当市场利率下行时，早偿风险会随之上升。国际上用来计算早偿率的主要指标有单月死亡率（SMM）、固定早偿率（CPR）、公共证券协会早偿率模型（PSA prepayment model）。早偿的不确定性是资产证券化产品的一个重要风险来源，影响资产证券化产品的投资价值。保险机构投资和开展证券化业务，也需要充分考虑到早偿风险对再投资收益的影响，评估早偿风险对应的风险溢价。

三、利率风险

利率风险是指对于固定利率的证券化产品而言,市场利率上行的风险。当市场利率上行,已发行的以固定利率计息的债券价格将会下跌。即使对于持有至到期的投资者而言,市场利率上行也会带来机会成本影响,利率风险是固定收益产品的市场风险。证券化产品价格对市场利率变化的敏感程度取决于产品的特征、息票利率、利息支付的频率、本金分期摊还的速度、债务工具当前的收益率、含有的选择权等。一般而言,在其他条件相同的情况下,证券化产品的息票利率越高,证券化产品的到期期限越长,利率水平越低,其价格对利率的变化就越敏感。

四、流动性风险

流动性风险是指证券化产品难以接近于真实价值的价格迅速变现出售的风险。影响证券化产品流动性的主要因素在于是否有成熟稳定、且交易活跃的二级市场可供交易。目前,我国的信贷资产证券化产品在银行间市场流动、企业资产证券化产品在交易所交易,而保险资产支持计划目前并没有流通场所。由于产品相对复杂,标准化程度有待完善,总规模有限,没有统一的流通场所等问题,我国的资产证券化产品的流动性均较低。

五、利差风险

利差是指证券化产品因存在信用风险、早偿风险和流动性风险等而体现在证券化产品收益率与无风险收益率之间的风险溢价。利差风险是指当利差扩大时,以固定利率计息的证券化产品价格下跌的风险。在市场受到冲击的时候,信用产品利差扩大,利差带来的收益率变化可以超过无风险收益率的变化。

此外,保险机构在投资和开展证券化产品业务时,还要注意因证券化产品本身的交易结构、现金流归集和基础资产特征等因素带来的产品特有的风险,如底层债务人行业集中度风险、区域集中度风险、资产服务机构资金混同风险、资金沉淀风险、托管银行违约风险等。

第三章　业务发展的挑战和相关政策建议

第一节　保险机构参与资产证券化的挑战

保险资金参与资产证券化的意义重大,前景良好。然而,必须要指出的是,资产证券化领域竞争激烈,银行、信托、券商、基金等机构均以各自的角色参与竞争并各有特色。保险机构目前在竞争格局中远远处于劣势,一方面作为机构投资者,在产品的投资规模上还相对较小;另一方面作为发行机构,在产品的发行规模、基础资产类别、交易结构设计上均有较大差距。保险机构在资产证券化领域取得战略性发展面临较大的挑战。

一、保险机构相比其他行业有较高的资金成本

随着保险资金在市场上地位的不断提高,其成为资产证券化产品的主要购买方之一的期望也随之水涨船高。从国际经验上看,保险机构大量投资信贷资产证券化产品,是实现信贷资产风险转移的一股重要推动力。但目前国内保险资金受自身规模和负债成本的影响,其购买能力还十分有限。从近年保险机构的实际情况来看,保险资金的负债成本远远高于信贷资产证券化产品的收益率,主要是由于保险机构过度依赖成本较高的银保渠道,以及保险产品理财化趋势越来越明显。以上使得保险机构负债成本不断增加的同时,也使得开展或投资资产证券化业务缺乏动力及价格优势。

从长远的角度来看,保险机构应立足于发展和服务保险主业,以降低资金成本为着力点,创新研发,不断优化负债结构。同时,也可从传统的银保渠道转化为新型的互联网销售渠道,并配合直销渠道,提高自身在资本市场上的竞争力。

二、激烈的市场竞争,削弱了保险机构的定价权

"大资管"时代的到来,使资产证券化领域呈现"百花齐放"的状态。随着保险、基金子公司、券商、银行等机构逐步具备开展资产证券化业务的资格,整个领域的竞争更加激烈。无论是不断下行的利率环境还是同类投资品种(如银行间市场发行的项目收益债)与ABS之间的竞争,以及越来越多的融资工具,都使得较晚进入资产证券化领

域,产品和人才配置均处于初级阶段的保险机构难以与市场上其他成熟机构相抗衡,从而削弱了保险机构的市场定价权。

在竞争激烈的市场环境下,保险机构应加强队伍建设,同时更应寻求并发扬自身优势,在摸索中明确市场定位,致力于在规模、期限、资金用途、资金效率、基础资产类型等方面进行差异化竞争。如保险资金和基础设施投资比较符合,有望在基础设施证券化领域获得较大的发展。

三、进一步完善制度

完善的法制规范是一个行业长久发展下去的前提。与国际相比,国内资产证券化领域仍处于起步阶段,市场自主创新和顶层设计的需求较为迫切。其包括但不限于建立流动性增强机制、建立跨市场跨监管合作机制以及建立破产隔离保护机制。同时,也需监管机构明确保险机构作为信贷资产和企业资产受托人的资质,并对于险资投资资产证券化产品,尤其是保险资产管理公司作为发起机构设立的资产支持计划在偿付能力和大类投资比例限制上给予一定的优惠政策。

第二节　关于保险机构开展资产支持计划业务的政策建议

为维护保险资金投资安全,加强风险控制,《管理暂行办法》对资产支持计划的相关规定比券商资产支持专项计划更为严格,包括但不限于:

(1)《管理暂行办法》第十二条要求明确资产受托人需要具备符合规定的相关能力。如公司需建立相关的内部管理、风控、业务操作和投资决策等制度,需具有不动产投资、基础设施投资计划的运作管理经验等。资产支持计划更强调受托人的职责,重视后续管理,如《管理暂行办法》第五章和第六章分别对运作管理和风险控制作了明确的规定。

(2)《管理暂行办法》采取首单核准制,且中国保监会可以建立外部专家评估机制,向投资者提示投资风险。与券商资产支持专项计划采取备案制相比,资产支持计划对合规性的要求更为严格。

(3)更加强调基础资产本身产生的现金流的覆盖原则,并对回购不纳入计算口径作了明确规定(《管理暂行办法》第九条)。

(4)《管理暂行办法》第二十条要求资产支持计划需要进行外部评级;而券商资产支持专项计划对评级不作强制要求(参考《证券公司及基金管理公司子公司资产证

化业务管理规定》第三十二条)。

因而,为促进资产支持计划业务创新,维护投资者合法权益,我们认为,既然资产支持计划在发行标准和风险控制上更为严格,那么应当在"偿付能力"或"最低风险资本"上获得相关政策支持和优惠,建议对资产支持计划的偿付能力认可比例、最低风险资本要求和大类资产监管比例要求按照基础设施债权投资计划相同的政策规定执行。

此外,保险机构对于开展资产证券化业务有较高的期待,业内迫切希望监管机构能在业务开展的行业基础设施建设和跨监管的协调和沟通方面也给予一定支持。

一、偿付能力认可比例问题

目前,《保险公司偿付能力报告编报规则》及其《问题解答》中,没有明确规定资产支持计划的偿付能力认定标准。其对相关保险资产管理产品的相关规定如下:

对于基础设施债权投资计划,《保险公司偿付能力报告编报规则——问题解答第16号:基础设施债权投资计划》规定:"信用评级为 AA 级以上(含 AA 级)的基础设施债权投资计划,以账面价值作为其认可价值。"

对于不动产债权投资计划,在《保险公司偿付能力报告编报规则——问题解答第10号:无担保企业(公司)债券、不动产、未上市股权和保险资产管理公司创新试点投资产品》中规定:"以债权投资计划方式间接投资不动产的,保险公司持有的债券投资计划产品应当按照信托资产的认可标准确定其认可价值。"

对于信托计划,《保险公司偿付能力报告编报规则——问题解答第24号:信托计划》规定:"信用评级为 AAA 级的集合资金信托计划,以账面价值的90%作为其认可价值。"

对于银行间信贷资产支持证券和交易所券商资产支持专项计划,以 AAA 评级产品为例,《保险公司偿付能力报告编报规则——问题解答第17号:非保险类金融机构发行的金融产品》的相关规定如下:

(1)信用评级为 AAA 级的信贷资产支持证券,以账面价值作为其认可价值。

(2)信用评级为 AAA 级的专项资产管理计划,以账面价值的95%作为其认可价值。

若参考基础设施和不动产债权计划相关认可标准,以 AAA 评级的相似产品为参考,资产支持计划的认可比例在90%~100%之间,部分保险机构按照审慎性原则,最低认可比例仅为90%;而投资券商资产支持专项计划的认可比例为95%,投资信贷资产支持证券为100%。因而,在资产支持计划偿付能力认可比例不确定,甚至可能低于券商资产支持专项计划的认可比例的情况下,保险机构没有开展资产支持计划业务或投资其产品的动力,甚至倾向于选择券商产品作为"通道"开展资产证券化业务。

试点实施的"偿二代"(《保险公司偿付能力监管规则》)对资产支持计划尚无明文规定。其对相关产品的规定如下:

对于银行间市场信贷资产支持证券和交易所券商资产支持专项计划,《第8号:信用风险最低资本》第十一条规定:"资产证券化产品,包括证券公司专项管理计划和信贷资产支持证券等";第二十二条规定:"除保监会另有规定外,资产证券化产品的交易对手违约风险的 RF_0 赋值如下(具体图表省略)"。

对于保险资产管理产品的相关规定,虽然第二十五条对基础设施债权投资计划做出了相关规定和明确的政策支持,但第二十六条规定,"除保监会另有规定外,资产管理产品、不动产债权投资计划、资产支持计划等固定收益类投资资产的 RF_0 根据交易对手信用评级采用本规则第二十二条中的 RF_0"。

如果偿二代中对资产支持计划沿用资产支持计划的相关规定,资产支持计划的信用风险最低资本要求与券商资产支持专项计划相同,将没有竞争力。

二、大类资产比例监管问题

《中国保监会关于加强和改进保险资金运用比例监管的通知》(2014第13号)中明确定义了"其他金融资产"的种类,其中包括保险资产管理公司资产支持计划在内,其他还有证券公司专项资产管理计划、信托公司集合资金信托计划、银行业金融机构信贷资产支持证券等,其投资比例不能超过公司上季末总资产的25%。

如果资产支持计划延续"项目资产支持计划"相关划分标准,将与信托计划等风险和收益均较高的产品直接竞争,降低保险机构投资和开展相关业务的积极性。而基础设施投资计划、不动产投资计划被划入"不动产类资产",合计不高于本公司上季末总资产的30%即可,避免了与信托计划等产品的竞争,在2014年和2015年获得了极大的发展。

三、选择或建立交易流通场所

目前,保险资产管理公司发行的资产支持计划和信贷资产证券化及企业资产证券化在标准化和流动性上还有较大差距。流动性是资产证券化产品的核心属性。如果没有流动性,证券化就无从谈起。目前,信贷资产证券化可在银行间市场流通而企业资产证券化可以选择在证券交易所、全国中小企业股份转让系统、机构间私募产品报价与服务系统、证券公司柜台市场以及中国证监会认可的其他证券交易场所进行挂牌、转让。企业资产证券化更是从理论上允许开展质押式协议回购以及做市商制度,为提高流动性奠定了较好的基础。

保险机构可以从自身特色出发,既积极参与公开交易所市场建设,争取把符合条件的计划产品上市交易,同时也可仿效券商建立柜台系统或统一的固定收益转让系统,根据产品特征和投资主体不同层次提高市场流动性。交易场所需解决自由进入、充分竞争和市场定价三个问题。

《管理暂行办法》第二十五条规定:"受益凭证可按规定在保险资产登记交易平台发行、登记和转让,实现受益凭证的登记存管和交易流通。"除了建立统一登记、结算等后台服务的保险资产登记交易平台之外,更应该关注产品、发行和交易方式的创新,各机构和产品的跨市场交易,以及交易品种自主选择挂牌上市等问题。

四、积极开展跨监管协调

跨监管沟通在混业经营形势下变得尤为重要。例如,在积极参与资产证券化业务过程中,大部分优质金融资产在银监会下辖银行及非银行金融机构。以金融租赁公司为例,据《金融租赁公司管理办法》第二十六条规定,金融租赁公司转让融资租赁资产须经银监会批准。因此,金融租赁公司是否能参与资产支持计划的发行,有待于银监会的监管政策明确。如果没有跨监管沟通,仅在资产转让合规性方面,就有可能给业务带来较大的困难,保险机构迫切期待能够成为信贷资产受托人,以更好地匹配保险资金的需求、盘活存量资产和服务实体经济。

参考文献

[1]张严方. 金融资产证券化法律问题与实证分析[M]. 北京:法律出版社,2009.

[2]中国资产证券化业务的现状和发展[R]. 光大证券,2012.

[3]2014 年信贷资产证券化市场运行报告[R]. 中债资信评级业务总部,2015.

[4]2015 年上半年资产证券化备案监测报告[R]. 中国基金业协会,2015.

[5]资产证券化业务推升 ROE 继续向上[R]. 广发证券,2013.

[6]资产证券化下的淘金之旅[R]. 申银万国证券,2012.

[7]双车道通畅,资产证券化整装待发[R]. 申银万国证券,2015.

[8]保险资产管理 2014 年行业报告——"新常态"下的保险资产管理行业[R]. 华宝证券,2015.

保险资管非标准化产品的开发
策略和风险管理研究

人保资本投资管理有限公司

杜庆鑫　吴莉芳　何水清　彭　鹏　胡　岩　王　伟

摘要

本文从产品开发者的角度出发,对目前市场中已存在的保险资金投资非标准化产品的情况进行梳理,对各类产品的结构、收益和风险等方面的差异和优劣势进行分析比较;通过对中国保险行业的数据进行处理分析,得到保险资金来源、成本、投资情况等方面的信息,进一步分析得出具有期限长、收益率高、筹资额大等特点的非标产品最符合保险资金的投资需求。

基于上述资料和结论,本文对非标产品的开发策略提出建议,包括:建议适当放宽对债权类产品的信用增级要求,进一步放开股权类产品设立和投资基金的范围,增强创新类产品的流动性等。

本文最后对非标产品涉及的风险进行了较为全面的归纳总结,并对各类产品应重点控制的风险提出了建议和管理措施。

关键词

保险资管　非标产品　开发策略　风险管理

第一章 保险资金投资非标准化产品的现状

第一节 非标产品的定义与分类

广义来说,非标产品是指除传统的银行信贷以及在银行间市场和证券交易所市场交易的债券、股票、基金等标准化金融产品之外的金融产品。非标产品具有非标准化特征,资金的利率和期限、担保措施、偿付安排等核心要素及主要条款通常由资金供需双方协商确定。非标产品一般为场外交易,流动性较差,收益率通常高于标准化产品。

按照产品性质,一般可分为债权类非标产品、股权类非标产品、资产证券化类非标产品等。

按照非标产品开发机构,一般可分为:

(1)银行类非标产品,目前主要有商业银行理财产品等。

(2)信托产品,一般的集合信托和单一信托都属于非标产品。

(3)保险资产管理公司或资产管理机构开发的非标产品,目前主要包括债权投资计划、股权投资计划、资产支持计划等。

(4)证券公司开发的非标产品,目前主要有证券公司专项资产管理计划等。

(5)基金子公司发行的非标产品主要为"类信托"产品。

截至 2014 年底,信托资产规模 13.98 万亿元,保险行业资金运用余额为 9.33 万亿元,公募基金规模 4.53 万亿元,证券公司资管业务、基金公司及其子公司专户业务管理资产合计总规模 13.83 万亿元。各类资管机构规模情况如图 1—1 所示。

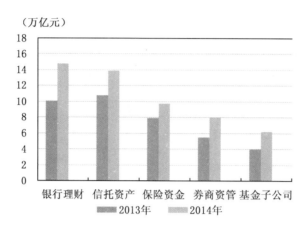

（万亿元）

资料来源：Wind。

图1-1　各类资管机构规模情况

第二节　保险资管发行和投资非标产品政策持续放宽

与银行、证券、信托等金融部门相比，保险业可以提供期限更长、供应更加稳定、规模较大、资金成本较为合理的资本，已成为国内最重要的机构投资者之一。保险资金一般可以采取债权、股权、物权及其他可行方式投资基础设施及不动产项目。

自2006年3月14日保监会发布《保险资金间接投资基础设施项目试点管理办法》允许保险资金以投资计划的形式间接投资基础设施项目以来，非标产品开发在满足保险资金配置需求、提高投资收益水平、促进保险主业协同发展等方面发挥了非常重要的作用。监管层对保险资金投资非标产品由初始的犹疑，到逐步放宽投资比例和范围，目前非标产品已成为保险资金的标准配置，投资占比持续提升。

2010年7月30日，保监会发布了《保险资金运用管理暂行办法》，首次系统地对保险资金的可投资范围进行了规定，其中包括投资房地产、基础设施等债权投资计划、股权投资等。此后，陆续出台了《保险资金投资不动产暂行办法》、《保险资金投资股权暂行办法》、《保险资金委托投资管理暂行办法》、《保险资金参与金融衍生产品交易暂行办法》、《关于保险资金投资有关金融产品的通知》、《基础设施债权投资计划管理暂行规定》等一系列文件，促进了保险资管非标产品的发展。

2012年底，保监会对保险资金运用提出了"放开前端、管住后端"的监管思路，对保险机构投资管理实行能力备案制度，在提高投资管理能力的同时，明确行政风险责任人和专业风险责任人,把金融产品的发行由注册制调整为备案制,减少对保险资金投资的微观干预等。保监会监管思路的转变,体现在陆续推出各项保险新政,不断释放各种政策红利。有代表性的包括:2013 年 2 月,保监会发布《关于债权投资计划注册有关事项的通知》,将基础设施债权投资计划发行调整为注册制,使得流程更便捷、效率更快速,进入门槛也在不断降低。2013 年 9 月,《关于加强和改进保险资金运用比例监管的通知(征集意见稿)》增加了基础设施债权计划和不动产投资比例,由 20% 提升到 30%。2014 年 8 月 13 日,国务院印发《关于加快发展现代保险服务业的若干意见》(以下简称"新国十条"),提出鼓励保险资金利用债权投资计划、股权投资计划等方式,支持重大基础设施、棚户区改造、城镇化建设等民生工程和国家重大工程;鼓励保险公司通过投资企业股权、债权、基金、资产支持计划等多种形式,在合理管控风险的前提下,为科技型企业、小微企业、战略性新兴产业等发展提供资金支持;鼓励设立不动产、基础设施、养老等专业保险资产管理机构,允许专业保险资产管理机构设立夹层基金、并购基金、不动产基金等私募基金。2012 年以来保险机构资产可投资范围不断拓宽,如表 1—1 所示。

表 1—1　　　　　　　　　2012 年以来保险机构资产可投资范围不断拓宽

时　间	文件名称	要　点
2012 年 7 月	《关于保险资金投资股权和不动产有关问题的通知》	扩大保险资金直接投资股权的范围。
2012 年 7 月	《保险资金委托投资管理暂行办法》	允许保险资管公司开展定向资产管理、专项资产管理或特定客户资产管理等投资业务。
2012 年 7 月	《保险资金投资债券暂行办法》	扩大债券投资范围,提高企业债投资上限(对无担保的非金融企业债券投资比例,从不超过总资产的 15% 提升到不超过总资产的 50%)。
2012 年 10 月	《基础设施债权投资计划管理暂行规定》	放宽偿债主体和投资项目要求等投资限制,增加可投资项目范围。
2012 年 10 月	《关于保险资金投资有关金融产品的通知》	放开险资投资理财产品、信贷资产支持证券、专项资产管理计划、基础设施计划、不动产投资计划和项目资产支持计划。
2013 年 2 月	《关于债权投资计划注册有关事项的通知》	基础设施和不动产债权计划发行将由备案制改为注册制,以简便流程、提高效率。
2013 年 2 月	《关于保险资产管理公司开展资产管理产品业务试点有关问题的通知》	支持保险资产管理公司开展资产管理产品业务试点。
2013 年 6 月	《保险机构投资设立基金管理公司试点办法》	允许保险公司投资设立基金管理公司。

续表

时 间	文件名称	要 点
2013 年 9 月	《关于加强和改进保险资金运用比例监管的通知》	扩大基础设施债权计划和不动产投资占比,由 20% 提升到 30%。
2014 年 1 月	《关于加强和改进保险资金运用比例监管的通知》	重新划分流动性资产、固定收益类资产、权益类资产、不动产类资产和其他金融资产五大类资产。
2014 年 5 月	《关于险资投资集合资金信托计划有关事项的通知》	险资投资集合信托计划,限于融资类资产、风险可控的非上市权益、固收类集合计划信用等级在 A 以上,不得投资单一信托、国家明令禁止行业或产业信托。
2014 年 7 月	《项目资产支持计划试点业务监管口径》	推动保险业开展项目资产支持计划业务。
2014 年 8 月	《国务院关于加快发展现代保险服务业的若干意见》	鼓励保险资金利用债权投资计划、股权投资计划等方式,支持重大基础设施、棚户区改造、城镇化建设等民生工程和国家重大工程;鼓励保险公司通过投资企业股权、债权、基金、资产支持计划等多种形式,在合理管控风险的前提下,为科技型企业、小微企业、战略性新兴产业等发展提供资金支持;鼓励设立不动产、基础设施、养老等专业保险资产管理机构,允许专业保险资产管理机构设立夹层基金、并购基金、不动产基金等私募基金。
2014 年 12 月	《关于保险资金投资创业投资基金有关事项的通知》	允许保险资金投资创业投资基金,支持创业企业和小微企业的发展。
2015 年 8 月	《资产支持计划业务管理暂行办法》	基础资产范围放大,基础资产不限于信贷资产、金融租赁应收款和其他固定收益股权资产。
2015 年 8 月	《关于设立保险私募基金有关事项的通知》	对保险公司设立私募基金进行了规范化和扩大化。

资料来源:人保资本整理。

  保监会陆续发布的投资松绑的新政细则,放宽了保险资金的投资渠道,促使保险资金资产配置策略组合越来越丰富,形式也更加多样化,有效转变了保险机构的盈利模式,进一步提升保险资金投资收益率。保险资金非标投资逐步规范化、扩大化和市场化。同时,在保险业监管方面,建设"偿二代"体系,进一步整合比例监管政策,重新整合定义大类资产,取消一些不适应市场发展要求的比例限制,按照投资品种风险属性不同,纳入大类资产配置比例中,不再单独设置具体比例,大幅增加保险公司的投资灵活性;积极鼓励创新投资方式,鼓励保险公司通过投资企业股权、债权、基金、资产支持计划等多种形式,为科技型企业、小微企业、战略性新兴产业等发展提供资金支持,积极培育非标产品投资市场。

第三节 保险非标产品发行及投资情况

保险投资范围的持续放宽,使得开展全面的资产配置成为可能。保险投资新政为保险资金开展资产配置提供了更多基础投资工具,基础设施债权计划、不动产债权计划、资产支持计划、股权投资计划等非标产品发行和投资迅速增长,使保险公司开展真正意义上的多元化资产配置成为可能。

中国保险资产管理业协会统计数据显示,截至 2015 年 10 月底,保险资产管理机构累计发起设立各类债权、股权和项目资产支持计划合计 478 项,备案(注册)规模 12 409.4 亿元。其中,在注册制实行之后,2013 年注册各类资产管理产品 103 项,注册规模 3 688.27 亿元;2014 年注册各类资产管理产品 175 项,注册规模 3 801.02 亿元。

2015 年 1~10 月,共注册各类资产管理产品 100 项,合计注册规模 1 765.03 亿元。其中,基础设施债权投资计划 38 项,注册规模 691.95 亿元;不动产债权投资计划 53 项,注册规模 814.08 亿元;股权投资计划 4 项,注册规模 65 亿元;项目资产支持计划 5 项,注册规模 194 亿元。

随着新投资渠道的开闸,保险资金的投资持续调整,以非标资产为代表的其他投资在保险投资资产中的占比显著提升。2014 年底,保险资金运用余额为 93 314 亿元,其中,银行存款 25 310.73 亿元,占比 27.12%;债券 35 599.71 亿元,占比 38.15%;股票和证券投资基金 10 325.58 亿元,占比 11.06%;非标资产为代表的其他投资 22 078.41 亿元,占比 23.67%,与年初相比,保险其他投资占比增加 6.02 个百分点。在非标产品投资中,长期股权投资 6 398.8 亿元,占比 6.9%;投资性不动产 784.4 亿元,占比 0.8%;基础设施投资计划产品 7 317 亿元,占比 7.8%,这三类产品分别比年初增长 59%、13.9%和 66%。

非标产品投资比重还将持续提升,2015 年 6 月底,保险资金运用余额 103 934.69 亿元,较年初增长 11.38%,其他投资占比增至 27.49%。但是从扩张的速度来看,略有放缓。2014 年以来非标资产为代表的其他投资占比显著提升,如图 1—2 所示。

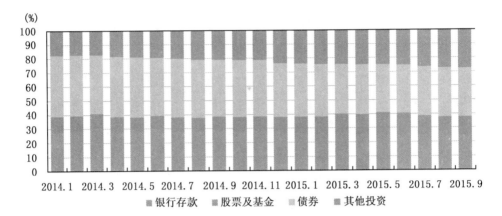

资料来源：中国保险行业协会。

图1－2　2014年以来非标资产为代表的其他投资占比显著提升

第四节　保险非标产品收益率情况

在以非标资产为代表的新增投资渠道中，集合资金信托计划、基础设施债权投资计划等金融产品，尤其是信托产品因其较高的收益率受到保险资金青睐，配置比例不断提升。

2013年以来，信托产品的预期平均年化收益率在9%左右，远高于保险行业的平均投资收益率。在利率市场化大背景下，信托产品的较高投资收益率对保险资金的吸引力强。另外，随着近年来银信合作的政策一直在收紧，信托公司也将保险资金视为一个重要的新的资金来源。

基础设施债权投资计划具有期限长、收益率高、筹资额大等特点，符合保险资金的特性，且多由保险机构自主发行，是保险行业投行化牌照下的新型业务载体，近年来其作为非标资产的代表，受到保险资金的配置比例持续提升。目前，基础设施债权投资计划期限以5～10年为主，投资收益率相对稳定，一般在6%～8%之间，不动产债权投资计划的年化收益率则高出0.5～1个百分点，部分投资商业地产的项目资产的年化收益率超过8%，风险略高，保险机构在对待这类项目资产的选择上则较为谨慎。

第二章 主要非标准化产品的差异比较与优劣势分析

第一节 保险资管非标产品的特点与风险状况

一、基础设施及不动产债权投资计划

保险投资的债权计划主要是指保险资产管理公司作为受托人,向委托人发行受益凭证募集资金,并以债权投资方式投资基础设施项目,并按照合同约定支付定期收益并兑付本金的金融产品。保险资金投资的不动产,是指土地、建筑物及其他附着于土地上的定着物。保险资产管理公司通过发起设立基础设施及不动产投资计划产品参与基础设施领域及不动产领域的投资,支持国家重大项目的建设和社会经济的可持续发展。

债权投资计划是保监会最先开闸的保险资管非标产品,自 2006 年开闸试点伊始,就有包括中国人寿在内的四家大型资产管理公司相继发行了多笔基础设施债权投资计划。随着债权投资计划的市场成熟度不断提高,其发行由注册制变更为备案制,相关管理办法也做出开放性的调整,这一非标产品在保险资管领域呈现出"井喷式"增长。

中国保险资产管理业协会统计数据显示,截至 2015 年 10 月底,保险资产管理机构累计发起设立各类债权、股权和项目资产支持计划 478 项,合计备案(注册)规模 12 409.4亿元。其中,在注册制实行之后,2013 年注册各类资产管理产品 103 项,合计注册规模3 688.27亿元;2014 年注册各类资产管理产品 175 项,合计注册规模3 801.02亿元。

基础设施债权投资计划主要投资领域是符合国家产业政策的交通、能源、通信、市政、环境保护及不动产等项目,其中市政建设、高速公路、铁路、电力等是重点投资领域,近期已开始逐渐向城镇化等新兴领域拓展。不动产投资计划投资领域主要是政府土地储备、保障性住房、商业、养老、医疗、汽车服务等,但住宅是投资红线。

从目前已发行的保险资金基础设施债权投资计划的利率来看,定价由投资方和融

资方共同商定,主要是以 5 年期以上人民币贷款利率作为基准利率,并有固定和浮动两种利率类型。

债权投资计划比较适合长久期的保险资产配置,但对担保和增信也有较高的要求。大型保险机构一般多要求项目资产的评级达到 AAA 级,且由大型金融机构或大型央企国企提供担保,以此保证到期能够收回债权资金,项目的供给存在制约性。但近期债权投资计划的交易结构逐步开始尝试无担保方式。

基础设施及不动产债权项目具有期限长、收益率高、筹资额大等特点,符合保险资金的特性。近年来,债权投资计划作为非标资产的代表,受到保险资金的配置比例持续提升。特别是 2013 年 2 月《关于债权投资计划注册有关事项的通知》出台后,将基础设施债权投资计划发行调整为注册制,保险资金在配置债权投资计划等方面有了迅猛发展,仅 2013 年一年间新增注册债权投资计划达 90 项,注册规模 2 877.6 亿元,注册数量和规模相当于过去 7 年的总和。并且 2013 年新增注册的保险债权投资计划平均投资期限 7.21 年,平均年收益率 6.59%,期限结构和投资收益都进一步取得优化。

随着保险资金对城镇化建设支持的逐渐深入,多地区的地方政府明确发布吸引保险资金支持地方建设项目的规划,吸引保险资金投资层级下降,进入二三线城市,目前约超七成债权计划投向地方政府融资平台项目,风险逐渐提升。2014 年以来,至少已有 20 多个地方政府制定吸引保险资金投资基础设施建设的规划方案,如上海、广东、湖南、山西、江西、湖北、宁夏、辽宁等地,标的涵盖高速公路、旧城改造项目、保障型住房等领域。

债权投资计划作为保险资管非标产品的代表,在经历了近十年的成长发展后逐步进入成熟阶段。债权投资计划投向集中在交通、不动产和能源领域,融资主体多为地方平台公司和国内销售额排名 TOP100 的大型国有房地产企业,产品结构基本采取大型企业、银行(国家专项基金)担保的增信结构,期限以 5~10 年为主,投资收益率也较为稳定,一般为 6%~8%。正是由于产品的标准化、同质化加上监管政策对债权投资计划的逐步放宽,使得债权类非标产品的同业市场竞争异常激烈。

二、股权类非标产品开发情况

除了传统的债权投资计划,在非标产品中股权类投资也日益成为资金进入的重点。广义另类投资中的股权投资包括基础设施股权投资计划、不动产股权投资计划、股权型项目资产支持计划、未上市企业股权及股权投资基金等相关金融产品。由于保险资金稳健的投资风格以及对安全偿付和即期收益的严格要求,国内非标股权产品多以"名股实债"为代表的股债结合形式开发。

目前,同业非标市场中已开发的典型股权类产品包括:泰康资产管理公司作为牵头受托管理人发起设立的中石油西一、二线西部管道项目股权投资计划,在保险行业募集资金 360 亿元与中国石油共同设立合资公司进行管道建设。国寿投控运用国寿集团、国寿股份和国寿财险 3 家公司的保险资金,以有限合伙方式,认购苏州国发创业投资控股有限公司发起设立并管理 100 亿元的股权基金的全部 A 级份额,投资期 10 年,用于苏州城市发展和城乡一体化建设等项目。中再资产管理公司设立"中再—嘉凯城镇化发展基金",规模不超过 50.01 亿元,专项投资于促进新型城镇化发展的项目。

近期,股权投资模式不断创新,名股实债等股债结合模式脱颖而出。这种在房地产基金投资中较为常见的投资模式开始被广泛复制到保险资金投资中来。这种模式的实质是债权,主要是为了满足融资主体维持较低负债水平的需求,股权部分到期会由大股东进行回购。

随着股权类非标产品的专业化程度及市场份额得到提升,类优先股、股债结合等股权型的投资工具提高了保险资金的当期收益,也增强了投资的安全性和稳定性,较好地满足机构投资者对当期收益返还和本金安全的投资诉求,其开发业务已经初步进入常态化。并且随着融资主体需求的多元化及金融创新,债权投资计划占比将会下降,股权投资计划和混合性的投资产品所占比例将会上升。

三、其他非标产品开发情况

截至 2015 年 6 月底,另类投资在全行业保险资金配置结构中的占比已经达到 27.5%,非标产品开发的种类也突破了债权和股权的形式,向更为多元化的方向发展,其中资产支持计划及类 FOF 产品较为突出。

资产支持计划是指保险资产管理公司作为管理人,向投资人发售产品份额,募集资金,由托管机构担任资产托管人,投资于缺乏流动性但具有可预测现金流的资产或资产组合(基础资产),并以该基础资产产生的现金流作为还款支持的金融产品。资产支持计划是帮助企业获得融资并最大化提高资产流动性的一种结构性融资工具。

项目资产支持计划是 2012 年下半年保险投资新政密集出台后,由保险资管公司推出的金融创新产品。保监会寄望该业务不只是简单的债务融资工具,基础资产应当自身具备现金流,并以所产生的现金流作为还款支持。项目资产支持计划业务最有望成为保险资管公司资产证券化的业务平台,担任保险资管领域业务创新的主力。

2013 年 4 月,新华资产发起设立了业内第一单资产支持计划业务,以东方资产持有的一系列不良债权资产打包组合,通过新华资产发起资产支持计划,协议收益率为 6.8%,期限为 10 年,100 亿元的资金来源于新华人寿售出的一款资产挂钩的万能险。

2013 年 6 月 18 日,保险系资产管理公司民生通惠资产管理公司发起设立"民生通惠——阿里巴巴 1 号项目资产支持计划",代表着保险资产管理公司正式向专业的资管平台转型。民生通惠资管公司通过设立项目资产支持计划的方式募集资金,购买阿里小微金融服务集团旗下小额贷款公司的小额贷款资产,还款来源主要为阿里小额贷款资产产生的偿债现金流。这是信贷类资产证券化业务的典型代表。

在创新业务快速发展过程中,资金运用形式也更加灵活,出现了股权型的项目资产支持计划,即设立资产支持计划购买投资基金份额,将投资基金的未来收益进行"证券化",或者设立股权投资计划,投资有限合伙制的私募股权基金。太平洋资产管理公司发起设立的"太平洋—泰山股权投资基金项目资产支持计划",募集规模 5.5 亿元,是业内第一个由保险资产管理公司完全市场化并自主完成的私募股权投资的资产管理产品和类 FOF 产品。

投资设立私募股权基金不仅有助于保险资金获得优于传统资产类别的投资收益,也能够缓解保险机构资产负债久期错配的问题,保险资金在资产配置上自由度将更高。2014 年 8 月"新国十条"发布,鼓励设立不动产、基础设施、养老等专业保险资产管理机构,允许专业保险资产管理机构设立夹层基金、并购基金、不动产基金等私募基金,这是保险资金进入私募基金业务领域的实质性进展(此前保险资金可投资私募股权基金,但不可以直接设立私募基金),是对保险资金运用的进一步松绑。2015 年 8 月,保监会发布《关于设立保险私募基金有关事项的通知》,进一步放开保险资金投资设立股权基金,列举的投资范围包括成长基金、并购基金、新兴战略产业基金及以上述股权投资基金为投资标的的母基金。

2015 年 1 月,首家保险系私募股权基金获准设立:保监会批准光大永明资产管理公司联合安华农业保险公司、长安责任保险公司、东吴人寿保险公司、昆仑健康保险公司和泰山财产保险公司 5 家保险公司共同发起设立中小企业私募股权投资基金,并成立合源资本投资管理有限公司为基金发起人和管理人,注册资本为 1 亿元,将专项支持中小微企业发展。该基金将主要投向小贷公司等向中小微企业融资的金融机构,以及"新三板"相关企业股权,兼顾其他中小微企业股权;重点选择消费服务升级、医疗健康服务、文化传媒、金融升级服务、互联网等战略性新兴产业,为企业提供资本支持和增值服务;投资后,通过上市、并购等方式进行退出。不同于以往只是投资私募股权基金,保险公司在此次私募股权基金中还将扮演发起人与管理人的角色。此次批准成立的私募基金都是由较小规模的保险企业合伙成立的,资金的投向也主要是中小微企业,成为保险资金在私募基金领域的"新常态"。

四、保险资管非标产品的特点

目前,保险资管非标产品具有以下特点:

（一）投资期限较长、收益较高

基础设施债权投资计划期限以 5～10 年为主,投资收益率相对稳定,一般在6%～8%之间,不动产债权投资计划的年化收益率则高出 0.5～1 个百分点,部分投资商业地产的项目资产的年化收益率超过8%。总体而言,债权投资计划平均投资期限 7.19年,平均年收益率 6.31%。

（二）投资行业集中于基础设施和不动产

基础设施债权投资计划主要投资领域是符合国家产业政策的交通、能源、通信、市政、环境保护及不动产等项目,其中市政建设、高速公路、铁路、电力等是重点投资领域。不动产投资计划投资领域主要是政府土地储备、保障性住房、商业、养老、医疗、汽车服务等。其中,不动产主要集中在公租房和棚户区改造等民生项目。

（三）投资区域集中于上海、北京、江苏等经济发达地区

债权投资计划覆盖全国 27 个省(市、自治区),居投资规模前五位的区域是上海、北京、江苏、天津和浙江,中西部地区投资加速。

（四）地方融资平台融资占比高

共有 74 项债权投资计划涉及的 52 家偿债主体属于地方融资平台,注册规模2 904.6亿元,占总注册(备案)规模的49.92%。上述融资平台涉及 20 个省(市),地级市以上(不含地级市)平台占比 91.96%,均为现金流"全覆盖平台"。其中,2013 年新增注册的 90 项债权投资计划中有 49 项的偿债主体为融资平台,注册规模1 985.6亿元,占新增规模的69%。

（五）担保措施依赖大企业和银行

大型企业、银行(国家专项基金)、抵质押和混合担保的规模分别为2 193亿元、1 741.6亿元、1 202亿元和97 亿元,占比分别为 37.69%、29.93%、20.66%和1.67%,担保措施总体比较充分。另有 585 亿元债权投资计划免于信用增级,占比 10.05%,主要是"南水北调"工程项目。其中,2013 年新增注册规模中,抵质押担保占比增长较快,达到34%,大型企业担保占比下降为 27.80%。

第二节 信托产品的特点与风险状况

信托业务的分类中,按照资金来源结构,分为单一信托、集合信托和财产管理信托,其中单一信托和集合信托属于非标产品。单一信托只有一个机构投资者,通常为银行的通道业务,以贷款为主,需求和供给两端均由银行掌握,是表内信托业务的延伸;集合信托大多数为信托公司的自身业务,从资产形式看,集合信托在贷款、证券和资金的分配上较为均衡;财产管理信托主要是信托机构为法人团体单位管理财产的信托业务。

截至2015年6月底,信托行业单一资金信托规模9.2万亿元,占比58%;集合信托资产5.6万亿元,占比35%;财产管理信托1.05万亿元,占比6.62%。从变化趋势看,以非标资产和通道业务为主的单一信托比重持续下滑,从2013年峰值71%下滑至58%。发生这一变化的原因是:2013年以来,泛资管竞争加剧,券商资管、基金子公司加入"类信托"业务的大军,而通道类业务成为各类机构抢占的首要对象,使得单一通道类业务收费一降再降。信托由于通道类业务计提的资本金要高于券商资管和基金子公司等机构,收费也要高于前两者,因此信托通道类业务的竞争优势消失,单一资金信托业务比例也开始出现明显下滑,反映信托公司主动管理能力的集合信托占比不断提升。在信托牌照优势消失后,信托公司寻求转型,对银行渠道依赖性不断下降,自主资管能力提升。

同时,在保险资金放开投资集合信托产品后,保险资金成为各信托公司争取的投资对象。而保险资金只限于投资集合信托产品,这也助推了集合信托产品的大幅增加。2014年10月14日,保监会下发了《中国保监会关于保险公司投资信托产品风险有关情况的通报》(保监资金〔2014〕186号),重申有关投资集合资金信托计划的风险控制规定,新增两个"不得":不得投资单一信托,不得投资基础资产属于国家明令禁止行业或产业的信托计划。

从信托投向领域看,信托资金的投向广泛,包括实体企业、基础建设、房地产、股权、资本市场和另类投资等,从2015年投向变化看,工商企业和基础产业占比下滑,证券和金融投资上升。其中,基础产业信托规模2.74万亿元,占比18.5%,环、同比均下滑,主要受到经济景气下行背景下,融资需求疲弱、项目风险增长的冲击;房地产信托是资金信托的第五大配置领域,规模1.32万亿元,占比8.93%,呈现稳中有降的趋势。

新增集合信托与单一信托的投资领域相比有明显差异。新增集合信托的投向分布更加分散,房地产、基础产业和工商企业等实业投资占比连续下滑,从 2012 年超过 62% 缩减至 2015 年上半年的 31%,而投向证券市场和金融机构的比重不断提高,从不到 15% 扩张至近 45%。新增单一信托的资金投向相对稳定,以基础产业和工商企业为主,合计占比近 60%;对证券市场投资力度较小,不到 5%;证券投资与金融机构投资占比从 2013 年的 10% 提高至 21%。

信托产品收益率持续上行,维持高位。2011 年以来,信托产品收益率呈现底部抬升趋势,2011~2015 年信托年化综合实际平均利率分别为 6.1%、6.23%、7.23%、7.19% 和 9.15%,环比分别上升 47bp、13bp、100bp、−4bp 和 200bp。信托产品利率中枢持续上行的原因是:(1)2010 年以来银行表内信贷收紧,对地方政府、房地产、矿产等产能过剩行业限制新增贷款,导致这些高风险行业依靠信托等表外融资,风险和利率更高;(2)信用资质下沉,经济下行和企业盈利恶化导致抵押品价值缩水和企业违约风险加大,信托刚兑难破,需要更高利率覆盖风险;(3)保险、券商、基金子公司等对于资金和优质信贷资产的竞争加大,负债收益率要求刚性难降,资产端只能进一步增加倾向高收益高风险资产。不同期限信托产品的收益率变动如图 2−1 所示。

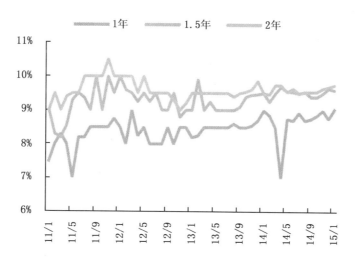

资料来源:中国信托业协会。

图 2−1 不同期限信托产品的收益率变动

根据 68 家信托公司公布的集合信托产品收益率,近 60% 公司产品收益率分布在 8%~10%,20% 公司产品收益率分布在 6%~8%,10% 左右公司产品收益率分布在 10% 以上,4%~6% 公司产品收益率分布在 10% 左右,平均利率为 8.5% 左右。单一信托产品平均年化收益率为 7.03%,55% 公司的单一信托产品收益率在 6%~8% 之间,27% 公司的产品收益率在 8%~10% 之间,6% 公司的平均产品收益在 10% 以上。

由于信托项目本身没有评级,采用信托发行主体的评级作为信托评级。根据 2012~2014 年同一主体既发行债券也发行信托的样本,信托产品信用利差最为明显的是 AAA 级与 AA+ 信托产品,信用利差达到 1.45%,而随着评级的不断下降,信用利差也呈逐渐收窄迹象。可见,中高等级信托与中低等级信托的界限非常明确,由于高等级信托产品主要由稳健型机构资金如保险资金进行配置,因此收益率偏低。

长期以来,刚性兑付一直是信托行业的潜规则,刚兑的对象主要是面向个人的集合信托计划,事实上,刚兑本身也并非是信托行业独有,而是广泛存在于涉及大众的国内信用市场。根据不同信托类型,项目违约兑付风险也有差异:

(1)单一信托(通道业务):9.2 万亿元通道业务一般是银行表外信贷、债权扩张的延伸,银行承担隐性担保风险,违约兑付往往由发起人承担。

(2)集合信托:4.2 万亿元融资项目产品的刚兑风险往往更高,销售方或客户往往有意或无意将信托项目贷款视为有信托公司担保的、与存款一样安全的资产。信托公司出于品牌信誉、后续发行等意愿承担刚兑风险,导致大量行业刚性兑付事件集中在集合信托产品上。

总体来看,在经济下行背景下,风险暴露成为信托市场的常态,但刚性兑付未打破,行业整体风险可控。由于实体经济融资需求偏弱,房地产市场低迷,地方债务置换一定程度上减轻了地方融资平台的融资压力,股市波动剧烈,对信托投融资需求将有所下降,整体规模增速或有所放缓。此外,依赖通道业务的券商资管、基金子公司和信托业务同质性很高,因此,券商资管、基金子公司的替代是信托业务增长减速的一个重要原因。

第三节　银行理财产品的特点与风险状况

银行理财产品是指商业银行发起、设计并担任产品管理人的理财产品,银行按照与客户约定的投资方向和投资方式对客户委托的资金进行资产管理,投资收益和风险按照客户与银行的约定方式进行分担。广义的银行理财业务是商业银行在市场细分的基础上,根据不同客户或者客户群的金融服务需求,将客户关系管理、财务规划、投资产品代销、资金管理、投资组合管理等融合在一起形成的综合化、个性化的一种金融服务方式,实质是财富管理业务。狭义的银行理财业务是指银行通过发行理财产品或理财计划,为客户提供受托投资管理与增值服务,实质是资产管理业务。目前,市场上多是狭义的银行理财业务。

银行理财是连接居民存款、债券市场、非标和信贷市场、货币市场和股票市场的节点。由于银行理财跃升为资产管理市场上体量最大的资金,其资产配置的方向和侧重点直接影响着金融市场各大类资产的相对表现。银行理财是连接居民存款与各金融市场的节点如图 2—2 所示。

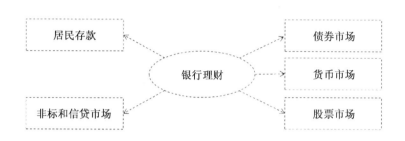

资料来源:人保资本整理。

图 2—2　银行理财是连接居民存款与各金融市场的节点

银行理财产品的投资者以个人投资者为主,规模达 8.95 万亿元,占比接近 60%,较上年末下降 4.58 个百分点;随着利率市场化深入和资金竞争加剧,针对公司流动性资金的对公理财业务快速发展,机构客户专属理财余额 4.44 万亿元,占比较上年末提高 3.7 个百分点至近 30%;此外,私人银行和银行同业理财产品余额分别为 1.14 万亿元和 0.49 万亿元,占比仅 7.6% 和 3.25%。2014 年银行理财产品投资者分布如图 2—3 所示。

从银行理财产品资金的投向来看,债券及货币工具、银行存款、非标债权是银行理财最主要的配置资产。2014 年,全部理财产品投资各类资产总市值 15.77 万亿元,涉及债券、货币、权益、非标、信贷和商品等 11 大类资产。其中,债券及货币市场工具投资 6.9 万亿元,占比 43.8%;银行存款和非标资产投资 4.18 万亿元和 3.29 万亿元,占比为 26.6% 和 20.9%,合计占比达 91.2%,较 2013 年末的 91.75% 略有下降。

截至 2014 年底,从银行理财资金投资资产的分布来看,银行存款、无信用风险债券(包括国债、央票、地方政府债券、政策性金融债等)、AA+ 以上高信用等级债以及货币市场资产等低风险资产的余额所占比例达到 52.84%。而私募债、权益类投资、金融衍生品、商品类资产等相对具有较高风险的资产的余额占比较低,总计不到 10%。2014 年底银行理财资金投资资产分布如图 2—4 所示。

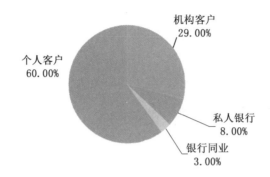

资料来源:Wind。

图2—3 2014年银行理财产品投资者分布

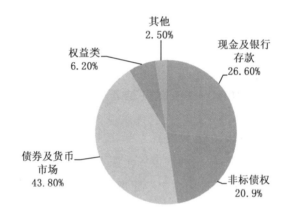

资料来源:Wind。

图2—4 2014年底银行理财资金投资资产分布

银监会2013年发布《中国银监会关于规范商业银行理财业务投资运作有关问题的通知》(下称"8号文"),明确了非标准化债权资产的定义和范围,强调商业银行应实现每个理财产品与所投资资产的对应,做到每个产品单独管理、建账和核算;商业银行理财资金投资非标准化债权资产的余额在任何时点均以理财产品余额的35%与商业银行上一年度审计报告披露总资产的4%之间的低者为上限。

受8号文的影响,非标准化债权类资产投资比例出现了较明显的下降。加之2014年宏观经济下行,优质非标供给减少和前期配置非标逐步到期,2014年非标准化债权类资产在银行理财中的占比大幅下降6.58%,降至20.9%。从银行理财的非标投资结构看,各类收益权占比最大,接近35%,信托贷款占比17.87%,交易所委托债权占比16.5%,委托贷款占比10.81%,4项总和占80%。类信贷投资仍是银行理财进行非标投资的主要方向。

与券商和基金子公司等其他资管平台相比,银行理财的新增非标规模并非最高,2014 年券商资管平台下的非标新增投资高达 6.47 万亿元,而基金子公司也有 3.37 万亿元。尽管银行理财的外包资金占到很大比例,但在影子银行严格监管下,银行的非标投资从以同业、理财等银行投资为主,转向监管更为宽松的券商和基金子公司平台上。

目前,银行理财面临的风险主要是流动性风险和信用风险。首先,商业银行仍然普遍采用"资产池"的模式来运作理财业务,期限错配虽然是实现银行理财业务盈利的重要推手,但也容易引发流动性风险。一旦银行资金池出现萎缩,借新还旧不能继续,则银行就将面临被迫变现资产池里的资产的问题。首先被变现的可能是高流动性的债券、同业存款、票据等,继而变卖低流动性资产。目前,理财池里的长期资产有相当一部分是信贷类资产,导致一旦期限错配风险暴露后,资产池里的长期资产无法变现,容易引发流动性危机。其次,迫于竞争压力,银行为提高收益率,加大了高收益率的资产(包括信托类贷款、委托贷款、低评级债券等)的投资比重。一旦基础资产出现逾期或违约,将会导致银行理财产品面临无法达到预期收益率的风险。而资金池投向的集合性资产包,或者通过其他通道形成的资产,使得理财资金的具体投向模糊,责任界定不清晰。这其中不乏许多颇具风险的融资项目。资金池的运作模式为银行暗箱操作提供了便利,加大了风险控制的难度。

第四节 券商资管产品的特点与风险状况

2012 年以来,证监会颁布《证券公司客户资管业务管理办法》、《证券公司集合资管实施细则》、《证券公司定向资管业务实施细则》(即"一法两规"),将发行改为备案制、扩大投资范围、实行产品分级、公募基金业务开闸、鼓励产品创新,尤其定向资管业务大幅放松。随着政策放松、定向通道业务扩张、投资范围拓宽,券商资管业务迎来高速增长期,券商资管资产从 2012 年初的 2 818 亿元大幅升至 2015 年 6 月底的 10.23 万亿元,不到 4 年时间增长 35 倍。券商受托资产及增速情况如图 2−5 所示。

集合资管计划是券商设立集合资管计划,通过专门账户为客户提供资产管理,产品包括股票型、债券型、混合型、QDII 等。截至 2014 年末,集合资管规模 6 555 亿元,占券商管理资产的 8.2%,较 2013 年增长 83.7%,存续产品 2 139 只。其中,大集合资管规模 3 114 亿元,占比 48%;小集合 3 441 亿元,占比 52%。大集合是指资金规模较

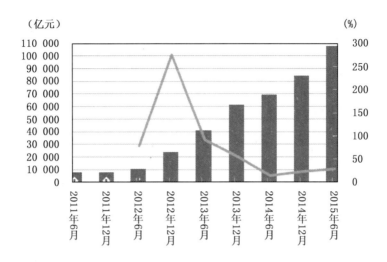

资料来源：Wind。

图 2—5 券商受托资产及增速情况

大,投资人数超过 200 人,投资门槛 5 万～10 万元。但从 2013 年 6 月起,证监会已明确限制发行大集合产品。2013 年 6 月 1 日,正式实施的修订后的《证券投资基金法》拉开了国内资产管理行业公募时代的序幕。券商大集合理财产品逐渐告别理财市场,转而被券商公募基金产品取代,券商的集合资管计划主要是传统小集合。小集合即限额特定资产管理计划,需符合以下条件:募集资金大于 3 000 万元,小于 50 亿元;单个客户参与金额不低于 100 万元;客户人数在 200 人以下,但单笔委托金额在 300 万元以上的客户数量不受限制。从 23 家上市证券公司披露的数据看,传统的集合资产管理业务目前稳步上升,2015 年 6 月底集合资产管理规模较 2014 年底上升 90.4%,占总资产管理规模的 15.24%。

定向资产管理业务是行业受托资产快速增长的决定性因素,2015 年 6 月底所有上市券商的定向资产管理规模同比上升 27.66%,占总资产管理规模的 83.42%。定向资产管理业务曾在 2013 年受到监管要求加强的冲击。由于通道业务并无太多技术含量且形成了券商资管同质化竞争,券商资管借助定向计划通道业务冲规模的同时,风险控制的薄弱性也逐渐凸显。2013 年 7 月,中国证券业协会发布《关于规范证券公司与银行合作开展定向资产管理业务有关事项的通知》,就规范券商和银行合作开展定向资管业务征求意见,相关风险防范措施包括:设立合作银行财务门槛,即最近一年年底资产规模不低于 300 亿元,且资本充足率不低于 10%;规定券商不得向合作银行承诺委托资产的本金安全;券商不得以承诺回购、提供担保等方式,变相向合作银行保本保收益等。预计未来随着监管趋严,通道类含金量较低的业务将逐渐被主动管理型业务取代。

专项资产管理业务扩张较快,而资产证券化产品则有望成为专项资产管理业务的新突破口。专项资管计划的主要投向是证券公司设立的资产证券化产品。从 2013 年试点以来,券商专项资管计划一直增长乏力,截至 2014 年末,资管规模仅为 366 亿元,较 2013 年小幅增长 200 亿元。平均管理费率 0.39% 左右,占券商资管总额之比不足 0.5%。审批管制和评级要求是限制券商 ABS 发行和专项资管计划增长的最主要"瓶颈"。审批制下项目的审批速度慢,同时,ABS 发行需按照发债流程,对项目信用评级要求较高(一般要求 AAA 评级),项目资源有限。从 2014 年 11 月起,ABS 由审批制改为备案制,这是继 2013 年券商资产证券化由试点转为常规业务之后的又一重要变革。截至 2015 年 6 月,券商转专项资管计划规模增长至 723 亿元,增长进入加速时期。

从管理方式看,2015 年上半年,所有券商的主动管理业务升至 2.2 万亿元,较年初增长 63%,通道业务扩张至 8.05 万亿元,同比增长 22%。券商资管可投资范围的放开、债市股市的轮番上涨都推动了券商主动资管规模扩张显著超越通道业务,资管能力进一步获得市场认可。

从投资方向看,2015 年股票型产品始终占据主导地位,上半年股票型产品总计发行 1 541 亿份,占总发行量的 78.6%;混合型产品发行 241 亿份,占比 12.3%;债券型产品发行 145 亿份,占比 7.4%。而自 2015 年 6 月以来股市剧烈下挫,至今仍在剧烈动荡之中,券商资管产品发行开始趋缓,其类型也由权益类产品转向债券型产品。

从管理方式看,截至 2014 年末,券商主动资管规模 1.35 万亿元,占比 17%,同比增长 70.9%;通道业务资管规模 6.6 万亿元,占比 83%,同比增长 49.3%。而 2015 年上半年,主动资管业务进一步飙升至 2.2 万亿元,较年初增长 63%;通道业务扩张至 8.05 万亿元,同比增长 22%。

从投资标的看,投向交易所、银行间等证券资产规模为 1.48 万亿元,占比 19%;投向非标资产规模 6.47 万亿元,占比 81%,主要是定向计划中的通道业务。具体而言,2014 年末投向委托贷款、信托贷款、资产收益权、票据和证券资产的规模分别为 1.64 万亿元、1.38 万亿元、7 444 亿元、8 514 亿元和 6 953 亿元,占比分别为 24.4%、20.6%、11.1%、12.7% 和 10.4%。

2014 年,券商资管的新增非标业务总额为 2.34 万亿元,仅次于基金子公司 2.35 万亿元的非标增量,占新增贷款和社融规模之比达到 24% 和 14%,成为银行信贷出表的重要替代性融资渠道。券商资管通道业务发展迅猛的原因:券商通道手续费通常很低,仅 0.5‰~1‰,低于信托公司 2‰的费用;政策限制较小,对 300 万元以下的小额投资者数量限制较集合信托更为宽松;券商网点和投行资源丰富,在业务开拓和客户销售渠道方面更有优势。

从最终投向来看,通道业务主要投向了工商企业、房地产、基础设施和地方融资平台,分别为1.2万亿元(占比18%)、8 970亿元(占比13%)、6 515亿元(占比10%)和4 999亿元(占比7%)。

从券商集合产品的收益率对比来看,受益于2014年股债"双牛",权益和混合型产品平均收益率分别达21.9%和20.8%,基金类产品平均收益19.1%,固收类产品也获得8.7%的较高收益率。由于券商资管产品可以灵活运用高杠杆、期货、分级等投资工具和结构设计,承担的风险收益相对高于公募基金。

第五节　基金子公司非标产品的特点与风险状况

2012年11月第一家基金子公司成立,标志着基金行业投资领域从股票、债券等标准化产品扩大至股权、债权、财产收益权等非标资产。此后的2年间,凭借低门槛、几近全覆盖的投资范围,以及横跨银行、信托、期货、上市公司、直投、主动投资等平台和产品的全牌照业务,基金子公司资管规模实现跨越式增长。中国基金业协会数据显示,2014年末基金子公司专户资管规模达到3.74万亿元,同比增长285%;2015年6月进一步攀升至6.12万亿元,这意味着2015年上半年,基金子公司规模便增长了2.36万亿元。基金子公司迅速崛起成为泛资管行业中发展最快的机构,大幅降低了信托和券商的通道业务的牌照价值,进一步加剧泛资管行业的竞争与转型。

根据证监会统计,截至2015年2月,在96家基金管理公司中,成立基金专户子公司的数量为74家,占比达到77%,合计注册资本38.4亿元。截至2015年6月底,基金子公司专户资产规模达到6.12万亿元,规模最大的前10家基金子公司资管规模近3.2万亿元,占比达52%。与传统公募业务相比,基金专户和子公司资管占基金公司总资产之比超过56%,部分甚至达到80%~90%,基金子公司已成为基金公司拓宽业务范围、扩大投资标的、放松投资限制的重要通道。

从产品管理方式看,2014年底,基金子公司的主动管理型产品资管规模1.51万亿元,占比40.4%;通道业务资管规模2.23万亿元,占比59.6%。其中,投资标准化证券产品仅3 638亿元,占比仅9.7%,而投资非标规模达3.37万亿元,占比超过90%。从投资者结构看,截至2014年末,基金子公司专户资金来源的结构组成是,银行委托资金2.11万亿元,占比56.3%,较2013年增长11.6个百分点;个人委托资金

7 225亿元,占比19.3%,较上年下降8.4个百分点。

从收益率来看,2014年,基金子公司"一对一专户"平均收益率6.26%,较上年下降40bp;"一对多专户"平均收益率7.6%,较上年提高140bp。

在资产配置和投资方向方面,得益于门槛低、无净资本要求、投资范围广泛和监管宽松等政策红利,基金子公司投资风格较激进,预期收益率较高,资产投向以通道和非标业务为主,相较于理财和信托的非标投资,信用资质进一步下沉,成为类信贷扩张的又一重要渠道。

从资产投资方向看,以类固定收益资产为主。截至2014年末,基金子公司投向债权融资和财产收益权融资的规模分别为1.53万亿元和1.46万亿元,占比分别为40.8%和38.9%,较2013年大幅增长1.1万亿元和1.06万亿元;此外,证券投资、股权投资、现金资产等投资规模分别为3 638亿元、2 542亿元、1 257亿元,占比为9.7%、6.8%、3.4%,总额较2013年增长6 063亿元,明显落后于融资业务的扩张。

从最终投向看,以金融机构、房地产、工商企业类项目为主。截至2014年末,基金子公司专户最终投向金融机构资产1.01万亿元,占比27.1%;投向房地产8 544亿元,占比22.9%;投向工商企业7 154亿元,占比19.1%;投向地方融资平台3 324亿元,占比8.9%;投向基础产业2 400亿元,占比6.4%。从投向变化来看,2014年投资于房地产和工商企业的产品规模占比从62%大幅下降至42%,而投资于票据、信用证等金融机构资产的占比则从年初的15%大幅上升至27%。

第六节　保险资管非标产品与同类非标产品的比较

一、保险资管与其他资管投资非标产品情况对比

与债券市场尤其规模狭小的信用债市场相比,资管行业的投资方向更多集中于体量更大的类固收资产,投资视野从债券扩张至债权产品,尤其对于银行、保险、养老金等资金规模庞大、投资周期长、不必盯市估值的机构投资者而言,各类非标产品在未来将更加受到重视。基金子公司、信托、券商资管三类机构在通道业务中扮演重要角色,但与监管限制越来越严格的信托和券商相比,基金子公司在投资限制、通道费率、资本约束、投资效率等方面存在差异。

在法律关系方面,基金子公司、信托产品、银行理财与投资者是信托关系,而券商资管产品和保险资管的非标产品则是委托关系;在监管机构上,基金子公司与券商为

证监会,信托和银行理财为银监会,而保险资管为保监会;在注册资本上,基金子公司注册资本要求最低不低于 2 000 万元,而券商资管、信托和保险资管则分别不低于 2 亿元、3 亿元和 1 亿元。基金子公司无净资本约束;信托资产需按风险系数计提风险资本;券商资管、保险资管和银行理财投资非标产品则需受到证券公司、保险公司和银行的净资本约束。

在投资限制和投资效率方面,基金子公司的非标投资范围非常灵活,项目计划事后报备,投资效率较高;信托不得在银信合作中投资票据,地产项目投资也需事前报备,受到一定业务限制;券商资管中,定向和专项计划的相关约束很少,而集合计划不得投资于非标资产;银行理财投资非标准化债权资产标的无特别限制,但实行余额管理;保险资金负债久期长,规模较大,对交易结构的安全性要求高,根据监管规定,可以投资银行理财产品、集合信托计划、券商专项资产管理计划(≤25%)、债权投资计划、项目资产支持计划(≤30%)、股权投资基金(≤30%)。

在通道费率方面,基金子公司不受净资本约束,通道费率比信托、券商更低,最低至 0.03% 左右,基金子公司产品的预期收益率比信托、券商产品高 1~2 个百分点;券商资管通道费率也相对偏低,仅 0.3% 左右;信托通道费用最高,达到 0.5%~1%。基金子公司与信托、券商资管的投资限制对比如表 2-1 所示。

表 2-1　　　　　　　　基金子公司与信托、券商资管的投资限制对比

	银行理财	基金子公司	信托	券商资管	保险资管
法律关系	信托关系	信托关系	信托关系	委托关系	委托关系
注册资本	受银行注册资本约束	≥2 000 万元	≥3 亿元	≥2 亿元	≥1 亿元
监管机构	银监会	证监会	银监会	证监会	保监会
投资非标产品限制	非标准化债权资产标的无特别限制,但余额在任何时点以理财产品余额的 35% 与商业银行上一年度审计报告披露总资产的 4% 之间的低者为上限	投资范围灵活,但投资地产项目实行事后报备	投资地产类项目一般需要事前向监管报备	集合计划不得投资于非标资产,定向计划和专向计划限制少	投资银行理财产品、集合信托计划、券商专项资产管理计划(≤25%)、债权投资计划、项目资产支持计划(≤30%)、股权投资基金(≤30%)
净资本约束	受银行的净资本约束	无净资本约束	净资本不得低于各项风险资本之和的 100%,同时不得低于净资产的 40%	受证券公司的净资本约束	受保险公司的净资本约束

续表

	银行理财	基金子公司	信托	券商资管	保险资管
投资效率	资产池模式,存在期限错配问题	通道业务为主,通道费用约0.03%	通道业务为主,通道费用约0.5%～1%;久期一般1～3年;流动性较差	通道业务为主,通道费用约0.3%	久期5～15年,规模较大,对交易结构的安全性要求高,产品流动性较差

资料来源:根据公开资料整理。

二、债权投资计划与同类产品比较

与债权投资计划产生竞争的产品,主要包括企业债、公司债、中期票据和固定收益信托产品。保险基础设施投资一般来说资产流动性有限,需要长期持有,整体收益一般在6%～8%(目前平均收益率约6.5%),不动产债权投资计划的年化收益率则高出0.5～1个百分点,年均波动率较大,投资渠道包括房地产信托、房地产基金等。比较而言,债权投资计划抵质押担保比例较高,且流程周期偏长。其主要对比情况如表2—2所示。

表2—2   债权投资计划与其他同类产品对比

	债券			固定收益信托	债权投资计划
	企业债	公司债	中期票据		
融资规模	10亿～30亿元为主流			10亿～15亿元为主流	20亿～30亿元为主流
发行期限	6～7年占主流	5年以下占主流		1～2年占主流	5～7年占主流
增信要求	无担保占到70%,担保人担保和土地抵押担保大约20%	无担保占到44%,担保人担保51%	无担保占到90%	抵质押担保比例较高	A类、B类或B+C类增信较多
流程周期	大约6个月	大约2个月	大约2个月	1～2个月	3～4个月

资料来源:根据公开资料整理。

三、股权产品与同类产品比较

股权投资计划直接投资企业股权,或以名股实债的方式通过股权基金为企业提供融资,利率相对较高。与股权产品产生竞争的产品,主要为股权投资类信托产品。与这类信托产品相比,股权产品灵活性不足,流程周期偏长。

四、不动产计划与同类产品比较

与不动产计划产生竞争的产品主要为房地产类信托产品。一是债权型房地产信托计划。由房地产公司向信托公司借款,并将土地使用权、在建工程或现房折价抵押,房地产公司在产品到期后还本付息。二是股权型房地产信托计划。信托公司通过收购或增资获得房地产公司股权,在约定时间由项目公司或其他公司收购(回购)该部分股权。三是收益型房地产信托计划。信托公司将持有的物业作为信托财产,以物业自身日常租金收入或经营收入等稳定现金流作为收益来源,这种产品比较接近于房地产信托投资基金(REITs)。四是REITs。以发行收益凭证方式汇集特定多数投资者的资金,由专门投资的机构进行房地产投资经营管理,并将投资综合收益按比例分配给投资者。这是一种把流动性较低、非证券形态的房地产投资,直接转化为资本市场上的证券资产的金融交易过程,投资人不是直接拿资金投资不动产,而是取得受益凭证,该凭证可以在公开市场买卖,赚取资本利得。与一般房地产信托相比,REITs是标准化可流通的金融产品,但中国目前没有真正公开上市的REITs,因此尚属于非标产品。

五、保险资产支持计划与其他资产证券化产品比较

国内的资产证券化有银行信贷资产证券化、券商专项资产证券化和保险资产支持计划三种模式。其中,信贷资产证券化和券商专项资产证券化分布由银行间市场和交易所发行,属于标准化产品,而保险资产支持计划由私募发行,属于非标产品。从监管部门来看,信贷资产证券化归银监会和央行监管,一般发行时间较长;券商专项资产证券化归证监会主管,发行时间一般较短;资产支持计划归保监会主管,注册发行。

三种模式的基础资产有所不同。其中,信贷资产证券化的基础资产主要是各种贷款,目前以企业贷款为主,不良贷款和住房抵押贷款较少。券商专项资产证券化基础资产范围较广,基础资产包括债权类(应收账款、融资租赁款、BT回购款、信贷资产等)、收益权类(水务、电力销售收入收益权和信托收益权等)和不动产类(商业地产/租金收入等)。保险资产支持计划对基础资产的种类没有明确规定,只要是能够直接产生独立、可持续现金流的财产、财产权利或者财产与财产权利构成的资产组合即可,但基础资产要依据穿透原则确定。

三种模式的法律关系不同。三种资产证券化均通过设立SPV资产出表的表外模式,但信贷资产证券化表现为信托关系,而券商专项资产证券化和保险资产支持计划表现为委托关系。

三种资产证券化模式比较如表2—3所示。

表 2—3 　　　　　　　　　　三种资产证券化模式比较

	银行信贷资产证券化	券商专项资产证券化	保险资产支持计划
监管机构	央行、银监会	证监会	保监会
发起人	商业银行、政策性银行和其他金融机构	企业	企业或银行
审核方式	审批制	实行事后备案和基础资产负面清单管理制度	注册制
发起模式及法律关系	以信托计划为SPV,表现为信托关系	以券商资产管理计划为SPV,表现为委托关系	以保险资产支持计划为SPV,表现为委托关系
基础资产	企业贷款、个人住房抵押贷款、不良贷款等	债权类(应收账款、融资租款、BT回购款、信贷资产等)、收益权类(水务、电力销售收入收益权和信托收益权等)和不动产类(商业地产租金收入等)	基础资产依据穿透原则确定:能够直接产生独立、可持续现金流的财产、财产权利或者财产与财产权利构成的资产组合
还款来源	基础资产产生的现金流	基础资产产生的现金流	基础资产产生的现金流
交易场所和交易方式	银行间债券市场(银行间流通或协议转让)	证券交易所(交易所流通或协议转让)	私募发行
是否需要评级	优先级需要评级	优先级需要评级	优先级需要评级
增信措施	内部或者外部信用增级	内部或者外部信用增级	内部或者外部信用增级

资料来源:根据公开资料整理。

第三章　保险资金投资需求特点与各类非标准化产品的契合度分析

第一节　保险资金来源及成本分析

保险资金泛指保险公司持有的资金,可大致分为资本金、债务融资、保费收入三类。由于资本金和债务融资一般用于满足保险公司偿付能力或日常运营的需要,资金属性决定了这两类资金并非主要用于投资,因此本文不将其纳入研究范围。本文所指保险资金特指保费收入,这类资金一般是保险公司投资资金的主要来源。

近年来,随着宏观经济的快速发展和保险市场容量的扩大,国内保险公司保费收入总计从 2001 年的 2 109.35 亿元增长至 2014 年的 20 234.81 亿元,累计增长幅度近10 倍,年均复合增长率达到 19%。从同比增速来看,受经济周期影响,保费收入增速呈现出较大幅度的波动,2002 年、2008 年、2010 年的同比增速超过 30%,而 2011 年出现了小幅负增长。近年来国内保险公司保费收入及增速如图 3—1 所示。

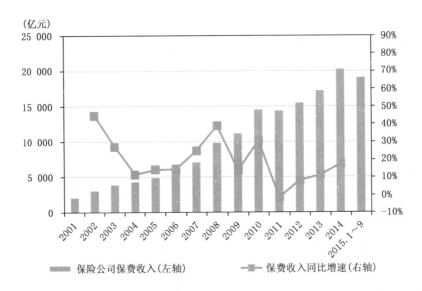

资料来源:中国保险监督管理委员会。

图 3—1　近年来国内保险公司保费收入及增速

从保费收入构成来看,寿险一直是占比最高的保费来源,虽然占比呈现逐步降低的趋势,但仍维持在 50% 以上;财产险是占比第二的保费来源,且占比变动趋势基本与寿险相反,2013 年达到近年来的最高占比 36.07%;健康险占比近年来有所上升,已经接近 10% 的比例。保费收入构成情况决定了保险公司投资资金的主要来源险种即寿险和财产险。近年来国内保险公司保费收入构成如图 3—2 所示。

保险公司获取保费收入需要付出的成本包含人员、渠道、营销等方面,会计核算将这些成本分散归类到不同的会计科目记账,因此很难精确统计保险行业整体的资金成本。由于与获取保费相关的大部分费用均记入营业费用科目,因此保险公司的营业费用是一个能够比较好地反映保险资金成本情况的替代指标。

保险公司保费收入的增长伴随着营业费用的增长,且营业费用的累计增长幅度高

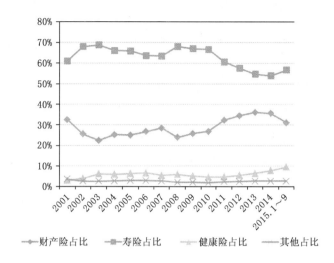

图 3—2　近年来国内保险公司保费收入构成

于保费收入,从 2001 年的 258.36 亿元增长至 2014 年的2 795.79亿元,涨幅超过 10 倍。营业费用同比增速近年来一直维持在 13% 以上,最高达到 2007 年的 42.06%。相比保费收入,营业费用增速的波动幅度相对较小,这反映了保险公司营业费用中存在一部分刚性支出,即使某些年份受市场环境等因素影响保费收入未实现大幅增长,营业费用仍然维持了较高的增速。近年来国内保险公司营业费用及增速如图 3—3 所示。

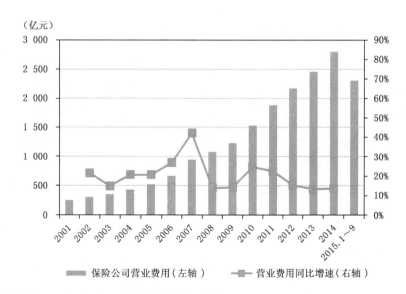

图 3—3　近年来国内保险公司营业费用及增速

第二节 保险资金投资需求分析

随着保费收入的增长,保险资金投资余额也持续增长,投资余额从 2001 年的 1 712.59亿元增至 2014 年的66 997.41亿元,累计增幅接近 40 倍,得益于保险资金投资渠道和可投资标的的逐步增多、相关政策限制逐步放宽,投资余额增幅显著高于保费收入增幅。近年来国内保险资金投资余额及增速如图 3—4 所示。

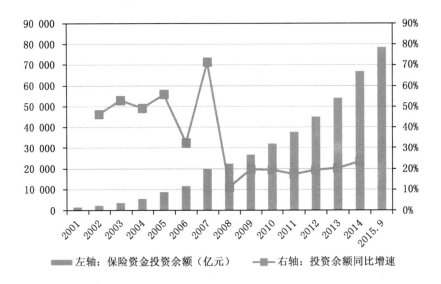

资料来源:中国保险监督管理委员会。

图 3—4 近年来国内保险资金投资余额及增速

从投资结构方面来看,固定收益类投资是保险资金投资的最主要方式。截至 2014 年底,各类债券在投资中占比 38%,银行存款占比 27%,两者合计占比 65%;股票、证券基金等权益类投资占比 11%;长期股权投资、投资性不动产、基础设施债权投资计划等另类产品投资合计占比 24%。

从投资收益方面来看,由于银行存款等低收益的固定收益投资占比很大,近年来保险资金运用平均收益率一直维持在 4% 的低位上下波动,只有 2007 年受益于股票市场大幅上涨而达到 12.17% 的高位。从收益率的波动情况来看,即使在大部分资金进行固定收益类投资的情况下,保险资金投资收益依然缺乏稳定性,这反映了保险公司进行股票等权益类证券投资的主动管理水平仍然有待提升。

使用营业费用近似替代保险资金成本来计算营业费用与保费收入的比率,可以形成衡量保险资金成本的相对指标。营业费用/保费收入指标近年来基本在 10％～14％的区间内波动，进一步证明保险资金成本具有一定的刚性，很难通过优化公司管理等措施明显降低成本。近年来国内保险资金成本与收益对比如图 3－5 所示。

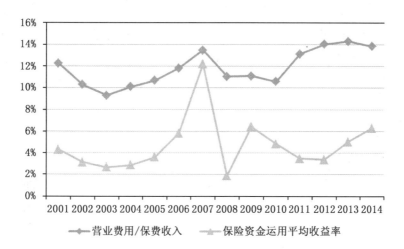

资料来源：中国保险监督管理委员会。

图 3－5　近年来国内保险资金成本与收益对比

将保险资金成本与收益进行对比，可以发现投资收益仅能够覆盖一部分成本，如果投资收益率能够达到欧美国家保险行业的水平，稳定在 10％左右将极大地降低保险公司运营压力。在目前投资收益远不能覆盖资金成本的情况下，保险公司只能通过提升精算水平、优化保单设计来维持正常业务发展。

财产险公司一般可以通过承保获取利润；寿险公司通过意外险获得利润，同时寿险保单的利差损益对寿险公司的运营存在很大的影响。因此，从投资需求的角度来看，作为保费收入的最主要群体，寿险公司存在稳定提升投资收益率的需求，收益较高、期限较长、风险可控的固定收益投资品种将是寿险公司持续寻求的投资标的。

第三节　保险资金投资与非标准化产品的契合度分析

非标准化产品大多具有投资通道的性质，不同产品的最终投资标的存在较大的差异。投资于标准化证券的产品与证券基金类似，且流动性不及证券基金，投资收益水平同样受二级市场波动影响，因此保险公司投资此类产品的需求有限。保险资金投资非标准化产品更多的是为了通过产品间接投资于非公开市场的项目，寻求更好的投资机会,满足资产配置需求。

结合保险资金的投资需求与各类非标准化产品的特点,可以发现基础设施及不动产债权投资计划具有期限长、收益率高、筹资额大等特点,符合保险资金尤其是寿险公司的投资需求,除了流动性较差以外,可以说是最适合保险资金投资的非标准化产品。

信托、券商资管、银行理财等固定收益产品的最终投资标的往往信用资质低于债权投资计划,虽然目前市场上尚未出现大规模的产品兑付违约,但在国内经济增速放缓的背景下,这些类别产品的风险或将逐步暴露,对于重视资金的安全多于收益的保险公司来说,投资于这些产品的需求将仅限于风险、收益、期限匹配较好的个别产品。

股权类非标准化产品具有设计灵活的特点,不同产品的交易结构、投资标的资质、风险及收益水平、期限结构等要素存在较大差异。由于股权投资与固定收益投资存在本质区别,真实股权投资难以满足保险资金对于投资回报可靠性的要求,优质股权项目往往又不需通过产品形式来引入资金,因此保险资金通过产品间接投资真实股权的情况较少,做出相应投资决策也十分慎重。即使对风险控制非常严格,保险资金的投资需求和资金供给能力依然对股权资金需求方具有吸引力,明股实债也因此成为保险资金投资股权的重要方式。明股实债类产品或类似的股债混合类产品能够较好地满足保险资金对当期收益和本金安全的投资诉求,在一定程度上可作为债权投资计划的替代产品,成为债权投资计划的供给补充,预计保险资金未来投资此类产品的所占比例将会上升。

资产证券化产品通过产品分级等各种结构设计,优先级收益凭证的信用评级一般可达到 AAA 级,由于资产证券化产品相对于信用债券等相同评级的固定收益产品具有更为明确可预期的现金流,优先级收益凭证的实质风险更小。随着未来各类资产证券化产品的供给规模逐步提升,能够满足保险公司投资需求的产品数量也会增加,预计保险资金对资产证券化产品的投资将逐步增加。

第四章　非标准化产品开发策略建议

第一节　债权类产品的开发策略建议

对于保险另类投资产品而言,债权类产品主要是指债权投资计划产品,此产品是目前保险另类投资最为成熟、风险控制最好的产品,也是目前保险资金非标类产品配置的主力品种。但在当前流动性宽松的利率环境下,在保险负债端刚性较强的情况下,增信要求严格、交易结构限制较多、行业范围较窄的债权投资计划产品面临着前所未有的挑战,尤其是基础设施债权投资计划产品,发行规模增速下降明显。此前,保监会已经启动了修订《保险资金间接投资基础设施项目管理暂行办法》,并发布了征求意见稿,征求意见稿中取消了五大行业的限制,取消了独立监督人的强制要求,取消了对于项目自筹资金和资本金的规定,简化了风险控制和信息披露的细节规定,简化了受益人大会的相关规定等,对于债权投资计划产品的开发具有较大的促进作用。在此基础上,本文出于进一步发挥债权投资计划产品对保险资金配置的重要作用视角,有以下补充建议。

一、适当放宽信用增级要求

目前,对于债权投资计划,尤其是基础设施债权投资计划,仍然实行 A、B、C 类增信和免增信四种方式,对于每类增信,都有非常详细的增信提供方、净资产、年收入等财务数据方面的规定。就目前利率市场而言,能够获得满足监管要求增信提供方的融资主体,基本是国开行、"四大"和股份制商业银行以及通过发行各类债券和金融产品融资的机构,它们对于相对高成本的保险资金需求较弱。

就增信举措本身而言,目的在于对于债权投资计划产品进行风险控制,而风险控制的本身还是源于项目本身,对于投资项目本身的风险判断要远远重要于增信举措对风控的作用。随着保险资金运用的逐年发展,尤其是债权投资计划,已经是非常成熟的产品形式,保险资金项目开发团队对于此类投资的项目标的已经积累了大量的成熟经验,可以不依赖增信举措而对项目本身风险收益情况做专业的判断,这也更加贴近项目开发的本质。过度依赖增信举措,不仅不能真正实现风险控制,反而由于增信举措过于严格,增加了融资主体的资金成本,同时压缩了保险资金配置的收益,与国家降低整体社会经济融资成本、鼓励大型基础设施建设的方针也是相违背的。因此,建议对于增信举措,监管机构可以仅制定原则性的规定,放宽免增信条件,可由保险资管机构依据项目情况自行灵活采用相关增信方式或免增信,并由外部评级机构进行信用评级。这样既有利于降低融资成本,更有利于提升保险债权投资产品的市场竞争力,提高保险资金的配置收益。

二、适当放宽发行渠道

随着利率市场化和互联网金融的发展,非保险机构和个人投资者对于安全性好、收益稳定的金融产品存在较大需求,为保险资管产品发展提供了难得的机遇。但目前,普通个人投资者无法直接购买投资计划份额。债权投资计划如果实现个人客户或高净值客户发行,一是通过保险资管产品,二是通过保险负债端的投连险等产品,而这两类产品都属于流动性较强的产品,配置债权投资计划都存在着期限错配的问题,不能够充分投资债权投资计划产品,而且交易环节较多,中间渠道费用多,投资者难以获得投资计划产品的全额收益。2014 年 5 月,国开行金融债首次低门槛向普通投资者发售,具有较强的示范作用。为充分发挥保险资金对国民经济建设的作用,建议投资计划产品在优先满足保险资金配置的基础上,可按信用等级逐步、有条件地放开非保险资金,包括个人客户购买,这有利于降低债权投资计划的融资成本。未防范个人投资者的外部性风险,可通过适当的风控措施和产品设计对投资计划产品向个人的开放度加以限制。一是可以严格控制向个人投资者开放购买的投资计划的风险增信举措。如银行担保的、第一还款来源较为充分和明确的债权投资计划可优先试点。二是可以允许通过投资计划的结构性设计,个人投资者可购买优先级部分份额,保险资金可购买中间级,偿债主体可购买劣后级的方式,增强对个人投资者的风险保护。

此外,建议监管机构进一步加强对相关部委的沟通协调,扩大保险另类投资产品向社会保险基金、住房公积金的发行渠道。

第二节　股权类产品的开发策略建议

一、进一步放开对保险设立和投资基金的范围

当前,保险公司投资保险资管设立的基金有两种方式:一是股权投资计划,二是保险私募基金。保险私募基金的政策放开,对于进一步发挥保险资金长期投资的独特优势,支持实体发展起到了重要的作用,是保险资金投资股权的重大的政策突破。但是,根据目前监管政策,对于保险资管做基金管理人,实现战略性投资等需求,还有一定的限制。《保险资金投资股权暂行办法》规定了"非保险类金融机构及其子公司不得实际控制该基金的管理运营,或不得持有该基金的普通合伙权益";而《关于设立保险私募基金有关事项的通知》规定了"保险资金设立的私募基金,投资业务涉及关联交易的,投资规模不得超过基金募集规模的 50%"。即保险资管机构设立的私募基金自身关联的保险公司不能投资超过 50%,不能投资信托、证券公司、基金子公司等做基金管理人的基金,也不能与信托、证券公司、基金子公司等这些主要的金融机构成为共同基

金管理人。在目前利率下行、优质资产竞争激烈的大资管时代,在保险资管机构本身优质项目获取优势不明显的情况下,与同业合作开发将成为常态。但目前的监管规定限制了保险资管机构与金融同业的合作,不利于获取优势资产、保障保险资金的配置收益;同时,也限制了保险公司通过设立私募基金方式实现自身占比大于 50% 的战略性投资,不利于保险公司开发自身独立投资的符合自身战略开发、业务协同以及 PE 配置需求的股权类产品。因此,建议在保险资管机构担任基金管理人方面,对于基金本身投资人的限制进一步放开,取消关联交易以及不准投资金融同业开发的基金产品的规定。

二、对名股实债类产品实行风险准备金制度

目前,债权投资计划产品已经实行了风险准备金制度,但随着企业融资需求的变化,可以作为资本金使用的名股实债类产品更加受到市场的欢迎。从产品性质而言,以股权投资计划为主的名股实债类产品大多安排了较强的回购安排作为增信手段,大多每年具有一定的固定收益回报,实际与债权类产品无异,而且由于资金作为资本金使用,在未来偿还顺位上风险实质大于债权类产品,因此更需要风险准备。目前,只有债权投资计划有明确的监管规定要求计提风险准备,对于保险资管机构而言,如果依据实际产品风险计提名股实债的风险准备金,则由于缺少相应的政策依据,而不被第三方审计师、会计师认可,不能从产品真实风险考虑进行防控。因此,建议监管机构明确名股实债类产品可视同债权类产品计提风险准备金,提升保险资管机构的风险防控能力。

三、适当降低对股权类资管产品的风险资本占用

"偿二代"的发布实施,对于保险公司的投资、风险和资本占用带来了积极和深远的影响。"偿二代"施行了以风险导向的偿付能力体系,对于股权投资计划、基金等股权类资管产品,按照权益价格风险,采用综合因子法进行市场风险最低资本的计算,最低资本占用相对按照利率风险计算的债权类产品普遍高出数倍,对于保险资金投资股权类资管产品而言,具有一定的抑制作用。

这表现在两个方面:第一方面是名股实债等创新类另类投资产品。在当前利率下行和流动性宽松的经济形势下,较多原有的债权类融资以名股实债等产品形式进行,而融资方出于出表、降低负债率、财务政策等方面的融资需求,在具体的交易结构中,具体合同的约定条款可能不足以完全满足在"偿二代"体系下,认定为债权类的产品。

因此,往往在计算资本占用上较高,与产品的债权型实质不符,不利于保险资金运用在名股实债类产品上的创新。这要求名股实债类产品的开发团队以及配套的律师、会计师等第三方服务机构加强与融资方的沟通,提升专业能力,通过交易结构创新和更加精致的合同条款满足融资方以及保险资金偿付能力计算两个方面的需求。此外,建议监管机构能够对此类产品从监管制度或通知要求上适当予以明确,在满足一些基本条件后,各类名股实债等创新产品可以按照债权类产品,从利率风险角度计算市场风险最低资本占用,提升保险资金配置能力。

第二方面是股债结合的混合类另类投资产品。由于以车险、传统寿险、分红险费率放开为代表的保险费率市场化改革持续进行,并将会不断向各类保险产品拓展,加之各类实业企业及互联网公司发起新设保险公司,大大增加了保险市场竞争的激烈程度,保险主业的负债成本难以降低。寿险产品短期化情况短期内难以完全改变,退保压力巨大,保险公司对期限短、收益高的投资产品需求增大,保险资金对于股权投资的当期收益要求非常强烈。因此,在资产端的产品开发层面,一些股权投资如产业类投资、创投投资等往往采用固定收益＋一定比例超额收益形式进行,并且进行结构化设计,在让渡一些未来股权投资的超额收益的同时,获得一定的固定收益保障,同时满足融资方通过杠杆获取更多超额收益的需求。此类混合型产品目前较好地满足了保险资金的配置需求,但是,基础资产可能往往涉及未上市股权、上市普通股票甚至创业板、新三板股票,股权类基金等,在"偿二代"下将占有较大的风险资本占用,从产品性质来看,此产品具备一定的固定回报。虽然基础资产穿透后可能存在上市公司股票,但二级市场的波动对于产品的固定回报基本没有影响,只影响超额收益部分。建议按照产品实质,对于此类混合型产品适当改变权益价格风险的计算方式,使用适合产品的相关系数,减少资本占用。

第三节　其他类产品的开发策略建议

对于保险另类投资产品而言,其他类产品的开发目前主要是指项目资产支持计划,也就是保险资管行业的资产证券化产品,还包含一些创新试点类产品,如近期人保资产、人保资本开发的支农和支小资管产品等。从大资管同业发展情况来看,包含项目资产支持计划等保险另类投资创新产品还有很大的发展空间。

一、增强产品的流动性

与债权投资计划、股权投资计划的大多数保险资金以持有至到期,以实现获得一定的流动性溢价超额收益为主有所不同,项目资产支持计划等创新类产品从大资管同业看,需要建立保险资管产品的转让和报价平台,以实现一定的流动性,降低期限错配风险,实现一定程度的非标转标,也可以在利率下行市场转让中实现一定的溢价收益。目前,全国银行间债券市场、上交所、深交所、机构间私募产品报价服务系统等对信贷资产证券化、企业资产证券化产品提供转让,而保险资管转让平台仍在构建中,建议项目资产支持计划等创新类产品优先实现转让,这有利于降低基础资产转让方的融资成本,也有利于保险资金对创新类产品的配置需求。

二、逐步过渡到投后监管

目前,保险另类投资产品中,基本都是实行投前监管,债权投资计划实现注册制,由中国保险资产管理业协会实行评审;股权投资计划、保险私募基金、项目资产支持计划以及其他创新类产品都需要保监会进行审批。在目前"资产荒"激烈的市场竞争中,利率瞬间万变,产品开发效率对于保险资金获得更好的配置收益、提升保险资管的市场竞争力更加重要。目前,银监会、证监会的资产证券化、私募基金等产品已经完全实现了投后监管,不在产品设立前设置审批流程。在"放开前端、管住后端"的市场化改革下,目前"偿二代"的施行已经为"管住后端"重要的监管体系建设、为"放开前端"奠定了坚实的基础,保险资产产品实现完全的投后监管可期。

第五章 非标准化产品开发风险要点总结与风险管理建议

第一节 非标准化产品开发的主要风险

一、经济发展波动风险

经济发展的周期性波动和结构性调整导致各行业发展出现波动,非标产品交易结构中涉及的企业可能受到宏观因素影响出现运营困难,导致产品的投资收益和本金回收出现不确定性。

二、财政政策风险

财政政策影响政府财政收支平衡情况,如果财政政策收紧,财政支出将受到限制,企业获得财政补贴的可能或金额将减小,需要财政资金支持的项目有可能难以及时获得资金,导致项目进度不达预期,影响产品的投资收益和本金回收。

三、货币政策风险

货币政策一般会根据经济发展情况随时调整,使货币供应量相应出现变化,影响通货膨胀和物价水平,可能对企业融资成本产生影响,进一步影响企业运营。

四、利率风险

市场利率在一段时期内可能会经历多次涨跌的波动,原因可能包括货币政策变动、货币市场供需变化等,利率波动很难通过研究而准确预判,因此投资者将在固定收益类产品的存续期内面临利率风险。

五、法律风险

(一)合同条款风险

非标产品的设立发行涉及多个法人主体,各个主体之间均会按照实际需要签订相关合同,由于合同及条款数量众多,可能存在个别条款与现行法律法规相悖的情况,如果条款不能明确得到相关法律的支持,签订合同的双方将面临法律风险,有可能导致产品的投资收益和本金回收受到影响。

(二)相关法律变动风险

由于法律的变更不可预知,在非标产品的存续期间,如果相关法律或执行细则出现实质变化,将可能导致此前签订的合同条款效力出现变化,合同双方需要及时对已有合同进行修订,如果修订不能及时完成,产品的相关方将承担法律变动的风险。

六、合规风险

非标产品募集资金的投资项目如果是建设类项目,项目的建设运营一般需要经过多项行政审批,如果项目建设运营方在审批流程未完全通过前即开始建设运营或项目的建设运营未按照相关审批中的规定执行,项目将面临合规风险,影响产品的投资收益和本金回收。

非标产品开发过程中应详细了解投资项目的审批情况,如果审批流程尚未全部完成,未来是否能顺利通过所有审批仍然存在不确定性,则项目面临较大的合规风险,应在项目审批全部完成后再进行投资。具体来说,建设项目一般需通过立项、可行性研究、环境评估、初步设计、用地等批复,各项批复齐全后的建设项目才能够满足合规要求。

对于完成审批后建设运营的项目,需要详细核查项目建设运营是否严格按照审批中的规定执行,包括投资规模、资本金比例等方面,如存在与规定不符的情况,则项目会面临较大的合规风险。项目建设过程中,一般需要按照可行性研究或初步设计批复中的投资规模和资本金要求进行投资,实际投资规模超过批复金额或资本金比例低于批复要求均会造成项目不合规。项目建设方一般需要获得特定的资质才能开展业务,如果没有获得资质前就开展建设将视为违规。如果项目建设通过招标等方式进行,需要完成完整的招标流程才能满足合规要求。项目建成后一般需要通过验收、获得相关的生产运营许可后才可以运营,否则将出现违规,如煤矿项目需要获得采矿许可证、安全生产许可证等才能满足合规运营要求。

由于非标产品的注册发行需要满足监管机构的规定并通过审批,因此在监管方面存在合规风险,同时交易结构设计等问题有可能使审批流程加长或最终未能通过审批,使产品无法按时发起设立。

例如,债权投资计划资金占项目投资的比例不能超过 40%,项目必须投保相关保险,否则将不符合监管合规要求。债权投资计划的增信安排根据不同的增信方式需要满足具体的监管要求,例如 B 类增信对担保人净资产、担保总金额、担保程序方面均有具体的合规要求。

七、建设风险

如果非标产品的投资项目为在建或拟建项目,那么在项目的建设过程中,除了可能由于管理问题导致建设风险以外,项目资金到位情况、自然条件等都会制约项目的建设,极端情况下可能由于建设未能按计划完成导致产品的投资收益和本金回收受到影响。

建设风险可通过项目本身的建设难度、项目所在地自然环境、资金投入规模、融资需求等因素衡量,地铁、桥梁等建设难度高的项目一般建设风险较大,高原、山地、海面等施工所在地自然条件恶劣的项目建设风险较大,投资规模大或项目方需要进行较高比例融资的项目往往资金不能及时到位的风险较大,项目面临的建设风险也相应更大。

八、资金匹配风险

如果非标产品的主要收益来源是投资项目产生的收益和现金流,项目收益和现金流的预计实现时间早于或晚于产品的投资收益实现和本金回收时间,资金不能很好地匹配,将有可能导致产品的投资收益实现和本金回收出现风险。如果项目收益和现金流实现时间早于产品的投资收益实现和本金回收时间,提前到位的资金可能会被相关主体移作他用,到需要支付产品收益和本金时,相关主体可能无法将资金及时筹措到位,进而无法支付产品收益和本金;如果项目收益和现金流实现时间晚于产品的投资收益实现和本金回收时间,收益来源不能及时产生足够资金来实现对产品收益和本金的覆盖,产品的投资收益和本金回收将无法保障。

不论项目收益和现金流实现时间是早于还是晚于产品的投资收益实现和本金回收时间,资金匹配风险都较大。对于项目收益和现金流实现时间早于产品的投资收益实现和本金回收时间的情况,通过制定更加匹配的本金和收益支付安排或签署相关主体、受托人、托管人《三方账户共管协议》,锁定与非标产品相关的项目收益和现金流将有效地降低资金匹配风险;对于项目收益和现金流实现时间晚于产品的投资收益实现和本金收回时间的情况,必须通过制定更加匹配的本金和收益支付安排或增加其他可靠收益来源才能降低资金匹配风险。

九、发行风险

由于非标产品从立项到注册发行一般需经历较长时间,此期间内市场情况、政策环境等因素可能发生不可预知的变化,导致产品所设定的投资期限、收益率等指标在发行时难以满足投资者的即时需求,使发行面临不能足额募集资金的风险。

十、流动性风险

由于大部分非标产品尚不能在公开市场进行流通,投资者只能通过协议方式转让所持有的产品份额。因此,产品发行后可能面临变现困难或无法以合理价值变现的流动性风险。

如果产品通过抵质押的方式进行增信,在需要对抵质押物进行变现时,可能由于市场环境等原因无法及时变现或不能以公允的价值快速变现,这将使产品面临抵质押物的流动性风险。

十一、再投资风险

如果在特殊情况下非标产品需要于到期前偿付,投资者可能无法将收回的投资资金及时进行再投资,或者再投资时无法寻求到合适的投资标的,使得投资者面临再投资风险。

十二、行业风险

(一)周期性风险

大部分行业具有周期性特征,不同行业的周期性强弱以及与经济周期的同步情况也不同。通常情况下,周期性强的行业波动较大,行业中的企业经营稳定性较差,周期性风险较大。

煤炭、钢铁、电力、交通等行业属于具有较强周期性的行业。这些行业的共同特征是行业发展和宏观形势存在显著的正相关关系,行业发展对经济波动的敏感性很高。当经济发展略有放缓时,这些行业一般会明显呈现出增速下降的态势,煤炭和钢铁价格、用电量、通行费收入等行业指标波动较大,因此非标产品交易结构中涉及的企业如果主营业务属于这些行业,则企业将面临较大的行业周期性风险。

(二)产业链风险

基本上,每个产业中都存在自上而下的多个产业链环节,每个环节都可能形成一个细分行业,企业所处行业在产业链中的地位决定企业受上下游影响的程度。在产业链中处于劣势地位的企业将较多地受制于产业链中其他环节的企业,当产业整体出现波动时,处于劣势地位的企业将首先受到冲击并受到强势地位企业的挤压。

例如,铁矿、煤炭行业处于钢铁、电力行业的上游,装备制造业位于钢铁、电力行业的下游,从整条产业链来看,处于中游的钢铁、电力行业集中度较高,一般对上下游行业的话语权较大。

由于煤炭对于钢铁和电力企业来说是重要的基础能源,因此煤炭企业和钢铁、电力企业一般会建立长期合作关系,上下游保持互惠互利,煤炭企业受制于下游行业的程度有限。同理,铁矿对于钢铁企业来讲是必备的生产原料,钢铁企业为了保证高品质铁矿资源的供应,一般也会与铁矿供应商建立长期合作关系,因此钢铁企业一般不会对铁矿企业施加很大的压力。铁矿、煤炭企业所面临的产业链风险相对较小。

位于钢铁、电力行业下游的装备制造业一般较为分散,单个企业对钢铁、电力企业的话语权较弱,在商务条款谈判方面往往处于被动地位,在产品定价、付款条件等方面基本要服从钢铁、电力企业制定的条件,因此装备制造企业面临的产业链风险较大。

同时,装备制造业中的大型整机制造企业相对于下游的经销企业处于强势地位,当整机市场需求下降的时候,整机制造企业可以通过下达销售任务等方式将销售压力部分转移至经销企业,经销企业不得不通过牺牲利润等方式来完成任务,因此经销企业面临的经营困难将大于整机制造企业,经销企业承担的产业链风险很大。

(三)技术风险

某些行业对科学技术革新的敏感性较强,技术革新可能导致整个行业竞争格局的变化,不能及时应用新技术的企业可能会在短时间内被市场淘汰,经营状况迅速恶化。这种情况在电子行业中非常普遍,例如,诺基亚在智能手机普及过程中转型不及时导致经营恶化就是近年来的典型案例。

技术密集型行业主要是制造类行业,基础设施类行业大多利用传统技术即可完成建设运营,物联网、云计算等新兴技术虽然可以提升管理效率,但并不会从根本上影响基础设施类行业的运营,因此煤炭、电力、水利、高速公路等行业的技术风险较小。

随着我国对可再生能源利用的大力推广,风电、光伏等新能源产业成为传统能源产业的重要补充,而新能源产业的技术大多尚不成熟,处于技术快速发展更新的阶段,初期购置的设备很可能在短期内就会被新技术淘汰,因此新能源产业面临的技术风险远大于传统能源行业。

(四)行业政策风险

行业政策涉及行业的准入、监管、标准等方面,任何一方面的政策变化都可能导致行业整体运行的变化,所有行业中的企业都会受到影响。例如,我国近年来在高速公路收费方面出台减免收费的政策,对高速公路建设及运营企业的收入产生影响。

行业政策风险大小一般由该行业受政策约束的程度决定,行业相关的政策越多,该行业的政策风险越大。基础设施类行业属于社会与经济运行的基础行业,是国家重点管控的行业,政策对于基础设施类行业的限制或保护也比其他行业更多,因此基础设施类行业承担的政策风险也较大。

具体到影响基础设施类行业的政策,交通及市政行业主要需关注的政策包括建设资质审批、项目建设审批、项目运营收费标准等相关政策,能源行业主要需关注资源配置、环保、开采限制、资源税费、能源售价等相关政策。

十三、区域风险

由于部分企业的业务主要在某个特定地理区域内运营,因此当地的经济、政策、环境等因素对这些企业影响较大,企业无法通过多个区域经营来分散区域风险。例如,某个采矿企业的全部矿产都集中在某个省内,那么该企业受省内因素的影响就会很大,企业面临较大的区域风险。

在单一区域运营的企业会面临较大的区域风险,不同区域的区域风险可以通过区域内的经济指标、财政指标、人口状况、资源禀赋、自然环境等指标来衡量。企业运营所在区域的经济发展水平较差、财政赤字较严重、人口结构不合理、自然资源匮乏、自然环境恶劣等因素都会加大企业所面临的区域风险。

对于多区域运营的企业,虽然区域风险可以得到分散,但如果每个区域的风险均处于较高水平,则多区域运营的企业所面临的区域风险并不一定小于单一区域运营的企业。

十四、管理风险

(一)投资项目管理风险

非标产品募集资金的投资项目在建设运营的过程中需要进行全方位的管理,如果项目建设运营方的管理经验不足,有可能造成项目的建设运营出现不可预知的问题,影响产品的投资收益和本金回收。

非标产品开发过程中应了解项目方的资质和项目经验,如果项目方具有较高的资质且拥有成功运作多个与投资项目相似项目的经验,那么可以认为投资项目的管理风险较小,否则管理风险将较大。

(二)相关主体管理风险

非标产品交易结构中涉及主体的管理能力影响企业发展,在业务发展面临挑战时,如果企业的管理能力不足,企业将承受更多的压力,影响产品的投资收益和本金回收。

一个企业的管理能力主要体现在企业高级管理层人员的能力上,如果董事会成员、总裁、财务总监等重要职务由经验丰富的专业人员担任,那么企业整体的管理风险将相对可控;如果高管人员的专业经验与其职务或企业业务的匹配程度较低,例如由制造企业出身的人出任金融企业的高管,那么企业的管理风险将较大。

(三)非标产品管理风险

非标产品的管理水平受受托人、托管人、独立监督人等中介专业机构的专业技能、内部管理、风险控制制度、职业道德等因素制约。受托人、托管人、独立监督人等的能力限制及道德风险可能造成投资资金的损失。

非标产品的中介专业机构一般情况下由具有专业资质的机构担任,只要这些专业机构自身的决策和管理没有出现重大问题,产品的管理风险一般较小。

对于投资项目较多的非标产品和资产证券化产品,产品运行情况受管理水平的影响较大,产品存续期间应重点关注管理风险。

十五、运营风险

(一)竞争风险

一般情况下,企业业务运营会面临不同程度的市场竞争。激烈的市场竞争将增加业务稳定发展的难度,增加非标产品投资收益和本金回收的不确定性。此外,非标产品募集资金的投资项目也可能面临与同类项目之间的竞争,同样会增加产品投资收益和本金收回的不确定性。

在非标产品开发过程中,应了解涉及企业的市场竞争情况,如果市场处于自由竞争或垄断竞争状态,且企业并非具有绝对领先优势的行业龙头,那么此类企业面临的竞争风险较大;如果市场处于寡头垄断状态,虽然企业已经具有一定的垄断地位,面临的竞争风险相对较小,但由于竞争对手一样拥有强大的实力,因此应对竞争状况保持关注。

评估投资项目的竞争风险一般要具体到每个项目的实际情况,基础设施类项目主要集中在能源、水利、交通领域,其中能源和水利类项目对应下游的需求领域较为广泛,项目间的竞争一般不是非常激烈;交通类项目由于相互之间存在替代效应,一般会面临一定程度的竞争,例如两条同方向的高速公路会对车流产生分流、铁路与航空线路存在竞争等。

(二)业务运营风险

非标产品交易结构中涉及的企业可能涉足多个业务板块,每个业务板块的运营涉及产供销等多个环节,任何一个环节出现问题都可能影响整个业务板块的业绩,并拖累整个企业的发展,进而影响产品的投资收益和本金回收。

一般生产类企业的业务运营环节包括采购、生产、销售、研发等。采购方面,采购原材料的质量控制、供应商选择、供应保障、定价机制、付款条件等都可能成为产生运营风险的因素;原材料质量不合格、供应商集中度过高、供应不及时、定价不合理、预付大量原材料款都会导致生产类企业面临运营风险。生产方面,产能利用率不足、设备故障、产品良率过低、以产定销等情况会使企业面临运营风险,只有及时适量地生产合格的产品才能保证企业的正常运营。销售方面,销售网络构建、客户结构、销售信用政策、营销策略等因素决定企业运营风险的大小；销售渠道过于单一、过度依赖大客户、货款信用期过长、销售费用过高将使企业面临较大的运营风险。研发方面，企业需要以合理的研发费用开展高效的研发工作，用最短的时间获得研发成果并进行商业化应用，这样才能使企业始终在市场上处于有利地位，否则企业将面临较大的运营风险。

由于业务性质的不同，基础设施类企业的日常采购频率较低，需要采购的主要是建设物资和生产设备或建设承包服务等，大多采取招标方式进行采购，只要招标流程完整，供应商正常履约，采购环节出现运营风险的可能相对较小。生产方面，基础设施类企业需要保障设备的正常运行，在定期维护的基础上尽量减少生产间断的时间，这样可以将生产环节运营风险降至最低。大多数基础设施类企业的销售环节比较单一，例如电力企业主要将电力以监管机构的定价标准销售给电网公司、高速公路企业按照监管机构的定价标准直接向车辆收取通行费等。在销售环节存在运营风险的基础设施类企业主要是矿产企业，由于矿产企业的下游客户往往不止少数几家，产品定价随市场波动，企业可能因为销售策略的失误而面临运营风险。基础设施类企业的研发环节一般比较简单，出现运营风险的可能性也相对较小。总体来看，由于业务运营环节相对简单，基础设施类企业的运营风险一般小于生产类企业。

（三）关联交易风险

如果非标产品涉及的企业与其他关联方频繁发生大额资金往来等重大关联交易，将使企业的现金、利润等重要资源无法正常地控制在企业名下，关联交易会对企业运营造成负面影响。

较为常见的关联交易包括关联采购销售、资金拆借往来、关联方相互担保等。这些关联交易的双方不仅有可能是有直接产权关系的关联方，还有可能是企业管理人员的熟人控制的企业等非法律意义上的关联方，非法律意义上的关联关系很难在企业未披露详情的情况下知晓。

关联采购销售一般可以在企业报表附注中应收应付账款和票据的明细中发现，如果前十大应收应付方中关联方的金额占比较高，一般即可认为企业存在较多的关联采购销售行为，需要详细了解企业的关联交易定价原则，评估关联交易是否对企业的独立经营产生影响。

资金拆借往来一般会体现在企业的资产负债表其他应收应付科目和现金流量表其他流入流出科目中，如发现这些科目数额较大时，应重点关注报表附注中相关科目的明细，确认是否为资金拆借往来。

关联方相互担保在财务报表附注中有可能会列示，但更多的情况只能从企业披露的信息中获知,如果相互担保的金额过大,将构成企业的大额或有负债,影响其偿债能力。

总体而言,关联交易风险需要根据关联交易的相对规模及交易对象具体评估,规模在同类交易中占比越高,关联交易风险越大;关联交易对象集中度越高,关联交易风险越大。

十六、信用风险

(一)主体信用风险

非标产品中提供固定收益的主体在持续经营的过程中可能会由于赢利能力下降、现金流波动、债务负担加重等各种原因出现偿债能力下降或偿债意愿降低的情况,主体的信用水平下降会产生信用风险。

主体的信用风险由其偿债能力和意愿决定,是一项由多方面因素构成的风险。影响偿债能力和意愿的因素包括主体的赢利能力、资本结构、现金流情况、战略规划、外部支持等,一般需要通过对这些因素的综合分析来判断主体的信用风险。通常来讲,赢利能力较强且稳定、资本结构合理、现金流持续维持充裕且平衡的状态、战略规划与企业发展相适应、获得外部支持较多的企业具有较低的信用风险,一般也会获得较高的信用评级。

从具体指标来说,衡量赢利能力的基本指标包括收入构成及毛利率、"三费"收入占比、总资产收益率、利润构成等。从最近几年的收入构成及毛利率可以看出企业的主营业务中具体产生利润的业务是哪些,这些业务的收入和毛利水平是否稳定,如果稳定或呈上升趋势,则说明企业的赢利能力处于稳定或增强的期间。"三费"收入占比是衡量企业在一定的营业毛利率下对费用控制能力的指标,只有在"三费"收入占比低于营业毛利率的情况下,企业才会产生经营性业务利润,维持相对较低的"三费"收入占比是企业增强赢利能力的重要手段;此外,根据"三费"的构成可看出企业的费用支出是否用于有助于主业发展的方面。总资产收益率可以衡量企业的资产运营效率,以同样规模的资产产生更高利润的企业具有更强的赢利能力。通过利润构成可以看出企业利润来源的可持续性,如果某企业的净利润主要来自投资收益或营业外收入,且此部分投资收益来自出售资产或会计核算方式变更,或者营业外收入来自单项政府补贴,这类利润来源明显不具有可持续性,因此这类企业的赢利能力也整体弱于利润主要来自经营性业务的企业。

衡量资本结构的基本指标包括资产负债构成、资产负债率、总资本化比率、流动比率、速动比率等。通过资产负债构成可以看出一个企业的主要资产和负债具体是哪些,如果某项资产或负债占据了企业总资产或总负债的绝大部分,这项资产或负债的变动将对企业信用质量产生很大影响,不利于分散风险。资产负债率和总资本化比率是衡量企业债务水平的指标,其中总资本化比率主要衡量企业负担的刚性债务水平,这两项指标越低代表企业的债务负担越小,信用风险也越小。通常情况下,资产负债率在60%以下、总资本化比率在50%以下是比较合理的债务水平。流动比率和速动比率是衡量企业流动性的指标,主要用于反映企业在短时间内偿还债务的能力,一般情况下,流动比率和速动比率均应大于1且越高代表企业流动性越好,但如果由于会计核算方式的问题使流动资产中包含了难以变现的资产,则这两项指标的数值将失去参考价值。

企业的现金流情况一般主要关注经营活动现金流,包括经营活动现金流入和流出规模是否与营业收入和成本相匹配,经营活动净现金流是否足以覆盖债务和利息支出等,如果经营活动净现金流持续为负或波动较大会使企业的信用风险增加。

企业的战略规划一般包括未来的发展计划、项目投资计划、资本运作计划等,过于激进的发展和投资计划将增加企业发展的不确定性,进而增加信用风险;资本运作计划的实施可能在资产、负债、股权方面本质地改变企业的现状,计划实施的结果将决定企业的信用水平变化,一般也具有较高的不确定性。

企业获得的外部支持一般包括来自股东、关联方、政府、金融机构等的业务及财务支持,主要体现为股东借款、关联方采购销售、政府补贴、金融机构授信等。如果企业能够获得持续的大力支持将有利于降低信用风险。

基础设施项目的投资主体很大比例是城投公司。这类公司与一般工商企业存在一定差异,主要体现在:城投公司一般是全资国有企业,由政府全资持股或由政府控制的机构持股;最主要的资产一般是政府注入的土地使用权,资产变现能力较差;资产和负债中有较大金额的与政府机构间的往来款;经营性业务赢利能力较差,主要的利润来源是政府补贴。作为政府的投融资平台,城投公司缺乏财务独立性,业务运行需要持续的政府支持,因此城投公司的信用风险很大程度上是政府信用风险的反映,政府的财政能力和对该城投公司的定位决定了城投公司的信用风险水平。

(二)增信风险

由于很多非标产品存在担保、抵质押等方式的增信保障,如果在担保主体代偿能力或抵质押物价值明显下降的情况下无法通过其他安排及时增加增信保障,产品将面临较大的增信风险。此外,部分投资项目存在政府补贴或回购等安排,政府实际上为项目提供了隐性担保,政府的信用水平和履约能力决定了这类隐性担保的风险。

对于由企业为非标产品提供担保的情况,增信风险一般可以等同于担保主体的信用风险,可通过担保主体的信用评级来评估,信用评级越高的企业提供担保,增信风险越小。如果是由政府补贴或回购等方式对非标产品的投资项目进行支持,政府的信用风险可通过其自身的财政实力、债务负担等指标衡量,如政府有相应的主体信用评级,也可用于衡量政府的信用风险。

对于设置抵质押物来为非标产品增信的情况,可以通过对抵质押物的价值进行评估来衡量增信风险。在非标产品存续期限内,抵质押物的流动性良好且价值保持稳定或有望增值的话,增信风险相对较小;如果抵质押物的变现能力差、价值波动频繁、价格虚高,则增信风险就会较大。

(三)或有事项风险

如果非标产品涉及的主体存在或出现或有事项,包括但不限于对外担保、抵质押、诉讼仲裁、表外债务、并购重组、可能导致控制权变更的事项等,将使产品的投资收益和本金回收面临或有事项风险。

或有事项的出现很难提前预知,非标产品发行前,即使相关主体没有任何或有事项,也不能保证产品存续期间不会出现或有事项风险,因此对或有事项风险的评估往往只能对某一时点的情况做出判断。如果某一时点上,相关主体没有或有事项,且企业的战略规划中没有制订资本运作计划,管理制度严格限制对外担保等或有负债行为,则可以认为该主体或有事项风险较小,反之则较大。

(四)债务偿还顺序风险

非标产品涉及的主体一般存在多种债务,不同债务类型的优先级不同,如果主体的其他债务优先级高于非标产品,在偿债过程中主体的有限资源将优先分配给优先级高的债权人,非标产品可能将因此不能及时获得足够的投资收益和本金,面临债务偿还顺序风险。

如果非标产品通过抵质押的方式进行增信,且抵质押物为一项不可分割的资产,如建筑物产权、土地使用权、公路收费权等,在需要处置抵质押物来偿债时,持有产品最多份额的投资者一般将优先获得抵质押物的处置权,其他投资者将不得不等待抵质押物处置后才能获得补偿,因此持有份额较少的投资者将处于被动地位,面临债务偿还顺序风险。

第二节　非标准化产品开发的风险管理建议

一、债权类产品的风险管理建议

对于债权和明股实债等类债权产品的开发,建议重点控制信用风险,同时对增信措施进行合理安排,在保障产品还本付息安全的情况下,提供尽量高的收益水平,增加产品对投资者的吸引力。如果产品资金投资于指定项目,还应该对项目的合规风险、管理风险、建设风险、资金匹配风险进行重点管控。

具体到信用风险的管理措施方面,建议充分利用人民银行的征信系统,查询产品相关主体的信用记录,如存在不良记录应重点关注并详细了解相关情况,确保主体不存在明显的信用风险;同时,建议借助外部和内部信用评级,除了关注评级结果以外,还应听取评级人员对评级过程和结论的汇报,尽可能多地了解主体可能存在信用风险的细节。

对投资项目的风险管理方面,建议应全面收集和查验项目方及项目自身的相关资料,确保项目不存在合规风险且建设风险可控;对项目方的管理能力进行充分评估,确保项目方具备足够的管理经验,保障管理风险可控;在项目可研报告的基础上,对项目的现金流进行审慎的预测,使预测结果具有较高的实现可能,降低资金匹配风险。

产品存续期间的后续管理阶段,建议定期对产品相关主体和投资项目进行跟踪调研,随时关注主体和项目的负面新闻和重大事件,如出现行政处罚、诉讼仲裁、生产事故等有可能影响产品收益实现和本金回收的情况,应及时采取加速产品到期等应急措施,保障收益和本金安全;此外,对投资资金的实际使用情况应通过查询银行账户变动记录等方式进行核实,避免资金用于非指定用途。

二、股权类产品的风险管理建议

对于真实股权类产品的开发,建议应全面评估拟投资企业的行业风险、区域风险、管理风险、运营风险、信用风险等,以合理的估值水平进行投资,并对投资退出渠道做出可靠安排。如果产品投资于股权基金并最终投资于多个项目,还应重点对基金管理人的管理风险、运营风险等进行评估。

在行业风险控制方面,应尽可能选择周期性波动较小、未来发展空间较大的行业作为投资对象,竞争激烈的"夕阳"行业以及高耗能、高污染等受政策限制的行业应该严格排除在投资范围以外。对投资区域的选择方面,应该尽可能选择多区域均衡运营的企业作为投资标的,如果需要对单一区域进行投资,则应该选择该区域内具备绝对优势的企业进行投资。企业的管理和运营方面可能产生风险的环节众多,不同类型业务的风险点存在较大差异,需要全面分析标的企业具体的业务情况才能对风险水平做出评价。信用风险评估对股权投资也具有很大价值,主要体现在企业的债务偿还义务优先于支付股东投资回报,因此偿债能力出现问题的企业必定无法产生股权投资收益。

对于股权基金的投资,基金管理人的投资经验和管理资产规模是衡量其管理能力的最直接指标,选择管理基金规模大且既往投资业绩优秀的基金管理人相对更加可靠,可以有效降低基金管理人的管理风险和运营风险。

股权类产品的后续管理往往比较复杂,安排受托人在一定程度上参与项目投资决策可以加强对项目投资的风险控制;此外,债权类产品的后续管理措施基本也适用于股权类产品,对投资标的进行跟踪是必不可少的风险管理措施。

三、其他类产品的风险管理建议

股债结合等创新产品一般可参照债权类产品进行风险管理。对于资产证券化产品,建议参照债权类产品的风险管理措施,重点评估原始资产的信用风险和运营风险,交易结构设计中应对增信措施进行合理安排,同时注重评估产品发行后存续期间的管理风险,确保产品购买的资产能够独立于原始权益人产生稳定的现金流。

四、受托人的风险管理建议

作为非标产品的发行及管理者,受托人除了存在一般企业普遍存在的风险以外,受托管理产品的投资区域集中度、行业集中度应是受托人业务运营中需重点关注的风险管理指标,建议受托人应建立投资指引等内部制度,对产品投资的集中度进行适当限制,避免某地区或行业一旦发生系统性风险对受托人所发行产品的整体影响过大。

参考文献

[1]黄小梅. 浅析我国的保险资金运作模式[N]. 山西财政税务专科学校学报,2015(6).

[2]蒋敏. 基于资产负债管理的保险资金运用的实证研究[D]. 上海交通大学,2014.

[3]金山. 我国保险资金投资基础设施项目债权计划浅析[J]. 城市发展理论,2014.8.

[4]李长东. 保险资金运用和风险管理研究——以中国人寿为例[D]. 上海交通大学,2014.

[5]马轶. 浅谈保险资金运用面临的风险及其防范措施研究[J]. 上海保险,2015(6).

[6]苏静. 中国保险资金另类投资的实践与创新研究[D]. 中国社会科学院研究生院,2014.

[7]苏晓东,马楠. 关于保险资金进行另类投资的几点建议[J]. 中国经贸导刊,2015(10月上).

[8]陶伟. 浅析保险资金运用的风险防范[J]. 现代工业经济和信息化,2015(14).

[9]王少妍,丁瑶. 我国保险资金运用现状浅析[J]. 合作经济与科技,2015(7).

[10]肖志鹏,刘铭珂. 中国保险资金投资信托产品发展现状及问题[J]. 中国集体经济,2015(16).

（本文获"IAMAC 2015 年度系列研究课题"优秀奖）

保险资金非标准化产品投资
和风控策略研究

合众资产管理股份有限公司

时宝东　赵其卓　许庆硕　任智泉

摘要

在资产规模持续增长和资金获取成本持续提升的情况下,非标资产成为保险资金增加投资收益率的重要手段。近年来,保险资金配置相关监管制度持续修订,保险机构资产配置的自由度持续提升,非标资产作为重要的投资标的,其投资规模和投资种类持续扩张。本文在总结中外保险机构非标产品投资现状的基础上,研究了非标资产投资策略和风险管理方法。

本文的主要结论:(1)非标产品或者具有"非标"特点的金融产品是中外保险机构资产配置的重要途径之一。(2)非标资产投资的基本思路是在资本和负债成本约束下实现最优的风险收益比。(3)"偿二代"监管体系下,债权投资计划和基础设施股权投资计划对资本占用显著下降。(4)具体非标产品投资中,建议从行业周期敏感性、产业周期、行业政策敏感性、区域经济、行业竞争格局、交易结构、投向项目/基础资产等方面设计准入标准,对于达到准入标准的产品遵循风险收益匹配、规模和期限匹配、资金性质和币种匹配、与自身风控能力匹配以及投后管理措施完备和可操作性等原则进行选择。(5)风险识别和风险监控是非标产品风险管理工作的重要内容。风险识别应当遵循全面性原则,覆盖所有类型的风险。而由于非标产品区别于标准品的特殊性,风险监控则应当重点关注信用风险、法律合规风险和操作风险。(6)对非标投资风险管理体系构建的建议包括:应建立独立的风险评估体系和应对机制,应加强和完善独立的投后管理职能,应将产品管理人和主要中介机构的能力考查纳入风险管理,应建立标准化的非标产品风险管理流程和方法。

关键词

保险资金　非标产品　投资策略　风险管理

第一章　导　言

第一节　研究范围的界定

"非标"是一个中国独有的金融名词,长期饱受争议。非标准金融产品与另类投资产品的含义基本近似,但是与国际上所讲的"另类投资产品"的含义又有所差别。目前,非标准化产品没有一个得到行业普遍认可的含义界定。

《中国银监会关于规范商业银行理财业务投资运作有关问题的通知》(银监发〔2013〕8号)这样定义:非标准化债权资产是指未在银行间市场及证券交易所市场交易的债权性资产,包括但不限于信贷资产、信托贷款、委托债权、承兑汇票、信用证、应收账款、各类受(收)益权、带回购条款的股权性融资等。

中国保险资产管理业协会(以下简称"协会")领导在《保险资管:另类投资或成新方向》中认为,所谓另类投资,是指传统的股票、债券和现金之外的金融和实物资产,如股权、房地产、基础设施、证券化资产、对冲基金、私人股本基金、大宗商品等。

从上述两个定义中可以看出,所谓非标准化产品或另类产品,其共同特点是区别于银行存款、股票、债券、基金的金融资产,是"未在银行间市场及公开交易所市场交易"的产品或资产。

因此,本文中的"非标准化金融产品"是指未在银行间市场、证券交易所市场交易,且没有公开透明定价机制的金融产品和资产,即以债权、股权或股债混合形式投资的金融产品或资产。根据中华人民共和国保险监督管理委员会(以下简称"保监会")规范的保险资金投资范围和当前的市场状况,本文中主要关注的产品类型包括但不限于基础设施债权投资计划、不动产债权投资计划、不动产直接投资和资产支持计划、股权投资计划、私募基金、信托计划、保险或券商等发行的资产管理计划等。

第二节 研究的背景和意义

近年来,保险机构资产规模快速增长,可投资资金随之快速增长。与此同时,保险机构资金成本持续上升,对投资回报的要求有所提高。非标准化产品收益水平相对较高,因此近年来保险机构资金配置日益侧重非标准化产品。截至 2015 年 8 月末,以非标准化产品投资为主的其他投资占保险机构投资总额的比例已经达到 27.22%。

保监会自 2006 年出台《保险资金间接投资基础设施项目试点管理办法》后,在 2010 年出台规范投资不动产和股权的相关规定,2014 年至今密集出台了《关于加强和改进保险资金运用比例监管的通知》以及关于规范保险资金投资优先股、创业投资、资产支持计划等相关文件,这意味着保监会对于保险资金运用的监管在守住风险底线的情况下持续放松。保险机构投资非标准化产品的政策空间持续扩大,投资标的持续扩充。

综上分析,保险机构投资非标准化产品既有提升收益率的内部驱动,也有投资监管空间持续扩展的环境驱动。非标准化产品投资已经成为保险机构投资的重要渠道,进入快速发展时期。

相对于非标准化金融产品投资迅猛的增长速度,保险机构非标准化投资开展的时间相对较短,与其他金融机构相比经验较少。2006 年《保险资金间接投资基础设施项目试点管理办法》发布,非标准化金融产品才开始成为保险机构资金配置的途径之一;2010 年,关于保险机构投资不动产和股权的相关规定发布,保险机构的非标准化金融产品投资才开始快速增加。相对于银行、信托、券商等其他金融机构而言,保险机构非标准化金融产品的投资、管理经验较少。这是本研究的现实意义所在。

由于"非标产品"具有"中国特色"的概念,因此,在我们搜集到的文献中,对于非标准化产品投资策略、风险管理等相关文献并不多见,结合保险机构现实情况的研究则更少,所以本研究具有理论意义。

第三节 报告主要内容

在研究保险机构非标产品投资现状的基础上,本文研究了非标产品的投资策略和

风控方法。本文包括五章,具体内容如下:

第一章"导言"。通过给出非标产品的含义界定本研究的范围,并介绍了研究的背景和意义。

第二章"保险资金投资非标准化产品现状"。首先,从保险行业资产和可投资资金规模以及保监会保险资金运用相关规定两个方面介绍了保险资金运用的背景。其次,介绍了国际保险资金的配置现状和国内保险行业非标产品的投资状况以及保险资产管理行业发行的非标产品的市场特征。最后,介绍了保险机构非标产品投资的特征。

第三章"保险资金投资非标准化产品的投资策略研究"。首先,在"偿二代"监管体系下,从大类资产配置的层面讨论非标资产的投资策略;然后,从具体的非标资产投资流程的层面,阐述了非标产品准入条件设计以及非标产品的选择原则。

第四章"保险资金非标投资的风险管理"。主要介绍了非标产品面临的主要风险、识别方式以及风险监控和分析的方法。在此基础上,结合目前保险资金非标产品投资中存在的问题提出非标资产投资的风险管理建议。

第五章"结论与未来研究方向"。阐述本研究的重要结论,分析研究的不足之处,进而提出保险资金非标资产在投资和风险管理方面未来深入研究的方向。

第二章　保险资金投资非标准化产品现状

近年来,在保险机构投资能力提升、负债端成本压力上涨以及我国金融创新繁荣发展的大环境影响下,非标准化产品已经成为保险资金投资的重要标的。本章的主要内容包括:保险行业的资产状况、保险资金运用的监管政策、中外保险资金投资概况和保险机构非标准化产品的投资特征四个部分。

第一节　保险行业的资产状况

近年来,保险行业发展迅速,行业资产总额从 2004 年末的 1.18 万亿元,上升至 2014 年末的 10 万亿余元,十年间年均复合增长率 25.26%。随着资产规模的快速扩张,保险行业可投资资金也迅速增长。截至 2015 年 8 月末,保险行业总资产规模已经达到 11.27 万亿元,保险资金运用余额增长至 10.19 万亿元。

如图 2-1 所示,保险行业资产规模持续扩张,增速虽有波动,但总体呈现较高水平。主要保险公司投资资产规模持续上升,增速保持较高的水平。

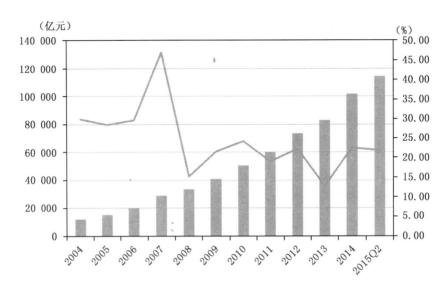

资料来源:Wind 资讯。

图 2-1　2004 年以来保险行业资产及主要保险公司投资资产的规模和增速

近年来,保险资金在负债端面临着成本不断攀升的状况。保监会放开预定利率管制,保险资金成本逐步上升,与理财收益率趋近,促使保险资金倾向于参与高收益率的产品。2009 年以来,平安保险、中国人寿和太平洋人寿等大型保险公司的万能险利率总体走势向上,且 2012 年四季度以来上行速度明显加快,至 2015 年中期均已达到 4.5% 左右。由此可见,保险资金运用在负债端面临越来越重的成本压力。相对于债券投资、银行存款等投资方式,非标投资固然面临着更高的风险,但目前各保险资产管理公司均建立了相对完善的风险控制体系,在风险可控的前提下,非标产品相对的高收益在成本上行压力加大的背景下更具优势。

由图 2-2 可以看出,具有行业代表性的大型保险公司的万能险品种的收益率在 2013 年中期开始呈现出上行趋势。值得关注的是,2014 年下半年开始,市场的资金成本开始出现波动下降,特别是进入 2015 年后,资金成本持续下降导致市场利率下行,而同期万能险收益率却呈现较快增长的态势。这在一定程度上反映出保险公司负债端成本上升与资产端收益率下行的矛盾。

总体而言,保险行业资产规模快速增长推动可投资资金规模持续增长,保险资金投资需求快速扩张推动保险资金投资的多样化;同时,保险资金获取成本持续提升。

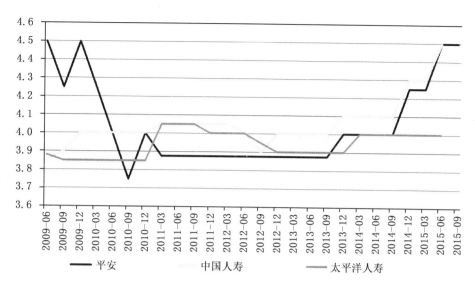

图 2—2　主要保险公司万能险利率走势

因此，客观上说是保险机构对投资的综合收益率要求持续提高，推高了保险资金投资的风险偏好。

第二节　保险资金运用的监管政策

一、政策变迁

在我国金融市场的发展、投资环境持续变动的外因以及保险行业自身投资资产增长和投资能力增强的内因的双重驱动下，保险资金运用的监管政策持续发展。

（一）投资范围逐步拓宽，考验保险机构投资能力

20 世纪 90 年代初，保险资金投资范围几乎没有限制。在保监会成立以后，保险资金投资经历了逐步拓宽、多样化发展的状态（见图 2—3）。从最初的国债、银行存款等风险较低的品种，逐步拓展到对风险控制能力要求较高的品种。

随着投资范围的拓宽，可投资品种种类明显增加、交易结构日益复杂化、涉及主体多样化，对保险机构的投资能力要求显著提高。

（二）监管日趋灵活，拓展了保险机构投资决策空间

保险行业监管逐步升级，日趋灵活，保监会监管策略转变为"放开前端、管住后

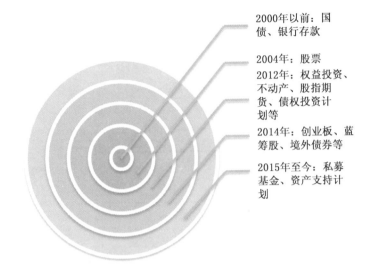

2000年以前：国债、银行存款

2004年：股票

2012年：权益投资、不动产、股指期货、债权投资计划等

2014年：创业板、蓝筹股、境外债券等

2015年至今：私募基金、资产支持计划

资料来源：根据中国保险监督管理委员会相关政策文件整理。

图 2—3　保险资金投资范围的拓宽

端"。将风险防控的手段由原来的"事前控制"为主，转变为"事中和事后监管"。保监会推动"偿二代"监管体系，全面而精细地评价保险公司的风险状况。这些监管的改革都拓展了保险机构投资决策的空间。

由于保险行业资金规模大，且有保险保障功能，资金运用结果和风险控制能力直接关系到投保人利益，因此保险监管部门对行业以及保险资金运用方面的监管总体较为审慎。

20 世纪 90 年代中期以来，监管机构对于保险资金运用一直有着严格的监管，包括资产配置品种、比例、单期占比、杠杆操作等都有明确的规定。2014 年，保监会发布《关于加强和改进保险资金运用比例监管的通知》，重新定义大类资产，将保险公司投资资产划分为流动性资产、固定收益类资产、权益类资产、不动产类资产和其他类金融资产五大类。设立大类资产监管比例和集中度监管比例，同时设立风险监测比例，形成多层次监管比例框架。在这样的监管框架下，保险机构投资决策的空间和灵活性进一步扩大。

二、保险资金投资非标准化产品的主要政策法规

目前，保险资金运用已经形成了比较完整的监管制度法规体系。具体到非标准化产品投资方面，现行有效的监管文件包括纲领性的《保险资金运用管理暂行办法》和针对不同投资产品的专门性监管文件,即针对投资基础设施、股权、不动产、资产支持计划及其他金融产品而制定的相关部门规章、规范性文件等。保险机构投资非标准化产品的主要监管政策如表2—1所示。

表2—1 保险机构投资非标准化产品的主要监管政策

监管文件	发布时间
《保险资金间接投资基础设施项目试点管理办法》	2006.3.14
《保险资金运用管理暂行办法》	2010.7.30 颁布;2014.4.4 修订
《保险资金投资股权暂行办法》	2010.09.03
《保险资金投资不动产暂行办法》	2010.09.03
《关于保险资金投资股权和不动产有关问题的通知》	2012.07.25
《基础设施债权投资计划管理暂行规定》	2012.10.12
《关于保险资金投资有关金融产品的通知》	2012.10.12
《关于加强和改进保险资金运用比例监管的通知》	2014.01.23
《关于保险资金投资集合资金信托计划有关事项的通知》	2014.05.05
《项目资产支持计划试点业务监管口径》	2014.07.28
《关于保险资金投资优先股有关事项的通知》	2014.10.17
《关于保险资金投资创业投资基金有关事项的通知》	2014.12.12
《资产支持计划业务管理暂行办法》	2015.08.25
《关于设立保险私募基金有关事项的通知》	2015.09.10

资料来源:根据中国保险监督管理委员会相关文件整理。

《保险资金间接投资基础设施项目试点管理办法》作为国内首个针对基础设施投资的专项管理规章,意味着保险资金进入基础设施领域的开始,打开了保险行业与实体经济对接的通道。其主要内容:一是实行间接方式投资。保险机构必须通过购买专业机构设立的投资计划,将投资管理交由专业机构运作。二是严格项目投资范围。主要包括交通、通信、能源、市政、环境保护等国家级重点基础设施项目。三是限定投资规模和比例。四是明确有关资质条件。从公司治理、资信状况、信用等级、管理能力、内控制度等方面对参与主体提出了明确的资质要求。五是建立风险监控制度。通过资金托管和独立监督等制度创新,强化外部约束和内部监督,提高风险管理透明度。

《保险资金运用管理暂行办法》兼顾保险资金运用的现实情况与未来需要,确保了政策的连续性、稳定性、前瞻性和可操作性,属于保险资金投资的纲领性文件。其主要内容包括:一是深化保险资金运用改革。确立了委托人、受托人和托管人三方协作制衡的保险资金运用管理模式,构建了决策、执行、监督有效分离的风控机制。二是细化保险资金投资渠道。允许保险资金投资无担保债、不动产、未上市股权等新的投资领域。三是确立保险资金运用托管制度。规定保险投资性资产实施第三方托管,确定托管资产的独立地位。四是规范运用风险管理工具。严格限制保险资金参与衍生品交易,强化保险资金运用风险管控。

《保险资金投资不动产暂行办法》规定允许保险资金以股权、债权、物权等方式投资不动产。在具体的投资对象上,仅限于商业不动产、办公不动产,以及与保险业务相关的养老、医疗、汽车服务等不动产和自用性不动产。保险资金不得投资开发或销售商业住宅;不得直接从事房地产开发建设(包括一级土地开发);不得投资设立房地产开发公司,或者投资未上市房地产企业股权(项目公司除外),或者以投资股票方式控股房地产企业。在具体的操作中,该办法规定不得提供无担保债权融资;不得以所投资的不动产提供抵押担保;不得运用借贷、发债、回购、拆借等方式筹措的资金投资不动产,尽可能控制保险资金投资不动产领域的风险。

《关于保险资金投资股权和不动产有关问题的通知》与《保险资金投资股权暂行办法》、《保险资金投资不动产暂行办法》相比,主要调整了如下事项:(1)股权投资方面,保险公司股权投资门槛降低,取消上一年度盈利要求,降低对保险公司净资产和偿付能力的要求;放宽直接投资股权的范围,增加能源企业、资源企业及与保险业务相关的现代农业企业、新型商贸流通企业的股权;提高投资比例,投资未上市企业股权和股权投资基金等未上市企业股权相关金融产品的账面余额由合计不超过保险公司上季末总资产的5%调整为10%。(2)不动产投资方面,保险公司不动产投资门槛降低,取消上一年度盈利要求,降低对保险公司净资产和偿付能力的要求;提高投资比例,不单独对基础设施债权投资计划的投资比例进行限制,要求基础设施债权投资计划与不动产相关金融产品的投资余额合计不高于本公司上季末总资产的20%,高于原有规定要求的分别不高于上季末总资产的10%和3%;投资非自用性不动产的账面余额由原来的不高于本公司上季末总资产的10%提升至15%。该通知对股权投资放松力度更大,总体而言,降低投资门槛、增加投资范围、提高投资比例,增加了保险公司资产配置的主动性和灵活性。

《基础设施债权投资计划管理暂行规定》要求保险资金审慎选择偿债主体,规定债权投资计划的项目方资本金不低于项目总预算的30%或者符合国家有关资本金比例的规定,在建项目自筹资金不低于项目总预算的60%。同时,保监会还专门确定了有效的A类、B类和C类信用增级方式。综合来看,为保证保险资金的安全,基础设施债权投资计划对项目本身及增信方式要求较高。

《关于保险资金投资有关金融产品的通知》明确了保险资金可投金融产品的范围，进一步拓宽了保险资金投资非标准化产品的渠道。上述金融产品包括境内依法发行的商业银行理财产品、银行业金融机构信贷资产支持证券、信托公司集合资金信托计划、证券公司专项资产管理计划、保险资产管理公司基础设施投资计划、不动产投资计划和项目资产支持计划等。该文件对保险资金投资的金融产品的范围、基础资产、管理人资质以及保险资金投资各类金融产品的账面余额和投资单一金融产品的资金比例等作出了明确规定。

《关于加强和改进保险资金运用比例监管的通知》规定保险资金可以投资的各种非标准化产品分别归属于权益类资产、不动产类资产或其他金融资产，监管要求保险资金投资权益类资产、不动产类资产、其他金融资产的账面余额占保险公司上一季度末总资产的比例分别不高于 30%、30%、25%。为防范集中度风险，针对保险公司投资单一资产和单一交易对手制定保险资金运用集中度上限比例，即投资单一资产的账面余额不高于保险公司上季末总资产的 5%，投资单一法人主体的余额合计不高于保险公司上季末总资产的 20%。此次监管比例修订是近年来规范和松绑保险资金运用的重大突破。保险资金投资非标准化产品统一纳入大类资产监管比例，原有保险资金运用监管比例和创新试点业务适用的投资比例全部取消，为保险资金投资非标准化产品创造了更大的空间和灵活度。

《关于保险资金投资集合资金信托计划有关事项的通知》针对保险资金投资信托计划，作出了较为明确的范围规定，不但规定投资基础资产限于融资类资产和风险可控的非上市权益类资产，而且指出作为受托人的信托公司门槛：上年末经审计的净资产不低于 30 亿元。此外，明确保险资金不得投资单一信托，不得投资基础资产属于国家明令禁止行业或产业的信托计划。

《项目资产支持计划试点业务监管口径》意味着保险资管项目资产支持计划的正式开闸。项目资产支持计划投资的基础资产种类限于信贷资产（企业商业贷款、住房及商业性不动产抵押贷款、个人消费贷款、小额贷款公司发放的贷款、信用卡贷款、汽车融资贷款）、金融租赁应收款和每年获得固定分配的收益且对本金回收和上述收益分配设置信用增级的股权资产。其中，股权资产的信用增级方式包括保证担保、抵押担保和质押担保。项目资产支持计划与保险资管公司可发行的基础设施债权投资计划、不动产投资计划相比，实行比注册制更为严格的审批制度。

《关于保险资金投资优先股有关事项的通知》结合我国当前市场优先股的风险特

征,明确了保险资金投资优先股的各项内容,主要包括:一是明确优先股的资产分类。要求保险机构按照发行方对优先股权益融资工具或债务融资工具的分类,分别确认为权益类或固定收益类资产。二是创新提出信用评估要求。借鉴发达国家和地区的做法,要求保险资金投资的优先股,应当具有 A 级或相当于 A 级的长期信用等级,并逐步建立企业和行业内部的优先股信用评估机制。三是坚持市场化原则。不再新增保险资金投资优先股的有关要求,具备相应投资管理能力的保险机构都可以投资符合条件的优先股。四是加强事中和事后监管。通过确定和调整资产认可标准、强化非现场监测等手段,加强风险监管,防范投资风险。五是明确影响投资的相关事项。如根据行业要求,明确优先股资产的估值问题,在市场交易不活跃且其公允价值无法可靠计量的情况下,可以按照投资成本估值。

《关于保险资金投资创业投资基金有关事项的通知》修正了《保险资金投资股权暂行办法》中保险资金不得投资创业投资基金的规定,使得保险机构可以借助创业投资基金平台,为小微企业提供增量融资资金。该文件坚持分散投资原则,主要包括:一是合理界定创业投资基金和创业企业的范围:明确创业投资基金主要投资创业企业普通股、优先股、可转换债券等权益,重点支持科技型企业、小微企业、战略性新兴产业。二是强化分散投资原则:要求保险公司投资创业投资基金余额不超过上季末总资产的 2%,投资单只基金余额不超过基金发行规模的 20%,同时规定单只基金投资单一创业企业的余额不超过基金发行规模的 10%。三是明确投资方式:除创业投资基金外,支持保险资金通过其他股权基金适度投资创业企业,以及通过投资创业投资基金母基金的方式间接开展投资。

《资产支持计划业务管理暂行办法》有利于推动资产支持计划业务由试点转为常规化发展,并且规范业务操作。其主要内容如下:一是按照资产证券化原理,以基础资产本身现金流作为偿付支持,构建了资产支持计划业务运作框架。二是立足于服务保险资金配置需要,建立相互制衡的运作机制,强调稳健、安全和资产负债匹配原则。三是坚持"放开前端、管住后端"的监管思路,在业务资质管理、发行机制等方面体现市场化原则,拓宽基础资产范围,建立基础资产负面清单管理机制,提高业务运作效率。四是重视风险管控,按照"卖者尽责、买者自负"原则,强化信息披露和风险提示,强调市场主体的风险管理责任。

《关于设立保险私募基金有关事项的通知》立足支持国家战略和实体经济发展,结合保险资金期限长、规模大、负债稳定等特点,对设立保险私募基金进行了具体规范。其主要内容如下:一是明确基金类别和投向。支持保险资金设立成长基金、并购基金、新兴战略产业基金、夹层基金、不动产基金、创投基金及相关母基金,重点投向国家支持的重大基础设施、战略性新兴产业、养老健康医疗服务、互联网金融等产业和领域。二是建立规范化的基金治理结构。借鉴市场惯例,基金发起人应当由资产管理机构的下属机构担任,基金管理人可以由发起人、资产管理机构或资产管理机构的其他下属机构担任。三是明确市场化的运作机制。要求基金管理人具备相应的投资能力,建立股权激励、收益分成、跟进投资等关键机制,充分发挥市场作用;规定资产管理机构及其关联方持股基金管理人比例,以及基金发起人及其关联方认缴基金比例不低于30%,落实管理责任。四是对保险资金设立私募基金实行注册制度,提高市场效率。

三、保险资金投资非标产品监管趋势

(一)监管升级推动非标产品投资的多样化

2014 年 8 月,《国务院关于加快发展现代保险服务业的若干意见》(以下简称"新国十条")发布,对包括非标产品投资在内的保险资金运用产生了深远的影响。保险行业对于国民经济运行的作用被进一步深化和扩展。同时,随着"偿二代"监管体系的推行,以及"放开前端、管住后端"思路的贯彻,保险资金运用的范围将更加广阔。保险资金运用从"政策驱动",逐步回归到"市场驱动"。

具体到非标准产品投资领域,非标准化品的种类、交易结构设计和投资目的逐步多样化。从固定收益为主的产品逐步向固定收益、权益投资并行的产品种类变化;从传统、简单的交易结构,将逐步向多层次、多主体的创新型交易结构设计转变;从以获取高收益为主要投资目标,转变为博取高收益、风险对冲等多目标体系。

(二)着眼于保险资管在"泛资管"背景下获取平等的竞争地位

近年来,资产管理业务和投行业务蓬勃发展,但相对于银行、券商、信托等起步较早的资产管理业务而言,保险资管行业有起步晚、业务领域限制较多等问题。近期,在保险监管政策升级的背景下,保险行业在产品注册、发行等方面有了较多的程序简化和放松,保险资管机构的投行业务逐步开始走到与其他大资管行业机构相同的"起跑线"上。

第三节　中外保险资金投资概况

由于监管体制和金融市场发展状况的差异,国外保险资金配置情况差异性较大。但总体来看,债券、股票和具有非标特征的投资类型是国际险资配置的主要途径。我国保险行业可投资资金持续增长，负债端成本持续上涨，监管逐步升级释放以及保险机构投资能力的逐步提升等内外因素使保险资金投资的风险偏好逐步提高。近年来，保险机构已经成为仅次于商业银行、基金公司的债券市场第三大机构投资者、长期债权市场最大的机构投资者、股票市场第二大机构投资者、基金市场最大的机构投资者。

一、OECD 国家保险资金配置情况

截至 2013 年末，OECD 国家保险公司资产配置情况如表 2-2 所示。很多国家金融监管体制和市场发展情况与我国有较大差别。在大类资产中，不动产投资和其他投资比较接近我国"非标资产"的含义。

表 2-2 　　　　　　　　截至 2013 年末 OECD 国家保险公司资产配置情况 　　　　单位：百万美元、%

国　　家	不动产	住房抵押贷款	股票	债券	非住房抵押贷款	其他投资	合计	类非标投资占比
澳大利亚	3 285	—	5 265	59 827	2 710	12 570	83 658	19.0
奥地利	4 647	397	26 355	85 632	4 816	12 783	135 130	12.9
比利时	4 439	13 875	15 908	236 787	7 792	29 234	308 035	10.9
加拿大	23 020	83 674	52 962	447 123	—	19 590	626 369	6.8
智利	6 444	4 351	1 001	29 683	443	4 352	46 275	23.3
丹麦	2 681	123	165 817	131 378	3 471	23 543	327 012	8.0
爱沙尼亚	—	0	15	754	1	454	1 225	37.1
芬兰	3 133	525	15 341	27 465	—	32 732	79 196	45.3
法国	87 197	2 787	520 018	1 770 234	17 839	47 158	2 445 233	5.5
德国	31 616	92 423	103 454	685 792	334 998	527 169	1 775 453	31.5
希腊	887	58	225	7 916	81	5 429	14 596	43.3
匈牙利	101	1	96	4 511	5	384	5 098	9.5
冰岛	3	22	404	465	2	8	903	1.2
爱尔兰	1 147	6	3 677	45 572	2 649	13 885	66 936	22.5
以色列	1 368	760	1 072	26 810	2 248	8 792	41 049	24.8
意大利	8 907	127	79 018	501 752	3 689	49 369	642 863	9.1
韩国	20 131	35 402	28 838	308 374	80 212	117 128	590 085	23.3
卢森堡	59	1	1 690	28 071	59	25 206	55 086	45.9
墨西哥	821	498	6 071	41 413	1 859	4 678	55 340	9.9
挪威	19 571	1 932	25 290	115 028	8 255	7 215	177 291	15.1
波兰	406	166	3 080	17 919	1 426	9 950	32 947	31.4
葡萄牙	1 084	11	1 207	35 358	9	9 499	47 168	22.4

国　　家	不动产	住房抵押贷款	股票	债券	非住房抵押贷款	其他投资	合计	类非标投资占比
斯洛伐克	193	—	105	5 845	28	550	6 721	11.1
斯洛文尼亚	227	2	461	4 093	108	724	5 616	16.9
西班牙	14 674	237	18 506	226 795	16 573	48 627	325 412	19.5
瑞典	11 294	328	134 087	199 323	4 067	27 809	376 908	10.4
瑞士	45 404	33 960	10 755	240 911	16 720	90 427	438 177	31.0
土耳其	83	—	127	4 818	5	494	5 527	10.4
英国	51 826	39 011	220 836	680 115	21 421	318 075	1 331 284	27.8
美国	35 332	361 111	464 518	3 541 512	127 452	446 823	4 976 749	9.7

注:类非标资产占比=100×(不动产+其他投资)/投资合计。

资料来源:OECD Insurance Statistics(2014)。

数据显示,截至 2013 年末,不动产和其他投资合计占比最高的前五位国家分别为卢森堡、芬兰、希腊、爱沙尼亚和德国,占比分别为 45.9%、45.3%、43.3%、37.1% 和 31.5%;占比最低的五个国家分别为冰岛、法国、加拿大、丹麦和意大利,占比分别为 1.2%、5.5%、6.8%、8.0% 和 9.1%。其中,超过 20% 的国家有 13 个。从投资规模前五名国家来看,美国占比为 9.7%、法国为 5.5%、德国为 31.5%、英国为 27.8%、意大利为 9.1%。

美国保险资金配置途径中,债券为 71.16%,占比最高;股票、住房抵押贷款和其他投资的占比也较高,分别为 9.33%、7.26% 和 8.98%。法国保险资金配置的最主要途径为债券和股票,两者占比分别为 72.40% 和 21.27%。德国保险资金投资中债券、其他投资和非住房抵押贷款占比较高,分别为 38.63%、29.69% 和 18.87%。英国保险资金投资的主要途径为债券、其他投资和股票,占比分别为 51.09%、23.9% 和 16.59%。

总体而言,OECD 国家保险资金的配置差别较大,这主要受到监管体制和金融市场发育情况的影响。综合来看,债券是保险资金配置的重要途径,同时,股票和具有非标性质的"不动产"和"其他投资"也是保险资金投资的主要方向。

二、我国非标资产投资情况

(一)我国非标资产投资规模和占比逐年提高

从 2013 年 4 月末至 2015 年 8 月末,保险资金运用余额构成中,银行存款、债券投资、股票及证券投资基金、其他投资的比重由 31.64∶45.63∶11.48∶11.25 变更为

24.53：35.81：13.07：27.22,其他投资的迅速发展显而易见。保险资金大类资产配置情况如图2—4所示。

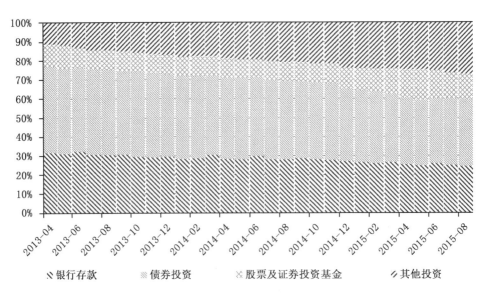

资料来源:中国保险监督管理委员会。

图2—4　保险资金大类资产配置情况

保险资金主要来自保费累计,保费结构中长久期的人身险品种较多,资产负债期限匹配要求保险机构投资也以长久期品种为主。为应对赔付支出、运营管理费用等,保险公司必须配置相当规模的银行存款以保持流动性。因此,近两年银行存款和债券投资配置比重虽有所降低,但仍是最主要的两类配置品种。

股票和证券投资基金则较大程度上受到股市行情的影响,股票市场高风险、高波动特征也限制了该类资产的配置比重。2014年下半年"牛市"到来之前,保险资金投资股票和证券投资基金的比重在10％以内,至2015年5月末上证综指近5 000点时,保险资金在该类资产的配置比重达到近两年的最高点16.06％,在绝对规模上也达到1.66万亿元的最高点。其后股市趋势逆转,配置比重又逐步减少,至2015年8月末比重降至13.07％,规模也降至1.33万亿元。

其他投资方面,2012年基础设施投资计划管理规定和指引发布,保险资金投资基础设施等债权投资计划不得超过总资产的10％的规定取消,其他投资的比重持续增长。目前,保险资金投资对于银行信用和国家信用背书的依赖较多的情况仍然存在,非标准化产品投资不断增长,反映了保险机构在资产端的风险管理能力得到改善。

（二）我国非标投资细分产品状况

随着保险行业逐步放开保险资金投资限制,银行理财产品、集合资金信托计划、专项资产管理计划、项目支持计划、私募股权计划、债权投资计划、投资性房地产等非标产品投资逐渐增多。目前,保险资金的主要投资方向有:基础设施债权投资计划、不动产债权投资计划、集合资金信托计划、股权投资计划和资产支持计划。除信托产品之外,其他投资品种均为保险资产管理机构自发产品。基于数据获取等方面的情况,下面重点介绍保险资产管理自发产品。

根据保险资产管理产品注册登记中心发布的产品注册动态,债权投资计划已经突破万亿规模。截至2015年8月31日,保险资产管理机构累计发起设立419项债权投资计划,累计注册金额10 099.6亿元。国内保险资金债权投资计划注册总量近年来增长迅猛,但近期注册数出现下降。2015年1～9月注册债权投资计划86项,注册规模1 393.01亿元,较2014年同期下降了两成。2015年1～9月,注册动态显示,有15家保险资产管理机构共注册各类资产管理产品94个,合计注册规模1 648.01亿元。其中,基础设施债权投资计划35个,注册规模673.93亿元;不动产债权投资计划51个,注册规模719.08亿元;股权投资计划4个,注册规模65亿元;项目资产支持计划4个,注册规模190亿元。

1. 基础设施投资计划

基础设施投资计划是保险资金间接投资基础设施项目的主要方式,按照监管规定,保险资金投资基础设施项目可以选择债权、股权、物权等方式,投资范围包括交通、通信、能源、市政等国家级重点基础设施项目。债权投资计划是目前最成熟的投资方式,近两年基础设施债权计划经历了快速发展,2014年度合计有81个债权投资计划完成注册,总规模1 919.59亿元,分别投向交通、能源、市政、环境保护和旧城改造项目。

2014年以来基础设施债权投资计划注册情况如表2－3所示。从注册规模和数量来看,2015年1～9月(年化)较2014年均出现大幅下降;平均收益率水平下降40bp。从不同投向来看,交通和其他(旧城改造、环境保护、水利)用途注册规模下降幅度最大。从平均期限情况来看,2015年1～9月注册产品的平均期限为6.86年,较2014年下降了2.16年;而注册产品的信用等级状况基本保持稳定,全部为AA＋的产品。

表 2—3 　　　　　　2014 年和 2015 年 1～9 月基础设施债权投资计划注册情况

投向	数量（个）		注册规模（亿元）		平均投资收益率（%）	
	2014 年	2015 年 1～9 月	2014 年	2015 年 1～9 月	2014 年	2015 年 1～9 月
合计	81	35	1 919.59	673.93	7.08	6.68
交通	42	15	1 090.09	357.83	6.71	6.50
能源	21	11	522.00	178.40	6.68	6.94
市政	11	7	218.50	119.00	6.89	6.77
其他	11	2	186.00	18.70	—	6.30

注：2014 年包括环境保护和旧城改造；2015 年包括水利。

资料来源：2014 年数据根据公开资料整理；2015 年数据来源于保险资产管理业协会。

2. 不动产投资计划

不动产投资计划放开时间晚于基础设施投资计划，投资范围包括基础设施类不动产和非基础设施类不动产，基础设施类主要包括土地一级开发项目、保障房、棚户区改造等，非基础设施类则是除商业住宅之外的不动产项目，主要有商业不动产、园区开发等。

2014 年以来不动产投资计划注册情况如表 2—4 所示。从数量来看，2015 年预计应该较 2014 年有所增长，注册规模基本持平；从平均收益率情况来看，2015 年较 2014 年平均收益率水平小幅下降。从投向来看，商业不动产规模和占比最高；2015 年投向为土储和保障房的不动产债权投资计划下降幅度较大，而棚户区改造项目有较大幅度增加。

表 2—4 　　　　　　2014 年和 2015 年 1～9 月不动产债权投资计划注册情况

投向	数量（个）		注册规模（亿元）		平均投资收益率（%）	
	2014 年	2015 年 1～9 月	2014 年	2015 年 1～9 月	2014 年	2015 年 1～9 月
合计	50	51	753.50	719.08	7.33	7.29
商业不动产	33	42	502.00	564.78	7.54	7.36
土储	9	2	130.00	51.40	7.00	8.80
保障房	4	4	85.00	27.90	6.81	6.36
棚户区改造	4	3	36.50	75.00	6.73	6.57

资料来源：2014 年数据根据搜集资料整理；2015 年数据来源于保险资产管理业协会。

3. 股权投资计划

相对于债权投资计划在规模上不断扩张而言，股权投资计划的发展速度较慢，而且目前注册的股权投资计划大量采用了"名股实债"的方式,具有显著的债权性质。因保险资金本身具有的长久期、资本性特征,使其有条件成为补充社会经济资本金的一种重要资金来源。但是,股权投资本身的高风险特征削弱了保险资金的偏好。此外,在"偿二代"监管体系下,股权投资计划会对投资主体净资本消耗较大,因此股权投资计划的规模较小,保险资金通过股权投资计划进行股权投资的作用并没能得到较好的发挥。

2015 年前三个季度,注册完成 4 个股权投资计划,规模 65 亿元,与 2014 年同期相比,注册产品数目相同,但规模减少了 80 亿元。

保监会关于设立保险私募基金的通知也反映了监管机构利用险资资本性特征的要求,作为已经有数年运作经验的一种股权投资品种,股权投资计划仍有较大发展空间。

4. 资产支持计划

相较于前几类产品的债务融资和权益融资形式,资产支持计划将资产融资的融资方式引入保险资金运用领域,进一步拓展保险资金的投资领域。2013 年 4 月,资产支持计划(试点时期称为"项目资产支持计划")试点业务启动,作为保监会监管的一款重要的创新产品获得了较大的政策支持。截至 2015 年 6 月共有 9 家保险资产管理公司参与业务试点,共注册 22 单资产支持计划,累计注册规模 812 亿元,基础资产包括信贷资产、小贷资产、金融租赁资产、股权、应收账款和资产收益权等。投资期限 2~10 年,平均期限 5.63 年,平均收益率 6.82%。

但是,与股权投资计划面临的问题类似,已注册发行的资产支持计划产品中,类债权和名股实债的产品比重分别为 31.40% 和 45.54%,目前来看,"资产融资"的属性体现不足。同时,考虑到面临目前市场上较为成熟的资产证券化产品(如证监会 ABS、银监会 ABS、交易商协会 ABN)的竞争,资产支持计划未来的发展情况会经历一个较长的"培育期"。

三、保险资管发行的非标准化产品的市场特征

(一)规模小、投向和产品种类少

虽然保险机构已经成为最重要的机构投资者,但是保险资管公司发行的非标准化产品的规模远远小于债券发行的规模。即使与信托公司、券商资管计划、银行理财等其他资管产品相比,其规模也很小。由于保险非标准化产品主要销售对象是保险公司,因此非标准化产品在投向上受到的约束相对较多,例如,住宅地产、强周期性行业

等领域保险非标准化产品较少涉足。与债券市场种类繁多的债券品种和其他资管产品较复杂的交易结构相比,保险非标准化产品的交易结构相对简单、种类较少。由于受发行市场、投资资金期限、风险容忍度等方面因素的影响,对短期融资券和超级短期融资券、可转债、永续债、优先股、项目收益票据、供应链票据、中小企业集合债(票据)等对应类型,保险资管发行的非标产品很少涉及。

(二)信用等级普遍很高

保险资管发行的非标准化产品目前的投资人主要是风险容忍度相对较低的保险机构,因此信用等级普遍较高。以 2015 年前三个季度注册的债权投资计划为例,外部评级均为 AAA 和 AA+,分别占比为 95% 和 5%,无 AA 及以下信用等级的产品。而债券和信托产品的信用等级则更丰富一些,产品等级一般从 A+ 到 AAA 都有涉及。

(三)收益率相对标准品较高

相对于债券投资而言,债权投资计划仍具有较大优势。相较于 2014 年的平均水平,2015 年前三个季度的债权投资计划产品的平均收益率出现一些下滑。2015 年注册的债权投资计划中,外部评级以 AAA 为主。2015 年以来,债券市场的收益率水平波动下降,以 5 年期 AAA 和 AA+ 的中债企业债到期收益率为例,2015 年 9 月末收益率分别下降为 3.69% 和 4.25%。即便考虑到债券的流动性溢价,债权投资计划的收益率仍有一定优势。AAA 和 AA+ 近期中债企业债到期收益率情况如图 2-5 所示。

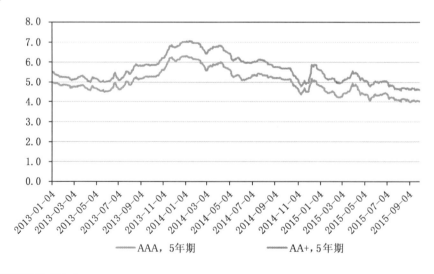

资料来源:Wind.

图 2-5　AAA 和 AA+ 近期中债企业债到期收益率情况

（四）增信措施以第三方保证担保为主

保险投资的规范性文件对增信措施进行了分类。银行担保和企业担保分别为 A 类和 B 类增信，而抵质押担保增信措施则为 C 类增信。因此，保险资管发行的非标准化产品的增信措施以保证担保为主。此外，许多地区国土部门不认可保险资产管理公司作为不动产抵押权人申请不动产抵押登记，这也从客观上使得保险资管发行的非标准化产品的增信措施主要采取第三方保证担保。

第四节　保险机构非标准化产品的投资特征

通过上文中对保险行业资产状况、资金运用监管政策以及目前保险资金投资概况的分析，保险机构的非标准化产品投资具有如下特征。

一、非标准化产品相对于标准品的投资更注重收益性

保险机构的资金来源于保单的销售，因此保险机构的寿险投资在久期和规模要与负债端有很好的匹配。同时，由于是保障型资金，保险资金对投资的安全性、流动性要求较高。同时，还要兼顾投资的收益性。因此，保险机构投资的要求是安全性、流动性、收益性。

对于非标准化产品而言，由于其相对标准化产品流动性较弱，因此对于保险公司而言，非标准化产品投资的目的往往是在保证安全性的基础上，更多地获取投资收益。

二、基础设施和商业不动产领域内投资能力相对更高

由于保险资金运用的相关规定，保险资金投资的非标准化产品主要集中于基础设施和商业不动产领域。因此在这两个领域中，保险机构具有更强的非标产品投资经验和投资能力。

三、投资行为受到资本占用约束

在目前的监管体系下，偿债主体、担保主体和信用等级等要素相同的情况下，对于债权投资计划、信托受益权的认可比例不相同，投资认可比例较低的信托受益权，将会占用更多的资本。在偿二代监管体系下，其他因素相同的情况下，信托受益权凭证、股权投资计划的风险因子更高，因此会占用更多的资本。所以，保险机构在相同的收益、风险水平下，对于产品的类别选择受到资本占用约束。

四、风险容忍度有所上升

由于负债端资金成本上升,以及宽松货币环境下资金方话语权的下降,保险机构非标准化产品投资的风险容忍度在主、客观因素影响下有所上升。近期债权投资计划等保险资管发行的非标准化产品的交易对手中超大型央企的比例出现下降,地区国有企业和大型民营企业的比例有所上升。

第五节　本章小结

我国保险行业近年来快速发展,行业资产规模快速增长,可投资资金规模持续增长,成为资本市场上最重要的机构投资者之一。同时,由于资金竞争导致保险资金负债端资金成本持续上升。从保险机构的投资结构来看,以非标准化产品为主的其他投资规模和占比均持续提升。而从国际保险公司资金配置的情况来看,具有非标性质的投资也是资金配置的重要方向之一。在政策层面,保险资金的投资标的持续扩充,监管机构对于保险投资的监管持续优化调整,这些从政策层面给予保险机构投资人更多的自由空间,但同时也对其投资能力有了更高的要求。可投资资产的快速增长、资金成本的提高和政策留给保险机构的空间持续加大,都使得保险机构在投资过程中风险容忍度提高。

通过分析 2014 年以来的注册状况,保险资管发行的非标准化产品具有规模小、投向和产品种类有限、产品信用等级普遍很高、收益率水平相对较高的特征。考虑到 2014 年以来,在资本市场上,资金供给方的话语权有所下降,所以保险资管发行的非标准化产品在融资工具中的市场份额有所下降。具体表现为 2015 年,基础设施债权投资计划、不动产债权投资计划的规模较 2014 年有所下降。

保险机构非标准化产品投资表现出相对注重收益性、基础设施和不动产领域内投资能力较强、投资行为受资本占用约束和风险容忍度持续上升的特征。

第三章　保险资金投资非标准化产品的投资策略研究

保险投资的逻辑是在资本约束和负债成本约束的条件下,追求最优的风险收益比。本章在"偿二代"背景下,分析了未来保险资产配置中主要投资途径资本消耗的情况,并针对目前保险机构投资的主要非标产品在新的监管体系下,对资本消耗的变化情况,进而得出未来保险资产配置的大方向。然后,针对具体的非标产品选择,提出了先利用准入标准进行初选,并提出了对符合准入条件的非标产品的选择原则。

第一节　"偿二代"背景下的保险资产配置

保监会 2012 年开始启动"偿二代"体系的建设,2015 年 2 月,正式发布了"偿二代"监管规则,预计 2016 年将正式开始实施。"偿二代"将资产风险纳入最低资本计算,根据保险风险、市场风险、信用风险和控制风险等分别计算资本要求。在这样的监管体系下,保险资产配置的思路是在偿付能力和负债成本约束的条件下追求资产配置收益的最大化。保险机构的负债成本与各机构自身经营策略和状况紧密相关,出于研究主题的需要,我们将负债成本视为"外生"的约束条件,重点考虑偿付能力的约束。

从投资风险角度来看,虽然不同的资产类别主要面临的大类风险不尽相同,但与保险资金运用紧密相关的大类风险主要是信用风险和市场风险。在"偿二代"体系下,不同类型资产对资本的占用情况主要通过风险因子来衡量。在这部分中,首先概述"偿二代"体系下大类资产的风险因子情况,因此来判断不同类型资产对资本的消耗情况;然后在此基础上,具体分析"偿二代"体系运行后可对保险机构非标产品投资的影响。

一、"偿二代"体系下各类投资的资本占用情况

在"偿二代"体系下,市场风险中的利率风险等与信用风险中的利差风险的计算方法基本一致。不同类别的资产对资本占用主要在于违约风险因素和价格风险。

在"偿二代"体系下,很多资产类型对资本的占用比例有一定的提高。如果从减少资本占用为出发点,"偿二代"体系下,未上市公司股权的风险因子总体小于上市公司股票的风险因子,而在"偿一代"体系下,未上市公司股权投资对资本的占用则比较高。基础设施股权投资计划在"偿一代"体系下认可比例为 85%、最低资本占用比例为 3%,而在"偿二代"体系下的风险因子则是 12%。物权或投资性股权方式的不动产投资在"偿二代"体系下的认可比例较"偿一代"体系下减少较多。在"偿二代"体系下,对资本占用最小的资产类型是上市公司优先股和固定收益类保险资产管理产品;而上市公司股票、股票型分级基金的劣后级、另类保险资管产品的资本消耗最高。境内权益

和不动产大类资产的价格风险因子如表 3—1 所示。

表 3—1   境内权益和不动产大类资产的价格风险因子

资产类别	风险因子
上市股权	
非 ST 股票	沪深主板 31%、中小板 41%、创业板 48%
公开上市优先股	6%
股票基金	25%
债券基金	20%
混合基金	20%
股票分级基金优先级	25%
股票分级基金劣后级	36%
债券分级基金优先级	4.8%
债券分级基金劣后级	7.2%
非上市股权	
非公开上市优先股	12%～40%
具有控制、共同控制或重大影响	子公司 10%、联营或合营 15%
不具有控制、共同控制或重大影响	28%
不动产及基础设施股权投资计划	
物权方式/投资性股权投资	历史成本法 8%、公允价值法 12%
具有控制、共同控制或重大影响的股权方式	子公司 10%、联营或合营 15%
基础设施股权投资计划	12%
金融产品	
权益类信托计划	31%
保险资产管理产品——权益类	25%
保险资产管理产品——固定收益类	6%
保险资产管理产品——另类	40%
保险资产管理产品——混合类	20%

资料来源:《保险公司偿付能力监管规则第 7 号:市场风险最低资本》。

固定收益类资产对资本的占用大部分较"偿一代"体系下有一定提高,例外的资产类别包括商业银行存款、次级债和混合资本债、高信用等级债券、不动产债权投资计划。在"偿二代"体系下,现金及存款、债券属于对资本消耗较小的资产类型;不动产债权投资计划对资本的占用下降相对更多。境内固定收益类资产的违约风险因子如表3-2所示。

表3-2　　　　　　　　　　境内固定收益类资产的违约风险因子

资产类别	风险因子
现金及存款	
现金及流动性管理工具及货币市场基金	0%～5%
定期存款和协议存款——国有独资商业银行	0%
定期存款和协议存款——非国有独资银行且资本充足率不低于8%	1%～3.5%
定期存款和协议存款——非国有独资银行且资本充足率低于8%	20%
债券	
政府债	0%
金融债——政策性银行和国有独资商业银行	0%
金融债——非国有独资银行且资本充足率不低于8%	1%～3.5%
金融债——非国有独资银行且资本充足率低于8%	20%
金融债——非银金融机构且评级AA（含）以上	5%
金融债——非银金融机构且评级低于AA	20%
次级和混合资本债——偿付能力不低于100%的保险公司和资本充足率不低于8%的商业银行	0%
次级和混合资本债——偿付能力低于100%的保险公司和资本充足率低于8%的商业银行	1%
无担保债券	
无担保债券－AAA	1%
无担保债券－AA（含）到AAA	3.6%～4.5%
无担保债券－A（含）到AA	4.9%～9%
不动产投资计划	
不动产投资计划－AAA	1%
不动产投资计划－AA（含）到AAA	3.1%～4%
不动产投资计划－A（含）到AA	4.4%～8.5%
基础设施债权投资计划	
基础设施债权投资计划－AA（含）以上	1%～4%
基础设施债权投资计划－AA以下	4.4%～13%

续表

资产类别	风险因子
银行信贷资产支持计划/证券公司专项资产管理计划	
银行信贷资产支持计划/证券公司专项资产管理计划－AAA	2%
银行信贷资产支持计划/证券公司专项资产管理计划－AA(含)到AAA	4.1%～5%
银行信贷资产支持计划/证券公司专项资产管理计划－A(含)到AA	5.4%～9.5%
集合信托计划	
集合信托计划－AAA	10%
集合信托计划－AA(含)到AAA	13.5%～16%
集合信托计划－A(含)到AA	18.4%～22.5%

资料来源:《保险公司偿付能力监管规则第8号:信用风险最低资本》。

在"偿二代"体系下,大部分类资产的风险因子比"偿一代"体系下的资产非认可比例有所上升,因此,收益水平相对较高且风险因子适中的产品能够有效地提高保险资金的使用效率。

二、"偿二代"体系对非标产品投资策略的影响

2016年预计"偿二代"将开始实行后,对保险资金的资产配置的导向作用将逐步显现。无论标准产品还是非标准产品,保险资产配置的基本原则都是在偿付能力和负债成本的约束下,追求收益的最大化。在资产配置方面,偿付能力约束是大多数保险机构进行投资过程中需要考虑的重要约束问题。在"偿一代"和"偿二代"体系下,保险机构投资的主要非标产品对资本的占用情况如表3-3所示。两种监管体系下,各类投资对资本占用的变化情况可以通过对比"偿一代"体系下投资资产的非认可比例与"偿二代"体系下的风险因子而得知。通过对比,保险资金可投资的主要非标产品中的大部分风险因子高于非认可比例,只有基础设施股权投资计划、不动产债权投资计划、物权方式/投资性股权投资在"偿二代"体系下对资本的消耗有显著降低;具有控制、共同控制或重大影响的股权方式、保险资产管理产品和高等级的集合信托计划对资本的消耗则显著增加;变动不大的投资项目为基础设施债权投资计划。

因此,"偿二代"体系下,在风险收益差异不大的情况下,从资本约束的角度来看,保险机构可以适当增加基础设施股权投资计划、不动产债权投资计划、物权方式/投资性股权品种的投资规模。而目前投资规模较大的集合信托计划则受到较大的影响。

表3—3　　　　　　"偿一代"和"偿二代"体系下主要类型非标产品的资本占用情况

产品类别	风险因子 （偿二代）	非认可比例 （偿一代）
物权方式/投资性股权投资	历史成本法8%、公允价值法12%	15%
具有控制、共同控制或重大影响的股权方式	子公司10%、联营或合营15%	上市5%、未上市0%
基础设施股权投资计划	12%	15%
权益类信托计划	31%	25%
保险资产管理产品——权益类	25%	5%
保险资产管理产品——固定收益类	6%	2%
保险资产管理产品——另类	40%	15%
保险资产管理产品——混合类	20%	10%
不动产投资计划—AAA	1%	10%
不动产投资计划—AA（含）到AAA	3.1%～4%	15%
不动产投资计划—A（含）到AA	4.4%～8.5%	25%
基础设施债权投资计划—AA（含）以上	1%～4%	0%
基础设施债权投资计划—AA以下	4.4%～13%	5%
集合信托计划—AAA	10%	5%
集合信托计划—AA（含）到AAA	13.5%～16%	10%
集合信托计划—A（含）到AA	18.4%～22.5%	20%

资料来源：根据中国保险监督管理委员会相关规定整理。

在"偿二代"体系下，不同类型的非标产品中，风险因子的差别可能会引导同类非标产品中的选择行为。在权益类投资中，股权类信托计划的风险因子最高，可能导致该类型的投资被基础设施股权投资计划类型的较低风险因子的产品所替代；在保险资管产品中另类投资品种的风险因子最高，可能导致其被同样可以投资于部分权益类产品的混合型保险资管产品更多的替代。在债务性品种中，基础设施债权投资计划风险因子最低，不动产债权投资计划风险因子较低，未来可能会替代一部分信托产品的投资。

总体而言，"偿二代"体系下，由于各项资产的风险因子普遍较"偿一代"体系下的非认可比例高，对保险机构投资中风险收益识别能力提出了更高的要求。通过分析，我们注意到，与"偿一代"相比，基础设施股权投资计划、基础设施债权投资计划和不动产债权投资计划在新的监管体系下可能会对其他相近类型的非标产品产生一定的替代作用。

这一部分仅从偿付能力约束的角度讨论"偿二代"监管体系下,保险机构大类资产配置的策略。下一部分将讨论具体非标产品的配置策略。

第二节　保险资金非标产品配置策略

一、基本思路

根据目前的监管规定,保险资金可以投资的非标产品类型包括境内依法发行的商业银行理财产品、银行业金融机构信贷资产支持证券、信托公司集合资金信托计划、证券公司专项资产管理计划、保险资产管理公司基础设施投资计划、不动产投资计划和项目资产支持计划、股权投资基金等金融产品。非标产品已经成为保险资金投资的重要品种,上一节已经就"偿二代"背景下,从资本约束的角度出发,对保险资金配置的大方向进行了分析。对于具体的非标产品而言,由于每个产品都具有"非标"特性,因此每种类型甚至每个非标产品都有独特的风险收益特征。所以,建议针对非标产品的这种特征,在进行非标产品投资中首先要制定准入标准,以达到保险机构自身投资所要获得的目标。从收益的角度界定准入标准主要考虑的负债成本约束。另外,考虑保险资金安全性,还需要从风险收益匹配和风险可控的角度制定准入标准。负债成本与每个保险机构的运营特征相关,在本文的投资策略研究中作为"外生变量"来考察,因此本节主要研究从风险收益和风险可控的角度对非标产品进行选择。

非标产品涉及的行业、区域、交易结构等信息,以保险资金投资人的角度,如何从非标资产所具有的多样性因素及多维分类角度着眼,寻找适合的投资产品,确定合理的规模配置,既是一个涉及要素分析的系统理论问题,也是一个切合实际的操作层面问题。

在这部分中,首先从经济周期、产业周期、区域经济、交易对手选择等维度介绍非标产品准入标准的设计。然后,在此基础上介绍非标产品的选择原则。

二、非标产品准入标准的设计

非标产品是个性化设计的产品,但产品涉及的行业及产业的基本面情况、主要交易对手的综合实力、交易结构等方面的分析和筛选仍然具有共性。因此,非标产品的准入标准主要从上述几个维度着手设计。另外,考虑到非标产品按照大类区分可能具有债务性质和权益性质,两种类型产品面临的风险有所区别,因此在进行准入标准设计的过程中,虽然大类一致,但可能在细节方面有所差别,在下文中也会加以区分介绍。同时,我们还会结合分析给出操作层面的管理建议。

(一)行业的经济周期敏感性

经济周期一般是经济活动沿经济发展的总体趋势所经历的有规律的扩张和收缩,反映在数字上即为国民总产出、总收入和总就业的波动,是国民收入或总体经济活动扩张与紧缩的交替或周期性波动变化。不同的行业受到经济周期影响的程度不尽相同。按照与经济周期相关性强弱区分,可以将行业区分为周期敏感性行业和非敏感性行业。经济周期敏感性行业主要包括大宗原材料(如钢铁和煤炭等)、工程机械、船舶、建筑等。非敏感性行业通常是关系到国家安全和民生的行业,如农业、公用事业、基础设施投融资等。

通常来说,周期敏感性行业经营表现的波动性较强,在经济的下行期,通常会表现出盈利水平下降、现金回流困难、负债经营等现象。而周期敏感性较低的行业的经营表现通常相对稳定,但盈利水平通常不高。

对于周期敏感性的准入原则设计主要需要关注以下方面:

第一,投资主体自身的风险承受意愿。风险承受意愿较低的投资主体,建议避免选择主要交易对手所处行业为强周期的行业,而选择周期敏感度中低的行业。

第二,产品的类型和期限。对于期限较长、债务性的产品,需要慎重选择周期敏感度高的行业。

第三,投资时所处的经济周期。通常情况下,在复苏和繁荣初期,可以适当考虑周期性行业,而在衰退和萧条期,则慎重或者避免选择周期敏感度较高的行业。

具体操作方面,建议对行业周期敏感度这个维度实施"白名单"管理,并且定期根据自身风险承受意愿、宏观经济状况等更新白名单准入标准,同时,对于非白名单的非标产品实行特殊审批。

(二)产业周期

产业周期即产业生命周期,每个产业都要经历一个由成长到衰退的发展演变过程,这个过程便称为产业的生命周期。一般来说,行业的生命周期可分为四个阶段,即初创期(也称幼稚期)、成长期、成熟期和衰退期。从保险资金安全和监管规定的角度,不应将处于衰退期行业的交易对象纳入投资范围。需要注意的是,现在我国正处于结构调整期,部分产业因技术演进或劳动力优势的逐步稀释而被迫升级换代,这可能使得一些行业加速进入衰老期。

对于不同的产品类别,对于产业周期的选择不尽相同,例如,创投基金等可能会选择初创或成长期初期的行业;债务性的产品除了避免衰退期交易对象以外,还要尽量避免初创期产业的交易对象。

在操作层面,建议产业周期维度进行"黑名单"管理,避免选择处于衰退期行业的交易对手。

(三)行业政策敏感性

行业的政策敏感性是指行业盈利水平等经营绩效受到政策影响的程度。房地产、基础设施投融资等行业政策敏感性较高。行业政策敏感性对于非标产品投资的影响与行业周期敏感性的影响近似。政策敏感性较高的行业在政策环境不利的时候,经营绩效会出现较大幅度的下降。由于政策变化具有一定的刚性,因此对于投资周期较长的非标产品,要慎重选择政策敏感性较高的行业。

具体管理中,行业政策敏感性与行业周期敏感性可以合并考虑。特殊的,如果投资主体风险承受意愿较低且产品类型为债务性的,则建议采用"黑名单"制度管理。

(四)区域经济

区域经济包括区域经济发展水平、财政状况、治理水平、金融环境等方面。现实中,保险机构投资的大部分主要交易对象是跨区域的大型企业。但是,对于经营范围较为单一、交易对象属于城市基础设施投融资企业或者投资回报较为依赖特定区域经济的情况则需要特别关注区域经济的研判。

对于不动产相关投资而言,区域经济分析中需要关注募集资金投向项目所处区域或者主要交易对象经营区域的状况。重点包括:区域经济发展的状况、区域人口特点和人口的变化趋势等。应当重点避免经济发展状况不好且人口外流的区域。

对于交易对象是从事基础设施投融资业务为主的城投公司而言,区域经济分析则更加重要。限于研究篇幅和研究主题,这里只叙述需要关注的几个重点方面,对于指标层面不展开论述:

第一,地区经济发展现状。现状包括经济规模、经济发展结构、经济发展质量、产业发展状况等。具体指标包括地区国民生产总值、人均地区国民生产总值、三次产业结构、固定资产投资状况、主要产业的发展指标等。

第二,地区财政实力和债务水平。地区财政实力的指标包括本级和全口径财政总收入、公共预算收入规模等,另外还需要重视财政收入的质量,如财政总收入的GDP占比、公共预算收入在财政总收入中的占比、主要税种情况、基金收入占比等。由于我国地方政府债务数据可获得性不理想、时滞性较高，而且各地区债务水平统计可能存在一定的差别导致数据可比性不高。因此，地方政府债务数据通常除了建议采纳国家审计署公布的数据以外，还需要选择一些替代性指标作为修正指标。

第三，地区基础设施投融资管理体制。虽然基础设施投融资总体受到财政部和发改委两个部门的主要规范约束，但是不同地区仍然存在较大的差别。地区基础设施投融资管理体制需要重点关注区域内从事基础设施投融资的"平台"性质的公司的数量、具体负责领域如何划分，还要关注地方政府对于这些"平台"性质的公司如何管理。

在具体的操作层面，如果是不动产类投资，建议采用"黑名单"制度管理，屏蔽掉那些经济发展状况不乐观同时人口净流出的地区；如果是基础设施类型的项目（如基础设施债权投资计划、基础设施股权投资计划等），则建议采取"白名单"制度，结合自身风险偏好、投资能力和经验制定名单。

（五）行业竞争格局

理论上，行业竞争格局包括垄断、寡头竞争、不完全竞争、完全竞争四个主要类型，其中垄断和完全竞争属于理论分析层面，现实中往往仅有近似情形的行业。电力供应、石油长输管线或电信基础设施在我国目前属于最接近垄断的行业。此外，自来水供应、公交运营等也具有较强的区域垄断特征。而电力生产、石油采掘、电信运营等行业属于比较典型的寡头垄断行业，钢铁、煤炭、互联网等行业则竞争程度相对较低，介于寡头和不完全竞争行业之间。家电、一般制造行业、农业等则完全竞争行业属性更强。

在交易对象的选择中，要慎重选择在高垄断属性行业中处于弱势地位的企业。特别是对于债务性非标产品而言，高垄断属性行业中的弱势企业会受到垄断地位企业的压力难以表现出稳定的、较高的盈利水平。

而对于完全竞争特征比较明显的行业，行业内的企业增长空间有限，应慎重作为权益类投资产品的交易对手。

在具体操作中，建议对于债务性产品采取"白名单"管理，列入行业中的重点企业作为交易对手。对于权益性投资可采取"黑名单"管理，屏蔽完全竞争属性很强的行业。

（六）交易结构

交易结构设计是非标产品投资需要关注的核心内容。在投资决策中，讨论非标产品的交易结构，首先需要做到的是合规和法律风险的把控。在此前提下，对交易结构的评价选择，是投资决策的一项重要参考依据，需要从资金和项目两个方向入手，分析交易结构的适用性。

资金适用性是指产品设计与保险资金投资方的资金要求是否匹配,以及规模、期限、资金性质、分散化管理等方面的匹配。

项目适用性是指在项目的不同阶段,债权或股权方式的选择,主要涉及以何种方式、什么时机进入特定项目的问题。

在具体操作层面,为避免投资不合规或存在较大法律瑕疵的项目,建议采取"一票否决"的制度管理。

(七)投向项目和基础资产

投向项目是投资收益或还本付息的第一来源,因此有必要对投向项目自身的赢利能力进行分析和压力测试。投向项目所处行业不同,分析方法有较大差别。根据第二章中对我国目前保险机构非标产品投资的分析,房地产行业和基础设施产业是投向比较集中的行业。

对房地产项目分析而言,项目资本金投入、区位周边交通、商圈配套、竞品运营、项目规划等基本情况均需要关注。此外,还需要关注项目建设施工方的资质和能力、项目未来运营方的能力水平,以及项目所在区域未来发展空间等内容。

对于基础设施项目分析而言,除了项目本身的赢利能力评估以外,更需要关注项目对于区域社会经济的重要性、相关地方政府对于项目的资金配套措施、项目管理和运营方(往往是城投公司)投融资经验和能力等。

目前,监管机构已经放开项目资产支持计划的基础资产的范围。如果作为资产支持计划的基础资产,除了要按照上述项目分析方法进行分析以外,更需要注重测试基础资产获取现金的能力,其盈利水平和获取现金的水平对于本息偿付的覆盖程度。同时,还要关注基础资产项目是否"干净",没有法律瑕疵。

具体项目筛选操作过程中,建议采取法律合规"一票否决"制,避免投向项目或基础资产存在明显法律或合规瑕疵的情况出现。

(八)其他关注问题

除了上述七个维度进行项目准入条件设计之外,还需要考察其他以下方面的问题:

第一,管理人的经验和能力。产品的管理人从非标产品的设计到价格谈判,再到发行后的管理都会影响非标产品的收益和产品安全。此外,非标产品信息透明度较差,管理人与投资人相比,具有相对较强的信息优势。因此,对管理人的经验、能力、道德水平都需要重点关注。

第二,主要交易对手的信用等级。如果主要交易对手有信用评级,无论是债务性产品还是权益性产品,建议如果条件允许要将交易对手信用等级作为筛选条件之一。因为信用等级的评定是综合考察了受评对象的外部环境、自身竞争能力和财务实力、外部支持和流动性之后得出的。大型评级公司在进行等级评定的过程中,经过了相对较长的现场调查、信息搜集,并结合了自身积累的行业和企业风险判断能力,相对投资人而言也具有信息优势。

第三,注意例外原则的应用。上述维度的描述,都是在假设其他维度相同的情况下进行的单独的影响分析,但是现实中,多种维度组合在一起往往会出现耦合效应。此外,毕竟上述七个维度仅仅是最重要的方面而已。所以,在准入条件设计中需要注重例外原则,这样才可能利用非标产品获得较好的风险—收益配比。

三、非标产品选择的原则

上文从七个主要维度论述了非标产品的准入原则,对于满足准入条件的非标产品的筛选需要遵循以下原则:

(一)风险收益和资本消耗均需要纳入"性价比"考量

所谓性价比,一方面是指风险收益比,另一方面也需要将具体投资的非标产品对资本的消耗作为"成本"纳入考量。

特定风险情况下,追逐更高的收益率是投资的基本原则,拥有更高性价比的非标产品应当获得更多的配置。以险资投资主要的债权类非标产品为例,与债券相比较,如果可以获得同等信用评级,应当反映类似的信用风险评价。但是,债权类产品同时获得了一部分流动性溢价,保险机构在大类资产配置层面保证投资综合流动性的基础上,债权投资多出的流动性溢价即成为其获得更高风险收益配比的净增量。

此外,如果把投资对资本的消耗也作为"成本"纳入考量,在相同的风险收益水平下,需要选择风险因子较小或资产认可比例较高的产品。

(二)规模和期限匹配

保险机构非标投资的规模应与其负债总规模以及监管政策规定的相应资产配置比例要求相匹配,避免出现配置比例过高或过低的情况,并根据市场及保险机构自身情况进行动态调整。

股票和债券交易市场的存在,使股票和债券投资的持有期可以日计,由于不存在非标产品的交易流通市场,而且非标产品收益凭证也缺乏公认有效的定价机制,所以保险投资机构一旦达成一项非标产品的投资决策,基本相当于决定投资了一项持有至到期投资产品,非标产品较长的持有期对投资人的资产流动性会有较大影响。因此,投资人必须考虑自身负债的久期和资产久期的匹配程度。

非标产品方面,银行理财产品的持有期从数月至数年,信托产品的持有期主要为6 个月～3 年,保险机构受托发行的债权投资计划持有期以 5 年～15 年为主,股权投资计划以 5 年～10 年为主,资产支持计划持有期均在 3 年以上。

因此,非标产品需要其他大类资产组合,统一考量资产流动性。流动性对非标投资的决策的影响,最终体现在大类资产配置上。

(三)资金性质和币种匹配

就资金性质匹配而言,应该是固定不变的负债与固定收益类资产匹配,变额负债与权益类资产匹配。比如,某些非寿险公司的保险产品的赔付额度容易受到通胀的影响而产生变化,因此,需要与权益类资产匹配来抵御通胀的压力。

币种匹配是指本币资产与本币负债匹配,外币资产与外币负债匹配,从而降低汇率风险。当出现币种不匹配的情况时,应适当使用货币掉期等衍生工具来进行风险对冲。

除上述单独的要素匹配管理外,保险资金还需要注意各要素之间的互补和动态调整关系,以及投资的分散性原则,从而达到投资资金的营利性、安全性和流动性的最佳匹配组合。

(四)选择适合自身风控能力的产品

目前,宏观下行趋势未改,货币宽松将持续,大部分固定收益标准产品的收益率持续下行。与此同时,大部分保险产品负债成本难以同步降低,因此对保险资金运用提出更高的收益要求。在这样的背景下,由于非标产品相对较高的收益水平,未来仍将是保险机构资产配置的重点途径。为了提高收益率,固定收益非标产品的信用等级将出现下沉。投资机构在选择非标产品时,应当选择与自身风控能力匹配的非标产品。具体而言,一方面,选择自身投资经验丰富或者研究储备丰富的行业和交易对手;另一方面,需要根据自己的风险承受能力和偏好选择相应的产品,而不能过度追求高收益。从长期来看,保险机构应当建设自身风险管理能力、丰富风险控制的手段,这样才能在中长期货币宽松预期下满足自身负债端成本要求。

(五)选择投后管理措施完备性和操作性兼顾的产品

由于非标产品交易结构复杂、信息不透明、流动性较弱等特征,投后管理的重要性相对于标准化投资更高。在选择产品的过程中,投后管理措施的完备性和操作性是保障投资安全、最终实现收益的重要方面。对于不同的产品而言,投后管理措施的设计不尽相同,应当选择符合产品风险特征的投后管理措施。同时,投后管理措施的可操作性是各项防控措施能否落实的保障,也是需要重点关注的方面。投后措施本身是否切实可行会影响其可操作性,同时,产品管理人的投后管理经验和管理人自身对投后管理的重视程度也会对可操作性产生重要影响。

第三节　本章小结

保险机构基本的投资逻辑是在资本约束和负债成本约束条件下,追求更高的收益—风险比。负债成本在保险公司的投资过程中可以视为"外生",因此本章重点讨论了"偿二代"监管体系下,各类投资资产对资本的消耗程度,以此作为资产配置方面的基础。从具体产品投资策略而言,需要通过多维度的准入标准进行初选,在满足准入条件之后,再进行选择。本章的主要结论包括:

在"偿二代"体系下,大部分种类的投资资产的风险因子较"偿一代"体系下的资产非认可比例有所上升,对保险机构投资中风险收益识别能力提出了更高的要求。与"偿一代"相比,基础设施股权投资计划、基础设施债权投资计划和不动产债权投资计划在新的监管体系下可能对其他相近类型的非标产品产生一定的替代作用。

在具体非标产品筛选过程中,我们建议在操作中进行"准入制度"初选,具体准入制度设计如表3—4所示。

表3—4　　　　　　　　　　非标产品准入标准设计

准入标准	准入条件	建议管理措施
行业周期敏感性	中长期限债务性产品:慎选强周期行业 权益性产品:慎选弱周期行业	白名单制度 例外审批
产业周期	债务性产品:避免初创期和衰退期行业 权益性产品:避免衰退期	黑名单制度
行业政策敏感性	中长期债务性产品:避免高度政策敏感性行业	黑名单制度
区域经济	不动产类投资:避免经济衰退和人口流出地区	不动产类:黑名单制度 基础设施类:白名单制度
行业竞争格局	债务性产品:慎选高度垄断行业中的弱势企业 权益性产品:慎选高度竞争行业内企业	债务性产品:白名单制度 权益性产品:黑名单制度
交易结构	合法合规,设计合理	合规"一票否决"
投向项目/基础资产	一般产品:合法合规 资产支持计划类产品:项目自身现金流覆盖本息	合规"一票否决"

对于达到准入标准的项目,根据如下五个原则进行最终选择:第一,风险收益和资本消耗需要纳入"性价比"考量;第二,非标产品在规模和期限上要与监管要求和自身负债期限结构做到匹配;第三,非标产品在资金性质和币种方面要与公司负债的资金性质和币种做到匹配;第四,产品选择中要结合自身风控能力和特点;第五,要选择投后管理措施完备性和操作性兼顾的产品。

第四章 保险资金非标投资的风险管理

风险管理以保障保险资金运用安全为核心目的。因为不同保险机构的风险偏好受到管理理念、负债成本、风险承担意愿、发展战略等多方面影响,具有很强的"个性化"特征。因此在本章中,重点讨论风险识别和风险监控。风险识别是非标产品风险管理的第一步,风险监控是贯穿非标产品整个投资周期的重要工作。此外,本章结合市场中非标产品风险管理经验和保险机构管理特点提出了一些具有可操作性的风控措施,并对非标产品的风险管理体系构建给出了几点建议。

第一节 非标投资风险管理概述

一、非标投资风险管理的内涵

(一)风险管理及相关概念

公司运营所面临的风险种类繁多,战略类风险、人力资源类风险、财务类风险、业务类风险,每一类风险均包含众多细分风险。而投资行为面临的主要风险则主要包括市场风险、信用风险、操作风险、流动性风险、法律和监管风险等狭义层面的风险。非标与标准化产品所面临的风险因子大致相同,但每个风险因子在影响机制和影响程度上不尽相同,本章主要结合非标产品的特点,论述非标产品投资中的风险识别和风险监测等风险管理内容。

在非标产品投资风险管理研究中,需要关注以下几个方面:

1. 风险偏好

风险偏好是投资人对所承担风险的种类、大小等方面的基本态度,受投资理念、管理哲学、企业文化以及所处外部环境等因素共同影响。根据风险承担者的战略目标和价值取向,风险偏好一般分为激进型、稳健型和保守型。保险资金本身对风险厌恶度偏高,偏好相对稳定的收益,所以,保险资金非标产品投资必然惯性地具有保守型的风险偏好。同时,随着保险机构投资能力的提升和负债成本上升促使保险资金投资收益率要求的提升,保险机构非标产品投资的风险偏好逐步改变。

2. 风险容忍度

风险容忍度是对投资目标偏差的可接受程度。风险容忍度是风险偏好的具体体现,通常是定量的描述。风险容忍度是风险偏好在具体风险中的量化。随着保险机构非标投资风险偏好的逐步改变,非标投资的风险容忍度的具体指标也逐步放宽。

3. 风险识别

风险识别是指在风险事故发生之前,人们运用各种方法系统地、连续地认识所面临的各种风险以及分析风险事故发生的潜在原因。风险识别同样也是保险机构非标产品投资的第一步。由于非标产品流动性很低,因此投资前的风险识别相对更加重要。

4. 风险监控

风险监控是指对风险的发展与变化情况进行全程监督,并根据需要进行应对策略的调整。对于非标产品而言,通常持有期限较长且难以交易,因此在投资期限内的风险监控相对更加重要。

风险偏好和风险容忍度是非标风险管理的重要方面。每个保险机构非标产品投资的风险偏好及风险容忍度受到自身风险管理能力、风险承受意愿、负债成本、管理理念等影响,具有很强的"个性化"特征。而风险识别和风险监控则是非标管理工作中具有"共性"特征的内容。同时,在一定时期内,风险偏好和风险容忍度是既定的。因此,本研究中重点分析非标产品的风险识别和风险监控。

(二)非标产品投资风险管理的特征和内容

从非标产品投资的流程来看,风险偏好和风险容忍度通常是在投资之前已经制定好的,非标产品的投资是执行和遵守风险偏好,在风险容忍度范围内进行。风险偏好和风险容忍度与每个保险机构自身的特点紧密相关,不作为本文的重点,而本文的重点在于讨论具体非标产品投资过程中的风险管理工作,即风险识别和风险监控。

1. 非标产品的风险管理特征

本文研究的非标准化产品区别于标准化产品主要有如下根本特征:不能在公开市场中交易、定价机制不透明。此外,相对于标准化产品,非标准化产品普遍还具有交易结构较复杂、信息披露透明度较低、流动性相对较差等特点。

由上述特征衍生出非标准化产品的风险特征,主要包括如下方面:

第一,风险收益判断较难。由于缺乏合理定价机制,非标产品的风险收益判断难度较高。另外,非标准化产品定价需要考虑流动性溢价、谈判能力、管理人能力等多方面因素,这也在客观上增加了非标准化产品风险收益的匹配难度。

第二,信用风险识别和控制难度较高。对于非标准化信用品种而言,交易结构复杂、涉及主体多、信用链条较长,因此信用风险识别难度相对标准化信用品种而言较高。由于非标准化信用品种信息和资料不透明,这对信用风险的识别提出了更高的要求,同时也增加了信用风险控制的难度。

第三,法律风险和操作风险发生可能性较高。由于非标准化产品的交易结构较复杂,从募集资金的管理到产品相关的合同等各方面也是多种多样。可以说每个非标准化产品都是独特的,因此法律风险和操作风险发生的可能性相对标准化产品来说会更高。

第四,后期管理重要性强但难度较大。非标准化产品投资完成后,后续管理很重要。一方面,由于每个非标准化产品都可能有一些特殊的约定,因此在投资后的后续管理过程中,监督一些特殊条款的落实情况很有必要;另一方面,由于非标产品流动性很弱,因此有效的后续管理能够在风险事件产生之前进行防范。但是,非标准化产品的后续管理难度相对较高。复杂的交易结构和多样化的合同约定,以及信息披露相对标准品不够充分和及时,客观上增加了非标准化产品后续管理的复杂性。

2. 非标产品风险管理的主要内容

非标产品风险管理的主要内容是风险识别和风险监控。

风险识别过程是非标产品风险管理的第一步。风险监控包括对风险发展变化的监测以及对风险应对措施的调整。风险识别和风险监控对于非标产品投资具有重要的意义:第一,风险识别是非标产品投资决策过程中的重要依据,有效的风险识别有利于对非标产品进行合理的定价;第二,非标产品通常流动性较弱,因此更需要通过有效的风险识别对风险进行预判,并利用非标产品"个性化"的特点,有针对性地设计交易结构以化解和分散风险;第三,风险监测有利于投资人在投资后能够掌握风险发展的动态,尽早进行风险处置安排,保障保险资金安全。

二、目前非标产品风险管理体系中存在的问题

(一)以风险监测为主,对投后管理工作重视不够

在选择非标资产进行投资时,由于保险资金对投资安全性的要求以及相关的监管规定,保险公司以及保险资管公司多选择高信用评级的交易对象,或通过高信用评级

的担保增信以及银行担保等方式达到追求资金安全的目的。如果我们把项目的风险管理工作看做包括交易对象和担保主体的前期评审、交易结构的设计、法律条款的安排、项目的投后管理以及项目出险后的处理等内容的全流程管理的话，那么保险公司对高评级项目的追求实际上是将项目的风险管理工作主要集中在前期交易对象和担保主体的选择和评审工作上，风险全流程管理的其他环节都适当弱化。久而久之，导致整体行业内"重投轻管"的现象十分明显，很多公司以"客户不接受"或"人手不足"等原因，不介入项目的实质后期管理工作；这样，实际上给市场一个印象，即"保险资金比较好用，后期没有太多的管理要求和限制"，甚至这种印象成为一些公司进行项目营销时的卖点之一。

（二）决策流程、风控体系等方面没有区分标准品和非标产品

非标产品有特殊的风险特征，在实际操作上造成无法兼顾两类产品所有风险特征的问题。但是在目前的决策流程等方面，对标准产品和非标产品并没有差异化管理。

（三）非标产品风险评价的标准化方面尚存不足

非标产品自身结构的非标准化与风险评价体系的标准化并不矛盾，非标产品结构种类较多，穿透至底层更是面临更多不同的行业风险特征，但是各类非标产品在风险上仍具有共同特征，部分提高风险控制体系的标准化作业对于非标投资的风险把控将大有益处。

第二节　非标产品主要风险识别

非标产品结构复杂、类型多样，非标产品面临的大类风险与标准品基本相同，主要有市场风险、信用风险、法律合规风险、流动性风险和操作风险。但是由于非标产品的特征，在非标产品风险管理中需要重点关注信用风险、法律合规风险和操作风险的识别。由于风险识别的全面性原则，在进行非标产品投资之前的风险识别中，需要对上述所有类别的风险进行识别和研判。

一、市场风险的内涵和识别

（一）市场风险内涵

固定收益类的非标产品承担利率风险。非标资产一般采用固定利率，在利率向上或向下波动时，会对非标资产的实际价值产生影响。因此，在设计非标产品交易结构时，应充分考虑现行利率及未来利率走势，设定合理的满足投资人收益要求及融资主

体能负担的利率水平。

无论是固定利率产品,还是浮动利率产品,利率波动或直接影响产品收益或间接影响产品价值。相比较而言,浮动利率产品的收益直接受利率波动的影响,收益率波动的风险暴露更加直接。目前,保险资金投资产品的利率类型仍以固定利率为主。收益率的不确定性风险相对较小,因此目前阶段利率风险并不构成非标投资的一项主要风险。

(二)市场风险的识别

未来随着产品创新以及满足不同融资需求,浮动利率非标产品的发展也是可以预见的,因此,对利率风险进行合理把控也将成为非标投资风险管理未来发展的趋势之一。

对于非标投资而言,利率风险的识别建立在对利率趋势的合理预测基础之上,单一产品交易结构中本息偿付节奏及方式的设置应尽量避免使产品本身暴露于利率大幅波动的风险之下。利率趋势受到诸多因素影响,对于我国市场而言,基准利率更多的是政府配合统一货币政策进行宏观调控的一种政策行为,但实际市场上,由于资产与资金两端供需变化带来的短期资金成本波动,也是非标产品投资需要及时关注和监测的。

二、信用风险的内涵和识别

(一)信用风险的内涵

现阶段,险资投资非标准化产品的总体债权属性更强,信用风险成为各险资机构在非标投资中风险管理的重点工作。信用风险是指交易对手未能履行约定契约中的义务而造成经济损失的风险。着眼于非标产品的债权属性,非标资产的信用风险主要可以从交易对象和交易标的两个方面进行识别。

(二)信用风险的识别

1. 交易对象评价

交易对象包括融资主体、增信担保方、受托人、独立监督人、托管人等非标产品的各参与方。各交易对象均可能在不同程度上影响到产品本息正常偿付,而融资主体和担保方的影响可以直接归结为信用风险,其他各交易对象的影响则主要为操作风险、法律风险和道德风险等。因此,本小节所述交易对象主要是指融资主体和担保方,交易对象能力评价也主要关注这两类交易对象的偿债(担保)能力和偿债(担保)意愿评价。

具体来讲,交易对象偿债能力分析主要包括:基于宏观行业情况的趋势判断、基于审计报表的严谨财务分析和基于尽职调查的经营状况研究。而偿债意愿评估主要包括对受评主体基本信用信息、经营信息、融资目的和用途的真实性、风控措施的有效性和违约成本的分析等。

2. 交易结构评价

非标产品的交易结构决定各参与方的角色及所附属的权利和义务。权属明晰而不过于繁杂,是交易结构设计的一项重要原则。非标产品交易结构附带风控和增信措施,主要包括保证担保、不动产抵押、股权质押、内部增信设计、资金监管、降价条款和赋权等。其中,内部增信、抵质押和保证担保通常被认为可能会起到增信甚至增级的作用,但在实际过程中其作用差异很大,评价时必须关注能够起到的实质性作用。

对于内部增信设计,需要关注劣后的比例、是否系第三方真正参与、是否真实出资,客观评估优先劣后的偿付顺序对优先级资金起到安全保证作用。

对于抵押等措施,本质上来说抵押物在一定程度上只能起到降低违约损失率而不是降低违约率的作用,因此需要高度关注抵押物的变现能力和价值评估状况。

对于保证担保,需要客观评价担保方的信用质量、与交易对象的风险相关系数,以及担保方的资质、能力(赢利能力、经营能力、偿债能力、成长能力等)。

3. 需要提升内部信用评级能力

目前,保险机构购买的所有债务性非标产品均要求有保监会认可的外部评级机构进行外部信用评级。但是,考虑到外部信用评级采用发行人(或者管理人)付费的模式,外部评级的评级方法主要基于标准产品特征,因此保险机构需要加强内部信用评价,提升内部信用评级能力。

三、法律合规风险内涵和识别

非标产品的监管政策较多、较细,且非标产品具有特殊性,合约非标准化,容易出现政策法律风险。法律合规风险贯穿于投资项目始终,但投资开始阶段的风险识别极为关键,法律风险的识别是一项专业性极强的工作,需要由专业的法律团队对产品相关政策、合同条款进行详细审查。

四、流动性风险的内涵和识别

目前,我国尚无较大规模的非标产品交易平台,同时非标产品本身也有交易结构多样、信息不对称性较强等情况,不存在有效的定价机制,非标资产流动性总体不强。

现实投资活动中,持有非标产品获得相对更高的收益率,这本身就是因为非标产品自身弱流动性所附带的一种溢价。

因此,保险资金在非标投资时是否选择这一低流动性的品种应当是在大类资产配置层面进行统一规划,配合保险公司投资的其他流动性品种来降低非标产品投资的流动性风险(具体非标投资的策略在第三章已有阐述,这里不再赘述)。

五、操作风险的内涵和识别

非标产品涉及主体较多、流程较长,在商务谈判、合同签署、资金划付、投后管理等方面由于操作不慎或流程缺失等原因极易出现操作风险。

操作风险的识别涉及所有的交易对象,对于交易对象业务能力、团队专业素质、过往经验情况均需要进行了解评测,非标产品投资、持有和退出的各个阶段,均有不同的交易对象牵涉其中,各交易对象在自身角色基础上的制度设计是否完善,是评判识别操作风险的重要考察项目。

第三节 保险资金投资非标产品的风险监测

目前,保险机构投资的非标产品中债务性产品数量较多,信用风险是非标产品风险管理中重点大类风险。此外,由于非标产品交易结构复杂,涉及交易主体较多,因此法律合规风险和操作风险也是需要重点监测的大类风险。这部分中将对上述三种风险的监测和评估体系进行论述。

一、信用风险监测和评估体系

信用风险的监测和评估是对偿债主体和担保主体债务偿付能力和偿付意愿的综合性监测和评估。信用风险监测体系如表 4—1 所示。

表 4—1　　　　　　　　　　　　信用风险监测体系

一级指标	二级指标	三级指标	四级指标
宏观、行业	政策与法律环境	行业战略规划	相关行业国家级区域层面发展规划
		相关产业政策	行业及上下游、关联关系的行业政策解读
	市场供需环境	市场需求增长率	区域社会经济发展、替代行业威胁等
		市场供给增长率	地区行业内企业生产状况总结
		行业运行特点	产品结构、消费群体状况、盈利模式等

一级指标	二级指标	三级指标	四级指标
财务经营状况	产品服务竞争力	业务结构	收入结构、业务多样化、经营区域多元化
		经营规模	产量指标、资产总计、主营业务收入
		管理及技术水平	管理架构、成本控制能力、管理费用状况
		销售	市场占有率、下游企业合作关系及稳定度
		团队专业能力	团队人员构成及稳定性、重点项目开发经验
	经营性赢利能力	收入	产品市场价格变动趋势、议价能力
		成本	原材料价格、供应商状态、毛利率、期间费用
		盈利与现金流	折旧与摊销、营运资金占用
资金来源	偿债来源	经常性偿债来源	主营收入、经营性现金流等
		投资性偿债来源	现金投资回报（主要为股权投资收益）
		股权融资偿债来源	发行股权收到的现金
		债务融资偿债来源	发行债务收到的现金
		资产存量	资产的可变现净值（非持续损益）
		第三方支持	政府支持、股东支持
		刚性现金支出	资本支出、现金分红
偿债能力	债务偿付能力	财务指标	杠杆率、流动比率、速动比率、利息保障倍数等
		到期债务覆盖率	债务期限结构、集中度、规模
		债务余额覆盖率	销售收入、经营现金流、债务本息的覆盖程度
	债务空间	债务余额空间	未来融资计划以及收入等偿债来源测算
		到期债务空间	到期债务以及偿债来源对债务的覆盖程度

在对融资主体信用风险进行系统性评价时可以参考上面的系统表格，但是信用评级业务中，上表数据就过于繁杂，也会对最终的信用状况判定形成较大噪声而影响结论。因此，在实际评级业务中可采用最新主体信用等级作为因变量，以规模、赢利能力、现金获取能力、竞争优势、偿债能力等方面的指标作为自变量，通过逻辑回归分析方法筛选备选自变量。实际业务中，不动产债权投资计划需要经常对房地产企业信用风险进行评价，表4—2以房地产开发行业为例，列示信用评级过程中采用的关键指标。

表4—2 房地产开发行业评级模型指标

一级指标	二级指标	类型
抗波动性	产业政策和区域政策的影响	定性
	开发项目区域布局	定性
竞争地位和竞争优势	竞争地位	定性
	合并口径内房地产开发资质	定性
	销售利润率行业均值比	定量

续表

一级指标	二级指标	类型
综合财务实力	总资产	定量
	营业总收入	定量
	资产负债率、修正后房地产资产负债率	定量
	现金回笼率	定量
	总资产周转率、存货周转率	定量
	速动比率	定量
	经营性净现金流有息负债比	定量
外部支持	公司实际控制人或控股股东实力	定性
	融资渠道	定性

二、法律及操作风险监测和分析体系

法律风险关乎非标投资能否进行,而操作风险关乎非标投资能否顺利完成。一个非标产品在投资之初应尽量避免这两类风险暴露,并持续跟踪,主要分析体系如表4-3所示。

表4-3　　　　　　　　　　　　　法律及操作风险监测和分析体系

一级指标	二级指标	三级指标	备　注
法律合规性	政策法规	行业法规	确定特殊行业法规对非标产品的影响
		监管政策	产品设计符合监管政策
		其他相关法规	是否抵触其他法律、寻找法律解释支持
	合约有效性	投资合同	债权债务关系的明晰、还本付息
		担保合同	确保无瑕疵的信用(抵、质押)担保
		其他合约	各交易对手(参与方)权利和义务关系明确
操作规范性	交易对手	融资人	融资人财务管理和风险管理的制度流程等
		担保人	担保行为符合担保人内部(流程)规章
		受托人	产品开发管理经验,主要团队专业能力等
		其他交易对手	专业能力监测
	交易结构	可执行性	交易流程中权责清晰,便于执行和检验
		合理性	结构简单有效

法律合规性分析主要从产品的合法合规性和产品相关合约是否有效、严密的角度进行分析,重点关注非标产品投资项目、产品设计等是否符合监管政策、行业法规及其他相关法规。合约有效性需要关注产品相关的重要合同(包括但不限于投资合同、担保合同等)中关于权利和义务的约定是否明确、有无法律瑕疵等。

操作风险分析需要从交易对象和交易结构两个维度关注操作的规范性。具体而

言,交易对象层面,融资人在财务管理、风险控制方面的制度和流程的健全及执行情况;担保主体的担保行为是否经过了有效的内外部决策流程、是否存在法律风险等。对于受托人而言,需要考察受托管理能力和经验、专业团队情况等。对于其他的交易对象也要进行相应的专业能力监测。此外,对交易结构本身也要予以关注。从操作风险的角度来看,交易结构研判需要关注交易结构是否简洁、有效,冗余的交易结构增加了信用链条和信息传递及披露的难度,容易产生操作风险。此外,交易结构应权责清晰、便于执行,交易结构设计中应对主要交易环节的落实结果有尽量明确的检验标准。

第四节　非标产品主要风险控制手段和风险管理体系构建建议

一、非标产品风险控制手段

不考虑项目出险后的处置方式,综合了信托等其他资产管理机构的风控手段,我们认为比较适用于保险机构的非标产品风控手段大致可以分为以下四大类型。

（一）交易结构设计

常用的交易结构设计主要是指通过对交易结构进行分级安排,通过不同的收益分配顺序,使不同风险偏好的投资者可以找到适合的产品,同时,将融资人的部分资产作为劣后,增加融资人的违约成本。但需要考虑的是,如果用来认购劣后份额的资产是融资人前期已经投入项目而形成的应收款/其他应收款等,由于其已经是沉淀资产且其资产规模的真实性核实起来存在一定难度,该部分劣后份额在项目出险时对优先级的保障程度可能不会如预期那么理想;如劣后份额是由交易对象通过现金形式认购的,其保障效果会更好。

（二）交易条款安排

通过合同条款对交易对象以及担保主体的财务及非财务情况进行限制,是金融机构常用的手段,保险机构也在广泛使用,包括"专款专用"、"股东借款劣后"等明确内容的条款性要求以及一些"经营出现显著恶化可以要求提前还款"等比较灵活的条款。为控制项目风险,特别是第一还款来源的风险,信托等其他机构还广泛采用很多其他条款,例如:

股权类项目:对赌条款是被广泛使用的一个机制,通过对影响被投资企业市场估值的一些指标的控制并设立相应的惩罚条款来保证所投项目不会出现非预期的贬损。但需要注意最高法对对赌条款有效性的判例,即对赌条款如设立在投资企业与被投资企业之间,会被认定为无效,但如果设立在投资企业和其他股东之间,则被认定为有效。

债权类项目:对项目或交易对象的一些重要事件的达成做规定性限制以及未达到的惩罚手段(房地产项目可以设置对各证照取得时间的要求,其他企业可以对某些政府行政许可取得的时间、增资完成的时间、上市发债的时间等可能会对企业经营或还款带来较大影响的事件的完成时间进行约束性要求),对一些财务指标进行要求,如负债率、经营情况、偿债指标等,以及对企业经营行为进行限制的一些要求,如偿还股东借款、分红、对外投资、对外融资、出售资产等。

对于因触发约束条款的惩罚措施,除提前还款外,也可以考虑设置改变项目期限、还款安排、追加增信措施、提高融资成本等选择。

(三)担保、抵质押等增信安排

受到抵质押权人资格的限制,保险资管公司在运用抵质押手段上可能不如其他资管同行那么自如。但需要考虑有效的抵质押安排可以在信用评级时取得增级的效果,在资产清偿时获得优先受偿,同时大大增加了交易对象的违约成本。近两年来,信托公司爆出不少问题项目,但如果项目已经掌握了足额的资产,虽然第一还款来源可能出现问题,项目最终平安落地的几率还是非常大的。

基于《物权法》的精神,非标产品增信安排设计中可以通过控制一些权益来达到增信的目的。虽然个别权益存在一定的法律争议,但其"隔离/控制个别资产或资产的收益"的作用往往对违约回收率有较大的提升。

由于涉及评级的安排,原则上不安排评级低于借款人评级的企业提供担保。但通过安排不同行业的多个企业担保,实际上是分散了行业性的风险,如果是同一控制人的企业,还可以起到控制资产以及防止资产转移的效果。因此,我们不应拒绝类似无法提供增级的担保安排。

(四)项目及还款来源情况的动态跟踪管理

动态跟踪管理是信托公司、银行等非标产品风控技术较成熟金融机构使用频率最高以及最成熟的后期风险管理手段。在固化项目风险特征后,项目后期的预测以及对项目提出各种风控要求都需要后期动态跟踪管理去实现。常见的手段包括:

股东会/董事会层面:投资人委派董事、限制董事会的审批权力范围、调整董事会/股东会的表决比例、调整董事会/股东会的表决方式等,此类安排多见于股权类项目(包括股加债)。

公司经营层面:投资人委派公司高管、委派财务部人员,不动产项目可考虑委派工程人员,指定企业的监理单位、审计事务所等。

账户层面:投资人派员管理所有印鉴以及重要证照、在账户预留印鉴中加章、企业资金账户和日常经营账户分离、限制网银使用或对网银对外付款进行控制、控制企业收款账户、取得企业重要账户的访问权等。

项目后期动态管理手段繁多,相对比较琐碎,并且会带来比较大的人力和物力的投入,但有效的后期动态管理组合的设计和实施除了可以明显降低项目风险外,还是资管公司专业性的重要体现。未来,如何能管好资产甚至比如何能找到好资产更加重要。

上述风控手段中一些已经被保险机构购买和发行的非标产品所使用,而一些则在保险机构非标产品风险控制中较少使用。在目前经济下行、信用风险爆发概率大幅上升的背景下,有效的风控手段,特别是有效的项目中后期风险管理的设计能够防控风险事件的发生。追求最有效的风险管理结果应该是各家保险机构所追求的目标,因此,我们不应该因为麻烦、烦琐而拒绝使用合适的风险管理手段。

二、非标投资风险管理体系构建建议

风险识别是非标产品风险管理的基础,在全面的风险识别和度量的基础上,非标产品投资的收益和安全性目标才有可能实现。投资后的风险监控是对风险的发展的持续监测和分析,只有有效地进行风险监测才能有效地寻求风险的对策。结合上文的分析,我们对保险机构非标产品风险管理体系构建有如下建议:

(一)建立相对独立的风险评估体系及应对机制

非标产品在风险特征、投资策略、风险识别和监测管理手段等方面均与标准品有较大的差别,对投资人的投资能力要求也有很大差别。此外,从以往保险机构资金配置目标的角度来看,标准品和非标准品也有较大的差别。因此,有必要建立相对独立的风险评估体系和风险应对机制。

所谓独立的风险评估体系和应对机制,不仅是在风险评估的方法、应对机制等方面与标准品有所区别,我们建议在人员和机构设置上也应该尽量做到独立。

(二)应加强和完善独立的投后管理职能

如前所述,目前非标产品投资中对投资后的风险监测和管理重视程度不够。因此,我们建议保险机构设立专门的非标产品投资后管理岗位或部门,以加强和完善投后职能。完善和独立的投后管理部门负责交易对手的风险动态监测、风控手段的落实以及突发风险应对机制的启动。

(三)将产品管理人和主要中介机构考察纳入风险管理工作范围

非标产品的交易结构复杂,除了债务人(或被投资人)、担保人等主要交易对象以外,产品管理人、信用评级公司等参与方对投资安全至关重要。目前对非标产品的风险管理中,债务人等主要交易对象无疑已经纳入风险管理工作范围。但是,非标产品管理工作中对于产品管理人等其他主要参与人的关注度不够,建议应当将产品管理人履职能力和尽责态度的判断与监督纳入风险管理工作。同时,产品相关的中介机构,特别是信用评级机构、资产评估机构的经验和能力以及对项目的尽责态度也需要关注。

(四)非标产品的风险管理应力求"标准化"

虽然非标产品在各方面都具有很强的"个性化"特征,但是对非标产品的风险管理中应当力求实现"标准化"。标准化的非标产品风险管理工作能够提升非标产品投资效率,进而提升保险资金运用的效率,还能降低非标产品风险管理过程中操作风险和道德风险发生的可能性。

第五节　本章小结

虽然大类风险基本一致,但是每种风险对于非标产品的影响机制和影响程度与标准品有所差别。虽然风险偏好和风险限额制定等也是风险管理的重要工作,但是风险偏好等与各保险机构运营状况、管理理念、风险承担意愿相关,具有很强的"个性化"特征。本章重点分析了非标产品风险管理中具有"共性"的重要内容,即风险识别和风险监控。在此基础上,本章总结了保险机构可常用的风险控制手段以及非标风险管理体系建设的建议。本章的主要结论包括:

非标产品风险管理工作的重要内容包括风险识别和风险监控。非标产品风险管理具有如下特征:风险收益判断难度较高、信用风险识别和管理难度较高、操作风险和法律合规风险发生频率相对较高、投资后管理重要性高及难度大。目前,保险机构非标产品风险管理中存在以风险监测为主对投后管理工作重视不够,决策流程、风控体系等方面没有区分标准品和非标产品,风险评价标准化程度低的问题。

全面有效的风险识别是非标产品风险管理的基础,风险识别应遵循全面性原则。本章介绍了五大类主要风险类型的风险识别方法。

非标产品面临的风险中,信用风险、法律合规风险和操作风险最重要。本章中系统论述了上述三种主要风险的监测方法。为了有利于保险机构非标产品风险管理的标准化,文中给出了标准化的风险监测要素体系。

在风险识别和风险监控的基础上,投资主体可以通过有针对性的风险控制手段管理投资风险。本章借鉴了目前市场上主要非标产品的风控手段,考虑保险机构的管理特征,从交易结构设计、交易条款安排、增信措施安排以及项目和还款来源动态跟踪管理方面给出了具有可操作性的风控手段。同时,我们建议从以下几个方面完善保险机构非标产品风险管理体系:建立与标准品相对独立的非标产品风险评估体系和应对措施;加强和完善投后管理职能;将产品管理人和主要中介机构的考察纳入非标产品投资风险管理工作中。

第五章　结论与未来研究方向

第一节　研究的主要结论

本文研究了中外保险资金配置的现状,并在此基础上研究了非标产品的投资策略和风险管理。本文得到了如下主要结论:

一、保险资金非标投资现状方面的主要结论

保险资金资产规模持续增长,负债端资金成本持续扩大,这是保险资金配置收益率要求持续提高的内在动因。

保险资金监管政策持续升级,保险资金可投资范围持续提升,保险资金配置的自由度持续提升。这使保险机构能够通过更加多样化的配置实现更高的收益率。

纵观中外保险资金配置情况,虽然由于监管政策、金融市场发育情况等因素影响,保险资金配置情况国家间差别较大。但是对大部分 OECD 国家而言,"不动产"和"其他投资"是资产配置的重要途径之一。近年来,随着资金运用收益率要求的持续提升,以及相关监管政策的放开,我国保险机构非标投资的规模和占比持续提升。

与其他类型资产管理机构相比,我国保险资金投资的非标产品具有如下几个市场特征:第一,非标产品投资规模较小,投向和产品的种类仍然较少;第二,保险机构投资的债权属性的非标产品信用等级普遍较高,投资的权益类产品中,交易对手的信用等

级往往也很高;第三,保险资产管理结构发行的债权投资计划等产品的收益率相对债券而言,收益率普遍很高,即使考虑流动性风险溢价因素之后,仍然具有一定的价格优势;第四,非标产品的增信措施通常以第三方保证担保最为常见。

保险机构配置非标产品的投资特征主要包括:第一,相对标准化产品而言,非标产品的投资更注重收益性;第二,保险机构在基础设施和商业不动产领域内的投资能力相对更高;第三,非标产品投资受到资本占用约束;第四,近期保险机构非标产品投资中的风险容忍度有所上升。

二、非标资产投资策略方面主要结论

在"偿二代"体系下,大部分种类的投资资产的风险因子较"偿一代"体系下的资产非认可比例均有所上升,对保险机构投资中风险收益识别能力提出了更高的要求。与"偿一代"相比,基础设施股权投资计划、基础设施债权投资计划和不动产债权投资计划在新的监管体系下可能对其他相近类型的非标产品产生一定的替代作用。

在保险机构进行非标产品投资的过程中,建议首先通过设计准入标准体系,对项目进行初选。准入标准的设计包括如下几个方面:行业周期敏感性、产业周期、行业政策敏感性、区域经济、行业竞争格局、交易结构和投向项目/基础资产。在具体操作的过程中,通过白名单制度、黑名单制度或者法律合规"一票否决"等管理方法实现项目初选。

对于达到准入标准的项目,根据如下四个原则进行最终选择:第一,风险收益和资本消耗需要纳入"性价比"考量;第二,非标产品在规模和期限上要与监管要求和自身负债期限结构做到匹配;第三,非标产品在资金性质和币种方面要与公司负债的资金性质和币种做到匹配;第四,产品选择中要结合自身风控能力和特点;第五,要选择投后管理措施完备性和操作性兼顾的产品。

三、非标资产风险管理方面主要结论

非标产品投资的风险管理工作的重要内容包括风险识别和风险监控。非标产品风险管理具有如下特征:风险收益判断难度较高、信用风险识别和管理难度较高、操作风险和法律合规风险发生频率相对较高、投后管理重要性高及难度大。

全面有效的风险识别是非标产品风险管理的基础,风险识别应遵循全面性原则。本章介绍了信用风险、市场风险、法律合规风险、操作风险和流动性风险五大类风险类型的风险识别方法。

非标产品面临的风险因子中,信用风险、法律合规风险和操作风险最重要。为了有利于保险机构非标产品风险管理的标准化,文中给出了标准化的风险监测要素体系。

在风险识别和风险监控的基础上,投资主体可以通过有针对性的风险控制手段管理投资风险。本章借鉴了目前市场上主要非标产品的风控手段,考虑保险机构的管理特征,从交易结构设计、交易条款安排、增信措施安排以及项目和还款来源动态跟踪管理等方面给出了具有操作性的风控手段。同时,我们建议从以下几个方面完善保险机构非标产品风险管理体系:建立与标准品相对独立的非标产品风险评估体系和应对措施;加强和完善投后管理职能;将产品管理人和主要中介机构的考察纳入非标产品投资风险管理工作中。

第二节　研究的不足之处和未来研究展望

一、研究的不足之处

非标产品投资相关公开数据十分有限,例如,信托产品是目前保险机构配置额度很高的一种非标产品,但是信托产品的数据和相关信息透明度很低。同时,各保险公司相关数据也不易获得,因此,本研究难以定量化地建立非标投资模型。此外,由于数据获取的限制,本研究对于目前保险机构已经投资的非标准化产品现状揭示的深度和广度方面与预想有一定差距。

二、未来研究展望

(一)非标产品投资的发展展望

1. 权益类产品投资能力

未来无风险利率仍将在较长一段时间处于低位运行,同时,随着发债条件的逐步放宽,发行债券将成为债务性融资的主要渠道。此外,降低杠杆水平也符合国家政策导向。保监会针对权益类非标投资的范围也逐步放开。因此,未来权益类非标产品将迎来快速发展的时期。保险机构在权益类非标投资领域,投资经验相对较少、人才储备不足,甚至可以说大部分保险机构尚未建立起适合权益类非标产品的投资决策和风险管理体系。

2. 资产投资能力

未来资产支持计划类型的产品将成为一类重要的债务性非标产品。这类型产品通过资产信用取代了传统债务工具单纯依赖债务人信用的模式,使一些难以在公开市场发债的主体有机会通过优秀的资产进行融资。未来,核心城市核心地段的优质商业地产、具有一定赢利能力的市政公用项目等能够产生稳定现金流的资产都可能作为基础资产,成为保险机构的投资标的。这类型产品与传统债务性非标产品,对于资产的投资能力要求更高,因此保险机构需要提升自身对资产的投资能力和相应产品的风控能力。

3. 海外投资能力

考虑到一定时期中国经济底部盘整的情况以及人民币汇率的波动,适当进行海外投资也可以有效分散风险并追求稳定合理的投资收益。

除标准投资手段外,海外投资不外乎以股权或者资产购买等方式进行,但由于海外投资需面对不同的法律、监管、税务甚至文化等问题,除聘请专业机构提供专业服务外,风险管理也需具备一定的相关市场知识,能够为投资决策和后期管理提供风险判断。

4. 组合投资类资管产品投资能力

风险管理需具备组合投资类产品的管理能力,以及产品的估值能力。

(二)相关领域研究展望

根据上文对非标产品发展方向展望,权益类产品、资产支持计划类产品、海外投资和组合资管产品类型的非标产品是未来非标产品发展的方向。因此,相应的投资能力和风险管理能力的研究将是我们未来关注的研究主题。

此外,债权投资计划、股权投资计划、信托产品等"传统类型"的非标产品未来仍然有较大的发展空间。而其中也蕴含了很多有待进一步研究的内容。包括如下方面:

第一,非标产品定价研究。如果未来非标产品信息透明度进一步增加,可以进一步深入对非标产品风险定价展开研究。例如,可以在计算非标信用品种和债券利差的情况下,分离出流动性风险溢价。

第二,关于非标产品投资后期管理的相关研究。针对目前非标产品投后管理的不足,未来可以研究开发针对险资非标资产投资的后续管理方法。定性研究方面,包括但不限于后续管理的流程、方法、操作规范等。定量方面,开发可应用于后续管理中的宏观和行业风险预警体系、交易对象风险预警体系等。

总体而言,非标产品作为保险资金配置的重要途径,随着投资监管的进一步升级,非标产品投资将进一步多样化。对于非标产品投资和风险管理的研究将长期具有重要的意义,应该作为保险机构保持关注和探讨的重要领域。

参考文献

[1]陈赤. 信托业的转型与变革[J]. 金融博览(财富),2015(3).

[2]曹德云. 保险资管:另类投资或成新方向[N]. 中国经济导报,2015-10-28.

[3]陈坤. 中国保险最优配置研究[D]. 对外经济贸易大学,2013.

[4]段国圣. 资本约束下的保险公司最优资产配置模型及路径[J]. 财贸经济,2012(8).

[5]韩铭珊. 对保险资金非标资产配置的思考[J]. 中国保险,2015(1).

[6]韩铭珊. 险资非标资产配置趋势:存在有理,形式创新[J]. 中国保险,2015(2).

[7]姜岩. 浅论非标金融产品现状、意义、风险控制与政策建议[D]. 上海交通大学硕士学位论文,2014.

[8]柳灯. 再议8号文之"非标":因定义而被误读的中国版资产证券化雏形[N]. 21世纪经济报道,2015-1-9.

[9]李真. 大疆无界——2015年金融产品年度报告[R]. 上海:华宝证券,2015.

[10]庞爱华. 非标资产信用风险状况分析与预测[J]. 债券,2014(1).

[11]普华永道. "另"眼相看,保险行业非传统投资专刊[J]. 普华永道——保险文摘,2014(9).

[12]苏静. 中国保险资金另类投资的实践与创新研究[D]. 中国社会科学院研究生院,2014.

[13]苏晓东,马楠. 关于保险资金进行另类投资的几点建议[J]. 财政金融,2015(10).

[14]唐忠云. 资产配置优化模型的比较研究[D]. 对外经济贸易大学,2012.

[15]王波. 浅论我国非标金融产品业务及政策建议[D]. 上海交通大学,2014.

[16]王俊. 保险公司资产组合与最优投资比例研究[D]. 对外经济贸易大学,2011.

[17]肖志鹏,刘铭珂. 中国保险资金投资信托产品发展现状及问题[J]. 中国集体经济,2015(16).

[18]Michel Crouhy,Dan Galai,Robert Mark. Risk Manangement[M]. 北京:中国财政经济出版社,2005.

[19]OECD. OECD Insurance Statistics 2014,OECD Publishing. http:// dx. doi. rog /10. 1787/ ins_stats—2014—en.

(本文获"IAMAC 2015年度系列研究课题"优秀奖)

保险资金投资非标准化产品的
策略和风险管理研究

东方金诚国际信用评估有限公司

郭永刚　余　珊　李　燕

摘要

非标准化产品近年来发展速度较快,保险资金从 2013 年开始加大对非标准化产品的投资比例,但非标准化产品往往存在着交易结构复杂、集中度过高、流动性较弱的问题。本文首先梳理了各类非标准化产品的发展历程和市场现状,其次分析了典型非标准化产品的交易结构和主要风险,最后从保险资金的角度出发提出了非标准化产品的投资策略和风险管理建议。

关键词

非标准化产品　信用风险　风险管理

第一章　引　言

自 2012 年 6 月开始,中国保险监督管理委员会(以下简称"保监会")对保险行业的投资政策进行了重大调整，相继推出多项有关资产管理的规章制度。其中，《关于保险资金投资有关金融产品的通知》明确保险公司可以自主或委托保险资产管理公司在限额以内投资非标准化产品（以下简称"非标产品"）。一般情况下，以信托为代表的非标产品收益率高于险资的平均投资收益率，并且在"刚性兑付"仍然普遍存在的环境下非标产品的安全性也相对较高，因此保险机构于 2013 年开始加大了对非标产品的投资比例。

与标准化产品（债券等）相比，非标产品存在信用链条较长、信息披露不透明、信用评级体系不完善等诸多问题，风险往往隐匿于复杂的交易结构中，不利于监管部门对金融机构整体风险的监控。同时，部分非标产品所涉及的通道业务在无形中提高了企业的融资成本，有悖于国家支持实体经济、降低社会融资成本的目标，因此监管部门逐步加强了对非标产品的监管。保监会也基于风险和流动性的考虑，于 2013 年颁布了《关于加强和改进保险资金运用比例监管的通知》，对非标产品的投资设置了上限。

为了充分评估市场上纷繁复杂的非标准化产品所隐匿的风险，为保险机构更好地权衡风险收益和资本管理提供建议，本文拟在分析非标产品构成及市场现状基础上，总结典型非标产品的交易结构及特点，重点阐述其风险特征及投资价值；并从评级角度切入，给出投资非标产品和风险管理的建议。

第二章 非标准化产品的含义及分类

第一节 非标准化产品的含义

目前，市场上对非标产品并没有一个明确的定义。一般而言，非标产品是指标准化程度较低，不能在银行间市场和证券交易所市场挂牌交易、转让较为困难、流动性较差的金融产品。从广义上理解非标产品可以分为非标股权类金融产品和非标债权类金融产品两大类，前者可能包括风险投资基金（VC）、私募股权基金（PE）、母基金（FOF）等产品，而狭义非标产品主要指的就是非标债权类金融产品。

根据中国银行业监督管理委员会（以下简称"银监会"）2013 年 8 号文《关于规范商业银行理财业务投资运作有关问题的通知》的定义，非标准化债权资产（即狭义的非标产品)是指"未在银行间市场及证券交易所市场交易的债权性资产,包括但不限于信贷资产、信托贷款、委托债权、承兑汇票、信用证、应收账款、各类受(收)益权、带回购条款的股权性融资等"。从保险公司的资产配置角度来说,固定收益类产品的配置比例要远高于权益类资产的配置比例,因此保险公司投资的非标产品主要是非标债权类金融产品。本文的主要研究对象是狭义的非标准化产品,即非标债权类金融产品。

<h2 style="text-align:center">第二节　非标准化产品的分类</h2>

从保险资金的角度来看,参照《中国保监会关于加强和改进保险资金运用比例监管的通知》(保监发〔2014〕13 号文)及其附件《大类资产可投资品种》,符合前述非标债权类金融产品主要包括:商业银行理财产品(非标债权类)、信托公司集合资金信托计划、证券公司专项资产管理计划(未挂牌)、保险资产管理公司项目资产支持计划(现名"资产支持计划")[1]、基础设施债权投资计划、不动产债权投资计划等。表 2-1 列示了各类非标债权金融资产所属大类及相关法规。

表 2-1　　　　　　　各类非标债权金融资产所属大类与相关法规

非标债权金融 资产名称	资产大类[2]	相关法规
商业银行 理财产品	其他金融资产	《中国银监会关于规范商业银行理财业务投资运作有关问题的通知》、《国务院办公厅关于加强影子银行监管有关问题的通知》
信托公司集合 资金信托计划	其他金融资产	《关于规范金融机构同业业务的通知》、《关于保险资金投资集合资金信托计划有关事项的通知》
证券公司专项 资产管理计划	其他金融资产	《证券公司客户资产管理业务管理办法》
保险资产管理公司 项目资产支持计划 /资产支持计划	其他金融资产	《关于保险资金投资有关金融产品的通知》、《项目资产支持计划试点业务监管口径》、《资产支持计划业务管理暂行办法》
基础设施债权 投资计划	不动产类资产	《基础设施债权投资计划管理暂行规定》、《基础设施债权投资计划产品设立指引》、《保险资金间接投资基础设施项目试点管理办法》

---

[1]　为促进资产支持计划业务创新,中国保监会 2015 年 8 月 25 日印发《资产支持计划业务管理暂行办法》(保监发〔2015〕85 号),正式推出资产支持计划业务。
[2]　指按照《中国保监会关于加强和改进保险资金运用比例监管的通知》附件《大类资产可投资品种》划分的资产大类。

续表

非标债权金融 资产名称	资产大类	相关法规
不动产债权 投资计划	不动产类资产	《关于保险资金投资股权和不动产有关问题的通知》

资料来源:中国保险监督管理委员会、中国银行业监督管理委员会、中国证券监督管理委员会网站。

第三章　非标准化产品的发展历程与市场现状

近年来,我国债券市场和股票市场均保持了较快的增长速度,直接融资在社会融资总规模中的占比有所提升,但整体比重仍然较低,以银行信贷为主的间接融资占据着主导地位。与此同时,随着我国金融市场的快速发展,非标产品也逐步兴起。非标产品产生的原因主要有两点:一方面是中小企业和融资受限企业[①]的融资需求快速增长,但我国商业银行等传统的融资体系受到贷款额度限制和授信审批等原因无法满足这些需求;另一方面则是商业银行基于规避监管的考虑将部分资产主动出表。随着监管部门对非标产品监管的加强,通过非标产品来规避监管漏洞已经基本消除,但中小企业和融资受限企业融资需求问题仍然存在。

大量中小企业和融资受限企业无法从商业银行体系顺利融到资金,同时也暂时不具备到股票市场和债券市场融资的实力,只能采用包括委托贷款、信托贷款、理财等非标形式的融资,相应地导致了非标产品规模的快速增长。保险机构作为金融市场最重要的投资主体之一,也是非标产品的重要投资者。根据保监会统计的数据,截至2014年末,保险公司的资金运用余额中其他投资[②]的规模为22 078.41亿元,较年初增长69.94%。表3—1列示了2013~2015年前三季度保险公司其他投资规模情况。

---

① 包括房地产企业和城投公司等。
② 按照保监会的统计口径,非标产品主要归于其他投资,所以此处用其他投资的投资规模来粗略估算非标产品的投资规模。

表 3—1　　　　　　2013～2015 年前三季度保险公司其他投资规模　　　　单位:亿元、%

时　间	保险公司其他投资规模	保险公司总投资规模	占　比
2013 年	12 992.19	76 873.41	16.90
2014 年	22 078.41	93 314.43	23.67
2015 年前三季度	28 568.93	103 934.69	27.49

资料来源:中国保险监督管理委员会。

下文将分类阐述保险资金可投资的主要非标产品的发展历程与市场现状。

第一节　信托公司集合资金信托计划

自 2007 年银监会修订颁布了《信托公司管理办法》和《信托公司集合资金信托计划管理办法》后,信托行业逐渐形成了以补充商业银行和资本市场体系、提供信贷融资服务为主的商业模式。目前,我国中小企业和融资受限企业的融资需求,是传统的商业银行体系和欠发达的标准化资本市场所无法完全满足的,从而为信托行业提供了较为充分的发展空间。同时在我国现行的金融监管体系下,信托产品的投资限制较少,可以广泛投资于资金市场、资本市场和另类资产(如企业贷款、私募股权等)。这一特点促成了一类独特的业务模式,即"出借"信托牌照给受监管限制无法涉足某些投资领域的其他金融机构,采用"银信合作"、"证信合作"的模式。上述市场需求和监管限制两方面因素共同促成了近年来信托行业的"井喷"式增长。

2011～2014 年,我国信托业管理资金规模平均增速为 46.44%。截至 2015 年 2 季度末,我国信托业管理资金总规模为 148 151.13 亿元[1],其中非标债权部分占比约为 48.91%[2]。表 3—2 列示了截至 2015 年二季度末,信托资金投向、规模及占比情况。

表 3—2　　　　　　2015 年二季度末信托资金投向、规模及占比　　　　单位:亿元、%

投　向	规　模	占　比
基础产业	27 382.29	18.48
房地产	13 228.23	8.93
工商企业	31 848.90	21.50

---

①　中国信托业协会。

②　由于信托产品的投向较多,很难准确统计属于非标债权类的信托产品规模,只能根据中国信托业协会的统计数据按投向划分来粗略估算。将明显不属于非标产品的信托产品剔除后,将投向基础产业、房地产和工商企业的信托产品作为非标产品的统计口径。

续表

投　向	规　模	占　比
非标产品合计	72 459.42	48.91
证券市场(股票)	14 115.54	9.53
证券市场(基金)	2 676.88	1.81
证券市场(债券)	13 372.57	9.03
金融机构	22 662.34	15.30
其他	22 864.37	15.43
总　计	148 151.13	100.00

资料来源:中国信托业协会。

2013 年以来,我国宏观经济持续下行,实体经济疲软,中小企业面临的经营压力较大,信用风险也逐步暴露。同时,中央政府也提出了"完善金融体系、规范债券市场、提高直接融资比重"的政策要求,希望提高信息透明度较高的直接融资产品的比例,压缩非标融资的占比。

2013~2014 年,中国人民银行、银监会、中国证券监督管理委员会(以下简称"证监会")和保监会等监管机构均逐渐加强了对以信托产品为主的非标准化产品的监管。表 3—3 列示了 2013~2014 年非标准化产品监管政策变迁。

表 3—3　　　　　　　　　2013~2014 年非标准化产品监管政策变迁

时　间	监管部门	文　件	政策内容
2013 年 3 月	银监会	《中国银监会关于规范商业银行理财业务投资运作有关问题的通知》(8 号文)	商业银行应当合理控制理财资金投资非标准化债权资产的总额,理财资金投资非标准化债权资产的余额在任何时点均以理财产品余额的 35%与商业银行上一年度审计报告披露总资产的 4%之间的低者为上限
2014 年 1 月	国务院	《国务院办公厅关于加强影子银行监管有关问题的通知》(107 号文)	对影子银行业务进行界定,明确商业银行不得开展理财资金池,信托公司不得开展非标准化理财资金池等具有影子银行特征的业务
2014 年 5 月	中国人民银行、银监会、保监会、证监会、国家外汇管理局	《关于规范金融机构同业业务的通知》(127 号文)	界定并规范了同业投融资业务,要求金融机构开展的以投融资为核心的同业业务,应当按照各项交易的业务实质归入基本类型,并针对不同类型同业业务实施分类管理

资料来源:东方金诚依据公开信息整理。

经过对信托业务的重新分类和监管,单纯"通道"类的业务增速大幅下降,导致信托非标产品整体增速放缓。从图 3—1 可以看出,上述监管政策出台以后,信托非标产品的增速从 2012 年的 20％左右逐渐下降到 0。

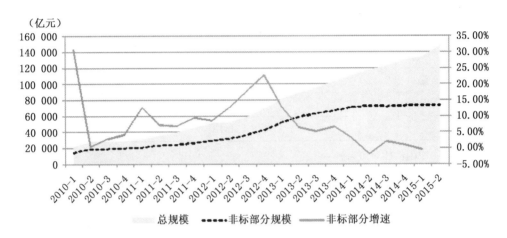

资料来源:中国信托业协会。

图 3—1　2010～2015 年二季度信托业管理资金总规模及非标部分规模

第二节　证券公司资产管理计划

除信托公司外,证券公司及基金子公司同样作为市场较为主流的资产管理机构,成为非标业务的重要发起方。由于资产管理计划和信托计划类似,投资范围限制较小,发行较为灵活,证券公司管理的非标产品在 2013 年得以大幅增长。

一般而言,符合非标产品定义的由证券公司设立的资产管理产品主要包括专项资产管理计划和定向资产管理计划。截至 2014 年末,证券公司管理资产规模为 7.95 万亿元,其中定向资产管理计划规模为 7.24 万亿元,专项资产管理计划规模为 366 亿元;从投资标的来看,投向各类非标资产的规模合计 6.47 万亿元,包括委托贷款 1.64 万亿元、信托贷款 1.38 万亿元、票据 8 514 亿元、资产收益权 7 444 亿元等。从最终投向看,非标产品的主要投向为一般工商企业、房地产、基础产业及地方融资平台,截至 2014 年末,投资规模分别为 12 000 亿元、8 970 亿元、6 515 亿元及 4 999 亿元。表 3—4 列示了 2013 年末至 2014 年末证券公司非标准化债权产品投资结构。

表 3—4　　　　　2013 年末至 2014 年末证券公司非标准化债权产品投资结构　　　单位:亿元、%

投资类别	2014 年末		2013 年末		增长率
	投资金额	占比	投资金额	占比	
信托贷款	13 840	21.39	10 874	34.29	27.30
银行委托贷款	16 395	25.34	9 347	29.47	75.40
资产收益权	7 444	11.51	5 766	18.18	29.10
票据	8 514	13.16	5 726	18.06	48.70
其他	18 507	28.60	—	—	—
合　计	64 700	100.00	31 713	100.00	104.02

资料来源:《证券公司、基金管理公司私募资产管理业务 2014 年统计年报》。

2013 年 7 月,中国证券业协会下发《关于规范证券公司与银行合作开展定向资产管理业务有关事项的通知》(以下简称"《通知》"),对券商银证合作定向业务提出多项风险防范措施,旨在避免银行将非标业务风险向券商系统转移。在 127 号文和《通知》的引导下,证券公司加大了对主动管理型资产管理计划产品的开发力度,2014 年末存续的主动管理产品为 3 398 只,管理资产规模 1.35 万亿元,较 2013 年增加 5 600 亿元,增长 70.9%,大于通道类产品 49.3%的增长速度。[①]

第三节　保险资产管理公司各类非标准化产品

保险资产管理公司的各类非标准化产品包括项目资产支持计划/资产支持计划、基础设施债权投资计划和不动产债权投资计划。

为满足保险资金配置需求和产品创新需求,以及实体经济企业融资需求,保监会于 2012 年在《关于保险资金投资有关金融产品的通知》(保监发〔2012〕91 号)中首次提出"项目资产支持计划"的概念,于 2014 年发布《项目资产支持计划试点业务监管口径》并推动项目资产支持计划业务进入试点阶段。2015 年 8 月,保监会印发《资产支持计划业务管理暂行办法》(保监发〔2015〕85 号),资产支持计划业务进入常态化发展阶段。截至 2015 年 9 月末,共有 9 家保险资产管理公司参与试点,共注册 22 单项目资产支持计划,累计注册规模为 812.22 亿元,其中 2015 年 1~9 月共注册 4 单项目资产支持计划,如表 3—5 所示。

---

① 中国证券投资基金业协会:《证券公司、基金管理公司私募资产管理业务 2014 年统计年报》。

表 3—5   2015 年 1～9 月注册项目资产支持计划

序号	产品名称	注册时间
1	平安——江苏金融租赁项目资产支持计划	2015 年 3 月 10 日
2	平安——华融资产项目资产支持计划(二期)	2015 年 3 月 30 日
3	人保投控——长城国兴金融租赁项目资产支持计划	2015 年 8 月 3 日
4	太平洋——广西金投金通小贷项目资产支持计划	2015 年 9 月 2 日

资料来源:中国保险资产管理业协会网站。

为更好地发挥保险资金对于国家重点基础设施项目的支持作用,同时有效拓宽保险资金运用渠道,保监会先后颁布了《基础设施债权投资计划管理暂行规定》、《保险资金投资不动产暂行办法》、《关于保险资金投资股权和不动产有关问题的通知》等数个规范性文件,明确了保险资金可以债权投资计划方式投资于基础设施项目和不动产项目。

在政策支持下,保险资产管理机构积极发行和投资债权投资计划。截至 2015 年 8 月末,累计发起设立 419 项债权投资计划,累计注册金额 10 099.60 亿元。2015 年 1～9 月,保险资产管理公司共注册不动产债权投资计划共 51 项,注册规模 719.08 亿元;基础设施债权投资计划共 35 项,注册规模 673.93 亿元。[①]

在对非标产品的监管政策方面,保监会于 2014 年 1 月发布《中国保监会关于加强和改进保险资金运用比例监管的通知》(保监发〔2014〕13 号),将保险公司投资资产划分为流动性资产、固定收益类资产、权益类资产、不动产类资产、其他金融资产,并设立了大类资产监管比例,其中投资以非标产品为主的其他金融资产的账面余额合计不高于上季末总资产的 25%;于 2014 年 5 月发布《关于保险资金投资集合资金信托计划有关事项的通知》(保监发〔2014〕38 号),对保险资金投资的集合资金信托计划的基础资产、融资主体等各方面做出了要求。整体来看,保监会与其他监管机构趋同,限制对非标金融产品的资金投向。

第四节　保险资金运用规模和结构

近年来,伴随着保险公司各项业务的快速发展,保险公司的总资产和资金运用规模也在持续上升。2015 年 8 月末,保险公司的总资产规模为 11.27 万亿元,比 2014 年末增长 10.96%;2015 年 8 月末,保险公司的资金运用余额为 10.19 万亿元,比

---

① 中国保险资产管理业协会网站。

2014 年末增长 9.21%。[①]

从资金运用结构来看(见图 3-2),2014 年末,保险资金配置占比最大的为债券(38.20%)和银行存款(27.10%);投资于非标产品的占比较小,配置比例小于 24%[②]。整体来看,保险资金投资于非标准化债权资产的比例相对较低,这与非标准化产品基础资产不透明、交易结构复杂(见第四章)等风险因素相关。

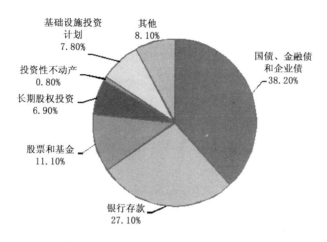

资料来源:2015 中国保险市场年报。

图 3-2　2014 年末保险资金运用规模构成

第四章　非标准化产品典型交易结构

非标准化产品典型的交易结构通常包括如下基本要素:参与方、基础资产/标的项目、投资方案、增信措施等。本章将从非标准化产品参与方及在交易结构中角色定位、产品投资标的/基础资产、产品投资方案与现金流归集及支付机制、增信措施、产品案例等方面展开描述,并结合具体案例分析非标产品的特点。

---

① 中国保险监督管理委员会网站。
② 主要包括长期股权投资(6.9%)、投资性不动产(0.8%)、基础设施投资计划(7.8%)和其他(8.1%),因此整体投资于非标产品的比例合计不超过 24%。

第一节　非标准化产品参与方及在交易结构中的角色定位

非标产品往往涉及众多通道及交易对象(如委托人、受托人/管理人、融资人、基础资产原始权益人、保管人、监管银行等),各参与方在产品设立、存续及兑付过程中,按交易合同的约定享有相应的权利并承担相应的义务。

一、委托人

委托人包括:委托人、合格投资者、受益人。委托人出资认购产品份额(让渡计划存续期内的资金使用权)。作为资金的提供方,委托人通过投资认购产品份额获得收益与本金兑付。

二、受托人/管理人

受托人/管理人的工作包括:拟定产品方案;出售产品受益份额募集资金;按照产品方案的规定运用资金进行投资;实施项目监管和风险管理;从投资项目获取投资回报和投资本金;获取产品的管理费或报酬;定期或不定期向投资者披露相关信息;按照产品约定向受益人兑付投资回报和投资本金。

三、融资人

融资人凭借自身信用或提供抵质押物等方式融得资金。在以贷款为投资标的的产品中,融资人通过产品融资获取现金,并按照贷款合同的要求向产品偿付本息。

四、基础资产原始权益人

基础资产原始权益人让渡基础资产的所有权/使用权/受(收)益权,同时获得资金。在资产证券化产品中,原始权益人应与基础资产做破产隔离,以避免原始权益人的经营状况影响基础资产现金流。在以应收账款/收费权为基础资产的产品中,债务人应按照约定向资产管理人或直接向产品偿付债务或缴纳费用。

五、资产管理人

部分基础资产需要持续运营管理才能产生现金流,资产管理人负责运营管理基础资产并将资产所产生的现金流归集至产品设置的资金专户。资产管理人通常由原始权益人或受托人兼任。

六、增信方

增信方通常包括由原始权益人担任承诺人/保证人以及第三方保证人。其中,原始权益人充当承诺人/保证人,通常采用溢价回购或连带偿付责任或差额支付承诺等方式;第三方保证人则通过提供连带责任保证担保,收取担保费用。

七、保管人

保管人(也称资金保管机构)一般由商业银行担任,主要负责管理产品的资金专户,用来归集产品的募集资金、投放资金、收取投资本息、对产品进行会计核算、向投资者分派本息、收取保管手续费。

八、监管银行

监管银行通常由保管人担任,监督受托人按照产品约定运用管理资金;监督受托人和保管人履行兑付本息义务等关键义务;收取监管手续费。

第二节　非标准化产品投资标的/基础资产

非标准化产品投资的投资标的/基础资产丰富多样,通常包括但不限于:应收账款类债权、委托贷款、股权受益权、有价证券、收费权/特许权、信托计划/资管计划/理财计划的受益权、资产组合/资产池等。下面将简要介绍各类投资标的/基础资产的特征。

应收账款类债权,通常表现为受托人将产品所募集资金按照与原始权益人约定的金额受让应收账款债权,债务人应按照约定方式将偿付金额划转至资金专户。产品能收取的应收账款金额通常应大于受让金额,两者之间的差异是投资收益的主要来源。因此,债务人信用质量决定了其用于偿付应收账款基础资产的现金流的规模和可靠性。

委托贷款,通常表现为受托人将产品所募集资金按照约定的期限、利率发放贷款,贷款人应按照约定支付利息和本金,利息是投资收益的主要来源。因此,贷款人的信用质量决定了其现金流获取能力以及偿付贷款本息的意愿。

股权受益权,通常表现为受托人将产品所募集资金按照与原始权益人约定的金额受让股权的受益权。股权所有权仍归原始权益人所有,但标的股权所衍生的收益归产品所有,收益包括现金分红。如标的股权不分红,原始权益人通常需要按照约定的金额溢价回购股权收益权。股权受益权类投资计划普遍采用"明股实债"的形式,其实质与股权质押融资类似。

有价证券,通常表现为受托人将产品所募集资金通过公开市场或场外交易购买、持有和交易国债、公司债、企业债、商业票据等有价证券。证券孳息和交易利得产生的现金流是投资收益的主要来源。有价证券通过获取证券孳息(分红、利息)以及证券交易产生现金流,主要是通过证券交易产生现金流。因此,有价证券的信用质量主要取决于其实际融资人的信用质量以及证券自身的流动性。

收费权/特许权,通常表现为受托人将产品所募集资金按照与原始权益人约定的金额受让某项收费权/经营权的受益权,收费权和特许权由资产管理人经营管理,收费权和特许权所产生的现金流是投资收益的主要来源,其产生现金流的稳定性是考察信用质量的关注点。

信托计划/资管计划/理财计划的受益权,则通常表现为受托人将产品所募集资金用于购买信托计划/资管计划/理财计划(以下简称"标的投资计划")的受益权,标的投资计划分配的收益和本金是兑付该类产品收益和本金的基础,因此往往需要采用穿透法,关注其实际的信用风险。

资产组合/资产池,是指受托人将产品所募集资金用于受让资产组合或资产池所产生的现金流。资产池可以是同一类型资产的组合,也可以是应收账款、贷款、股权、有价证券、收费权、投资计划受益权等不同类基础资产的组合。对于资产之间关联度较小、分散程度较高的资产组合/资产池,可以适当考虑其分散特征带来的信用增进效果。

第三节　非标准化产品投资方案与现金流归集及支付机制

非标准化产品投资方案主要涉及产品投资规模、投资期限、现金流归集机制以及现金流支付机制等方面的内容。

产品的投资规模通常与募集资金规模是一致的,募集资金端通常会设立最低募集资金规模,以达到产品设立最低条件。部分产品也会设立开放申购或赎回机制,以增加产品的流动性。

投资期限方面,主要涉及投资标的项目周期、投资本金回收时间。

现金流归集机制,主要涉及募集资金投入后,资金回笼时间/频率、回收方式、回收程序,以及资金如何归集到资金专户。同时也包含保障现金流归集相关条款约定或机制的安排。通过建立封闭、安全的现金流归集机制,以期有效监管现金流,保障投资人合法权益。

现金流支付机制,是指按照产品方案约定,根据相关参与机构费用或报酬、预期收益率,以及投资本金等分配的原则、时间、金额、相应分配顺序、为保障投资人相关利益实现的相关保障性条款或机制的安排。

第四节 非标准化产品的增信措施

为提高标准化产品信用质量和投资者认可程度,信托、银行、证券公司等金融机构产品交易结构设计时通常会设置信用增进措施。信用增进措施目的在于,当融资人无法偿还债务或者投资标的/基础资产不足以产生预期的现金流时,由增信措施提供兑付所需的现金流。非标准化产品通常采用的增信措施包括但不限:保证担保、抵押/质押担保、优先/劣后结构化设计、差额补足、远期回购承诺等。

保证担保是指基础资产发生损失时保证人履行连带责任代偿义务,补足约定金额的现金流入。连带责任保证担保的增信效力由代偿所能产生现金流入决定,即由保证人的代偿能力及代偿意愿决定。

抵押/质押担保是指基础资产发生损失时,处置抵押/质押物所产生的现金流优先用于弥补基础资产损失。抵押/质押担保的增信效力由抵押/质押物的公允价值对兑付需求的覆盖倍数决定。一般而言,抵押/质押物覆盖倍数越高,融资人的违约成本越高,从而违约意愿越小。同时,还需要关注抵押/质押物的变现能力和价值波动情况。

优先/劣后结构化设计是指在基础资产所产生现金流不足以按照约定兑付全部收益时,优先保证优先受益权的兑付;劣后级受益权承担优先级的部分损失。需要关注的是,劣后级部分是否由第三方或原始权益人真正参与或真实出资是决定优先/劣后结构化设计是否有真实增信作用的重要依据。部分产品的优先/劣后结构没有实际增信作用,仅保证发起机构超额收益的回收。除了判定优先/劣后结构的增信作用以外,还需进一步考察在一定的压力条件下,优先受偿部分本息是否可以获得足额偿付。

差额补足是指差额补足义务人对实际产生的现金流金额与计划规定金额不足部分予以补足,在提供流动性支持的同时也有一定信用增进效果,需要关注差额补足义务人的履约能力和履约意愿。

远期回购承诺是指由承诺人在未来以一定的价格回购相应的资产。部分融资人基于规避内部审批流程的原因选用远期回购承诺的方式来提供增信,因此需要重点关注回购承诺的合规性和有效性。

第五节　非标准化产品案例

图4—1举例说明了非标准化产品典型交易结构,可以分为资金端、产品端和项目端三部分。资金端即提供资金的投资人,一般为商业银行、保险公司、资产管理公司等。产品端即发起并管理该项目的机构所发行的产品,一般由信托公司、证券公司、保险资产管理公司等担任。项目端即资金实际投向,包含各类具体的投资方式和资产类型。

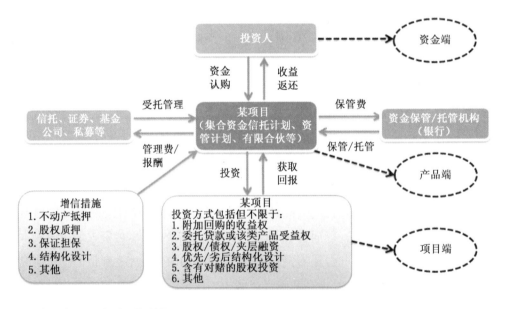

资料来源:根据公开资料整理。

图4—1　非标准化产品典型交易结构

下面以某个非标案例为例具体分析其交易结构。

某信托公司 A 设立信托计划,并作为优先级有限合伙人(优先级 LP)认购某投资合伙企业 B(专项基金)的优先级有限合伙份额25亿元。

某资产管理公司 C 出资5亿元,认购中间级有限合伙份额(中间级 LP),并担任一般合伙人(GP)。

　　某公司 D 出资 20 亿元(含已投资于项目公司的所有投资,含预缴土地款、股权出资和股东借款),作为劣后级有限合伙人(劣后级 LP)。

　　投资合伙企业 B(专项基金)通过股权投资和委托贷款的形式向多个项目公司(项目公司 1、项目公司 2……项目公司 N)提供融资,用于不同房地产项目的开发。

　　本项目的增信措施主要包括:

　　(1)专项基金获得项目公司的股权最低不低于 60%,剩余股权质押;

　　(2)项目公司土地及在建工程抵押,获取银行开发贷和经营贷后转为第二顺位抵押;

　　(3)专项基金向项目公司派驻董事一名,项目公司重大事项需董事会一致通过,项目公司对外负债及超过 3 000 万元的支出派驻董事拥有一票否决权;

　　(4)公司 D 对基金持有的项目公司股权承担回购义务,并对专项基金委托贷款提供连带责任担保;

　　(5)公司 D 的母公司 E 对公司 D 的股权回购义务提供连带责任担保,对专项基金委托贷款提供连带责任担保。

　　该项目是较为典型的明股实债的固定收益类非标产品,实际融资人为公司 D 及其母公司 E,资金用途是房地产开发。

　　资金端:该项目资金来源主要分成两部分,一部分为资产管理公司 C 出资的 5 亿元(作为中间级 LP),另一部分为信托募集的 25 亿元(作为优先级 LP),公司 D 的 20 亿元为已投资于项目公司的资金,非新增出资。该项目设置信托作为优先级 LP 的主要目的在于方便保险公司投资,信托的主要发行对象也为保险公司。

　　产品端:该项目包含信托和专项基金两个产品,但从实际运作层面来说主要是专项基金。

　　项目端:该项目主要采用股权投资和委托贷款投资两种方式,由于采用了股权回购的方式,因此实际是明股实债的固定收益类产品。项目同时设计了优先/中间/劣后的结构化分层,劣后级对中间级的增信作用十分有限,中间级和劣后级对优先级有一定的增信作用,但综合考虑不足以提升信用级别。

　　该项目的信用风险需要从第一还款来源和增信措施有效性两个维度加以评估。该项目的第一还款来源房地产开发项目的销售回款,专项基金专门设立一系列投资标准以筛选具体项目,包括区域、人口、地价、毛利率等,综合来看对项目的本息偿付有一定的保障作用。该项目设置了较多的增信措施,但其实际增信作用需要逐条进行分析:

（1）项目公司剩余股权质押主要是为方便在极端情况下进行资产处置，实际的增信作用较小。

（2）土地及在建工程的抵押提高了融资人的违约成本，有一定增信作用。但由于获得银行贷款后需转为第二顺位，因此在极端情况下对回收率的提升较为有限。

（3）派驻董事可以监控项目公司的资金流转和项目进展情况，该项措施可以减少信息不透明和及时发现潜在的风险。

（4）公司 D（劣后级 LP）提供担保和回购承诺，由于公司 D 自身实力相对较弱，因此其担保和回购承诺有一定增信作用，但总体而言增信效果较为有限。

（5）公司 E（公司 D 的母公司）提供连带责任担保，公司 E 的实力较强，因此其连带责任担保的增信效果也比较好，对项目的信用水平提升较为明显。

第五章　非标准化产品存在问题及主要风险

第一节　伴随经济下行，风险事件频出、信用风险逐步暴露

长期以来，刚性兑付在我国银行理财、债券、信托等诸多金融细分行业已经形成惯例。在刚性兑付背景下，收益率高、质量相对较差的项目往往更受投资者的欢迎，从而导致风险较低、收益率较低的金融产品被挤出市场，形成"劣币驱逐良币"的现象，无益于金融市场的健康可持续发展。

2014 年以来，我国经济下行风险逐步加大，企业在微观层面面临的经营困难较大，部分产能过剩企业严重依赖外部融资来维系资金链。随着不良率的持续上升、不良资产余额的快速增加，作为主要资金融出方的商业银行在信贷投放上更趋谨慎，不少产能过剩行业的企业已经面临再融资困难，企业资金出现断档的风险加大。

在标准化产品的债券公募市场，2014 年 3 月 4 日，"11 超日债"因无力偿还 8 980 万元债息，宣布违约，成为我国债市第一个违约案例。进入 2015 年以来，债券风险事件发生的频率快速上升，违约事件已经涵盖了公司债、短融、中票、超短融等多个债券品种，违约主体也包括了民营企业、国有企业等多个主体，市场信用风险明显增大。我国债券市场主要信用风险事件如表 5—1 所示。

表 5—1 我国债券市场主要信用风险事件

时 间	产品名称	风险事件
2014 年 3 月	11 超日债	＊ST 超日公司发布公告称,因公司流动性危机尚未化解,无法按时支付 2011 年发行的公司债券"11 超日债"的利息,这是中国公募债券市场上的首单实质性违约事件。
2015 年 4 月	12 湘鄂债	2015 年 4 月,中科云网(原名"湘鄂情")发布公告,截至公告日,公司已收到偿债资金 16 140.33 万元,尚有 24 063.10 万元的资金缺口,不能全额支付债券利息和回售款项。
2015 年 4 月	11 天威 12MTN2	2015 年 4 月,天威集团发布公告称,由于公司发生巨额亏损,无法按期兑付"11 天威 12MTN2"的利息,成为首只违约的国企债券。
2015 年 5 月	12 中富 01	2015 年 5 月,珠海中富实业股份有限公司公告,其债券"12 中富 01"无法全额兑付本金,仅能支付本金 20 650 万元,占应付本金的 35％。
2015 年 10 月	10 英利 MTN1	2015 年 10 月,保定天威英利新能源有限公司发布公告称,由于连续亏损、拆迁补偿工作进度缓于预期,无法足额兑付中期票据"10 英利 MTN1",到期本息合计 10.57 亿元。
2015 年 10 月	10 中钢债	2015 年 10 月,中钢股份有限公司发布公告称,将延期支付"10 中钢债"的当期利息,并将回售登记期延后一个月,同时以所持的上市公司股票追加质押担保,已构成实质性违约,成为首例央企违约事件。 由于和投资者无法达成共识,2015 年 11 月,中钢股份发布公告再度将回售登记期延后一个月。
2015 年 11 月	15 山水 SCP001	2015 年 11 月,山东山水水泥集团有限公司公告称,由于其母公司中国山水水泥集团有限公司涉及控制权纠纷等原因触发了 4 亿美元票据的提前偿付,致使公司资金链十分紧张,无法取得足够的资金偿付债务,董事会已向法院提交清盘呈请。

资料来源:根据公开资料整理。

一般而言,公募债券的违约对于融资人的声誉影响较大,甚至对相关地区的融资成本都有影响,因此融资人往往有优先偿还公募债券,保证公募债券正常兑付的动力。而以信托为代表的非标产品,由于不在公开市场上交易,影响相对较小,在实际偿还顺序上往往处于劣势。在经济大环境不佳的情况下,非标产品的信用风险事件不断爆出,并且逐渐向多产业蔓延。

2014 年 1 月,中诚信托发布公告称,因信托计划融资方山西振富能源集团资金链断裂,无法还本付息,清算时资产变现困难,导致信用风险,成为信托产品打破刚性兑付预期的首个案例。受到宏观经济不景气因素影响,企业经营压力逐渐增大,尤其是产能过剩行业、进出口制造业等,信用风险事件由房地产、矿产及艺术等行业逐步向工商企业领域延伸。2014年6月,陕西国投的"福建泰宁南方林业信托贷款集合资金信托计划",由于融资方多方举债、盲目扩张等原因,出现经营困难,最后由陕西国投以自有资金兜底;另外,山东信托的"远投7号集合资金信托计划",被曝出融资方及担保抵押公司由于产能落后,停工停产,面临破产危机,其中还涉及民间融资,兑付风险大增。2014年以来被报道信托兑付危机事件汇总如表5—2所示。

表5—2 　　　　　　　　　　　　　2014年以来被报道信托兑付危机事件汇总

时　间	产品名称	风险事件
2014年1月	中诚信托——诚至金开1号集合资金信托计划	集团股东陷入民间借贷风波,核心矿权资产存在纠纷,未获得采矿权
2014年1月	新华信托——上海录润置业股权投资集合资金信托计划	邹蕴玉及上海高远置业(集团)有限公司被曝由于借贷纠纷陷入债务危机,信托公司已兜底
2014年3月	中信信托——乾景套利麦吉可地产	1.96亿元资金链紧张,抵押物多次抵押并被已出售
2014年5月	中江信托——联盛集团	山西联盛集团15亿元债务问题严重计划重组,延期
2014年5月	中诚信托——农戈山铅锌矿	农戈山金属矿业破坏环境,长期停工已提前终止
2014年6月	渤海信托——东海2号金融股权投资	东海世纪实际控制人李东采取出具虚假证明文件等手段,骗取渤海信托,通过签订虚假合同方式骗取渤海信托投资款9 000万元,被立案侦查
2014年6月	陕西国投—泰宁南方林业信托	由于融资方多方举债、盲目扩张等原因,出现经营困难,自有资金兜底
2014年6月	山东信托——远投7号信托计划	宜昌弘健新材料拖欠6 000万元,工厂停工,濒临破产,信托公司已兜底
2014年7月	华澳信托——长盈66号金世纪信托贷款集合信托计划	2014年上半年金世纪就曝出资金紧张问题
2014年7月	中融信托——浙江赛日新材料科技有限公司贷款项目	由于整个塑料行业下行,融资方于到期日无力偿还信托贷款本金
2014年7月	新华信托——基石7号第二期	延期兑付,该项目已进入处置期
2014年7月	华融信托——融丰宏盛聚德	融资方是山西宏盛能源,危机因素是金融杠杆断裂,项目可能延期
2014年8月	中信信托——墨韵1号艺术品投资	受到宏观经济形势影响,以及礼品市场的急速降温,对艺术品的销售产生较大的负面影响,延期
2014年9月	山西信托——信裕15号信托计划	山西联盛融资债务的追偿依旧没有实质性进展

续表

时　间	产品名称	风险事件
2014 年 9 月	建信信托——证大金牛增长 1 期	由于证券投资亏损 10%～30%,可能由信托公司与投资顾问共同承担
2014 年 10 月	山东信托——金顺达集团流动资金贷款集合资金信托计划	受金顺达集团有限公司资金链断裂危机影响,导致第一期无法按时兑付
2014 年 10 月	中航信托——天启 340 号昆明丽阳星城信托贷款集合资金信托计划	受累于项目停工,担保方云南锡业集团原董事长雷毅被纪检部门带走调查
2014 年 11 月	长安信托——煤炭基金 3 号 1 期	融资方山西联盛集团,原因是债务问题严重,可能延期
2014 年 11 月	中建投信托——联盛集团	融资方山西联盛集团,原因是债务问题严重,可能延期
2014 年 11 月	光大信托——黄河 15 号	企业原计划上市,但一直未成功,项目暂时无法兑付,而当时的信托经理已离职,延期半年兑付
2014 年 12 月	中铁信托——中都百货	融资方是浙江中都百货,原因是中都董事长跑路,9 银行被套 5.2 亿元,被警方找到,可能存在风险
2014 年 12 月	华润信托——炎金 2 号	融资方是山西孝义德,原因是煤改进程缓慢,已延期 1 年,可能违约
2015 年 1 月	平安信托——翔园 17	佳兆业资金链已经断裂,其在总部深圳的房地产项目被"锁定"而无法销售,已本息全额兑付
2015 年 1 月	中信信托——国元农业基金一号	此款信托产品此前曾因部分股权投资项目无法如期顺利退出而导致投资者不满,优先级受益人最终收益方案已确定
2015 年 1 月	长城信托——长城财富 5 号	受累于中都集团董事长、实际控制人杨定过失踪事件
2015 年 1 月	新华信托——惠州候鸟酒店特定资产收益权	受累于光耀地产债务危机
2015 年 1 月	五矿信托——宏盛能源项目	融资方为宏盛能源,原因是融资频繁,规模较大,可能存在风险,密切关注
2015 年 1 月	中铁信托——优债 1304 期	融资方是普提金旗下武汉铁机,原因是普提金、凯旋门部分资金被查封,可能存在风险,密切关注
2015 年 2 月	长城信托——长城财富 3 号	因融资方自身经营原因,不能足额支付 484 万元股权收益权回购款出现违约
2015 年 3 月	平安信托——汇利 8	因河北融投大股东被托管,与其合作的一信托项目无法按期履约,延期
2015 年 4 月	新华信托——汇源 6 号房地产信托	因所投"石家庄卓达碧水馨园住宅项目"销售进度出现问题,延期

资料来源:根据公开资料整理。

整体来看,随着经济继续下行,企业再融资难度上升,高负债、高杠杆经营难以持续,金融市场包括非标产品的整体信用风险在加大。

第二节 非标准化产品交易结构复杂、资金链条过长

非标产品不但本身通道类型繁多,且随着监管要求的逐步提升,市场产生了许多为规避监管而设立的复杂交易结构,如大量增加特殊目的载体(即 SPV)、多层嵌套等。图 5—1 给出了一个多层嵌套集合资金信托计划示例。

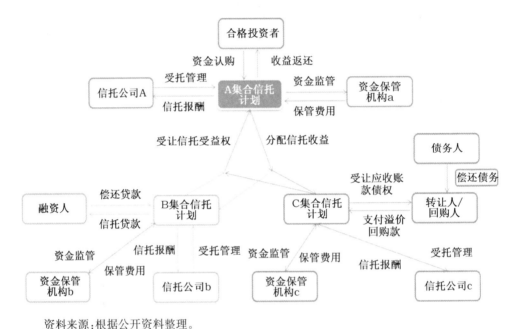

资料来源:根据公开资料整理。

图 5—1 多层嵌套集合资金信托计划示例

如图 5—1 所示,本案例涉及多个金融机构,其中信托公司 3 家、资金保管机构 3 家。对于 A 集合信托计划而言,其收益分配来源于两个子信托计划(B 集合信托计划和 C 集合信托计划),对于 B、C 集合信托计划实际还款来源分别为融资人和转让人/回购人(本质上为债务人)。A 集合信托计划信用链条不断延伸,其中任何一个交易环节出现资金链的断裂,都会对 A 集合信托计划投资人造成影响。同时,由于涉及交易对手过多,每个交易对手都受到自身监管要求和公司内部管理制度限制,易受监管或合规、流程方面阻碍,造成交易效率的降低,并增加了操作风险。

总体而言,复杂的交易结构不但会延长非标产品的信用链条、加大信用风险,而且由于涉及多个交易主体,交易的有效性将会有所降低,操作风险也有所增加。

第三节　非标准化产品投资过度集中

非标债权类的信托公司集合资金信托计划、证券公司资产管理计划以及保险资产管理公司的基础设施债权投资计划和不动产债权投资计划大多由项目驱动,即产品仅对接单一主体的单一项目,由于缺乏类似于信贷资产支持证券、融资租赁资产支持证券的基础资产分散化机制,若单一主体因外部环境影响或自身经营不善而违约,则会对非标产品的兑付造成很大挑战。

非标产品投资于基础产业、房地产、工商企业的比例较大。根据信托业协会数据,2015 年 2 季度末,信托资金投向基础产业的占比为 18.48%,投向房地产领域的占比为 8.93%,投向工商企业的占比为 21.50%;根据《2014 年统计年报》,2014 年末,证券公司资产管理计划的定向通道业务投向一般工商企业的占比为 17.91%,投向房地产的占比为 13.37%,投向基础产业及地方融资平台的占比 17.16%。基础产业和房地产行业受政策和宏观经济波动影响较大,在目前经济增长乏力的背景下部分行业和中小规模工商企业经营较为困难,在产品结构缺乏分散度设计的情况下,对产品兑付造成的潜在威胁较大。

同时,非标产品投资也对保险公司的集中度管控提出了更细致的要求。部分非标产品的资金实际流向不透明,可能无法应用穿透法来评估底层资产的情况。因而在进行集中度管控的时候,可能会导致保险公司对某个交易对手的风险敞口大于设定的限额。

第四节　非标准化产品缺乏统一的交易场所

非标产品的一个主要风险点在于流动性差,没有统一的交易场所,这也是监管机构对于非标产品施加诸多限制的主要原因之一。依据非标产品的定义,非标产品整体的标准化程度比较低,但其中也有部分结构简单的产品是比较适合在市场流通的,而结构较为复杂的非标产品只适合在 OTC 市场交易。

由于无法在全国性的交易场所挂牌,部分非标产品选择在地方性金融交易所挂牌交易,如北京金融资产交易所(以下简称"北京金交所")、天津金融资产交易所等。北京金交所是中国人民银行授权的债券发行、交易平台,也是财政部指定的金融类国有资产交易平台以及中国银行间市场交易商协会的指定交易平台。除了上述标准化产品外,北京金交所还设立了债权投资交易服务平台、信托产品交易服务平台和保险资产交易服务平台,提供委托债权、信托受益权等非标资产的转让服务,转让方式均为挂牌协议转让。

除了一些地方性的交易所外,从2013年以来,一些信托公司开始尝试自建二级市场,通过建立流通交易平台,实现受益权转让。其中,华宝信托"流通宝"于2013年6月上线,可实现信托收益权的转让和融通;2014年11月,上海信托"赢通转让平台"也成功上线。但受限于法律障碍、监管障碍等,这类交易平台仅能流转自家公司的产品,拆分转让也受到诸多限制。要让全国信托产品在信托转让平台上流转起来,需引入信托登记制度。2014年9月,"支持建立完善信托登记平台,探索信托受益权流转机制"被写入中国(上海)自由贸易试验区条例后,上海自贸区管理会于9月15日正式下发《信托登记试行办法》,此举对行业来说具有重大意义。2014年10月底,银监会批准成立"全国信托登记中心"落户上海自贸区,上海市酝酿将上海信托登记中心改制为全国性信托登记公司,逐步开展信托受益权集中登记、信托合同登记、信托受益权转让及质押融资等业务。

但从目前市场实际情况来看,无论是地方性的金融资产交易所还是信托公司自建的交易平台,即便部分非标产品能够实现挂牌,成交量稀少、交易手续复杂、效率较低仍然是普遍存在的问题。非标产品流动性较差的问题没有得到根本性的解决。

第五节　信息披露不透明造成投资者保护力度较弱

由于非标产品在信息披露方面的监管要求较少,银行、信托、证券公司等中介机构在信息披露方面普遍存在信息不透明或信息披露不及时的问题。很多非标产品往往已经产生实质性风险后相关信息才得以公开。甚至销售人员对公众投资者进行误导,导致投资者将非标产品视同于高利率银行存款,对非标产品有刚性兑付预期;由于非标产品收益率普遍高于同期限债券利率,且业内普遍采用刚性兑付,造成了无风险收益率的扭曲和对债券市场资金的分流,严重影响了金融资源配置。信息披露严重缺失,刚性兑付难以打破,扭曲无风险收益水平,抑制金融资源优化配置。

第六章　保险资金投资非标准化产品
的策略及风险管理建议

第一节　做好合理资产配置，关注投连险流动性风险

监管部门对于非标资产加强监管的主要目的之一是防范流动性风险。2013 年 6 月发生"钱荒"的主要原因即非标资产的流动性风险和同业资金的不稳定性相互叠加造成的。期限错配虽然可以获取期限利差，但也导致了流动性风险的显著增加，对于任何金融机构而言流动性风险都是不可忽视的。

对于商业银行来说，其负债期限较短，稳定性相对较差，因此非标资产占比过高更容易导致流动性问题。相对而言，保险机构特别是寿险公司具有负债久期长、稳定性较好的特点，并且对于安全性和收益性的需求要高于流动性，因此保险机构面临期限错配导致的流动性风险较小。为了防范流动性风险，保监会对保险资金在各大类资产的配置比例已经做了较为严格的约束。

对于保险公司投资资产(不含独立账户资产)，保监会规定投资不动产类资产的账面余额不超过上季末总资产的 30％；投资其他金融资产的账面余额不超过上季末总资产的 25％。

对于投资连结保险投资账户，保监会规定流动性资产的投资余额不得低于账户价值的 5％；基础设施投资计划、不动产相关金融产品、其他金融资产的投资余额不得超过账户价值的 75％，其中单一项目的投资余额不得超过账户价值的 50％。

保监会在资产配置上的监管要求在很大程度上降低了保险公司的流动性风险。相对而言，保监会对于投连险投资账户的监管要求更为宽松，给予保险公司更多自由，这也意味着对保险公司流动性管理能力提出了更高的要求。2014 年以来，投连险设立账户由审批制改为了备案制，部分保险公司利用投连险投资门槛较低，资产配置灵活的特点和互联网金融平台相结合，推出了许多满足互联网用户需求的产品，迅速抢占市场做大规模。例如，光大永明人寿保险有限公司(以下简称"光大永明")在 2014 年和网易进行合作推出了互联网理财产品，当年投连险账户新增保费 216 亿元，占保

险全行业当年投连险新增保费的 75.85%。光大永明在 2015 年进一步与腾讯理财通合作推出了定活宝产品,2015 年 1~9 月份投连险账户新增保费 163.54 亿元,占保险全行业当年投连险新增保费的 37.34%。弘康人寿保险股份有限公司和京东合作推出了京东小白理财后,2015 年 1~9 月份投连险账户新增保费 90.17 亿元,占保险全行业当年投连险新增保费的 20.59%。部分互联网金融产品及对应资产如表 6-1 所示。

表 6-1　　　　　　　　　　部分互联网金融产品及对应资产

互联网金融产品	对应资产
京东小白理财	弘康人寿保险股份有限公司投连险
腾讯理财通定活保	光大永明人寿保险有限公司投连险
网易定活保	光大永明人寿保险有限公司投连险
百度百赚	华夏人寿保险股份邮箱公司、富德生命人寿保险股份有限公司投连险

资料来源:各公司官方网站。

这些投连险账户大多配置了一定比例的非标产品以提高收益,以满足互联网客户对高收益的要求。与此同时,与传统保险产品相比,互联网客户对产品在流动性上的要求更高,因此互联网金融产品往往在产品流动性上给予了较高的承诺。如何在兼顾流动性的前提下合理配置非标资产的比例以提高收益,是保险公司面临的挑战。同时,互联网金融产品的投资者专业性较差,部分互联网金融平台对于投资者的风险意识和投资者教育严重不足,进一步加大了保险公司流动性和收益率的平衡难度。

第二节　关注交易结构风险,引入外部专家评审

部分非标产品的交易结构较为复杂,存在多层嵌套、产品结构创新、法律关系不明确、基础资产种类复杂等特点,风险辨识难度高于一般标准化产品,对保险公司的风险辨识和风险管理能力提出了较大的挑战。

对于此类产品的风险管理,首先应在制度和流程上予以规范,形成符合监管要求和保险公司自身业务特点的风险管理制度。在调查过程中,风险控制、法律合规、信用评估等多个部门要通力合作,对相关风险进行严格把控。

其次是要加强风险管理队伍的团队建设和人员引进。2014 年以前在传统的固定收益领域,存在比较严重的"刚兑"现象,几乎没有发生过实质性的违约。这导致了部分规模较小的保险公司单纯追求投资收益而忽视了在风险管理团队的建设。2014 年

以来,虽然"刚兑"现象在部分领域仍然存在,但违约事件的发生频率已经大大增加,部分产品已经造成了投资人的实际损失。面对这样的形势,保险公司需要注重风险管理队伍的建设,并加强对非标产品的研究,目的在于穿透复杂的交易结构,正确评估产品的实质性风险。

最后是在项目评审阶段可以引入相关外部专家参与评审。特别是对于部分交易结构较为复杂的非标产品在进行项目评审的时候需要引入相关领域的专家把控风险,包括律师、会计师、税务师、评估师等。这在一定程度上可以弥补风险管理团队知识经验的不足,并且可以防范内部人员道德风险。

第三节 根据偿二代要求,合理估计资本占用和资本溢价

2015 年,保监会正式发布中国风险导向的偿付能力体系(以下简称"偿二代")17 项监管规则,以及《关于中国风险导向的偿付能力体系过渡期有关事项的通知》(简称《通知》),决定自发文之日起,进入偿二代过渡期,保险公司自 2015 年 1 季度起,编报偿二代下的偿付能力报告,并将于 2016 年进入正式实施阶段。偿二代的实施标志着我国保险业的监管从简单的以规模为导向向以风险为导向转变,对于保险公司资产管理的投资决策行为和风险管理有着重大影响。以风险导向的偿二代对于各项投资资产给出了具体的资本要求;风险对于保险公司的投资部门来说,不再是一个可以忽视的模糊概念,而是直接形成对公司实际资本的占用。保险资金的投资运用需要摆脱过去的那种单纯追求绝对收益率或相对收益率的模式,资本占用水平是在进行实际投资时必须考虑的问题。

对于非标产品的投资而言,在偿二代的监管体系下,保险公司整体的战略性资产配置需要综合考虑资产组合有效前沿、资产负债管理和风险偏好等因素来决定,因此非标投资的占比首要满足战略性资产配置的要求。而对于非标资产的战术性资产配置则不能仅仅考虑投资收益,还需要考虑其超额收益率能否覆盖对资本的占用,以便选择资本最优化的非标资产。

目前,保险公司投资的大部分非标资产均属于债权类投资,在会计上一般采用历史成本法来计量,根据偿二代的要求对于此类资产主要考虑的是交易对手违约风险。保监会对于不同类型的投资产品做了比较细致的最低资本要求(考虑的因素主要包括产品种类、信用评级、期限等),结合保险公司自身的资本回报率(ROE)则可以大致估算对应产品的资本占用溢价。表 6—2 是根据偿二代要求计算出来的各类固定收益产

品资本消耗和资本占用溢价,计算过程中假设保险公司的资本回报率为 12%。

表 6—2　　　　偿二代监管口径下部分投资产品最低资本要求和资本占用溢价

投资产品	最低资本	资本占用溢价
AAA 级非金融债(5 年期)	1.58%	18.90bp
AAA 级资产管理产品/不动产债权投资计划/资产支持计划	2.00%	24.00bp
AAA 级基础设施债权投资计划	1.00%	12.00bp
AAA 级信托计划(非穿透)	10.00%	120.00bp
AA 级非金融债(5 年期)	4.73%	56.70bp
AA 级资产管理产品/不动产债权投资计划/资产支持计划	5.00%	60.00bp
AA 级基础设施债权投资计划	4.00%	48.00bp
AA 级信托计划(非穿透)	16.00%	192.00bp
A 级非金融债(5 年期)	9.45%	113.40bp
A 级资产管理产品/不动产债权投资计划/资产支持计划	9.50%	114.00bp
A 级基础设施债权投资计划	8.50%	102.00bp
A 级信托计划(非穿透)	22.50%	270.00bp

资料来源:根据偿二代整理计算。

从结果可以看出在表 6—1 所示的各类固定收益产品中,基础设施债权投资计划的资本消耗最低,甚至低于标准资产(同等信用级别、同期限的非金融债券),因而基础设施债权投资计划所对应的资本占用溢价也最小。而对于无法适用穿透法[①]的信托计划而言,其资本消耗要远高于其他非标资产,因此需要提供额外的收益率对资本占用进行弥补。以 AAA 级的基础设施债权投资计划和 AAA 级的信托计划(非穿透)为例,信托计划至少需要提供额外 1.08% 的年化收益才能弥补其对资本的占用。因此,在实际投资过程中,需要综合考虑投资标的的流动性、资本占用情况、信用风险等因素才能做出决策。

可以预期的是,随着偿二代的正式实施,基础设施债权投资计划由于收益较高、资本占用较少、安全性较高将继续受到保险公司的青睐,这也符合保监会引导保险资金优先满足期限较长的基础设施建设项目的政策目标。而信息披露不透明、交易结构复杂的信托产品由于其资本占用的劣势,保险公司将逐步减少其配置。

---

　　① 穿透法是指依据某项金融产品所投资的具体、明确的基础资产(债券、股票、房地产等具体产品)来计量其风险。

参考文献

[1]韩铭珊.险资非标资产配置趋势:存在有理,形式创新[J].中国保险,2015(2).

[2]韩铭珊.保险资管系列报告之二:保险资金进行非标资产配置的思路[EB/OL].http://www.goingconcern.cn/article/5102,2015.

[3]姜岩.浅论非标金融产品现状、意义、风险控制与政策建议[D].上海交通大学硕士学位论文,2014.

[4]刘新华,孙欢欢."资金池"模式理财产品的风险透析及防范——与美国次级贷款证券化的比较[J].政策研究,2015(6).

[5]王波.浅论我国非标金融产品业务及政策建议[D].上海交通大学硕士学位论文,2014.

[6]徐纳新.AA保险公司投资集合资金信托计划的研究[D].华东师范大学硕士学位论文,2013.

[7]杨勇平.资产证券化推进非标金融产品规范发展的思路与方法探讨[D].上海交通大学硕士学位论文,2014.

[8]朱胜.×保险公司的投资组合管理策略研究[D].华东师范大学硕士学位论文,2014.

[9]朱焱,汪静.金融机构"非标"资产业务发展对宏观审慎管理的影响机理研究[J].金融观察,2015(2).

[10]中国信托业协会.2014年信托业专题研究报告[R].2014.

[11]中国证券投资基金业协会.证券公司、基金管理公司私募资产管理业务2014年统计年报[R].2015.

[12]中央国债登记结算有限责任公司.中国银行业理财市场年度报告(2014)[R].2015.

[13]中国保险监督管理委员会.2015中国保险市场年报[R].2015.

后　记

　　行业研究是推动行业创新发展的内在动力。研究的高度,决定行业的发展方向;研究的广度,决定行业的发展程度;研究的深度,决定行业的发展速度。为提升保险资产管理行业的理论研究和实务研究水平,推动行业市场化、专业化、现代化、国际化发展进程,中国保险资产管理业协会(以下简称"协会")于 2015 年推出了"IAMAC 年度系列研究课题"(以下简称"课题研究")活动,得到了业界的积极响应和广泛参与。

　　目前,已成功举办了 2015 年度课题研究活动,共有 21 家会员单位和 4 所高等院校申报参与,并就保险资产管理行业发展、资管战略、风险管理、资产配置、业务创新等多个领域开展了大量研究,累计完成 36 项课题研究成果。经过课题评审委员会的认真遴选,中国人寿资产管理有限公司、申万菱信基金管理有限公司、南开大学、人保资本投资管理有限公司、合众资产管理股份有限公司、太平资产管理有限公司、交银康联人寿保险有限公司、中国平安人寿保险股份有限公司、长江养老保险股份有限公司等9 家单位(排名不分先后)的 10 项课题研究成果获得"优秀奖",获奖课题以增刊的形式专辑刊载于协会主办的行业性出版物《中国保险资产管理》(双月刊,2016 年第二期)。

　　同时,2015 年度课题研究活动还得到了中国保监会资金部的高度关注和大力支持,并在课题选题确定、研究推进、成果发布等环节等给予了指导。此外,活动还成立了由 17 位专家学者组成的评审委员会,在立项审核、结题评审和奖项评选等环节严格把关。评审委员会成员有(按姓氏拼音排序):协会执行副会长兼秘书长曹德云、昆仑健康保险股份有限公司执行董事兼首席投资官巢洋、湖南大学金融统计学院副院长陈迪红、协会副秘书长陈国力、天津财经大学金融系教授陈之楚、上海财经大学金融学院公司金融系主任李曜、南开大学金融学院副院长李志辉、阳光资产管理股份有限公司首席经济学家刘奥琳、协会副秘书长刘传葵、北京大学光华管理学院金融学教授刘玉珍、复旦大学金融研究院副教授罗忠洲、长江养老保险股份有限公司执行董事兼总经理苏罡、中国人保资产管理股份公司首席经济学家王家春(时任)、太平资产管理有限公司董事兼总经理肖星、长江养老保险股份有限公司首席经济学家俞平康、太平洋资产管理有限责任公司董事长于业明、西南财经大学信托与理财研究所所长翟立宏。

由于编印时间紧迫,《IAMAC2015 年度系列研究课题集》的编撰工作难免有疏漏之处,敬请业内同仁、广大读者提出宝贵意见和建议。

中国保险资产管理业协会

2016 年 11 月